Das Haupt Gottes

Keith Laidler

Das Haupt Gottes

Der Stamm Davids,
die Templer und die wahre Natur
des Heiligen Grals

Aus dem Englischen
von Sabine Steinberg

Scherz

Die Originalausgabe erschien unter dem Titel
«The Head of God» bei Weidenfeld & Nicholson, London

1. Auflage 1999

Inhalt

1

Der wahre Schatz der Templer

Die Soldaten des französischen Königs kamen in den frühen Morgenstunden, am Freitag, den 13. Oktober 1307. Kurz vor Sonnenaufgang, wenn die Menschen am tiefsten schlafen und die Wachen am wenigsten aufmerksam sind, überraschten die Hofbeamten von Philipp IV den bekanntesten Militärorden der Christenheit, die Tempelritter. Jedes Mitglied des Ordens, das man vorfand, wurde bis hinauf zum Großmeister verhaftet. Die Anklage gegen die Tempelritter war hart und schrecklich – sie wurden der Häresie verdächtigt. In dem königlichen Haftbefehl stand, daß die Tempelritter «Gott, ihren Schöpfer, verleugnet und Dämonen geopfert [...]» hatten. Es war «eine bittere Sache, beklagenswert, etwas, das bei genauerer Überlegung entsetzlich ist, etwas, das schrecklich zu hören ist, ein verabscheuungswürdiges Verbrechen, ein fluchwürdiges Böses, ein abartiges Tun, eine entsetzliche Schande, etwas, das fast unmenschlich und entmenscht ist».[1] All diese schamlosen Übertreibungen verraten nichts über die eigentlichen Absichten, die Philipp IV im Schilde führte, als er befahl, die Tempelritter anzugreifen – er wollte sich den märchenhaften Schatz des Tempels sichern.

Philipp hatte in erster Linie wohl auf materielle Reichtümer spekuliert, doch sein Angriff auf die Tempelritter förderte einen noch viel wertvolleren Schatz des Ordens zu Tage – eine verbotene Reliquie von unschätzbarem Wert.

Trotz ihres offiziellen Namens «Der Orden der armen Ritter des salomonischen Tempels» besaßen die Tempelritter zu Anfang des vierzehnten Jahrhunderts ungeheure Macht und immensen Reichtum. In noch nicht einmal zweihundert Jahren, von ihrer Gründung um das Jahr 1112 bis zu ihrer Auflösung 1307, rafften die Templer Land, Gold und Wertgegenstände in unermeßlichem Ausmaß zusammen. Bei der Aufnahme in den Orden mußte ein Postulant den Eid auf Keuschheit, Gehorsam und Armut leisten und seinen ganzen Besitz dem Tempel überschreiben.[2] Ihr Landbesitz war ausgedehnt, ihre Besitztümer dehnten sich über zehn Provinzen, in denen acht verschiedene Sprachen gesprochen wurden, aus und nahmen auch auf Staatsgrenzen keine Rücksicht. Präzeptorien, Schlösser und riesige Landgüter waren über ganz Europa verstreut – von Schottland im Westen bis zu den Vorposten von Outremer (Palästina). Ihnen gehörten eine Flotte von Kriegsschiffen, Werften und Häfen wie zum Beispiel La Rochelle. Im Gegensatz zu anderen militärischen Orden verliehen die Tempelritter ihr Geld und wurden so im Laufe der Zeit zu den Bankiers der Christenheit. Viele Könige hatten bei ihnen hohe Schulden. Dazu kam noch die Kriegsbeute aus den Schlachten, die sie im Heiligen Land und anderswo ausgefochten hatten. Sogar muslimische Potentaten und ihre Widersacher, das geheimnisvolle Kriegervolk der Assassinen, zahlten ihnen Tribut.[3]

Die geheime Gründung des Ordens im Heiligen Land verlieh ihrem Reichtum eine sagenumwobene Aura – und das mit gutem Grund. In den Anfängen hatten die ersten Ritter des Ordens offenbar völlig abgeschieden mehr als neun Jahre auf dem Tempelberg in Jerusalem gelebt – genau dort, wo einst der salomonische Tempel stand.[4] Forschungen haben jüngst ergeben, daß die Ritter unter dem Tempelberg Ausgrabungen machten, was die Vermutung verstärkte, daß sie zumindest einen Teil des sagenhaften salomonischen Schatzes gefunden haben könnten, den man vermutlich unter dem Tempel versteckte, kurz bevor die Legionen des Titus im Jahre 70 n. Chr. das Gebäude belagerten und dann zerstörten.[5] Die Überlieferung läßt auch den Schluß zu, daß man etwas anderes, etwas von großer Bedeutung, ebenfalls gefunden hatte. Die Vermutungen reichen von der Bundeslade über heilige Schriften bis hin zum Heiligen Gral, den spätere Legenden in Verbindung zu den Tempelrittern brachten.[6] Ganz gleich, ob diese

Geschichten nun stimmen – zu Beginn des 14. Jahrhunderts war der Orden der «Armen Ritter» alles andere als arm – der Reichtum der Tempelritter übertraf jede Vorstellungskraft.

Doch als Philipp der Schöne, König von Frankreich, die Zerstörung des Ordens befahl und seine bewaffneten Räuberbanden die Burgen und Präzeptorien der Templer stürmten, fiel ihnen an Gold, Juwelen oder anderem Wertvollem seltsamerweise nur wenig in die Hände. Das war verwunderlich, denn der Überfall war vom König und seinen Gefolgsleuten unter strengster Geheimhaltung mit großer Sorgfalt geplant worden. Sogar der Zustimmung und Unterstützung des Papstes hatte man sich vergewissert. Die Beamten des Königs erhielten versiegelte Befehle mit der Auflage, sie erst zu einem bestimmten Zeitpunkt zu öffnen und dann die Befehle des Königs sofort in die Tat umzusetzen. Dahinter stand die Absicht, daß vorher kein Wort darüber an die «Militia Christi» ging. Der Begleittext zu den Befehlen unterstrich, wie ernst die Anklagen gegen die Templer waren: «Wie Lasttiere bar jeden Verstandes, die Unvernunft der wilden Tiere in ihrer Bestialität sogar noch verstärkend, haben sie Gott, ihren Schöpfer, verleugnet.» Eine genaue Liste von Verbrechen war aufgeführt, unter anderem Sodomie, das Leugnen Christi und seiner Kreuzigung, Spucken und Urinieren auf das Kreuz und die Verehrung von Götzen – und ganz besonders die Anbetung eines Schädels.[7]

Noch verblüffender als die fehlenden Schätze war die Tatsache, daß man bei den Tempelrittern praktisch nichts fand, womit die Existenz dieser «Götzen» zu beweisen gewesen wäre – also auch nicht den Schädel, den sie angeblich anbeteten. Daß ein Schädel oder mehrere Schädel vom Orden verehrt wurden, steht ohne jeden Zweifel fest, denn die Übereinstimmung der Aussagen von inhaftierten Tempelrittern ist zu groß, als daß man sie ignorieren könnte. Viele, die sich weigerten, Sodomie, die Anbetung von Katzen oder anderes aus der Litanei «satanischer Praktiken» zu gestehen, die die Inquisition aufgelistet hatte, gaben an, daß ein Schädel mit bestimmten Verletzungen Bestandteil des Rituals der Tempelritter gewesen sei. Der Name dieser Reliquie lautete fast immer «Baphomet», was übersetzt soviel heißt wie «Vater der Weisheit», ein Begriff, der später in diesem Buch unter verblüffenden

Umständen wieder auftauchen wird. Ein Bruder des Ordens, Etienne de Troyes, schilderte den Dominikanern der Inquisition sehr genau, wie er das erste Mal des Schädels ansichtig wurde. Er hatte die Reliquie gesehen, als sie bei der jährlichen Versammlung des Ordens in Paris gezeigt wurde. Im Verhörprotokoll der Inquisition liest man:

> *«Er war seit drei Tagen im Kapitel [...] und beim Dämmern des ersten Abends brachten sie einen Schädel herbei, ein Priester trug ihn, gefolgt von zwei Brüdern mit großen Wachskerzen in silbernen Leuchtern, und er (der Priester) legte ihn auf den Altar auf zwei Kissen mit einem kunstvoll gewebten Seidenbezug. Und der Schädel schien ihm vom Scheitel bis zum Halsansatz mit Fleisch bedeckt zu sein und einem Hundefell ohne jedes Gold oder Silber und ein richtiges Gesicht, leicht bläulich eingefärbt und fleckig mit einem graumelierten Bart, wie ihn auch manche Templer trugen.»*[8]

Andere Tempelritter schilderten den Schädel, den sie gesehen hatten, anders. «Der Schädel wirkte weiß mit einem Bart», oder er war «von roter Farbe und so groß wie der Kopf eines Menschen». Aus den Aussagen der Tempelritter vor der Inquisition geht klar hervor, daß es mehr als einen Schädel im Besitz der Tempelritter gab und daß bei ihren Ritualen auch mehr als einer benutzt wurde – obwohl dem «Baphomet» besondere Ehren zuteil wurden. Es gab also eine Reihe von Schädeln. Eine Aussage hebt sich von den anderen ab. In ihr wurde der Schädel als «ein Stück altes Leder, allerdings gänzlich einbalsamiert und wie poliertes Holz» beschrieben. Bei dieser Aussage regte sich bei mir zum ersten Mal der Verdacht, daß das, was diese inhaftierten Tempelritter – vielleicht völlig unbeabsichtigt – mitteilten, unter Umständen die schattenhafte Präsenz einer uralten Überlieferung sein könnte. «Ein Stück altes Leder», das trotzdem ein Schädel war, ließ in mir den Gedanken reifen, daß diese Reliquie das letzte Überbleibsel eines einst intakten Schädels war – vielleicht sogar von unermeßlichem Alter.

Die Entdeckung eines solchen Götzen durch die Männer des Königs hätte die Tempelritter wohl in den Augen der meisten ihrer Zeitgenossen zu ewiger Verdammnis verurteilt und die Verfolgung des Ordens durch Philipp den Schönen gerechtfertigt. Doch obwohl man mit allen Mitteln nach «Baphomet» suchte, wurde keine Spur der Reliquie gefunden. Es gibt schlüssige Beweise dafür, daß die Tempelritter vor dem Überfall gewarnt wurden und daß die Schätze des Ordens zusammen mit allen Aufzeichnungen, einige Tage bevor der König zuschlug, fortgeschafft wurden. Zumindest sagte einer der Tempelritter aus, daß die Schätze im Schutz der Dunkelheit, ein oder zwei Tage bevor Philipp der Schöne den Tempel heimsuchte, aus dem Pariser Präzeptorium geschafft wurden. Es ist wahrscheinlich, daß die heiligen Reliquien auch weggebracht wurden, denn sie wurden sehr verehrt und waren daher noch bedeutender als die vergänglichen Schätze des Ordens. Aber wohin brachte man sie? An welchen sicheren Ort wurden sie geschafft?

Das waren wichtige Fragen, aber was mich anbetrifft, gab es noch eine viel wichtigere: Bis heute wurde von den mumifizierten Schädeln nur nebenbei gesprochen. Niemals rückten sie in den Mittelpunkt des Interesses, sie waren lediglich «Requisiten», deren sich die Unterdrücker der Tempelritter bedienten. Heutzutage sind die Schädel, die die Templer anbeteten, für die Wissenschaft genau das, was sie für die Inquisitoren des Mittelalters waren – einfach Götzen, leblose Gegenstände, Kultobjekte. Aber wenn es sich wirklich um mumifizierte Schädel handelte, dann waren es die sterblichen Überreste von Menschen, die in alter Zeit gelebt und geatmet hatten. Von jemandem, der den Weg alles Irdischen gegangen war, von jemandem, der – wie wir heute auch – froh und niedergeschlagen war, von jemandem, der über diese Erde geschritten ist, geplant, gekämpft, geliebt und geträumt hat.

Jeder mumifizierte Schädel war das Zeugnis eines Lebens. Wessen Lebens? Wer waren diese Menschen? Wessen Schädel wurden da verehrt? Diese Frage beschäftigte mich immer mehr. Ich wollte wissen, wer sie waren, den wahren Namen von «Baphomet» aussprechen. Ich wollte begreifen, warum man gerade sie für diese groteske Form der Unsterblichkeit ausgewählt hatte. Und man mußte noch mehr in Erwägung ziehen: Wenn diese Schädel Teil des Schatzes gewesen waren, den die Tempelritter während ihrer Ausgrabungen unter dem salomonischen Tempel entdeckt hatten, dann mußten sie in letzter Konsequenz jüdischer Herkunft sein. Wie aber soll man das zusammenbringen – die Anbetung jüdischer Reliquien und das Ritual der Tempelritter? Schließlich waren die Ordensmänner berühmt für ihre tollkühne Tapferkeit im Dienste des Kreuzes, sie waren die Soldaten Christi, die nur allzugern ihr Leben für die Verteidigung der Lehren Jesu opferten.

Es gab einen Hinweis. Nachdem die Tempelritter verhaftet worden waren, entdeckten die Inquisitoren, die ihre Besitztümer sichteten, einen einzigen heiligen Schädel, beziehungsweise ein aus Silber gefertigtes Reliquiar in Form eines weiblichen Kopfes: «Darin befanden sich zwei Schädelknochen in einem Stück weißen Leinen, um das ein rotes Tuch gewickelt war [...] die Knochen stammten von einer ziemlich kleinen Frau.»[9] Auf dem Reliquiar stand «Caput LVIIIM». Einige Wissenschaftler haben das «M» als *M* gelesen, das astrologische Zeichen für Jungfrau, und meinen, daß die Knochen von der Jungfrau Maria stammen, der Mutter Jesu. Ob diese Theorie nun stimmt oder nicht – dieser winzige Überrest eines einst menschlichen Schädels war ein verblüffender Hinweis. Er erinnerte mich an das «alte Stück Leder», das auch ein «Schädel» war, und wieder fühlte ich mich darin bestätigt, daß die Anbetung bestimmter Schädel eine uralte Tradition sein mußte. Aber was mich wirklich fesselte, war der Rest der Inschrift. LVIII ist die lateinische Schreibweise der Zahl 58. Warum 58? Mir schien das ein Hinweis darauf zu sein, daß die Reliquie zu einer Serie gehörte, zu einer Reihe heiliger Schädel, die zutiefst verehrt wurden. Aber woher stammten sie? Und wo waren sie jetzt?

Die Tempelritter hatten ihren Ursprung im Heiligen Land, und es war bekannt, daß sie sich für okkultes Wissen begeisterten, das im östlichen Mittelmeerraum und besonders in Ägypten sehr verbreitet war. In diesem Anfangsstadium der Nachforschungen schien es also sinnvoll, die Spurensuche in dieser Region aufzunehmen. Es schien plausibel, daß die mumifizierten Schädel – und damit der Ursprung der Verehrung dieser makabren menschlichen Überreste – irgendwo aus dem Mittleren Osten stammen könnten und daß sie – wenn man bedachte, was für fanatische Christen die Templer waren – irgendwie in Verbindung mit dem Christentum standen, wenn auch nicht mit der orthodoxen Fraktion der Christenheit. Caput 58 schien den Weg zu weisen. Zu wem der Schädel auch gehört haben mag, er kündete verhalten von einer Tradition, einer geheimen Religion, die es schon weit vor Beginn der christlichen Ära gegeben haben mußte, und zwar – grob geschätzt – schon mindestens zur Zeit des Moses.[10]

2
Moses der Pharao

Im Jahr 1937 veröffentlichte Sigmund Freud, der Vater der Psychoanalyse, seine letzte große Arbeit. Sie war ganz anders als alles, was er vorher geschrieben hatte, und trug den Titel: *Moses und der Monotheismus.*[1] Freud war fasziniert von den Diskrepanzen in der biblischen Mosesgeschichte, und er stellte eine verblüffende neue Hypothese auf, die auf eine gewisse Art und Weise genauso epochal war wie seine berühmteren psychologischen Theorien. In seinem Buch begründet Freud die These, daß Moses kein Jude, sondern Ägypter und Anhänger des Pharaos Echnaton, des «Ketzerkönigs», war. Das war für mich wie eine Offenbarung. Wenn das stimmte, gab es eine weitere verblüffende Verbindung zwischen den heiligen Schädeln der Templer und der Zeit des Moses.

Echnaton ist eine historisch belegte Figur. Er war der erste Monotheist der Welt, der Pharao, der mit den alten Göttern Ägyptens brach und der versuchte, die Anbetung einer einzigen Gottheit durchzusetzen – des Gottes Aton. Aber das Besondere daran ist, daß die okkulte Überlieferung Echnaton als Urheber vieler Regeln angibt, die bis heute mystische Orden beherrschen. Die Rosenkreuzer zum Beispiel führen ihren Ursprung auf Echnaton zurück: Von ihm wird gesagt, er habe eine große Bruderschaft gegründet, eine Schule der Mysterien, deren Glaubenssätze sich seitdem über die ganze Erde verbreitet haben. Es ist bekannt, daß die Philosophie der Tempelritter Ähnlichkeiten mit den Lehren der Rosenkreuzer aufweist, was den Schluß zuläßt, daß zumindest einige Lehrsätze von gleicher Herkunft sind. Trotzdem ist es diskussionswürdig, ob beide Gruppen wirklich in letzter Konsequenz den Geboten des Pharaos Echnaton folgten. Dieser Gedankengang machte mich sehr neugierig, denn ich war selbst Mitglied des Ordens der Rosenkreuzer, und erst kürzlich hatte ich an einer Initiation teilgenommen, bei der ich ein höchst seltsames Erlebnis hatte. Obwohl es verboten ist, die Geheimnisse des Ordens publik zu machen, kann ich doch von einer persönlichen Erfahrung bei diesem Ritual berichten, denn ich hatte dabei die Vision, in einem Spiegel einige körperlose Schädel zu sehen. Könnte diese Vision von Schädeln irgendwie mit den ja sehr greifbaren Schädeln in Verbindung stehen, die die Tempelritter anbeteten?[2]

Die Annahme, daß Moses ein Schüler Echnatons war, schuf eine plausible Verbindung zwischen seiner Lebensgeschichte, dem Exodus und zwischen den Ländern Ägypten und Israel. Der Orden der Tempelritter war in Jerusalem gegründet worden, der Hauptstadt der Israeliten. Und es waren die Ausgrabungen der Templer in Jerusalem, unter den Ruinen des salomonischen Tempels, die offenbar zu ihrem Ritual der Anbetung mumifizierter Schädel geführt hatten. Gab es vielleicht eine Verbindung zwischen diesen so unterschiedlichen Menschen und Ereignissen? Könnte die Anbetung des beschädigten Schädels schon mit dem «häretischen» Echnaton begonnen haben? Und war er dann zuerst nach Judäa und in den Tempel des Salomo gebracht worden und schließlich über die Templer in Frankreich gelandet? Die Wahrscheinlichkeit war verschwindend klein, aber ich beschloß, mich näher mit Freuds offenbar so exzentrischen Behauptungen zu befassen. Zu meiner Überraschung stellten sie sich nicht nur als wohlbegründet heraus, sondern die Forschungen förderten auch Erklärungen zutage, wie der Schädelkult in die westliche Welt gelangt sein konnte; sie warfen schließlich ein neues Licht auf die Vorfahren von Jesus – etwas, was man bisher eigentlich nie gedacht hätte!

In der Bibel wird erzählt, daß Moses ein Hebräer war, der in Ägypten im Land Goschen geboren wurde. Sein Vater Aram gehörte ebenso zum Haus Levi wie seine Mutter Jochebed. Die Hebräer jener Zeit lebten bereits seit mehreren Generationen in Ägypten. Sie waren auf Geheiß des Joseph (der den Mantel mit den vielen Farben trug) aus Kanaan gekommen. Joseph war zum Wesir des Pharao ernannt worden und hatte bei dem ägyptischen Monarchen erwirkt, daß seine Sippe im östlichen Nildelta siedeln durfte. Die Zahl der Hebräer war angestiegen und sie «wurden über alle Maßen zahlreich, so daß das Land von ihnen voll ward» (2. Buch Mose 1,7). Ein neuer Pharao bestieg den Thron, und er fürchtete sich immer mehr vor diesen mächtigen Einwanderern. Er betrachtete sie als Bedrohung und warnte sein Volk, «[...] daß ihrer hoffentlich nicht noch mehr werden, daß sie nicht, wenn ein Krieg über uns kommt, sich auch noch zu unseren Feinden schlagen und wider uns kämpfen [...].» (2. Buch Mose 1,10b). Die Ägypter versuchten die Macht der Hebräer zu brechen, indem sie sie versklavten und dazu anstellten, die Städte Pitom und Ramses zu bauen. Als sie damit ihre Zahl auch nicht verringern konnten, befahl der Pharao, alle erstgeborenen Söhne zu ermorden. Die Untat wurde brutal und effizient durchgeführt. Wenn Mütter verdächtigt wurden, ihre Säuglinge zu verstecken, nahmen die Ägypter ihre eigenen Babys mit in die Häuser und brachten sie zum Weinen in der Hoffnung, daß die hebräischen Babys in das Geschrei einfallen würden.

Gemäß der biblischen Überlieferung war Moses von seiner hebräischen Mutter drei Monate lang versteckt worden; als sie fürchtete, entdeckt zu werden, legte sie ihn in einen Korb, den sie mit Pech und Teer wasserdicht gemacht hatte, und setzte ihn im Schilf am Ufer des Nils aus. Hier wurde er von der Tochter des Pharaos gefunden. Als sie den Korb öffnete, war die ägyptische Prinzessin voller Mitleid, denn das kleine Kind schrie erbärmlich. Moses ältere Schwester Miriam war damit beauftragt worden, aus einiger Entfernung über das Kind zu wachen. Jetzt ging sie zur Tochter des Pharao und schlug ihr vor, daß eine hebräische Frau das Kind stillen solle. Diese Idee wurde gut geheißen und Miriam holte Jochebed, Moses Mutter, die freudig das Kind mit sich nahm, das nun unter dem Schutz des königlichen Hauses stand. Als Moses entwöhnt war, brachte sie ihn in den Palast, wo die Tochter des Pharao ihn als Sohn adoptierte. Sie gab ihm auch den Namen Moses, «weil ich ihn aus dem Wasser holte».

So geht die Geschichte, aber selbst als Teenager ist es mir ziemlich schwer gefallen, die Geschichte zu glauben. Die Tochter des Pharao war die Erbin, und weil sich in Ägypten das königliche Blut durch die weibliche Linie fortpflanzte, war eine Prinzessin den Ägyptern sogar noch mehr wert als ein männlicher Thronerbe.[3] Man darf also annehmen, daß sie streng bewacht wurde und von Leibwächtern und Hofschranzen umgeben war, die sie vor dem Kontakt mit gewöhnlichen Ägyptern abschirmten. Und trotzdem sollen wir also glauben, daß Miriam, eine junge Frau aus dem verachteten Volk der Hebräer, in diesen geschlossenen Kreis einbrechen und direkt mit der Prinzessin sprechen konnte? Meiner Meinung nach konnte sie noch nicht einmal in die Nähe der Prinzessin gelangen – und wenn es ihr doch gelungen wäre, dann hätte man sie mit Peitschenhieben weggejagt, falls sie es gewagt hätte, den Mund aufzumachen.

Freud mißtraute dieser Version der Ereignisse ebenfalls, aber er hatte dafür bessere und vor allem wissenschaftlichere Gründe: Erstens ist Moses kein hebräischer Name. Die kurze Erklärung der Pharaotochter, daß er von dem hebräischen Ausdruck «er wurde aus dem Wasser gezogen» herrührte, hält einer näheren Überprüfung einfach nicht stand. Die bestehende hebräische Form des Namens Mosche kann bestenfalls mit «der Ausgezogene heraus» übersetzt werden. Wenn man ihn so übersetzen würde, wie es in der Bibel steht, «jemand, der herausgezogen wurde», würde der Name Moschui lauten. Es ist also ganz klar, daß der hebräische Schreiber, der die frühen Bibeltexte überarbeitete, versuchte, das Problem dadurch zu beseitigen, daß er die Wahrheit ein wenig großzügig auslegte, damit sie zu einer orthodoxen Erklärung paßte.[4] Freud wies außerdem darauf hin, daß es völliger Unfug ist, einer ägyptischen Prinzessin Kenntnisse in der hebräischen Etymologie zuzusprechen. Trotzdem wurde diese Erklärung jahrhundertelang sowohl von Christen als auch von Juden akzeptiert. Freud bemerkte hierzu: «Vielleicht war die Ehrfurcht vor der biblischen Tradition unüberwindlich. Vielleicht erschien es ungeheuerlich, sich vorzustellen, daß der Mensch Moses etwas anderes als ein Hebräer gewesen sein könnte.»[5]

Tatsächlich ist Moses ein ägyptischer Name. Auf ägyptisch heißt «Mose» schlicht Kind. Das «s» am Ende ist bei der Übersetzung des Alten Testaments ins Griechische angehängt worden (im hebräischen Text steht «Moscheh»). Dieses Wort taucht mit beeindruckender Regelmäßigkeit in zusammengesetzten ägyptischen Namen auf, zum Beispiel in «Amun-mose», was übersetzt soviel heißt wie «Amun (ein ägyptischer Gott) hat ein Kind geschenkt». Die Königslisten der Ägypter sind voller «Mose», und dieser Wortteil kommt in den Namen der bekanntesten ägyptischen Pharaonen vor: Ahmose, Thutmosis und Ra-mosis (Ramses).

Die Moses-Geschichte ist noch wegen einer weiteren Unregelmäßigkeit bemerkenswert. Wie viele andere Heldenmythen ist sie eine idealisierte Version vom Leben eines Helden. Aber diese Erzählung ist ganz anders. In den meisten anderen Mythen wird von einem hochgeborenen Kind (üblicherweise der Sohn eines Königs) berichtet, das von einfachen Adoptiveltern aufgezogen wird. Nach vielen Abenteuern erringt dann später das Kind seinen rechtmäßigen Platz als König. Die Sagen von Romulus und Remus (den Gründern von Rom), von Sargon von Akkad (dem Gründer von Babylon), den griechischen Helden Perseus, Amphion und Telephus und vieler anderer sind alle nach diesem Muster gestrickt.[6] Die wahrscheinlichste Erklärung für dieses immer wiederkehrende Muster ist die Glorifizierung des Helden, der in Wirklichkeit oft niedriger Herkunft war. Die einfache Familie in der Sage ist seine echte Verwandtschaft, aber der Held/König muß diese unglückliche Tatsache leugnen. Um seinen Anspruch auf den Thron zu legitimieren, muß er demonstrieren, daß er nicht bloß ein einfacher Sterblicher ist, der durch Ränke und Kniffe, vielleicht sogar durch Mord, an die Königswürde gekommen ist, sondern daß diese hohe Position ihm aufgrund seiner wahren (und lange verborgen gebliebenen) königlichen Geburt zusteht.

Immer wieder also haben wir es mit dem Mythos des verlassenen Königskindes zu tun, das von einer einfachen Bauernfamilie gefunden und großgezogen wird und schließlich seinen königlichen Status zurückerhält. Das Ungewöhnliche an der Moses-Geschichte ist, daß hier das genaue Gegenteil stattfindet, gewissermaßen ein Spiegelbild der Standardversion: Moses ist der Sohn einfacher Eltern, seine Pflegemutter entstammt dem Königshaus und er landet schließlich bei seinem eigenen, niedrigen Volk, den Hebräern. Für Freud lag der logische Schluß auf der Hand: Die biblische Geschichte ist eine Verschleierung, ein Versuch, die Tatsache zu verbergen, daß die wahre Herkunft von Moses im ägyptischen Königshaus zu suchen ist. Moses war ein Ägypter von hohem Rang, den sein «Adoptivvolk» (die Hebräer) dringend zu einem der ihren machen mußten. Wie wir im achten Kapitel sehen werden, entspricht diese Schlußfolgerung nur zur Hälfte der Wahrheit und das aus sehr bemerkenswerten Gründen.

Es gab noch eine weitere Frage, eine, die mitten ins Zentrum von Freuds Judentum zielte – die der Beschneidung. Obwohl die Beschneidung heute auf der ganzen Welt als jüdische Sitte betrachtet wird, ist ihr Ursprung zweifellos bei den Ägyptern zu suchen. Schon Herodot, «der Vater der Geschichtsschreibung», hat dies im ersten Band seiner *Historia* geschrieben.[7] Die Untersuchung unzähliger Mumien (und gelegentlich auch die Analyse von Wandgemälden) beweist, daß Herodot recht hatte. Die Kanaaniter biblischer Zeiten werden in der Heiligen Schrift «Unbeschnittene» genannt. Deshalb kann man sicher davon ausgehen, daß die semitischen Stämme, die am Ostrand des Mittelmeeres lebten, diesen Brauch nicht pflegten, während die Männer Ägyptens – gleich ob hoch oder niedrig geboren – sich dieser Prozedur unterziehen mußten. Wenn die orthodoxe Interpretation stimmt – nämlich, daß Moses den Exodus angeordnet hat, um sein Volk von dem verhaßten ägyptischen Joch zu befreien und sie in ein neues Land zu bringen, wo sie von allen ägyptischen Einflüssen frei ungehindert ihren Gott anbeten konnten – warum sollte er ihnen dann die Beschneidung aufzwingen – einen Brauch, der im tiefsten Grund ägyptisch war? Freud meint dazu: «Als Moses den Juden nicht nur eine neue Religion, sondern auch das Gesetz der Beschneidung gab, war er kein Jude, sondern ein Ägypter, und die mosaische Religion war wahrscheinlich eine ägyptische […].»

Freuds Logik ist bestechend, aber seine Schlußfolgerung schafft ein neues und anscheinend unlösbares Problem. Allein durch die Kraft seiner Persönlichkeit führte Moses den Monotheismus – den Glauben an einen allmächtigen Gott – bei allen Hebräern ein. Obgleich es möglich ist, daß vereinzelte Grüppchen der Hebräer, schon bevor sie nach Ägypten kamen, monotheistischen Glaubenssätzen anhingen, war es doch Moses, der der Masse des Volkes den Monotheismus nahebrachte und sie auch bei der Stange hielt, wenn sie – was mehr als einmal geschah – anderen Göttern verfielen. Aber wenn man Freuds These akzeptiert, gibt es also ein Problem: Der Monotheismus war keine ägyptische Tradition. Diese Nation war im Gegenteil berühmt für ihren Reichtum an Göttern wie zum Beispiel Osiris, den Gott der Toten; Isis, seine Frau; Seth, den Gott des Bösen (der angeblich seinen Bruder Osiris in einem Anfall eifersüchtiger Wut umbrachte); und Thot, den Gott der Weisheit, manchmal auch der Schöpfergott, der die Welt durch den Klang seiner Stimme erschuf. Der Gott Amun (bis zur zwölften Dynastie, also bis zirka 1800 v. Chr., nahezu unbekannt) wurde schließlich zum König der Götter gekürt und stieg zur höchsten Position im Pantheon auf, als er mit Ra, dem Sonnengott, zu Amun-Ra verschmolzen wurde.[8] In der achtzehnten Dynastie war Amun-Ra der Staatsgott von Ägypten und der Pharao sein leiblicher Sohn, der durch die Gnade des Gottes regierte.[9] Jeder dieser Götter wurde in eigenen Tempeln angebetet, mit eigenen Priestern, nach bestimmten Ritualen und in bestimmten Inkarnationen, die von Ort zu Ort ganz unterschiedlich sein konnten (zum Beispiel wurde Amun in Theben als Mensch angebetet, während man in Karnak einen heiligen Widder als lebende Inkarnation des Gottes verehrte. In Karnak gab es auch eine heilige Gans, noch ein Tier, das für Amun heilig war).[10]

Wie also ist es möglich, Monotheismus als ägyptische Religion, die an die Juden weitergegeben wurde, anzusehen? Und wieso kam heraus, daß Moses gar kein Jude, sondern Ägypter war? Diese Theorie könnte man gleich vergessen, gäbe es da nicht eine bestimmte Periode in der ägyptischen Geschichte, die fünfundzwanzig Jahre dauerte. Nur für diese kurze Zeit in Ägyptens langer Geschichte trat ein Mann in Erscheinung, der einen einzigen Gott als Schöpfer aller Dinge und Gott aller Menschen anbetete und der seine Vision mit unerschütterlicher Entschlossenheit verfolgte. Nur einmal wurde die großartige ägyptische Göttervielfalt durch eine monotheistische, religiöse Revolution von atemberaubendem Umfang beiseitegefegt – in der Zeit des Echnaton und der Könige von Amarna.

Echnaton

Der Pharao, den wir unter dem Namen Echnaton kennen, begann sein Leben als Amenhotep IV und Prinz der achtzehnten Dynastie. Sein Vater war Amenhotep III und sein Ururgroßvater Thutmosis III, dessen Eroberungszüge ein Imperium geschaffen hatten, das im Süden bis Nubien, im Norden bis zum Euphrat reichte. Er hatte Ägypten zur Weltmacht gemacht. Dieser Ahne von Echnaton spielt eine Schlüsselrolle in unserer Geschichte und in der Geschichte von Jesus und der des Hauses David.

Aufgrund der biblischen Erzählungen neigen wir dazu, die Geschichte Ägyptens und seiner Pharaonen zu verklären, ja, sie erscheint uns als nahezu Goldenes Zeitalter: Die Pharaonen herrschten und bauten ihre Pyramiden, die Priester beteten und die Bauern pflügten und bewässerten ihre Felder an den Ufern des Nil. Nichts störte den gleichmäßigen Ablauf der Jahreszeiten. Doch die Wahrheit ist prosaischer und sehr viel interessanter. Das ägyptische Leben am Hof der Pharaonen war genauso voller Intrigen wie in jedem Königreich. Höflinge wetteiferten um angesehene Stellungen und die königliche Gunst, und der Pharao selbst, der Herrscher der «zwei Reiche» (wie Ägyptens Name in alter Zeit lautete), saß nicht gerade sicher auf seinem Thron. Das traf besonders auf die Amarna-Könige zu, deren turbulente Herrschaft mit Echnaton begann.[11]

Der Prinz, aus dem später Echnaton wurde, wurde als Amenhotep IV um das Jahr 1396 v. Chr. geboren. Seine Geburt wurde geheimgehalten, denn kurz zuvor war sein älterer Bruder Thutmosis unter mysteriösen Umständen verschwunden, und das Leben des jungen Prinzen war vom Zeitpunkt seiner Geburt an in höchster Gefahr. Der Grund dafür war seine Abstammung und eine leidenschaftliche Liebesgeschichte.

Wie wir im achten Kapitel sehen werden, gibt es gute Gründe anzunehmen, daß Echnatons Mutter, Teje, die Tochter eines Hebräers war, der am Hof des Pharaos Amenhotep III, Echnatons Vater, zu hohen Ehren gelangt war. Weil die königliche Abstammung im alten Ägypten durch die weibliche Linie weitergegeben wurde, war die Stellung der Tochter des Pharao von besonderer Bedeutung. Nur durch ihre Kinder konnte das heilige Blut der Könige weitergegeben werden. Der einzige Weg, durch den der männliche Thronerbe (der Sohn des Pharao) die Königskrone erwerben konnte, war der, sich mit dieser Blutlinie zu verbinden. Das ist die Ursache für die Vielzahl von Bruder-Schwester-Ehen, die uns heute so unverständlich sind. Nach der Heirat wurde die Ehefrau und Schwester zur Ersten Königsfrau ernannt (denn der Pharao hatte noch mehr Frauen), und ihre Kinder – und nur ihre Kinder – waren für die Thronfolge relevant. Aber in der Regierungszeit Amenhoteps III wurde diese Tradition gebrochen. Nachdem er pflichtbewußt seine Schwester Sitamun geheiratet hatte, scheint der Pharao von Teje betört worden zu sein, der Tochter des Yuya, seines hebräischen Wesirs. Tejes Mutter war eine Ägypterin (Yuya hatte die Tochter eines Priesters des Sonnengottes On geheiratet), aber für die meisten Ägypter blieb sie trotzdem eine Ausländerin. Amenhotep III scheint das egal gewesen zu sein, er heiratete Teje und ernannte sie und nicht Sitamun – allen ägyptischen Traditionen zum Trotz – zur Ersten Königsfrau. Das führte zu einer unvorhergesehenen Verfassungskrise. Die Priester des Amun waren verantwortlich für die Einsetzung des Pharao, und sie betrachteten jeden Sohn Tejes als Bedrohung. Sie entstammte nicht dem Königshaus, und – schlimmer noch – sie war zum Teil hebräischer Abstammung und konnte als Erste Königsfrau sicherstellen, daß ihr Sohn legitimer Thronanwärter war. In den Augen der ägyptischen Oberschicht war das vollkommen inakzeptabel. Teje war Ausländerin, Semitin und eine «Nachfahrin» der verhaßten Hyksos, der semitischen «Schäferkönige», die weniger als zweihundert Jahre zuvor über die östliche Grenze ins Land gestürmt waren und Ägypten mehr als hundert Jahre unterjocht hatten.[12] Sie würden es dem Sohn einer verachteten Ausländerin nie erlauben, sie als Pharao zu regieren, der «Sohn des Amun», ihres exklusiv ägyptischen Gottes zu werden.

Der Pharao Amenhotep scheint zu drastischen Mitteln gegriffen zu haben, um das Problem zu beheben, das er selbst geschaffen hatte: Es ergingen Befehle an Tejes Hebammen, jeden Sohn bei der Geburt zu ersticken – ein Befehl, den wir aus der biblischen Geschichte von der Tötung der hebräischen Knaben kennen. Einige Wissenschaftler glauben, daß dies das Schicksal von Echnatons älterem Bruder war, der ja spurlos verschwand. Aber irgendwie entkam Echnaton diesem Schicksal und überlebte. Später gab er sich – offensichtlich in Erinnerung an sein Entkommen – den Beinamen «Er, der lange lebte». Um der Gefahr zu entgehen, die ihm noch immer von den Bewahrern der heiligen Tradition Ägyptens drohte, verbrachte er die ersten zwanzig Jahre seines Lebens fern vom Hof, wahrscheinlich in Heliopolis und dem Land Zarw, im östlichen Nildelta, das seiner halb-hebräischen Mutter Teje gehörte und wo sich viele Hebräer niedergelassen hatten.

Die Ursprünge von Echnatons Glauben

In Heliopolis begann Echnaton sein neues und bis dahin einzigartiges Konzept von einer Gottheit, die er Aton nannte, zu formen. Dieser Aton war der Gott aller Menschen und jeder lebenden Kreatur, die unsichtbare Kraft, die das Universum geschaffen hatte, und deren Macht die Schöpfung bewahrte. Für Echnaton waren die unzähligen Götter Ägyptens nur Schemen, schattenhafte Figuren ohne Substanz. Es gab keinen anderen Gott als Aton.

Tatsächlich war Aton ein alter Name des Sonnengottes und die neue Gottheit wurde als Sonnenscheibe dargestellt, deren Strahlen Leben schenkten. Doch aus den Texten, die uns überliefert sind, geht klar hervor, daß die neue Religion nur den Namen und das Symbol von dem alten Gott übernahm. Echnaton ist weit über simple Sonnenanbetung hinausgegangen – der Sonne wurde nicht als rein materielles Objekt gehuldigt, sondern als Symbol des großen Wesens, dessen Energie die Schöpfung vollbrachte.[13] Der *Große Hymnus an Aton* – geschrieben von Echnaton selbst vor fast 3500 Jahren – ist lebhafter Ausdruck der Verehrung des Pharao für die Gottheit und all ihre Werke. Zugleich enthüllt diese Hymne, daß der «Häretiker» ein äußerst empfindsamer Mensch und ein großer Dichter gewesen ist:

«Schön erscheinst Du im Lichtland des Himmels,
Du lebende Sonne, Ursprung des Lebens.
Du bist aufgegangen im östlichen Lichtland,
und Du hast jedes Land mit deiner Schönheit erfüllt […]
Du bist fern, doch Deine Strahlen sind auf Erden.
Du bist in ihrem Angesicht, aber man kann Deinen Gang
nicht erkennen […]
Wie zahlreich sind Deine Werke,
die dem Angesicht verborgen sind,
Du einer Gott, dessengleichen nicht ist!
Du hast die Erde erschaffen nach Deinem Herzen,
Der Du allein warst,
Mit Menschen, Herden und jeglichem Wild,
Allem, was auf Erden und auf (seinen) Füßen läuft,
(allem,) was in der Luft ist und mit seinen Flügeln auffliegt […]
Deine Strahlen säugen alle Wesen; wenn Du aufgehst,
Leben sie und wachsen um Deinetwillen […]
Sind von Deinem Wesen des lebendigen Aton erfüllt,
Wachsen und scheinen weiter.
Du bist in meinem Herzen, aber es gibt keinen anderen,
der Dich erkannt hat.
Rette Deinen Sohn Echnaton.
Du hast ihn durch Deinen Plan und Deine Macht
weise gemacht.[14]

Die letzten Zeilen dieses Gedichts betonen Echnatons Glauben, daß er von Gott erwählt wurde. Wie Moses war er überzeugt, daß er die Gegenwart Gottes erfahren hatte, und daß die Geheimnisse der Gottheit ihm allein offenbart worden waren.

Die beiden Hauptelemente, aus denen Echnaton offenbar seine neue Idee einer Gottheit formte, waren beide in Heliopolis vorhanden. In dieser «Stadt der Sonne» gelangte der junge Prinz in die Schule der Priester des On, die ein Erscheinungsbild des ägyptischen Sonnengottes verehrten. Wie wir bereits gesehen haben, wählte er für seine neue Gottheit ein Sonnensymbol und den alten Titel des Sonnengottes. Es ist möglich, daß die neue Religion, die er einführte, eine Verschmelzung aus den Lehren der Priester von Heliopolis mit dem hebräischen Konzept eines unsichtbaren Schöpfergottes darstellte. Diese Lehren können sehr gut nach Ägypten gelangt sein, als Echnatons hebräischer Großvater Yuya aus Kanaan kam. Eine solche Verschmelzung – auch Synkretismus genannt – ist nicht ungewöhnlich, sondern vielmehr die Regel bei der Entwicklung und Evolution aller religiösen Bewegungen. Die ägyptische Religion war keine Ausnahme – Studenten von heute wissen sehr gut, daß semitische Glaubenssätze die Ägypter beeinflußten (und vice versa). George A. Barton, emeritierter Professor für semitische Sprachen an der Universität von Pennsylvania und Direktor der amerikanischen Schule für Orientalistik in Bagdad, hat bewiesen, daß semitische Fruchtbarkeitsgötter durch eine der prähistorischen Wellen semitischer Immigration nach Ägypten gelangten und sich dort zu den beiden Hauptgottheiten im ägyptischen Pantheon entwickelten – Isis und Osiris.[15]

Ein solcher Synkretismus könnte auch sehr wohl ein drittes, esoterischeres Element in Echnatons Religion eingebracht haben. Es ist möglich, daß durch Yuya oder einen anderen Hebräer jener Aspekt Eingang in Echnatons Religion fand, der meiner Meinung nach eine Geheimlehre blieb – der Schädelkult.

Beweise für einen Schädelkult in dieser Region reichen weit zurück. In Cayönu, einer der ältesten Siedlungen im Nahen Osten, fand man Belege dafür, daß hier seit etwa 7000 v. Chr. Schädel verehrt wurden. Ein «Tempel des Schädels» wurde in Cayönu entdeckt, der mehr als siebzig menschliche Schädel enthielt. Metin Özbek, Professor am Institut für Anthropologie der Universität von Hacettepe in Ankara, hat eine besondere Studie dieser Ausgrabungsstätte angefertigt und glaubt, daß «die neolithischen Bewohner von Cayönu einen ‹Kult des menschlichen Schädels› feierten und ein spezielles Bauwerk errichteten, um ihren rituellen Zeremonien nachzukommen».[16] Man weiß, daß es in diesem Raum fast das gesamte Neolithikum über einen Kult gab (also in der Epoche, die vor der Bronzezeit lag, in der Echnaton lebte). Südlich von Cayönu, in der Levante, gab es einige Fundstellen beschädigter Schädel, die gewöhnlich in Höhlen knapp unter dem Boden vergraben worden waren. So zum Beispiel in Jericho, bei Ain Ghazal und in den Höhlenbauten von Nahal Hemar in der Judäischen Wüste.[17] In manchen Fällen waren diese Schädel von einer Masse bedeckt (bei den Funden von Nahal Hemar zum Beispiel mit Asphalt), die wohl aufgetragen worden war, um Fleisch und Haut des Schädels nachzuahmen.[18] Weil diese Schädel so lebensecht sind, glaubt Kenyon, daß sie echte Gesichtszüge tragen, um die «Seelen» derjenigen darzustellen, denen diese Schädel einstmals gehörten.[19] Einer der führenden Forscher auf diesem Gebiet meinte, daß diese Praktiken möglicherweise mit einem Heldenkult in Verbindung gebracht werden könnten, wobei man außergewöhnlich verehrungswürdigen Personen den Schädel abnahm und ihn später mit Modelliermasse bedeckte.[20] Da Helden oft auch für Lieblinge der Götter gehalten werden, ist es ebenso wahrscheinlich, daß diese besondere Behandlung «heiligen Männern» vorbehalten war. Oder beiden.

Es ist klar, daß der Schädel den Menschen, die diese Zeremonien abhielten, sehr wichtig war, und daß sie versuchten, die bestimmte Person lebensecht zu rekonstruieren. Wenn solch ein Glaube während der Herrschaft Echnatons nach Ägypten gelangte, dann ist es sehr wahrscheinlich, daß ägyptische Einbalsamierungstechniken von da an benutzt wurden, denn damit konnte man genau die Wirkung erzielen, die man wollte: die Konservierung der Gesichtszüge. So entwickelte sich der Kult der nachgebildeten Schädel zu einer Religion des einbalsamierten Kopfes.

Der Weg zur Macht

Echnaton (oder Amenhotep IV, wie er damals hieß) verließ Heliopolis mit Anfang Zwanzig und wurde wieder nach Theben zurückgebracht, dem Königssitz seines Vaters und der Heimat des Staatsgottes Amun-Ra. Tejes Macht war während seiner Abwesenheit gewachsen und Echnaton kehrte als anerkannter Thronerbe zurück. Um seine Ansprüche auf den Thron zu demonstrieren, heiratete er, wie es Sitte war, seine Halbschwester, die berühmte Nofretete (Tochter aus der Ehe zwischen Amenhotep III und seiner Schwester Sitamun). Offenbar wurde er bereits kurz nach seiner Rückkehr nach Theben Mitregent seines Vaters Amenhotep III. Diese Machtteilung dauerte elf Jahre. In dieser Zeit nährte und entwickelte er seine «ketzerischen» Glaubenssätze, baute Tempel für seinen neuen Gott Aton in Karnak und Luxor und machte sich die etablierte Priesterschaft zum Feind. Von Anfang an scheint er absichtlich die Wächter der religiösen Traditionen Ägyptens herausgefordert zu haben. Echnatons Aton-Tempel in Karnak wurde innerhalb des Tempelbezirks des Amun-Tempels gebaut. Das war ein wohlberechneter Affront gegenüber den Priestern, die in ihm immer noch den unrechtmäßigen Thronerben sahen.

Die Stadt Theben war das Hauptquartier der Gegner von Echnatons neuen religiösen Ideen. Hier war die Hauptstadt der Nation und der zentrale Anbetungsort für Amun-Ra, den Staatsgott, dessen Priesterkaste sowohl aus religiösen wie aus politischen Gründen vehement gegen Echnaton war. Die Priester des Amun-Ra waren seit undenklichen Zeiten Nutznießer der Großzügigkeit früherer Pharaonen gewesen. Amenhotep III, Echnatons Vater, hatte seinem Palast in Theben einen massiven Totentempel für Amun-Ra hinzugefügt und die Priester des Amun waren mit der Zeit so einflußreich und mächtig geworden, daß sie oft wie ein verlängerter Arm des Staates wirkten. Eine solche Macht führte zu großem Reichtum, denn sie bekamen großzügige Geschenke in Form von Gold, Land und Sklaven. Es war gefährlich, sich den einflußreichen Priestern des Amun-Ra zu widersetzen und sie waren entschlossen, ihre Privilegien zu behalten.

Aber Amenhotep IV erwies sich als ebenso entschlossen, die neue

Religion zu etablieren. Während seiner Regentschaft wurde er immer unnachgiebiger und kompromißloser in bezug auf Andersgläubige. Alles steuerte also auf eine Konfrontation zwischen der Priesterschaft und dem neuen König zu. Die Lage in Theben wurde immer gespannter, und um einen möglichen Aufstand zu vermeiden, entschloß sich Amenhotep IV (vielleicht wurde er auch überredet), die Hauptstadt seines Vaters zu verlassen und etwa zweihundert Meilen weiter unten am Fluß eine neue Stadt zu gründen. Diese Stadt – ihr ursprünglicher Name war Tel el-Amarna – sollte die neue Hauptstadt seines Reiches werden, und Amenhotep IV nannte sie Akhetaton – «die Stadt des Himmelsrandes von Aton». Damit signalisierte er, daß dort nur Aton angebetet werden sollte.[21] Zu Ehre seines Gottes änderte er jetzt auch seinen eigenen Namen. Fortan ließ er sich Echnaton –«Der Ruhm des Aton» – nennen.

Eine religiöse Revolution

Nach dem Tod seines Vaters im zwölften Jahr seiner Mitregentschaft kehrte der junge König, jetzt Alleinherrscher des ägyptischen Reiches, nach Theben zurück und machte sich daran, die alten Götter Ägyptens auszulöschen. Ihre Statuen wurden zerstört, und alle Wandreliefs, auf denen sie dargestellt waren, wurden entfernt. Bis auf die Tempel des Aton wurden alle geschlossen, und der Tempelbesitz wurde dem neuen Gott übereignet. Spenden für die Priesterschaft des Amun-Ra (und eine Reihe geringerer Götter) wurden abgeschafft, und alle alten religiösen Rituale wurden verboten. Später wurden ganze Scharen von Arbeitern (wahrscheinlich durch Soldaten unterstützt) in jeden bekannten Tempel und jedes Grabmal geschickt, wo sie von den Inschriften und Wandgemälden die Namen der alten Götter Ägyptens wegkratzten – besonders den des Amun.[22] Der Name des Amun wurde aus allen königlichen Namenstafeln entfernt, selbst aus denen von Echnatons Vater Amenhotep III. Echnatons monotheistischer Eifer war so groß, daß nicht nur die Namen von Amun, Seth, Osiris und allen anderen Göttern entfernt wurden, sondern er ließ auch das Wort

«Götter» aus allen alten Aufzeichnungen tilgen. Diese Radikalität erzeugte erbitterten Widerstand – nicht nur von seiten der Priesterschaft, sondern auch vom einfachen Volk, das diese Götter seit Generationen anbetete. Im besonderen aber gärte der Unmut im Militär, dem das Werk der Zerstörung übertragen war. Einerseits schuldete die Armee dem Pharao Gehorsam, andererseits fühlten sich die Soldaten den alten ägyptischen Göttern verbunden, deren Bilder sie jetzt zerstören sollten. Ihre Loyalität wurde durch die Befehle des Königs auf eine harte Probe gestellt.

Diese Politik war von vornherein zum Scheitern verurteilt. Die Opposition wuchs stetig. Um eine Katastrophe zu vermeiden, wurde Echnaton im Jahr 15 seiner Herrschaft gezwungen, seinen Bruder Semenkhare als Mitregenten einzusetzen. Das war bestenfalls Augenwischerei, denn die Verfolgung der alten Götter ging ungebremst weiter. Das religiöse Establishment, die Priester des Amun, hielten noch ein Weilchen Ruhe, aber es war ein brüchiger Frieden. Zwei Jahre später schritten sie zur Tat und Echnaton verlor seinen Thron. Es gibt keine zeitgenössische Aufzeichnung darüber, was mit dem «Ketzer-Pharao» geschah. Aus ägyptischen Quellen weiß man nichts darüber, ob er getötet wurde oder einfach abgesetzt wurde und außer Landes floh. Eines ist allerdings bemerkenswert – seine Leiche wurde nie gefunden und sein Grab ist immer noch leer. Echnaton verschwand einfach aus der Geschichte. Sein Nachfolger Semenkhare starb wenige Tage, nachdem Echnaton abgesetzt worden war. Wahrscheinlich fiel er einem Attentat zum Opfer. Anders als bei Echnaton wurde Semenkhares Grab, komplett mit seiner Mumie, im Jahr 1907 von dem amerikanischen Anwalt und Amateur-Archäologen Theodore M. Davis entdeckt.[23]

Tut-ench-Amun – ein Knabe als König

Es scheint, als ob Eye, Echnatons Onkel, der unter anderem Kommandant der Streitwagen, königlicher Stallmeister und Befehlshaber der Bogenschützen war, immer noch genug Macht über die Armee besaß, um Echnatons Sohn, Tut-ench-Aton, auf den Thron zu bringen. Der junge König (er war gerade zehn Jahre alt, als er den Thron bestieg) war wieder ein Kompromißkandidat. Er verehrte weiter den Gott seines Vaters, aber mit einer versöhnlichen Geste erlaubte er neben Aton auch die Anbetung der alten Götter. Und er änderte seinen Namen, indem er das provokative «Aton» durch den Namen des alten Staatsgottes «Amun» ersetzte. Als der Knabenkönig Tut-ench-Amun wurde er zum berühmtesten Pharao Ägyptens, dessen opulentes Grab im Jahr 1922 von Howard Carter ausgegraben wurde.[24]

Tut-ench-Amun regierte neun Jahre in einer Atmosphäre ständig wachsender Intrigen. Weder der Wechsel seines Königsnamens, noch die Öffnung der alten Tempel und auch der Umzug des Hofes von Amarna nach Memphis im vierten Jahr seiner Herrschaft führten zu einer Stabilisierung der politischen Lage. Noch nicht einmal die Rückgabe des Priesterbesitzes und Restaurierung der alten Tempel, die Tut-ench-Amun gegen Ende seiner Regierungszeit veranlaßte, konnten die Priesterschaft besänftigen. Sie sahen in ihm weiter den Nachkommen Echnatons. Tut-ench-Amun wurde mit seiner Schwester Ankhsenpa-amun verheiratet, der dritten Tochter des «Ketzer»-Pharaos. Jedes Kind aus dieser Verbindung würde die Fortsetzung der verhaßten «ausländischen» Blutlinie auf dem Thron von Ägypten bedeuten, die die Priester des Amun verabscheuten. Ihnen war erst Genüge getan, wenn die verhaßte Religion des Aton vernichtet und die Erinnerung an den Mann, der diesen Kult des Einen Gottes geschaffen hatte, getilgt wäre. Sie warteten ihre Zeit ab und pflegten ihre Erbitterung, wobei sie langsam ihre Macht festigten und ausbauten. Die Feindseligkeit der Priester war wahrscheinlich wohlbegründet, denn der Knaben-König gab sich zwar nach außen hin offen, blieb aber im Herzen Aton-Anhänger. Eine Inschrift in Tut-ench-Amuns Grabmal endet nach einer Aufzählung einiger ägyptischer Götter mit der Prahlerei, daß der König «der älteste Sohn des Gottes Aton im Himmel» gewesen sei. Weiteren Aufschluß gibt die herrlich dekorierte Rückwand des Thrones, den man in seinem Grab fand. Plattiertes Silber und Gold zeigen in der Mitte die Sonnenscheibe des Aton, deren Strahlen in Händen enden, die den Ankh – das ägyptische Symbol des Lebens – halten und sie so auf die Gesichter des Königs und seiner Schwester und Gattin Ankhsenpa-amun richten.

Tut-ench-Amun starb sehr jung mit neunzehn Jahren, und es gibt Beweise dafür, daß er eines gewaltsamen Todes starb. Die sorgfältige Untersuchung seiner Mumie durch Professor A.B. Abdalla vom anatomischen Institut der Universität Kairo und R.G. Harrison, Professor für Anatomie an der Universität Liverpool, ergab keine Hinweise auf eine tödliche Krankheit, sondern berichtet von entsetzlichen Verletzungen:

> *«Als die Binden entfernt wurden, konnte man sofort erkennen, daß die Mumie nicht in einem Stück war. Kopf und Hals sowie die Gliedmaßen waren vom Körper abgetrennt worden. Der rechte Arm war am Ellbogen gebrochen, der Oberarm von Unterarm und Hand getrennt [...]. Der linke Arm war am Ellbogen und am Handgelenk gebrochen... Das linke Bein wies einen Bruch am Knie auf. Der Kopf des Oberarms und beide Hüftknochen waren zertrümmert [...] Hals und Kopf sind zwischen siebtem Brustwirbel und erstem Halswirbel vom Torso abgetrennt worden.»*[25]

Die Pracht von Tut-ench-Amuns Begräbnis konnte die schrecklichen Tatsachen nicht verbergen. Obwohl er mit allen Ehren und großer Achtung beigesetzt wurde, scheint der König vor seiner Ermordung das Opfer körperlicher Folter gewesen zu sein. Die Priester des Amun haben also ihre Rache gehabt.

Das Ende der Könige von Amarna

Tut-ench-Amuns Großonkel Eye nutzte jetzt seine hohe Position in der Armee und erhob Anspruch auf den Thron. Eine seiner ersten Pflichten war die Organisation von Tut-ench-Amuns Begräbnis. Howard Carter schreibt: «Eye [...] begrub unseren Monarchen, denn dort an den Wänden von Tut-ench-Amuns Grabkammer hat sich Eye als König in den religiösen Szenen darstellen lassen und übt sein Amt vor

Tut-ench-Amun aus, eine Szene, die in den königlichen Gräbern dieser Totenstadt bis dahin nie vorgekommen ist.»[26] Aber trotz seiner hohen Position war Eye jetzt verwundbar – er war ein Mann, dessen beste Jahre vorbei waren, und seine Bemühungen, den häretischen König zu unterstützen, müssen seine Gefolgschaft erheblich reduziert haben. Als Sohn des hebräischen Wesirs Yuya und Bruder von Teye, der ersten Frau Amenhoteps III, war er in ägyptischen Augen nur noch ein weiterer der ausländischen Thronräuber. Vier Jahre nachdem er an die Macht gekommen war, wurde er gestürzt und mit großer Wahrscheinlichkeit ermordet. Sein Nachfolger war Horemheb, ein Mann mit Rückhalt in der Armee. Er übernahm nicht nur die Macht von Eye, sondern bestimmte auch das Grabmal des alten Königs für sein Begräbnis. Die Herrschaft des vierten und letzten Königs von Amarna war vorbei.

Die Priester des Amun warteten nicht lange mit ihrer Rache. So wie Echnaton versucht hatte, alle Erinnerung an ihre Götter auszulöschen, vernichteten sie jetzt jede Aufzeichnung von ihm. Mit Billigung des neuen Pharaos Horemheb, wurden die Amarna Könige mit einem Bannfluch belegt – es sollte so aussehen, als hätte es sie nie gegeben. Ihre Namen wurden aus den Königslisten gestrichen. Horemhebs Name kam jetzt gleich nach Echnatons Vater Amenhotep III und die auffällige «Lücke» von über fünfundzwanzig Jahren wurde einfach ignoriert. Die Namen und Bilder der Könige von Amarna wurden im ganzen Land von Denkmälern entfernt. Das Ganze scheint sorgfältig geplant gewesen zu sein. Dem obersten «Rebellen» (wie manche ägyptische Autoritäten Echnaton nannten) wurde eine besonders drakonische Behandlung zuteil – es war sogar verboten, seinen Namen auch nur auszusprechen.[27] Diese Verschwörung war über dreitausend Jahre lang erfolgreich – erst Ende des 19. Jahrhunderts kopierten französische Wissenschaftler die Texte aus den Gräbern von Tel el-Amarna, und Echnatons Name nahm wieder den Platz in der ägyptischen Geschichte ein, der ihm gebührt.[28]

Aber was geschah mit diesem zielstrebigen Anstifter einer religiösen Revolution, Echnaton, dem Mann, von dem Freud meinte, einer seiner Anhänger hätte den Stamm der Juden «adoptiert», den monotheistischen Glauben seines Königs an sie weitergegeben und sie ins Exil geführt? Viele Jahre gab es darauf keine Antwort – Echnaton taucht auf, verkündet die Religion des Aton und verschwindet dann spurlos, sein Grab bleibt leer und ungenutzt.

Vielleicht war Freuds Idee, wiewohl kühn gedacht, nicht kühn genug. Vielleicht war selbst für ihn «die Ehrfurcht vor der biblischen Tradition unüberwindlich». Eben weil er so gewichtige Argumente für die ägyptische Herkunft des Moses vorgelegt und auf die Tatsache hingewiesen hatte, daß die Moses-Erzählung eine Spiegelung der üblichen Heldensage ist, mußte er dabei versagen, den einzig logischen Schluß zu ziehen. Statt dessen meinte er, Moses sei ein Mitglied von Echnatons Hofstaat gewesen, ein hoher Beamter namens Tutmose. Aber wenn man die «inverse Heldensage» für bare Münze nimmt und Moses kein Hebräer, sondern Ägypter ist, dann muß man auch akzeptieren, daß Moses kein einfacher Ägypter war, sondern der gleichen Familie entstammte wie seine «Pflegemutter», die Tochter des Pharao. Kurz gesagt: Moses entstammte dem Königshaus Ägyptens. Und damit war er Thronerbe.

Freud starb sechs Monate nach der Veröffentlichung dieses Buches im Alter von dreiundachtzig Jahren. Obwohl es damals leichtes Aufsehen erregte, wurde *Moses und der Monotheismus* im großen und ganzen von der Wissenschaft ignoriert. Dann kam der Zweite Weltkrieg dazwischen und die Schrecken des Holocaust machten das Thema von der Herkunft Mose zu einer kitzligen Sache – für Juden wie auch für Nicht-Juden. Und so wurde das Thema von den meisten Ägyptologen vergessen, bis das «Moses Problem» aufs neue angesprochen wurde und der Ägyptologe Ahmed Osman neue Aspekte ins Spiel brachte. Osman, in Ägypten geboren, kam Mitte der sechziger Jahre nach Großbritannien, um ägyptische und hebräische Texte zu studieren. Er merkte, in welche Richtung Freuds Theorien eigentlich gingen, und durch das intensive Studium biblischer und ägyptischer Texte kam er zu dem offenbar verblüffenden Schluß, daß Echnaton und Moses unterschiedliche Namen für ein- und denselben Mann waren.[29]

Der Name des Pharao

Das Alte Testament ist nicht sehr freigiebig mit den Namen der unterschiedlichen Pharaonen, die im Verlauf der Bibelerzählungen auftauchen. Von dem Pharao, der den Patriarchen Abraham empfing, bis zu dem ägyptischen König, der die Israeliten zum Exodus veranlaßte, heißen fast alle «Pharao». Das ist nicht sehr hilfreich und ziemlich ärgerlich für Historiker, denn dadurch kann man nur darüber spekulieren, wann die Israeliten nach Ägypten zogen und wann der Exodus genau stattfand – ein schwieriges Problem, das zu langwierigen Disputen zwischen Alttestamentlern führte. Man hat versucht, die Bibelgeschichten mit alten ägyptischen Aufzeichnungen in zeitliche Übereinstimmung zu bringen, dabei identifizierte man die wichtigen Pharaonen und Dynastien und konnte so jeden Bericht der Schrift datieren. Einige Autoritäten sind dem jüdischen Historiker Flavius Josephus gefolgt, dessen *Geschichte der Juden* (geschrieben im ersten Jahrhundert n. Chr.) das Einsickern der Israeliten nach Ägypten in die Zeit der Hyksos datiert.[30] Diese «Schäferkönige» waren semitische Nomaden, die um 1659 v. Chr. in Ägypten einfielen und in Unter-Ägypten für über ein Jahrhundert den Thron des Pharao usurpierten. Sie plünderten die Tempel der Götter, verfolgten grausam die Einwohner und die Konsequenz war logischerweise, daß sie von allen Ägyptern sehr gehaßt wurden. Die Hyksos wurden schließlich von Ahmose, dem Gründer der achtzehnten Dynastie, verjagt.[31] Die Tatsache, daß die Hyksos und Echnaton aus dem gleichen «Stall» kamen (zumindest in ägyptischen Augen) und beide die alte Religion angegriffen hatten, konnte Echnatons Position nicht gerade gestärkt haben, als er mit seinem religiösen Kreuzzug für Aton begann.

Josephus bestritt – angetrieben von rassistischem oder religiösem

Groll – vehement, daß Moses und Echnaton Zeitgenossen gewesen sein könnten. Er geißelte einen früheren Chronisten, Manetho, weil er ebendies in seinen Schriften behauptet hatte und es so wagte anzunehmen, daß die Israeliten während des Exodus mit bestimmten ägyptischen Elementen in Berührung gewesen seien, zu denen auch «unreine» Priester gehörten (unreine Priester waren solche, die nicht die etablierten Götter Ägyptens anbeteten und deshalb verstoßen wurden).[32] Trotzdem waren andere antike Autoren der Meinung Manethos. Dazu kommt noch, daß man in Horemheb, der nach dem Tod des letzten Königs von Amarna die Macht übernahm, einen wahrscheinlichen Kandidaten für die Rolle des tyrannischen Pharao hat und daß sein Nachfolger Ramses, der nur ein Jahr regierte, sehr gut jener Pharao gewesen sein könnte, der den Exodus miterlebte. Objektiv gesehen paßt die Zeit des Verfalls der Könige von Amarna ziemlich gut zu den vorhandenen Tatsachen. Eine solche Lesart führt aber zu einem weiteren Problem, nämlich zu einer Lücke von über zwanzig Jahren zwischen dem Verschwinden Echnatons und seiner hypothetischen Tätigkeit als Anführer beim Exodus, der in diesem Szenario nach dem Tod seines Onkels Eye und der Machtübernahme Horemhebs eintritt. Wenn Echnaton Moses *ist*, dann muß er seinen Feinden in Ägypten entkommen sein und irgendwo anders Zuflucht gefunden haben, ehe er ein zweites Mal nach Ägypten zurückkehrte. In der Bibelgeschichte tat Moses freilich genau das, denn er floh aus dem Land, nachdem er einen ägyptischen Sklavenaufseher getötet hatte, und kehrte viel später zurück, um den Exodus anzuführen.

Echnaton dankt ab

Es gibt heute eine Menge Beweise dafür, daß Echnaton zum Zeitpunkt seines Verschwindens nicht getötet wurde, sondern abdankte und Ägypten verließ, um ein paar Jahre später zurückzukehren und Anspruch auf den Thron zu erheben.

Echnatons Sarg wurde nie benutzt. Das Grab wurde im Jahr 1891 von dem italienischen Archäologen Alessandro Basanti in Wadi Abu

Hassan el-Bahri in den Hügeln östlich von Amarna entdeckt. Als man es öffnete, entdeckte man, daß es vorher bereits zweimal betreten worden war. Erst vor kurzer Zeit von Beduinen auf der Suche nach Schätzen und viel, viel früher von Anti-Atonisten, die die Absicht hatten, jede Erinnerung an Echnatons Namen und Religion zu zerstören. Die Grabkammer, 9,6 Quadratmeter groß und aus dem rohen Felsen gehauen, war ursprünglich verputzt gewesen, aber diese Farbe war von Echnatons Gegnern zerstört worden. Der Eingang der Kammer war mit Geröll versperrt und draußen lag ein großer Klumpen (siebzig Meter lang und zwischen fünf und zehn Metern hoch) aus Bauschutt. Ein paar Expeditionen – von 1894 bis gegen 1930 – haben das Grab kartographiert und die restlichen Inschriften aufgezeichnet (in einer Nebenkammer des Grabes ist eine Tochter Echnatons, Meketaton, begraben und die Zeichnungen hier wurden nicht angetastet). Man trug auch kleine Fragmente zusammen, die sich sowohl im Grab als auch in dem Schutthaufen befanden, weil man hoffte, Spuren davon zu finden, was mit dem häretischen Pharao geschehen war.

Die Resultate der Restaurierung, die 1974 veröffentlicht wurden, waren sehr aufschlußreich.[33] Es wurde bewiesen, daß die einzigen Objekte in dem Grab des Königs ein großer Sarkophag aus Granit, der für Echnaton bestimmt gewesen war, Ushabti-Figuren (die als Doppel für den Toten dienten, um die Wiederauferstehung zu sichern, sollte die Mumie zerstört werden) und ein Kanopenschrank, in dem die Kanopen (Gefäße, die die einbalsamierten Organe des Toten enthielten) standen, gewesen waren. All diese Objekte wurden normalerweise noch zu Lebzeiten des Grabeigners in das Grabmal gestellt. Es wurden keine Hinweise auf eine Kanope oder einen Schrein – das übliche Zubehör für eine Beerdigungszeremonie – gefunden. Und es gab auch keine Hinweise auf Dinge, die normalerweise nach dem Tod dort hinterlassen wurden: Streitwagen, Stühle, Amulette, Papyrus-Rollen, Schachteln oder magische Steine. Die letzteren wurden an vier bestimmten Stellen um die Leiche herumgelegt und sollten der Mumie mystischen Schutz gewähren. Echnatons magische Steine wurden schließlich an einem Ort gefunden, der weitere Beweise dafür lieferte, daß er seinen Thronverlust überlebt haben mußte.

Echnatons magische Steine wurden im Grab seines Bruders Semenkhare entdeckt, der ja nach Echnatons Verschwinden höchstens noch ein paar Monate gelebt hat und offenbar in großer Eile bestattet wurde. Ahmed Osman hat angeführt, daß Echnatons Begräbnisriten, wäre er zum Zeitpunkt seines Verschwindens gestorben, entweder gerade vorbei oder noch im Gange gewesen wären, als Semenkhares Begräbnis begann, denn sie dauern nach ägyptischer Tradition siebzig Tage. Wenn Echnaton tot gewesen wäre, hätte man seine magischen Steine, die unerläßlich für die Begräbnisriten waren, niemals in Semenkhares Grab gefunden, denn sie wären bereits für Echnatons Begräbnis benutzt worden. Die wahrscheinlichste Erklärung für dieses Rätsel ist, daß Echnaton nicht tot war, so daß seine magischen Steine für das (hastige) Begräbnis seines Bruders benutzt werden konnten.

Weiter werden die Beweise dafür, daß Echnatons Grabmal nie seine Leiche enthielt, dadurch gestärkt, daß die Kanope des Pharaos nicht mit Bitumen oder Harz getränkt wurde, was bei der traditionellen Begräbniszeremonie immer gemacht wurde, nachdem die kanopischen Gefäße hineingestellt worden waren. Dazu kommt noch, daß auf der Kanope ein frühes Symbol des Aton war, was darauf hinweist, daß sie ganz zu Anfang von Echnatons Herrschaft gefertigt wurde, also noch vor der Zeit, als Aton seinen neuen Namen bekam (im Jahr 9 von Echnatons Regierungszeit) und während der König noch über Ägypten regierte. Der Ägyptologe Muhammad Hamza (er restaurierte die Kanope) war der Meinung, daß in diesem Grabmal keine Begräbniszeremonie stattgefunden hatte. Hamza schrieb: «Da die Kiste völlig unberührt von den schwarzen Harzlösungen ist, mit denen diejenigen von Amenhotep II, Tut-ench-Amun und Horemheb behandelt wurden, ist es wahrscheinlich, daß sie nie für die Eingeweide des Königs benutzt wurde.»[34] John Pendlebury, der die britische Expedition zum Grabmal Echnatons in Amarna leitete, war der gleichen Meinung: «Dazu wurden Teile von Echnatons großartiger Alabaster-Kanope gefunden, mit schützenden Raubvögeln an den Ecken, zusammen mit Stücken der Deckel, auf denen das Haupt des Königs zu sehen war. Die Kanope läßt den Schluß zu, daß sie nie benutzt wurde [...].»[35]

Weitere Beweise für sein Überleben sind in den Listen zu finden, die von Hofbeamten der Amarna-Zeit benutzt wurden. Auf ihnen steht immer das Regierungsjahr des jeweiligen Pharao, wobei das Jahr 1 immer das erste Jahr ist. Besonders eine Liste hat hitzige Debatten unter Ägyptologen ausgelöst und sogar zu der Beschuldigung geführt, Beweise zu fälschen. Die Kontroverse dreht sich darum, ob diese Liste aus Echnatons Regierungszeit nun das Jahr 11 oder das Jahr 21 bezeichnet. Die letzte Lesart ist für viele Gelehrte nicht akzeptabel, denn es «steht fest», daß Echnaton nur siebzehn Jahre regiert hat. Trotzdem – der klarste und lesbarste Beweis, den wir haben, ist ein Faksimile, 1923 veröffentlicht von dem britischen Ägyptologen Battiscombe Gunn unter den Auspizien der ägyptischen Forschungsgesellschaft, und hier steht offenbar Jahr 21 in hieratischer Schrift, einer späteren Form der ägyptischen Schrift, die weniger kompliziert war als Hieroglyphen.[36] Auf der Basis des Faksimile war sich der amerikanische Forscher Keith C. Seele ziemlich sicher, daß «das hieratische Datum […] das Jahr 21 ist».[37] Die Zahl zehn der hieratischen Schrift sieht aus wie ein umgedrehtes V, während die Zwanzig aus zwei umgedrehten V besteht, eins über dem anderen, und Seele behauptete unerschütterlich, daß auf diesem Siegel zwei V zu sehen wären. Diese Position, wiewohl von einigen Wissenschaftlern akzeptiert, wurde heftig von H.W. Fairman attackiert, der ebenfalls in den Ruinen von Amarna gearbeitet hatte. Fairman blieb dabei, daß er die Liste persönlich untersucht und ebenso wie drei andere Ägyptologen die Zahl auf der Liste eindeutig als das «Jahr 11» gelesen hätte. Er wies auch darauf hin, daß Battiscombe Gunn ebenfalls der Lesart «Jahr 11» den Vorzug gegeben hatte.[38] Auf den ersten Blick scheinen diese gewichtigen Beweise gegen Seeles Argumente, «Jahr 21» zu lesen, zu sprechen.

Aber Fairman schwächt seine Argumentation selbst ab, indem er im gleichen Artikel eingesteht, daß «die Liste sehr verblaßt war», als er sie untersuchte. In diesem Licht gesehen, ist jede heutige Lesart suspekt und die beste Aufzeichnung, die man besitzt, ist Battiscombe Gunns Faksimile von 1923, das fast vierzig Jahre vor Fairmans Untersuchung, also auch *bevor* das Verblassen stattfand, veröffentlicht wurde. Dieses Original-Faksimile unterstützt die Lesart «Jahr 21». Und Gunns Entscheidung, für die Lesart «Jahr 11» zu plädieren, kann als Ergebnis seines Wunsches gewertet werden, bei den etablierten Ägyptologen nicht aus der Reihe zu tanzen. In *The City of Akhenaten* stellt Gunn ganz offen fest, «dadurch, daß andere Beweise dafür fehlen, daß die Regierungszeit länger als das Jahr 17 dauerte, möchte wohl niemand sie [die Liste] auf das ‹Jahr 21› datieren.»[39]

Einige andere Autoritäten ließen sich durch dieses Argument widerwillig überzeugen. Professor Donald Redford von der Universität Toronto, der sich anfangs der Lesart «Jahr 21» anschloß, kehrte schließlich zu der orthodoxen Lehrmeinung zurück – allerdings nicht ohne zuzugeben, daß das von Gunn veröffentlichte Faksimile nach der Lesart «Jahr 21» verlangte: «[...] diejenigen, denen nur Gunns Faksimile vorliegt, werden zu dem Eingeständnis gezwungen, daß die Lesart ‹21› die wahrscheinlichste ist. Wenn man heute zu der Lesart ‹Herrschaftsjahr 11› zurückkehrt, dann nur deshalb, weil man sich bewußt ist, welches Gewicht das *argumentum e silentio* mehr und mehr bekommt: Falls Echnaton das Jahr 21 erreichte, ist es völlig unfaßbar, daß die Jahre 18, 19 und 20 in den Listen von Amarna völlig fehlen – besonders wenn man bedenkt, wie viele Listen die Zahl des Jahres 17 und davor tragen.»[40]

Aber fehlen die Beweise für diese Jahre wirklich «völlig»?

William Bennet, der zwischen 1930 und 1931 an der Ausgrabungsstätte in Amarna arbeitete, fand ein Ostracon (eine Scherbe oder ein zerbrochenes Stück Tafel mit einer Inschrift), das das Datum «Jahr 18» von Echnatons Herrschaft trug. Es überrascht nicht, daß Fairman die logische Schlußfolgerung daraus ablehnte und behauptete, daß diese Lesart nicht «vertrauenswürdig» sei. Dieses Urteil stellte sich als nicht nachprüfbar heraus, da Fairman etwas später in dem gleichen Buch ohne irgendwelches Bedauern feststellt, daß «das Ostracon nicht aufbewahrt wurde». Das ist gelinde gesagt seltsam. Das «Jahr 18»-Ostracon war offenbar ein sehr inhaltsreicher und daher wichtiger Fund, denn es hätte neue Informationen über diesen König aus Amarna liefern können. Es drängt sich die Frage auf, warum es nicht behalten wurde. Falls die Lesart strittig war, dann war es doch um so wichtiger, das Ostracon sicher aufzubewahren, damit es von unabhängigen Experten untersucht werden konnte. Statt dessen erfahren wir, daß es «nicht aufbewahrt» wurde, soll heißen, daß irgend jemand beschloß, es wegzuwerfen. Aufgrund dieses nüchternen Bekenntnisses scheint Keith Seeles Auffassung, daß Beweise, die nicht zu der gängigen Lehrmeinung passen, unterdrückt werden, nur allzu wahrscheinlich zu sein.

Es ist auch nicht das einzige Fundstück, das verlorenging. Versteckt im Archiv der anerkannten Zeitschrift *Annales du Service des Antiquités de l'Égypte* aus dem Jahrgang 1931 findet sich ein Artikel von D.E. Derry, in dem er bemerkt, «daß Echnatons Herrschaft sich aufgrund des jüngsten Fundes von Pendlebury in el-Amarna – er fand ein Monument, das dieses Jahr trug – bis auf neunzehn Jahre ausdehnen läßt. Dies aber würde auch die Möglichkeit zulassen, die Regierungszeit ins zwanzigste Jahr auszudehnen. Mr. Pendlebury hat uns freundlicherweise gestattet, diese bis jetzt unbekannten Fakten zu veröffentlichen.»[41] Unglücklicherweise starb der Entdecker, ehe er einen detaillierten Bericht über seine Funde veröffentlichen konnte, und keine Spur seines wichtigen (und für manche ziemlich blamablen) Monuments wurde je gefunden.

Eine zweite Liste, Nr. 279, läßt ebenfalls den Schluß zu, daß Echnaton überlebt hat. Sie trägt als einzige zwei Daten übereinander: «Jahr 17» und «Jahr 1». Die Wissenschaft ist der einhelligen Meinung, daß sich «Jahr 17» auf Echnatons Herrschaft und «Jahr 1» auf Tut-ench-Amun bezieht. Doch da es keinen Beweis für eine gemeinsame Regentschaft dieser beiden Herrscher gibt, sind die meisten Ägyptologen der Auffassung, daß die doppelte Datierung daher kommt, daß Tut-ench-Amun das Ende einer Regierungszeit (der seines Vaters Echnaton) und den Anfang seiner Regierungszeit markieren wollte. Diese Interpretationsweise ist höchst unwahrscheinlich, denn die Sitte einer «dualen Datierung» ist auf keinem anderen ägyptischen Dokument verzeichnet. Ein paar Wissenschaftler, denen auffiel, wie schwach dieses Argument ist, haben versucht, es dadurch aufzuwerten, daß sie behaupteten, «Jahr 1» würde das «Jahr 17» teilweise oder völlig überschreiben, so daß Jahr 1 das Jahr 17 quasi ersetzt. Das ist einfach nicht so, weil die beiden Zahlen definitiv getrennt stehen und allein diese Tatsache die orthodoxe Lehrmeinung absurd erscheinen läßt. Aber diese Standard Erklärung abzulehnen zieht ein weiteres Problem nach sich: In der ägyptischen Geschichte fing die Regierungszeit des Königs immer *nach* dem Tod des vorherigen Herrschers an. Warum stehen also zwei Zahlen auf der Liste, wenn es keine Mitregentschaft gab?

Die einzig wahrscheinliche Erklärung läßt sich in der altägyptischen Sicht des Pharao finden – er war ein Gottkönig, dessen Herrschaft von den Göttern gebilligt war. In Ägypten bezogen die Könige ihre Autorität von den Göttern und herrschten bis zu ihrem Tode. Wenn man also annimmt, daß Echnaton noch lebte, während Tut-ench-Amun bereits König war, dann wäre er konstitutionell (oder besser gesagt: theologisch) gesehen trotzdem immer noch der Herrscher von Ägypten. Diesem ungewöhnlichen Vorfall wurde dadurch Rechnung getragen, daß auf der Liste zwei Daten (Jahr 1 und Jahr 17) eingetragen wurden, etwas, das es in Ägypten (genau wie Echnatons Abdankung) nie zuvor gegeben hatte.[42]

Der Chronist Manetho, den wir bereits kennengelernt haben, liefert ebenfalls schriftliche Beweise für das Überleben Echnatons. Manetho listet korrekt vier Könige auf, die auf der «bearbeiteten» Königsliste von Horemheb und seinen Nachfolgern fehlten. Doch die Namen der «verlorenen» Könige werden mit Echencheres, Rathosis, Echencheres und Echencheres angegeben. Wolfgang Helck, ein deutscher Philologe, hat bewiesen, daß Echencheres von Echnaton abgeleitet wurde, während man glaubt, daß Rathosis letzten Endes aus Tut-ench-Amun entwickelt wurde.[43] Aber warum gibt es die seltsame Wiederholung von Echnaton (Echencheres), wo man doch eigentlich die Namen der beiden übrigen Könige von Amarna, Semenkhare und Eye, erwarten dürfte? Es handelt sich hier offenbar um eine verfalschte Wiedergabe der wirklichen Ereignisse. Falls Echnaton noch lebte, dann blieb er nach ägyptischem Glauben auch Pharao. Und trotzdem regierten drei andere aus seiner Blutlinie nach ihm, was insgesamt vier Amarna-Könige ergibt. Das ist schon verblüffend genug, wenn man es aufschreibt, aber man kann leicht erkennen, warum dieser Vorfall, der in der ägyptischen Geschichte einzig dasteht, völlig verdreht wurde, als man ihn mündlich überlieferte. Wegen dieses Durcheinanders kam es dazu, daß Echnaton in der volkstümlichen Überlieferung die gesamte Regierungszeit aller vier Könige abdeckte, wohingegen die ständige Wiederholung seines Namens in der Liste die Erinnerung daran widerspiegelt, daß es vier Könige in Amarna gab. Falls diese Lesart korrekt ist, enthält diese Schrift die Feststellung, daß Echnaton im Jahr 17 seiner Herrschaft nicht starb, sondern alle weiteren Herrscher in Amarna überlebte.

Deshalb führen Manethos Schrift, die Inschriften in den Listen und die Beweise auf dem Ostracon und dem Monument nur zu dem einen logischen Schluß, daß Echnaton im Jahr 17 abdankte und nach seinem Sturz noch mindestens vier weitere Jahre lebte. Wohin ging er? Es ist unwahrscheinlich, daß er in Ägypten blieb und sich der Gnade seiner Widersacher auslieferte. Deshalb muß man annehmen, daß er freiwillig ins Exil ging. Aus dem, was in der Mosesgeschichte noch an Spuren widerhallt, wäre sein Zufluchtsort demnach wahrscheinlich der Sinai gewesen.

Moses in der Wildnis

Der Moses der Bibel verläßt Ägypten zweimal. Das erste Mal, um der Verfolgung des Pharao zu entkommen, nachdem er einen Ägypter getötet hatte, der einen hebräischen Sklaven geschlagen hatte. Während seiner Wanderungen im Sinai trifft und hilft er der Tochter eines Priesters aus Midian, wird in das Zelt ihres Vaters eingeladen und bleibt lange Zeit bei dem dankbaren Patriarchen. Schließlich heiratet er Zippora, eine der Töchter, und hilft, die Herden seines Schwiegervaters zu hüten. Während seiner Tätigkeit als Hirte sieht Moses Gott in der Vision vom «brennenden Dornbusch», in der ihm befohlen wird, zurückzugehen und die Hebräer aus der Knechtschaft zu befreien (Ex 3,2). Weil er zuerst nicht recht will, bekommt er zwei Zeichen – einen Stecken, der sich in eine lebendige Schlange verwandeln läßt, und die Fähigkeit, seine Hand von einem Moment zum anderen leprös und wieder gesund werden zu lassen. Falls diese beiden Wunder den Pharao nicht beeindrucken sollten, verspricht Gott ihm, daß er Wasser aus dem Nil schöpfen und es ausgießen solle, es würde sich dann in

Blut verwandeln. Moses zögert weiter und klagt: «Schwerfällig ist mein Mund und schwerfällig meine Zunge» (Ex 4,10c). Gott tadelt ihn und schlägt vor, daß sein Bruder Aaron sein Sprecher sein solle: «Rede also mit ihm und lege ihm die Worte in den Mund» (Ex 4,15a). So bestärkt, kehrt Moses mit seiner Frau und Familie und seinem Bruder Aaron, den er unterwegs trifft, nach Ägypten zurück. Unter Nutzung der Zeichen, mit denen Gott ihn versorgt hat, überzeugen sie zuerst die Kinder Israels davon, daß sie gekommen sind, um sie aus der Sklaverei zu führen. Dann bittet Moses zusammen mit Aaron um eine Audienz beim Pharao. Moses verlangt vom Pharao, den Auszug der Hebräer zu erlauben, aber der ägyptische Monarch verweigert es ihm mit der Begründung, daß er Moses Gott nicht kennt. Aus Zorn befiehlt er, den Hebräern kein Stroh mehr zu geben für die Ziegel, die sie fertigen müssen. Dennoch sollen die Hebräer jeden Tag die geforderte Anzahl liefern. Als Moses seine Bitte dem Pharao erneut vorträgt, verlangt der Pharao, Moses solle ein Wunder tun, um seine Macht zu beweisen. Moses wirft den Stecken auf den Boden, der sich in eine Schlange verwandelt, die die Schlangen der «Zauberer» des Pharao (das waren wohl die ägyptischen Priester) verschluckt, als diese sich mit ihren Waffen wehren wollen. Trotzdem weigert sich der Pharao, die Hebräer ziehen zu lassen. Danach folgt eine Serie von zehn Audienzen, bei denen sich der Pharao jedes Mal weigert, die Forderung des Moses zu erfüllen. Und jedes Mal wird der Pharao für seinen Stolz mit einer Katastrophe in Ägypten bestraft: Frosch-, Laus- und Heuschreckenplagen, Hagelschauer und drei Tage Dunkelheit standen auf der Liste. Der Tod aller Erstgeborenen Ägyptens bricht schließlich den Widerstand des Pharaos, und die Kinder Israels erhalten die Erlaubnis, ihren langen Marsch aus Ägypten anzutreten, den wir unter dem Namen Exodus kennen – ein Treck, der sie (aber nicht Moses) schließlich ins Gelobte Land Kanaan führte (Ex 12,29-41).

Wie in der Geschichte seiner Kindheit gibt es eine Reihe bemerkenswerter Ähnlichkeiten zwischen dem Menschen Moses und dem Pharao Echnaton. So viele, daß die biblischen Geschichten über den älteren Moses genau die Geschichte Echnatons an dem Punkt fortzuführen scheinen, als die Priester des Amun versuchten, ihn aus der Geschichte zu tilgen. Viele Gelehrte glauben, daß die Geschichte des Exodus einen historischen Kern hat – es gibt einfach zu viele genaue Hinweise auf das Wirken Ägyptens während der achtzehnten Dynastie, die man nicht als phantasievolle Einbildungen eines jüdischen Schreibers achthundert Jahre nach den Ereignissen abtun kann. Deshalb kann man wohl annehmen, daß die Geschichte des Moses auf realen Ereignissen in Ägypten und im Sinai basiert. Wenn man versucht, hinter die Ausschmückungen, Hinzufügungen und Verdrehungen zu schauen, die diesen Text überlagern, dann berichtet diese Geschichte im Grunde, daß Moses gezwungen wurde, Ägypten zu verlassen, danach etliche Jahre im Sinai lebte und schließlich nach Ägypten – wo ein neuer Pharao regierte – mit einem magischen «Schlangenstock» im Gepäck zurückkehrte. Er streitet sich oft mit dem Pharao herum – gelegentlich im Beisein von Zauberern (=Priestern) – und führt schließlich die Kinder Israels von Ägypten nach Kanaan, wo sie sich zu dem Gott des Moses bekennen, der die Namen Adonai oder Jahwe trägt.

Wie verhält sich diese Basisgeschichte zu der des Echnaton?

Ahmed Osmans Forschungen haben ergeben, daß ein Bericht im jüdischen Talmud der alttestamentlichen Geschichte über die Flucht des Moses in den Sinai zwar beipflichtet, aber als Grund für sein Exil nicht den Mord an einem Ägypter angibt. Statt dessen spielt die Geschichte in Äthiopien (einem Land, das gelegentlich unter ägyptischer Herrschaft stand) und man behauptet, Moses wäre vom Thron gestürzt worden.[44] Der Koran fügt weitere Einzelheiten hinzu und berichtet, daß er floh, als man ihn von einer Verschwörung der Adligen der Stadt zu seiner Ermordung unterrichtete:

> *«Und es kam ein Mann vom anderen*
> *Ende der Stadt gelaufen. Er sagte:*
> *O Moses! Die oberen Herren haben sich*
> *beraten und wollen dich ermorden;*
> *deshalb gebe ich dir den ernsten Rat*
> *zu flüchten.»*
>
> (Sure XXVIII,20)

Die Parallelen zu der Geschichte Echnatons sind offensichtlich.

Falls Echnaton also Ägypten verlassen haben sollte und ins Exil ging, dann gab es ein paar gute Gründe dafür, warum er – wie Moses – in den Sinai ging. Das Volk seiner Mutter, die Hebräer, siedelte in Goshen, in der Nähe der Ostgrenze Ägyptens und nahe des Sinai. Ganz in der Nähe war auch die Stadt Zarw, die Echnatons Mutter von Amenhotep III als ihr Eigentum geschenkt worden war. Echnaton ist mit ziemlicher Sicherheit in Zarw geboren worden und er verbrachte seine Kindheit im östlichen Delta. Wäre es da nicht logisch, wenn er auf der Suche nach Hilfe und Unterstützung zuerst in das Land seiner Verwandten gereist wäre, ehe er weiterzog? Es gibt noch weitere Gründe dafür, warum der Sinai sein Ziel gewesen sein könnte: Er stand zwar nominell unter ägyptischer Herrschaft, aber es wurde dort keine Garnison unterhalten. Zu Echnatons Zeit stand der Sinai unter der gemeinsamen Kontrolle von Nebi, der Truppenkommandeur und Gouverneur von Zarw (der Stadt von Echnatons Mutter) war, und von Panahesi, den Echnaton selbst zum Kanzler des Königs gemacht hatte, der sowohl Anhänger des Pharao als auch erster Anhänger Echnatons war. Panahesis Familie hatte das Schatzamt mindestens drei Generationen, seit der Regierung Amenhoteps III inne und muß ein enger Verbündeter der ägyptischen Königsfamilie gewesen sein. Der Sinai war auch ein wichtiges Erzabbaugebiet für die Ägypter, und da zu den Aufgaben des Kanzlers auch Bergbau-Expeditionen in den Sinai gehörten, war Panahesi in der idealen Position, um dem gestürzten König zu helfen.[45]

Ein unterstützendes Argument für dieses Szenario war eine erstaunliche Entdeckung zu Anfang des 20. Jahrhunderts: Auf dem Berg Sarabit im Sinai (ein bedeutendes Abbaugebiet für Türkise) wurde ein Tempel entdeckt, der die Überreste einer zirka dreißig Zentimeter hohen Statuette von Echnatons Mutter, Königin Teye, enthielt.[46] Sie war ganz im Stil der Amarna-Zeit gearbeitet, die die kurze Regierungszeit der Amarna-Könige nicht lange überdauerte. Noch überraschender war die Entdeckung einer Stele, ebenfalls im Stil der Amarna-Ära gearbeitet, auf der sich Ramses I (der erste Pharao der neunzehnten Dynastie und Nachfolger Horemhebs) als Herrscher «über alles, was Aton umfängt» beschreibt.[47] Niemand hat bis jetzt eine schlüssige Erklärung für den Bezug der Inschrift auf Ramses geliefert, dessen treue Gefolgschaft an die alten Götter Ägyptens nie in Frage gestellt wurde. Aber es ist bemerkenswert, daß der Name des Aton, während der Herrschaft Horemhebs mindestens vierzehn Jahre verboten, gerade auf dieser Stele wieder auftaucht. Daß man sie gerade dort gefunden hat, wo Echnaton vermutlich im Exil war, verleiht dieser Theorie eine verblüffende Glaubwürdigkeit.

Wenn man der biblischen Geschichte folgen will, dann müßte Echnaton, wie Moses, aus dem Exil nach Ägypten zurückgekehrt sein. Aber warum sollte der «Ketzer», der «Rebell von Amarna», dessen Name in Ägypten ausgelöscht war, eine so gefährliche Reise unternehmen? Zum Verständnis der Umstände, die ihn zu einem so riskanten Unternehmen bewegt haben könnten, müssen wir uns wieder der Genealogie des königlichen Hauses zuwenden. Wie wir gesehen haben, kam nach den Amarna Königen der Armeegeneral Horemheb an die Macht. Um seinen Anspruch auf den Thron zu zementieren, heiratete er Mutnedjemet, eine Schwester Nofretetes, die Thronerbin war. Wären aus dieser Ehe Kinder entsprungen, so hätten sie den Fortbestand der achtzehnten Dynastie gesichert, die zweihundert Jahre zuvor im Sieg von Pharao Ahmose über die Hyksos ihren Ursprung hatte. Aber Horemheb starb kinderlos und da es weder männliche noch weibliche Erben gab, war die achtzehnte Dynastie zu Ende. Pa-Ramses, den Horemheb zum Truppenkommandeur und Gouverneur von Zarw ernannt hatte, bestieg den Thron als Ramses I und Gründer der neunzehnten Dynastie.

Wenn die Exil-Theorie wasserdicht ist und Echnaton sich im Sinai versteckt hatte, dann wäre er zum Zeitpunkt von Horemhebs Tod der *einzige* legitime Anwärter auf den ägyptischen Thron gewesen. Es ist sehr wahrscheinlich, daß er nach dem Tod des Pharao nach Ägypten zurückkehrte (was die Bibel ja auch von Moses behauptet), und zwar nicht, um die Israeliten zu befreien, sondern um sein Erbe wieder zu beanspruchen. Er hätte dabei bestimmt das Symbol für die Autorität des Pharao dabeigehabt, das er mit ins Exil genommen hätte – ein stabförmiges Zepter gekrönt mit einer verschlungenen Schlange aus

Metall, dessen Ähnlichkeit mit Moses Stab, der «zu einer Schlange wurde», offensichtlich ist. Tatsächlich beschreibt der Talmud dieses «Mitbringsel» von Moses sehr genau, und zwar nicht als Stab, sondern als unerläßliches Requisit des Königtums, als Zepter.

Moses und seine Stock-Schlange werden auch in einer seltsamen Passage im Zweiten Buch der Könige erwähnt. Es geht dort um Hezekia, der «[...] die Höhenheiligtümer abgeschafft, die Malsteine zertrümmert, die Aschera umgehauen und *die eherne Schlange, die Moses gemacht hatte*, zerschlagen hat; denn bis zu dieser Zeit hatten die Israeliten ihr geopfert. Man hieß sie Nehusthan [d.h. Erzbild]» (2. Kön 18,4).

«Der rechtmäßige Sohn und Erbe»

Osman hat Freuds Analyse des Namens «Moses» noch weiter ausgebaut, indem er bewies, daß diesem Wort in altägyptischer Zeit eine linguistische Nuance eigen war, die zu Echnatons Position perfekt paßte. Auf den Wänden eines Grabmals in Sakkara steht die Geschichte eines alten Gerichtsstreits.[48] In den Inschriften wird der Hauptkläger (ein Schreiber namens Khayri) nur einmal beim Namen genannt und trägt danach den Titel «Mos». In den Grabinschriften von Sakkara ergibt Mos dann einen Sinn, wenn man es mit «rechtmäßiger Sohn und Erbe» übersetzt, was genau zu der Situation des Ketzer-Pharao paßt. Wir wissen, daß Echnatons Name in Ägypten geächtet war. Falls er seinen Sturz überlebte und ins Exil ging, könnten seine Anhänger in Ägypten den Namen Mos sehr wohl im gleichen Sinn benutzt haben, wie die Verfasser der Geschichte über den Prozeß des Khayri, um auf den «rechtmäßigen Sohn und Erben» des ägyptischen Throns hinzuweisen.

Aus all dem kann man erkennen, daß die biblische Konfrontation des Moses mit dem Pharao den verzerrten Bericht eines Treffens darstellt, in dem er (als Echnaton) versuchte, sich als «rechtmäßiger Sohn und Erbe» zu erweisen, indem er das zeitlose Symbol der Pharaonenmacht, das Schlangenzepter, den versammelten Priestern («Zauberern»), die immer dabeisein mußten, wenn es um die Thronfolge in Ägypten ging, unter die Nase hielt. Der Koran fügt eine weitere Information hinzu, indem er berichtet, daß die Magier vor Moses niederfielen und seine Überlegenheit anerkannten, als sein Zepter ihre Zepter «verschluckte» (Sure VII). Daß sich «die Zauberer vor Moses auf den Boden warfen», zeigt, daß sein Anspruch auf den Thron von den Priestern akzeptiert wurde. Aber Echnatons Erfolg hielt nicht lange. Ebenso wie Eye die Armee benutzt hatte, um Echnaton an der Macht zu halten, benutzte jetzt Ramses seine Stellung in der Armee, um sich als erster Pharao der neugegründeten neunzehnten Dynastie zu halten. Angesichts einer solchen Überlegenheit hatte Echnaton keine andere Wahl, als sich mit seinen Anhängern in die Wüste zurückzuziehen. Dazu gehörten wohl auch jene Ägypter, die immer noch der Religion des Aton anhingen, und das Volk seiner Mutter, die Israeliten, die in der Festung des Ramses (Zarw) Zwangsarbeit hatten leisten müssen. Dieser Rückzug ist nichts anderes als der biblische Exodus.

Der Aton und das Judentum

Wie wir gesehen haben, korrespondieren die chronologische Abfolge, die Ereignisse und die Hauptpersonen in hohem Grad mit der Geschichte des Echnaton, die skizziert wurde. Aber die Ähnlichkeiten hören damit nicht auf. Eine Untersuchung des Aton-Kultes, wie Echnaton ihn verkündete, und der Religion, die die Kinder Israels von Moses lernten, beweist, daß beides im Grunde ein und dasselbe ist.

Im jüdischen Credo «Schema Jisroel Adonai Elohenu Adonai Echod» heißt Gott Adonai und man übersetzt es normalerweise mit «Höre, Israel, der Herr unser Gott ist ein einziger Gott». Freud wies als erster darauf hin, daß Adonai dem Namen von Echnatons Gott sehr ähnlich ist. Doch tatsächlich geht es hier um Echnatons Gott, den Aton. Adonai (Herr) würde eigentlich im Deutschen korrekt in zwei Wörtern übersetzt, denn die Endung «ai» steht im Hebräischen für das Possessivpronomen «mein» – die korrekte Übersetzung lautet also: mein Herr. «Adon» allein heißt «Herr». Das klingt «Aton» schon sehr ähnlich, aber die Worte werden identisch, wenn man die üblichen Transliterationsregeln beachtet. Das hebräische «d» wird zum ägyptischen «t» – aus Adon wird Aton. Genau wie Freud es als erster vorschlug, übersetzt man das jüdische Credo eigentlich mit: «Höre, Israel, unser Gott Aton ist ein einziger Gott.»[49]

Der unermüdliche Ahmed Osman hat weitere korrespondierende Fakten in den beiden Religionen gefunden.

Es gab keine Statuen des Aton, ein Umstand, der sich in den mosaischen Geboten widerspiegelt: «Du sollst dir kein Gottesbild machen, keinerlei Abbild, weder dessen, was oben im Himmel, noch dessen, was unten auf Erden, noch dessen, was in den Wassern unter der Erde ist [...]» (Ex 20,4). Echnatons Gott wurde in Tempeln gehuldigt, die nach dem Modell der Sonnengottanbeter von Heliopolis gebaut waren – nach Osten gerichtet, nach oben offen. Die meisten Rituale fanden unter freiem Himmel statt. Das Tabernakel, das Moses im Sinai nach dem Exodus aufstellte, war ähnlich, wenn nicht sogar gleich gestaltet und müßte so ähnlich ausgesehen haben wie der Tempel, den Moses in Heliopolis erbaute – behauptet zumindest der antike Autor Apion. Apion war Ägypter und lebte zur Zeit Christi. Er schrieb ein fünfbändiges Werk mit dem Titel *Geschichte Ägyptens.* Josephus zitiert aus dem dritten Band folgendes: «Wie ich von alten Ägyptern hörte, wurde Moses in Heliopolis geboren, und er errichtete nach der Sitte seiner Heimat in einigen Bezirken der Stadt Tempel, die frei in der Luft standen und alle gen Osten gerichtet waren, was auch die Lage von Heliopolis war» (um die aufgehende Sonne zu sehen).[50] Im Gegensatz dazu hatten bis zur Zeit des Moses frühere jüdische Patriarchen – wie zum Beispiel Abraham – die Gewohnheit, Steinaltäre an heiligen Orten zu bauen, an denen sie Visionen gehabt hatten. Dazu opferten sie der Gottheit Tiere, Öl und wahrscheinlich Wein (siehe dazu Gen 31,54; 33,20; 35,14).

Das Opfern von Tieren weist auf einen weiteren Bezug hin. Als Moses über das Opfern von Tieren für seinen Gott spricht, bezeichnet er sie als die «Greuel der Ägypter», und meint damit offensichtlich, daß er Tiere opfern will, die den ägyptischen Göttern geweiht sind. Kreaturen wie etwa das Krokodil, das heilige Tier des Gottes Sebek, wurden von den Hebräern als «Greuel» angesehen und Moses ist ganz klar, daß ihr Opfer die Ägypter aufregt: «[...] denn den Ägyptern ist ein Greuel, was wir dem Herrn, unserm Gotte, opfern. Wenn wir vor den Augen der Ägypter opfern, was ihnen ein Greuel ist, so steinigen sie uns ja!» (Ex 8,26). Diese Forderung, Tiere zu opfern, die den Ägyptern heilig waren, findet direkte Parallelen in Echnatons Befehl an seine Anhänger, die heiligen Tiere der alten Götter seinem neuen Gott, dem Aton, zu opfern.[51] Eine andere Parallele findet sich, wenn man sich anschaut, wer diese Tiere opferte. In der Religion des Aton hatte eine Gruppe von Auserwählten, die Priester, die Aufgabe, dem Gott Opfer darzubieten. Im Gegensatz dazu opferten Patriarchen wie zum Beispiel Abraham selbst, das heißt, in jener Zeit gab es keine Priesterkaste. In der jüdischen Geschichte tauchen Priester (die die gleichen Aufgaben und Privilegien wie die Echnatons und anderer ägyptischer Priester besaßen) *vor der Zeit Mose* einfach nicht auf.

Obwohl der Kult um den Aton nicht die alleinige Wurzel darstellt, kann nachgewiesen werden, daß die Quintessenz aller jüdischen Heiligtümer, die Bundeslade, ihren Ursprung in Ägypten hat. Viele Götter (auch der Staatsgott Amun-Ra) wurden bei Prozessionen in stilisierten Booten oder Laden getragen. Es waren gewissermaßen tragbare Gotteshäuser. Es handelte sich hierbei um eine uralte Tradition. Immer wenn Thutmosis III, der große Eroberer der achtzehnten Dynastie, auf einen Feldzug ging, zog sein Gott mit ihm. «Ich dringe nordwärts vor durch meine Majestät und trage meinen Vater Amun-Ra, Herr der Throne der beiden Länder, vor mir her.» Obwohl er viele der alten Sitten abschaffte, benutzte Echnaton weiter die Lade als «Heim» für seinen Gott. Daß Moses ein identisches Konzept bei den Israeliten einführte (die ja auch die Bundeslade mit ihrem Gott Adon [=Aton] in einer Schlacht vor sich hertrugen), ist ein verblüffender Beweis dafür, daß es sich hier um ein und denselben Gott handelt.

Die Zahl, Bedeutsamkeit und Bandbreite dieser Ähnlichkeiten machte es mir unmöglich, die offenbar so unwahrscheinliche Idee, daß Moses tatsächlich der exilierte Echnaton war, zu verwerfen. Er war nicht umgebracht worden, sondern hatte angesichts der gewaltigen Opposition, die seinem monotheistischen religiösen Kreuzzug entgegenschlug, abgedankt und war ins Exil auf den Sinai geflohen. Nach dem Tod Horemhebs war er zurückgekehrt, um seine Sache als rechtmäßiger Erbe des Throns zu vertreten, nur um ein zweites Mal ins Exil gezwungen zu werden. Doch diesmal nahm er eine Gruppe seiner Anhänger mit (zum Großteil seine Verwandten mütterlicherseits, die Hebräer, aber auch ein paar Ägypter), die der Religion des Aton treu blieben und sich in den Ländern hinter dem Sinai niederließen. Kurz gesagt: Der wahre Name des Propheten Moses lautete Echnaton.

Diese unerwartete Bestätigung von Freuds Idee und die Verbindung zu Echnaton machte mich ganz aufgeregt. Ich hatte die Hypothese aufgestellt, daß die heiligen Schädel der Templer bis auf die Zeit des Moses zurückgingen. Wenn Moses aber Echnaton war, dann hatte der Kult der heiligen Schädel in Ägypten seine Wurzeln, und zwar in einer Zeit, als ein «häretischer» Pharao versuchte, einen revolutionären religiösen «Aufstand» durchzusetzen. Das schien nach meiner Entdeckung, daß ein Schädelkult seit Tausenden von Jahren in Kanaan existierte, um so wahrscheinlicher zu sein, denn er konnte sehr gut durch Echnatons Großvater Yuya, den hebräischen Wesir, nach Ägypten gelangt sein. Dazu kam noch, daß Echnaton aus einem anderen Grund wichtig war: Die Überlieferungen des Okkultismus sehen ihn als Gründer der Großen Weißen Bruderschaft an, von der die Rosenkreuzer und andere Geheimgesellschaften angeblich abstammen. Obwohl es verboten ist, in allen Einzelheiten über die Lehren zu sprechen, weiß ich aus persönlicher Erfahrung, daß bestimmte Rituale der Rosenkreuzer das Erscheinen von Schädeln beinhalten (wiewohl diese nicht verletzt sind), deshalb schien es immer wahrscheinlicher, daß der Schädelkult sich bei Echnaton und den okkulten Aspekten seiner Religion des Aton voll entfalten konnte. Diese Seite von Echnatons Philosophie wurde verständlicherweise vor der Masse der Aton-Gläubigen verborgen, die nur an die «äußeren» Lehren glaubte. Das ist das normale Vorgehen bei allen okkulten Lehren (das Wort «okkult» bedeutet übrigens nichts anderes als «verborgen»). Man konnte wohl durch eine stufenweise Initiation immer weiter vordringen, wobei jede Ebene immer weitere Aspekte der Mysterienlehre enthüllte. Diese Geheimnisse wurden – wie es auch bei anderen Mysterienreligionen geschah – nur mündlich weitergegeben und nie niedergeschrieben.

Aber in Ägypten wurde die Religion des Aton ebenso effektiv zerschlagen wie die Tempelritter in Frankreich. Um die Forschungsarbeiten fortzusetzen, mußte ich der Spur der Aton-Anhänger nach ihrem Auszug aus Ägypten folgen. Wie wir gesehen haben, führte eine Spur über Moses/Echnaton nach Israel ins Heilige Land. Aber es gab noch eine andere, die ein weit überraschenderes Ziel hatte, und sie war, wie ich entdeckte, von einer Erbin aus der königlichen Familie gelegt worden.

3
Die Druiden und der Kult des Totenschädels

In Ägypten überlebte Echnatons Aton-Kult das Exil seines Gründers nicht lange. Wie wir gesehen haben, zog eine Gruppe mit Echnaton/Moses in den Sinai und gründete später in Palästina den israelitischen Staat. Doch die Überlieferung verzeichnet zur Zeit des Exodus eine zweite, weit ungewöhnlichere Emigration aus Ägypten.

Diese Überlieferung ist sehr alt. Die älteste, schriftliche Aufzeichnung, die wir heute besitzen, findet sich in dem Werk des Nennius, eines Waliser Mönchs, der Ende des achten, Anfang des neunten Jahrhunderts nach Christus lebte.[1] Man ist der Meinung, daß Nennius Schriften auf einem sogar noch älteren Manuskript basieren, nämlich den heute verschollenen Schriften des Sinlan, Abt von Bangor, aus dem sechsten Jahrhundert nach Christus. Sinlan und alle anderen alten irischen Autoren geben als Quelle die weit ältere *Chronicon Eusebii* (Chronik des Eusebius)[2] an. Der Autor, Eusebius von Caesarea (260-340), versuchte etwas bis dahin nie Dagewesenes: Er erstellte eine Übersicht der Weltgeschichte, indem er die Folge von Ereignissen in jeder bekannten Kultur der Welt in parallele Spalten schrieb (diese Idee gibt es immer noch – die Zeittafel in der Enzyklopädie von Microsoft ist einfach die neueste Silikonversion von dem Konzept des Eusebius). Die *Chronicon Eusebii* gibt eine jährliche Abfolge. Jahr eins ist das Datum der Schöpfung, das er aus einer Analyse der hebräischen Schriften, die seine Hauptquelle waren, ermittelte.

Die Information, die unsere Geschichte betrifft, kann aus Eusebius und anderen Annalen entnommen werden, aber am genauesten ist sie in einem anderen alten Buch aufgezeichnet, nämlich der *Chronik der Schotten*, dem *Scotichronicon*, die Anfang der vierziger Jahre des fünfzehnten Jahrhunderts von Walter Bower, Abt der Abtei Inchcolm am Firth of Forth, zusammengetragen wurde.[3] Das *Scotichronicon* handelt von der Frühgeschichte der Rasse oder besser: des Stammes der Scoti, des Volks, das ursprünglich aus Irland kam und später den größten Teil Schottlands eroberte und besiedelte. In diesem alten Buch wird ganz sachlich erwähnt, daß die Scoti von den Ägyptern abstammten – einer Gruppe, die Ägypten zur Zeit des Exodus der Juden verließ (oder dazu gezwungen wurde). Die Anführer dieser Emigranten waren Scota, die Tochter eines Pharao und ihr Mann Gaythelos. Sie segelten über das Mittelmeer und dann auf der Suche nach einer neuen Heimat westwärts, bis sie sich schließlich in Irland niederließen. So unwahrscheinlich das auch klingen mag, aber die moderne Wissenschaft hat Ergebnisse zutage gefördert, die dieser alten Geschichte eine glaubwürdige wissenschaftliche Grundlage geben.

Sprache, Gene und Musik

Die alten Ägypter stellten eine Mischung aus unterschiedlichen Rassen dar, wobei die Hamiten dominierten. Man glaubt, daß die Hamiten von der nordafrikanischen Mittelmeerküste stammen. Heute sind die Berber das Volk, in dem sich die Hamiten am reinsten erhalten haben, und seltsamerweise sehen die Berber sehr keltisch aus. Schon 1901 wiesen Randall-McIver und Wilkin in ihrem Buch *Libyan Notes* darauf hin, daß man einen Berber in der entsprechenden Kleidung leicht mit einem Schotten oder Iren verwechseln könne.[4] Die Ähnlichkeit geht offenbar tiefer, denn in einem Aufsatz über die Verteilung der Blutgruppen, wies Morgan Watkin auf eine Gleichheit zwischen den AB0-Blutgruppen der Berbervölker in Nordafrika und der «keltischen» Bevölkerung in Nordwesteuropa hin. Nach Meinung von Watkin stützt diese Beobachtung «die Ansicht, daß aus dem Mittelmeer einst ein Volk, das man ‹antike Seefahrer› nennen könnte, herwanderte [...]»[5] Man sollte sich zwar davor hüten, aus einer Arbeit, die auf bloßer

Blutgruppenuntersuchung basiert, großartige Schlüsse zu ziehen, aber in jüngster Zeit haben auch genetische und linguistische Untersuchungen gezeigt, daß es hier große Affinitäten gibt. Die Forschung hat gezeigt, daß ein «Familienstammbaum», der auf genetischen Ähnlichkeiten basiert, einem «Stammbaum» sehr ähnlich ist, der auf linguistischen Studien basiert.[6] Anders ausgedrückt: Es gibt eine Art paralleler Evolution zwischen Genen und Sprache. Wenn das so ist, erhärten dann Sprachstudien die Verbindung zwischen Hamiten und Kelten, die durch die Genetik aufgezeigt wurde?

Verblüffenderweise lautet die Antwort ja. Morgan Watkin zitiert den Linguisten folgendermaßen: «Die Kelten zeigen in der ganzen Struktur ihrer Sprache eine enge Affinität zu den weißen Völkern des nordafrikanischen Mittelmeerraumes (z.B. der Berber).» Dazu kommt, daß jüngere Studien von irischen Musikwissenschaftlern ein weiteres Bindeglied aufgezeigt haben – die Rhythmen der irischen Volksmusik kommen den Melodien von Nordafrika sehr nahe.[7]

Eine antike Völkerwanderung

Diese neuen Funde haben den Gedanken an eine Völkerwanderung von Nordafrika nach Irland zu einer beachtenswerten Hypothese werden lassen. Außerdem gibt es in dieser antiken Erzählung von einer ägyptischen Emigration ein paar interessante Details.

Man berichtet, daß Gaythelos ein Skythe war (ein paar Versionen bezeichnen ihn als Griechen), der wegen seines streitlustigen Wesens den Zorn seines Volkes erregt hatte und mit einer Reihe anderer gleichgesinnter junger Männer Zuflucht in Ägypten gesucht hatte. Hier gewann er die Gunst des herrschenden Pharao, Chencres, und heiratete eine der Töchter des Pharao, Scota, «um seinem Schwiegervater auf den Thron des ägyptischen Reiches zu folgen». An diesem Punkt wird die Erzählung wirr, bezeichnet Chencres als den Pharao, der die Juden verfolgte, als sie versuchten zur Zeit des Exodus Ägypten zu verlassen. Doch dann wird erzählt, was geschah, nachdem der Pharao die Stadt Heliopolis verlassen hatte:

«Gaythelos blieb in der Stadt Heliopolis zurück, wie es zwischen ihm und dem König Pharao vereinbart worden war. Er hatte das Ziel, sein Nachfolger zu werden. Aber die Ägypter, die noch dort waren, beobachteten, was mit ihrem König geschehen war, und hüteten sich zugleich davor, wieder unfähig zu sein, das Joch ausländischer Tyrannen abzuschütteln, wenn sie sich erst einmal ergeben hätten. Also sammelten sie ihre Streitkräfte und gaben Gaythelos die Nachricht, daß seine Männer und er völlig vernichtet würden, wenn er nicht sofort floh.»

Ein paar Punkte sprangen mir sofort ins Auge, als ich dieses Manuskript zum ersten Mal las. Die Geschichte spielt zur Zeit des Exodus, in den Tagen von Moses und Echnaton. Der Name des Pharao, Chencres, ist offenbar eine Verzerrung des Namens Achencheres, der ja, wie man im letzten Kapitel sehen konnte, wiederum eine Verzerrung von Echnaton darstellt.[8] Gaythelos heiratete also eine Tochter von Echnaton – ein Szenario, das ziemlich plausibel ist, denn es ist bekannt, daß der «Ketzer-Pharao» sechs Töchter hatte. Und Echnaton, der selbst Ausländer war und eine Religion eingeführt hatte, deren Gottheit der Gott aller Menschen war, ganz gleich welcher Nationalität sie angehörten, ist der *einzige* Pharao, der die Heirat einer Erbin mit einem Ausländer gestattet haben könnte. Die Tochter Echnatons muß natürlich an Aton geglaubt haben und war in die Mysterien des Schädelkults eingeführt. Von Gaythelos muß man das gleiche annehmen, denn es ist äußerst unwahrscheinlich, daß der strenggläubige Echnaton es erlaubt haben könnte, daß seine Tochter einen «Ungläubigen» heiratete.

In der Chronik wird berichtet, daß Echnatons Tochter und Gaythelos während des Exodus in Heliopolis blieben – also der gleichen Stadt, in der die Priester des On residierten, Echnatons religiöse Verbündete, und eine der Hochburgen der Religion des Aton. Das ist genau der Ort, an dem man einen von Echnatons Verwandten erwarten konnte, besonders eine Prinzessin von dieser Abstammung, die (wegen der weiblichen Erbfolge der ägyptischen Könige) für das Königshaus ein unbezahlbares «genetisches Unterpfand» war. Tatsächlich läßt das Zurücklassen einer königlichen Prinzessin den Schluß zu, daß Echnaton sich für sein Haus und seine angeschlagene Religion ein «Hintertürchen» aufhalten wollte. Falls er und seine Anhänger auf dem langen und riskanten Zug in ihre neue Heimat umkommen sollten, gab es immer noch einen Nachkommen des Königshauses in Ägypten, der sowohl die Linie fortsetzen als auch die Religion des Aton weiter pflegen konnte.

Diese Hypothese wird durch das *Scotichronicon* bestätigt: Gaythelos (und die Tochter des Pharao) blieben in Heliopolis, «wie es zwischen ihm und dem König vereinbart war, zu dem Zweck, daß er ihm möglicherweise auf den Thron nachfolgen konnte». Dieser Satz bestätigt auch die Verwechslung von Chencres und Ramses (dem Pharao, der *in Wirklichkeit* die Hebräer verfolgte). Wenn Chencres Ramses war, warum sollte er Gaythelos dann in Heliopolis zurücklassen, damit er «ihm möglicherweise auf den Thron nachfolgte»? Das impliziert doch, daß sowohl das Leben des Pharao als auch die Thronfolge in Gefahr waren, etwas, das für den flüchtenden Echnaton galt, aber nicht für den Verfolger Ramses (und besonders nicht, weil er nur flüchtige hebräische Sklaven verfolgte). Auch der nachfolgende Satz kann nur im Hinblick auf die Vorfälle rund um Echnaton richtig verstanden werden: «[...] hüteten sich zugleich davor, wieder unfähig zu sein, das Joch ausländischer Tyrannen abzuschütteln». Warum «wieder»? Das ergibt nur dann einen Sinn, wenn es kurz vorher schon einmal «ausländische Tyrannen» gegeben hatte. Die Zeit der Hyksos, der verhaßten «Schäferkönige», war lange her. Aber Echnaton war von hebräischem Blut, weshalb ihn viele Ägypter und besonders die Priester als Ausländer ansahen. Und daß er der Bevölkerung einen neuen Gott förmlich aufgezwungen hatte, wurde bestimmt von vielen als «Tyrannei» bezeichnet. Echnaton war abgesetzt worden, und sie wollten von dem «ausländischen» Königshaus nichts mehr sehen. Was hier aufgezeichnet wurde, ist wohl die Erinnerung an das, was nach Ramses Tod, der kurz nach dem Exodus starb, geschah. Es geht um die Angst des Volkes (oder besser gesagt um die Angst der Priester und der herrschenden Klasse), daß Echnatons Tochter, die immer noch in Heliopolis residierte, versuchen würde, den Thron für den abgesetzten Pharao zurückzugewinnen. Echnatons Tochter, ihrem Ehemann Gaythelos und ihrem Hofstaat wurde ein Ultimatum gestellt; sie wurden unter Todesandrohung gezwungen, zu flüchten. Wieder bestätigen das *Scotichronicon* und andere Chroniken diese Annahme, denn es wird berichtet, daß sie «entsetzt aus Ägypten und ihrer Heimat flohen, nicht nur aus Angst vor den Menschen [...], sondern aus Angst vor den Göttern». Die alten Götter Ägyptens, die Götter, die Echnaton verboten hatte, lechzten nach Blut.

Man scheint ihnen Zeit gegeben zu haben, sich auf das Exil vorzubereiten. Anstatt ihrem Vater in den Sinai zu folgen, beschlossen Scota und Gaythelos, nach Westen zu segeln und ein unbewohntes Land zu finden, in dem sie siedeln konnten. Das könnte sehr wohl die Durchführung eines früheren Planes von Echnaton gewesen sein, das Risiko der kompletten Vernichtung seines Hauses und seiner Lehren zu streuen. Wenn sie zu ihm in den Sinai gegangen wären, wäre das Königshaus viel verwundbarer gewesen – eine einzige Katastrophe hätte es völlig vernichten können. Übers Meer zu fliehen war zwar riskant, barg aber auch Chancen.

«Als schließlich alles bereit war, wurden Gaythelos (mit seinem Weib und dessen Hofstaat) und die anderen Anführer in Booten zu den wartenden Schiffen gebracht [...] Dann segelten sie an den südlichen Grenzen von Afrika und Europa durch das Mittelmeer. Während ihre Kiele die Wellen durchpflügten, segelten sie in Richtung Westen.»

Unter großen Entbehrungen segelte die kleine Flotte an den Säulen des Herkules vorbei und wandte sich nordwärts. Sie umfuhren die Küste von Spanien, bis sie eine Bucht fanden, wo sie landen konnten (eine Erzählung verlegt diese Bucht in das Gebiet der «Inseln von Cádiz», eine andere in die Nähe «des Flusses Ebro»). Aber ganz gleich, wo es nun lag – das Land war alles andere als unbewohnt, und die Eindringlinge wurden bald von den Bewohnern angegriffen, die die Neuankömmlinge mit Waffengewalt aus ihrem Gebiet vertreiben wollten. Dank seiner «kriegerischen Natur» schlugen Gaythelos und seine Männer jeden Angriff zurück, und langsam setzte sich die kleine Gruppe Ägypter im Land fest. Doch der Preis für den Sieg war hoch: «Obwohl es ihm bei vielen Gelegenheiten gelungen war, dem Feind schwere Verluste beizubringen, war ihm doch kein Sieg gelungen ohne Tote in seinem winzigen Volk. Er erkannte, daß es mit jedem Tag weniger wurden und nicht mehr.» Gaythelos gelangte zu der Überzeugung, daß diese Schicksalsschläge das Ergebnis davon waren, daß sie kein unbesiedeltes Land gesucht hatten, das seine Frau und er in Besitz nehmen konnten, wie es ihr ursprünglicher Plan war. Mit Zustimmung der Adligen schickte er kleine Schiffe aus, die den «grenzenlosen Ozean» erkunden sollten. Nach einiger Zeit entdeckten diese Spähtrupps eine Insel im Nordwesten von Spanien, die von Menschen nicht besiedelt war. Als sie mit der guten Nachricht nach Spanien zurückkehrten, fanden sie Gaythelos sterbenskrank vor, aber er drängte seine Söhne, auszufahren und die Insel in Besitz zu nehmen. Zwei Söhne von Gaythelos, Hiber und Hymec, gehorchten dem sterbenden König und segelten mit ihren Leuten zu der Insel, die sie ohne Mühe besiedelten. Andere Chroniken bestätigen diese gewaltlose Inbesitznahme, aber *Die Legende des Brendan* unterscheidet sich darin, daß hier behauptet wird, die Insel sei besiedelt gewesen und hätte mit Waffengewalt erobert werden müssen:

> *«Einer der Söhne des Gaythelos mit Namen Hiber, noch jung an Jahren, aber sehr zielstrebig, wurde zum Krieg gezwungen und griff zu den Waffen […]. Er tötete einige der wenigen Einwohner, die er fand, und versklavte den Rest, aber er beanspruchte das ganze Land als Besitz für sich und seine Brüder und nannte es nach dem Namen seiner Mutter Scotia.»*

Später scheinen sich die Nachkommen dieser ägyptischen Siedler aus irgendeinem Grund Scoti genannt zu haben. Man kannte sie auch unter dem Namen Gaetheli – nach Gaythelos – woraus wiederum «Gaels» und die Sprache «Gaelic» wurden (Kelten und keltisch). Das Land, das wir heute unter dem Namen Irland kennen, wurde schließlich nach Hiber benannt, dem Sohn des Gaythelos. Im Lateinischen wurde daraus Hibernia und im Englischen Iberland, später Iverland und schließlich Ireland.

Die Geschichte stellt also die Behauptung auf, die Schotten seien ägyptischer Herkunft. Das ist seltsam und paradoxerweise gerade deshalb um so glaubwürdiger. Es gibt eine Reihe uralter Traditionen in europäischen Ländern, die ihre eigene Geschichte mit der biblischen Geschichte Jesu und/oder der Juden in Verbindung bringen. Einige davon wurden während der Christianisierung geschrieben, und manche Wissenschaftler sind der Meinung, es seien Versuche, die neubekehrten Christen stärker an den neuen Glauben zu binden. Es wurde gesagt, daß solche Geschichten in Wirklichkeit jeder Grundlage entbehrten und nichts anderes als frühchristliche Propaganda seien, die gemacht worden wäre, um der neuen Religion mythische Ursprünge zu sichern. Ganz gleich, ob das stimmt oder nicht – die Geschichte von Gaythelos und Scota ist auf jeden Fall ungewöhnlich, weil sie die Schotten nicht mit den Hebräern in Verbindung bringt, sondern mit den «Bösen», den Ägyptern. Warum hätte man das tun sollen? Wessen Interessen diente es? Bestimmt nicht denen der christlichen Schreiber, die sie kopierten. Erst in diesem Jahrhundert erörterte jemand, daß Moses Ägypter war, daß Moses in Wirklichkeit Echnaton war und daß Echnaton zumindest teilweise hebräischer Abstammung war. Und erst jetzt, in diesem Buch, wurde die Verbindung zwischen Echnaton und Scota hergestellt und begründet. Es ergab keinen Sinn, wenn ein eifriger christlicher Missionar eine Geschichte erfand, die seinen bekehrten Heiden erzählte, daß sie von den Ägyptern abstammten, der Nation, die das erwählte Volk Gottes verfolgt hatte, deren Bürger Götzen und seltsame Götter anbeteten und der Zauberei frönten. Da sie den gängigen Glaubensgrundsätzen völlig entgegengesetzt ist, macht diese Geschichte nur dann einen Sinn, wenn sie wahr ist.

Die Chronik berichtet uns, daß die Scoti, die in Spanien blieben, weiterhin unter den Übergriffen ihrer spanischen Nachbarn litten. Eine Erzählung spricht davon, daß sie «[...] in den Einöden und Wäldern der Pyrenäen lebten [...] so daß sie kaum fähig waren zu überleben und sich von Ziegenmilch und wildem Honig ernährten». Als die Kunde von dem fruchtbaren Land jenseits des Ozeans sie erreichte (Bede nennt Irland «eine Insel, auf der Milch und Honig fließen»), entschlossen sich noch mehr spanische Scoti, das Festland zu verlassen und in dem Land Hiber zu siedeln. Es wird von einem zweiten großen Einwanderungsschub berichtet, dessen Anführer Partholomus, der Sohn des Micelius, des Königs der spanischen Scoti, war. Eine dritte Kolonialisierungswelle folgte, angeführt von Simon Brecc (auf Latein: Simon Varius), die angeblich die Zahl der Siedler erheblich vergrößerte. Ehe er auf diese Expedition ging, wurde Simon Brecc von seinem Vater mit einem geheimnisvollen Thron konfrontiert:

«[...] ein Marmorthron in barbarischer, uralter kunstvoller Machart, gefertigt von einem fähigen Handwerker, auf dem der König des schottischen Volkes in Spanien einst saß. Jetzt war dieser Simon Brecc im Begriff, nach dem verheißenen Eiland zu segeln [...] und stellte den verheißenen Stein, das heißt den Thron, auf einen erhöhten Platz in seinem Königreich, den man Tara genannt hatte [...] und dort hatten die Könige, die ihm in seinem Haus nachfolgten, viele Zeitalter lang ihren Platz, geschmückt mit den Insignien des Königtums [...]»

In einem anderen Teil der Chronik bekommt man weitere faszinierende Informationen zu diesem antiken Kunstwerk. Es ist ägyptischer Herkunft. Und es wird behauptet, daß Gaythelos den Marmorthron von Ägypten nach Spanien brachte. Man glaubte, daß das Königreich der Scoti immer dort blühte und gedieh, wo der Stein war – oder wie es ein alter Vers ausdrückt:

«Wenn das Schicksal nicht trügt, so wird gesagt,
daß die Schotten an dem Ort regieren, wo der Stein liegt.»

Also machten sich laut diesem alten Buch nach ein paar Jahrzehnten die Reste von Gaythelos ägyptischer Gruppe unter Führung von Partholomus und Brecc (in zwei Expeditionen) von Spanien auf die Reise nach Irland, und sie brachten bestimmte ägyptische Königsinsignien mit. Dazu gehörte auch ein Thron, der ursprünglich durch Gaythelos von Ägypten nach Spanien gelangt war. Da diese Reise von Ägypten unter der Führung von Echnatons Tochter geschehen war, konnte es sich bei diesen Insignien nur um Stücke aus dem Besitz des Pharao Echnaton gehandelt haben (dessen Emblem königlicher Gewalt, das Schlangenzepter, war offenbar von ihm mit ins Exil genommen worden). Diese Objekte des Königtums waren so kostbar, daß Brecc sie mit nach Irland nahm, und sie wurden für die Scoti zu den unerläßlichen Abzeichen des Königtums. Wenn einer ihrer Könige sich als legitimer Herrscher erweisen wollte, dann *mußte* er auf dem Thron gekrönt werden. Alle Hochkönige Irlands wurden darauf gekrönt, bis Fergus, Sohn des Feredach, den Thron mit nach Schottland nahm, als viele Scoti mit ihm von Irland nach Schottland zogen, und er stellte ihn in seiner Residenz Argyll auf – so berichtete es laut dem *Scotichronicon* die (heute verschollene) *Geschichte des gesegneten Congall.*

In dieser alten Erzählung finden wir nichts Geringeres als die Herkunft von Schottlands kostbarster Reliquie, dem Schicksalsstein – und seine Identifizierung als Echnatons Thron.

Der Schicksalsstein

Als Edward I von England im Jahr 1296 in Schottland einfiel, war es eines seiner Hauptziele, sich den schottischen Schicksalsstein zu sichern, der sich zu jener Zeit in der Abtei Scone befand. Dort hatte ihn vor über zweihundert Jahren König Kenneth II von Schottland auf einem Holzpodest vor dem Hochaltar aufgestellt.[9] Der englische König nahm den Stein mit nach London und legte ihn in die Westminster Abbey unter den Krönungsstuhl, der speziell dafür konstruiert war, die Reliquie zu beherbergen. Edward war in dem Irrglauben befangen, daß der Besitz des Steines ihm die Krone Schottlands sichern würde. Wie wir weiter oben gesehen haben, behauptet die Prophezeiung nicht, daß jemand, der den Stein besitzt, über die Schotten herrschen wird, sondern daß die Schotten dort herrschen werden, wo der Stein liegt. Schotten weisen gerne darauf hin, daß diese Prophezeiung wahr geworden ist. Als Elizabeth I 1603 starb, war das englische Königshaus mit ihr ausgestorben. Aus dem schottischen König James VI wurde König James I von England, und er wurde über dem Stein von Scone, der ja unter dem Krönungsstuhl lag, gekrönt. Ob nun die kürzlich erfolgte Rückkehr des Steins nach Schottland als böses Omen für die politische Stabilität der schottisch-englischen Union gewertet werden darf – wie es so mancher befürchtet –, sei dahingestellt.

So anrührend diese Geschichte auch ist, hielt sich doch beharrlich das Gerücht, daß der Stein, den Edward triumphierend nach London brachte, in Wirklichkeit nicht der echte Schicksalsstein war. Der Stein, der unter großem Pomp am St.-Andreas-Tag, dem 30. November 1996, in sein «neues Heim» Edinburgh Castle in der schottischen Hauptstadt «zurückgeführt» worden ist, ist ein ziemlich schwer zu beschreibendes, rechteckiges Stück Sandstein, mißt ungefähr 66 x 41 x 27 Zentimeter und wiegt über 135 Kilo. In keiner Weise sieht er Gaythelos' Marmorthron ähnlich, wie er im *Scotichronicon* beschrieben ist. Und mittelalterliche Chronisten, wie zum Beispiel Robert von Gloucester, die den Stein zirka 2300 Jahre nach seiner vermutlichen Ankunft aus Ägypten in Irland sahen, beschrieben ihn auch als marmor-ähnlich, mit Schnitzereien.[10] Diese mittelalterlichen Berichte sind weit entfernt von dem heutigen Erscheinungsbild des Steins, aber dem «Marmorthron», einem filigranen Kunstwerk, sehr ähnlich.

Es ist bewiesen, daß die Leute in Scone drei Tage vorher von der Absicht des englischen Königs erfuhren, ihren Schatz zu rauben. Edward I hatte unter Eid geschworen, Schottland zu erobern, und er raste vor Zorn. Als er Berwick, eine Stadt an der schottischen Grenze, verließ, hatte er alle Einwohner umgebracht – etwa 17.000 Männer, Frauen und Kinder –, und ihre Leichen hingen im Wind als Beweis für die Entschlossenheit des englischen Königs, seine Nachbarn im Norden zu unterwerfen.[11] Es wäre daher unverständlich, wenn man nichts unternommen hätte, um den Schicksalsstein zu schützen, und es ist mehr als wahrscheinlich, daß die schlauen Schotten ein «Double» an den Ehrenplatz in Scone legten und den echten Stein an einen sicheren Ort brachten. (Wie wir im nächsten Kapitel sehen werden, war das «Double» keine schnell hergestellte Fälschung. Es war der Stein von Bethel, eine andere heilige Reliquie, aber eine, die man offenbar angesichts der Bedrohung für Schottlands uralten Thron entbehren konnte.)

Aber was geschah mit Echnatons Thron, dem echten Schicksalsstein?

Ein interessanter Bericht, der am 2. Januar 1809 im *Morning Chronicle* erschien, gab der Sage um den Stein eine neue Wendung und verlieh der Theorie, daß der wahre Schicksalsstein beim Herannahen Edwards I, versteckt worden war, mehr Gewicht. Der *Morning Chronicle* berichtete von einem Erdrutsch, der nach heftigen Regenfällen in Macbeths Schloß, Dunsinane, in Perthshire stattgefunden hatte:

> *«Als Bedienstete der westlichen Linie des Hauses Dunsinane angestellt wurden, die Steine der Ausgrabung in den Ruinen von Macbeths Schloß wegzuräumen, gab der Boden, auf dem sie standen, teilweise nach und sank um etwa sechs Fuß. Dabei entdeckten sie eine von Menschenhand erbaute Grotte, die zirka sechs Fuß hoch und vier Fuß breit war. Da keiner der Männer verletzt worden war, machten sie sich gerade neugierig daran, die unterirdische Höhle zu erkunden, als sie unter den Ruinen einen großen Stein entdeckten, der etwa 500 lbs schwer ist und offenbar aus Meteoritengestein oder einer Art Metall besteht. Dieser Stein muß seit Urzeiten, seit der Herrschaft von Macbeth, hier gelegen haben. Daneben wurden auch zwei runde Scheiben aus einer Legierung, die Bronze ähnelt, gefunden. […]»*[12]

Daß die «zwei runden Scheiben» aus Bronze zu sein schienen ist faszinierend, denn Ägypten befand sich zur Zeit von Echnaton in der Bronzezeit. Der *Morning Chronicle* berichtet, daß der Stein nach London geschickt wurde, «um seine wahre Beschaffenheit festzustellen», aber von seiner Ankunft dort wird nichts berichtet. Der rätselhafte «Thron» verschwand einfach auf seiner Reise in die englische Hauptstadt. Seit damals hörte man nichts mehr über den Verbleib des Steines, aber der Thron Echnatons hat die Reise nach Süden wahrscheinlich nie angetreten und befindet sich mit ziemlicher Sicherheit immer noch in Schottland. In einer Fernsehsendung der schottischen BBC mit dem Titel *Der Stein des Schicksals* stellte John Ritchie (der bezeichnenderweise als «schottischer Tempelritter» vorgestellt wurde) emphatisch fest, daß der

Schicksalsstein Schottland nie verlassen habe. Er erklärte weiter, daß das Versteck des Steins einigen wenigen bekannt sei und mittels einer «Gleichung, die erklärt, wo er ist» gefunden werden könne. Auf die Frage, was es mit dem «Schicksalsstein» von Westminster auf sich habe, antwortete er ebenso beharrlich, daß es sich um eine Fälschung handle, einen Block Sandstein, «der nach England ging und seinen Zweck gut erfüllt hat [...]. Kein schottischer König wurde je darauf gekrönt.» Jamie Sinclair, Besitzer eines Gutes in der Gegend von Dunsinane und der Nachkomme eines führenden schottischen Tempelritters des Mittelalters, hielt sich in seinem Interview in der gleichen Sendung etwas mehr zurück. Doch auch er stellt fest, daß er «als Kind in dem Glauben erzogen wurde [...] daß der Stein sehr wohl hier in der Gegend versteckt worden sein könnte». Als man ihn fragte, ob er glaube, der Stein würde jemals entdeckt werden, gab er eine Reihe von Gründen dafür an, warum er das nicht für wünschenswert hielt: «Wenn er wieder ans Tageslicht geholt wird [...] wird jeder mitreden und sich ein Stück Ruhm sichern wollen [...] Wenn er je wieder auftaucht, wo soll man ihn dann unterbringen? Wird er wie der Stein von Westminster nach Edinburgh gebracht? Ich glaube, er bleibt besser dort, wo er ist.»[13] Dieser schottische Gutsherr, Nachkomme einer Familie mit alter Tempelrittertradition, sagte das zweifellos nicht nur so hin, und ich glaubte ihm. Die gleiche Familie, die Sinclairs, spielten inzwischen in meinen Nachforschungen eine immer größere Rolle, und ich vermutete, daß sie weit mehr wußten, als sie jemals öffentlich sagen würden. Außerdem hatten mich meine Nachforschungen an einen Ort geführt, der zum Besitz der Sinclairs gehörte und von den Traditionen der schottischen Tempelritter durchdrungen war. Es ist sogar möglich, daß der Stein Teil des «Schatzes» ist, dessen Versteck ich glaube gefunden zu haben.

Wohin jetzt?

Wenn wir annehmen, daß die Sage von Gaythelos und Scota auf Wahrheit beruht, dann floh um 1350 v. Chr. eine ägyptische Prinzessin von Echnatons Blut mit ihrem Gefolge aus Ägypten und ließ sich in Irland nieder. Wenn man ihr Umfeld bedenkt und die Tatsache, daß sie «aus Furcht vor den Göttern» aus Ägypten vertrieben wurden, muß ihre Religion die des Echnaton gewesen sein – sie beteten zu Aton. Man kann erwarten, daß es im Laufe der Jahrhunderte zu umweltbedingten Änderungen in den Manifestationen der Glaubenslehre kam – ebenso wie ein methodistischer Gottesdienst wenig Ähnlichkeit mit einer griechisch-orthodoxen Zeremonie aufweist –, aber die zugrundeliegenden Akzente sollten weiter zu identifizieren sein. Das müßte auch auf die Mysterien der Religion des Echnaton anzuwenden sein, die meiner Meinung nach die Anbetung des verehrten Schädels bei okkulten Zeremonien, die nur den höchsten Initiierten der Religion bekannt waren, beinhaltete. Dieses Ritual müßte demnach also auch nach Irland gelangt sein. Außerdem sollten diese Mysterien mehr oder weniger mit denjenigen identisch sein, die Moses/Echnaton die jüdischen Initiierten gelehrt hatte. Und es war nur logisch, daß es Beweise für eine Verbindung zwischen Irland und Israel geben mußte, wenn Blutsbande Moses und die Juden mit Scota und den Scoti verbanden.

Ich merkte, daß sich die Gebiete, auf denen ich meine Nachforschungen fortsetzen mußte, von selbst ergeben hatten: Gab es Nachweise für Echnatons Religion in den Bräuchen der alten Iren? Und konnte ich irgendein Bindeglied zwischen den Iren und den Juden entdecken?

Nach Durchsicht der Fakten ergab sich ein Anfangspunkt von selbst. In der Geschichte Irlands gab es nur eine Gruppe, die höchst vielversprechende Forschungsergebnisse versprach. Es handelte sich um einen religiösen Orden, der aus dem schwarzen Meer westeuropäischer Ignoranz emporragte wie ein Leuchtturm voll intellektuellem Feuer und Wissen – die Druiden. Ihre Religion existierte schon vor dem Eindringen der Kelten nach Irland, und in der Antike wurden sie überall als Philosophen und Lehrer anerkannt, die «Gott und das Wesen der Natur erforschen».[14] Wenn es Beweise gab, dann konnten sie nur bei diesen Philosophen in den weißen Roben gefunden werden.

Die Hochburg der druidischen Religion waren die Britischen Inseln, und Irland war als Land am wenigsten von den Galliern und anderen europäischen Stämmen beeinflußt worden. Irlands besonderer Status scheint schon immer erkannt worden zu sein, denn für die alten Völker war Irland die *Insula Sacra*, die heilige Insel.[15] Das erste Mal hörte man von Autoren, die kurz vor der Zeit Christi lebten, etwas über Irland. Damals waren seit der Einwanderung der Ägypter Scota und Gaythelos bereits über tausend Jahre verstrichen. Die Druiden waren die direkten Nachfahren dieser Anhänger Echnatons, der Invasoren des Hiber und des Simon Brecc mit seinem seltsam verzierten Marmorthron. Es ist wahrscheinlich, daß sie zumindest etwas von der alten Weisheit bewahrten, die Scota aus Ägypten mitgebracht hatte.

Aber man durfte nicht erwarten, daß die Lehren unverändert überlebt hatten. Selbst bei einem groben Überblick über die Religionsgeschichte kommt man schnell zu dem Ergebnis, daß die Regeln jedes Glaubens sich sehr rasch von den ursprünglichen Grundsätzen des Glaubensgründers entfernen. Im Christentum wurden Jesu Lehren von «Gott, dem Vater» mit atemberaubender Geschwindigkeit in das Dogma der Dreifaltigkeit und einen Pantheon von Halbgöttern, den Heiligen, verwandelt, und anstatt daß sich seine Botschaft vom «Hinhalten der anderen Wange» durchgesetzt hätte, kam es zu so fürchterlichen Taten wie der zwanghaften Bekehrung der Heiden mittels Feuer und Schwert durch Karl den Großen und der gnadenlosen Unterdrückung der Häresie durch die römisch-katholische Kirche. Im Osten wurden die Lehren des Buddha, der die Eigenverantwortung des Menschen für das Entkommen aus dem Kreislauf von Leben und Tod hervorhob, von unterschiedlichen Strömungen transformiert. Die Mahayana-Schule beispielsweise lehrte, daß das Heil durch eine «Dreifaltigkeit» dreier Verkörperungen des universellen Buddhas ausgelöst wird und daß die Boddhisattvas, ein Pantheon würdiger höherer Wesen, analog zu den Heiligen der Christen und den geringeren Göttern der Heiden, zwischen den Menschen und dem Höchsten stehen.[16] Es scheint in der Natur der Sache zu liegen, daß religiöse Lehren im Lauf der Zeit Veränderungen und Anpassungsprozessen unterliegen, vielfach werden dabei die hohen Ideale der Religionsstifter von Männern und Frauen korrumpiert, die nur vage begreifen, welche Lehren ihr verehrter Anführer da versuchte zu verkündigen.[17]

Echnatons monotheistische Religion des Aton konnte also nicht völlig unversehrt in dem Jahrtausend zwischen Scotas Ankunft in Irland und den ersten geschriebenen Berichten über die Druiden überlebt haben. Aber man durfte darauf hoffen, Symbole und Glaubensformen zu finden, in denen man Spuren von Echnatons Erbe erkennen konnte.

Die Druiden waren die Priesterklasse der Kelten und mittels der Rituale, die sie durchführten, für das Wohlergehen des Stammes verantwortlich. In Irland war das Land in fünf unabhängige Gemeinden oder Bezirke aufgeteilt, die durch das Band der großen nationalen Festtage und die «Volksversammlungen» zusammengehalten wurden. Bei beiden präsidierten die Druiden.[18] Mehr als alles andere gaben die Druiden den zersplitterten Kelten eine gemeinsame Identität. Sie waren Richter und Schlichter in Krieg und Frieden. Der römische Historiker Diodorus Siculus berichtet, daß «diesen Männern und ihren singenden Dichtern» von den Kelten sogar noch in der Schlacht gehorcht wurde. Selbst wenn zwei Armeen sich gerade in die Schlacht werfen wollen, können «die Druiden zwischen sie treten und sie zwingen aufzuhören, denn sonst könnten sie verflucht werden».[19] Wenn man bedenkt, welch wilde Krieger die Kelten waren – sie peitschten sich vorher, bis sie dem Schlachtenwahnsinn verfielen, und kämpften nackt, um zu demonstrieren, wie sehr sie den Tod verachteten – kann man an diesem Beispiel sehen, wie hoch angesehen die Druiden bei den Kelten waren. Auf einen Beobachter, der nicht wußte, welche Verehrung die Priesterkaste genoß, müssen sie in der Tat wie Zauberer gewirkt haben.

Zu ihrer Funktion als Richter kam ihre Rolle als Lehrer. Man konnte schreiben, aber das war auf weltliche Dinge wie Politik und Geschäfte beschränkt. Der Unterricht erfolgte mündlich (wie bei den meisten Mysterienorden), die Druiden lehrten mit dem Wort, und ihre Schüler wiederholten die Verse, bis alles auf den Buchstaben genau stimmte. Die würdigsten unter ihnen konnten bis zu zwanzig Jahre studieren, wobei sie heilige Rituale und endlose Genealogien auswendig lernten und sich in der Kunst der Dichtung und der Weissagung vervollkommneten. Caesar bestätigt, daß Verse mündlich weitergegeben wurden, damit ihr Inhalt geheim blieb. Die Aufzeichnungen des großen Römers sind hier sehr wertvoll, denn Caesar besaß nicht nur einen hohen militärischen Rang, sondern er war auch Priester der Staatsreligion und deshalb sehr versiert in Fragen des Glaubens und der Philosophie. Die Lehren der Druiden waren so geschätzt, daß die europäischen Gallier ihre Sprößlinge nach Britannien schickten, damit sie dort von den Weisen erzogen wurden. Die Spannbreite der Themen, die in den druidischen Schulen behandelt wurden, war groß. Laut Caesar gehörte dazu auch «vieles, was die Sterne und ihren Lauf anging, das Ausmaß der Welt und unserer Erde und das Wesen der Dinge, sowie die grenzenlose Macht und Majestät der unsterblichen Götter».[20]

Druidische Philosophie wird bei Aristoteles (4. Jh. v. Chr.) erwähnt, und ihre Lehren müssen bereits zu dieser Zeit anerkannt gewesen sein. Die Parallelen zwischen den Theorien der Druiden und denen des Pythagoras wurden in der Antike immer wieder hervorgehoben, und viele Kommentatoren glaubten, daß Pythagoras seine Lehren aus denen der Druiden entwickelt hatte. Diogenes Laertius (3. Jh. n. Chr.), dessen Sammlung über das Leben der Philosophen zu seiner Zeit berühmt war, meinte, daß man allgemein glaubte, die Philosophie sei von «den Barbaren» erfunden worden. Er nennt die Druiden in einem Atemzug mit anderen esoterischen Gruppen wie zum Beispiel den Gymnosophisten von Indien – «[...] sie lehren, daß die Götter verehrt werden müssen, nichts Böses getan werden darf und männliches Verhalten zählt».[21]

Trotz solch allgemeiner Feststellungen bleibt das wahre Wesen der druidischen Philosophie geheimnisvoll und ein stetes Thema gelehrter Diskussion. Es gibt zwei getrennte «Lager». Eines stützt sich in der Hauptsache auf die Überlieferung des Poseidonius, eines Philosophen der Stoa (ca. 135-50 v. Chr.), der viele Länder bereiste und sich lange in

Gallien aufhielt. Dieser hatte das barbarische Wesen der druidischen Handlungen, insbesondere das Menschenopfer, besonders betont.[22] Das zweite Lager, die alexandrinische Überlieferung, verschließt offenbar die Augen vor jeder Spur von Barbarei bei den Druiden und sieht sie in erster Linie als hehre Philosophen, die sich mit dem verborgenen Wesen der Natur befassen.

Die Anhänger des Poseidonius haben gegenüber denen der alexandrinischen Schule einen Vorteil: Hier bezieht man sich auf Berichte aus erster Hand über die Brutalität der Druiden. So sollen die Druiden Menschen von hinten erstochen und die Zukunft aus den Todeszuckungen des unglücklichen Opfers und seinem Blut geweissagt haben.[23] Der griechische Geograph und Historiker Strabo berichtet in seiner *Geographia* (IV,4), «daß sie Opfer mit Pfeilschüssen töteten, sie in Tempeln einsperrten oder einen riesigen Scheiterhaufen aus Holz und Stroh errichteten, Vieh, alle möglichen Tiere und Menschen dort hineintrieben und aus der ganzen Sache dann ein Brandopfer machten».[24] Plinius behauptet, daß die Römer der Menschheit einen großen Dienst erwiesen, als sie den Druidenglauben vernichteten und «den monströsen Praktiken ein Ende machten, bei denen es ein hochreligiöser Akt war, einen Menschen umzubringen, und es sogar sehr heilsam war, ihn dann noch zu essen».

Trotzdem wird die Lage weniger klar, wenn man einmal die Motive der Autoren, die über die «barbarischen Druiden» schrieben, kritisch untersucht. Die meisten sind damit befaßt, die Einverleibung eines freien Volkes, nämlich das der Kelten, in das römische Imperium zu rechtfertigen. Alles, was den römischen Imperialismus vernünftig erscheinen ließ, war für diese Autoren und ihre Förderer nützlich, und indem sie diese Religion als entsetzlich, verderblich und als Verbündete der dunklen Mächte zeichneten, rechtfertigte das die Vernichtung der Übeltäter und ihrer Nation. Caesar ist nur allzu offensichtlich ein Anhänger dieser Strategie, und ein ganzer Teil von Strabos *Geographia*, in dem er die Kelten verhöhnt, liest sich wie eine Apologie für Caesar und Augustus, die den Versuch unternahmen, diese «barbarischen» westlichen Stämme zu romanisieren. Also muß man vorsichtig sein und darf diese Berichte nicht allzu wörtlich nehmen. Obwohl es bekannt ist, daß es zumindest bei den Kelten in Europa zu Menschenopfern kam, weiß man doch nicht, wie häufig das vorkam. Und was noch wichtiger ist – die Rolle der Druiden bei solchen Ritualen ist durch nichts bewiesen. Viele der Geschichten, die erzählen, wie Druiden ihre Opfer entmannen oder umbringen, könnten finstere Propaganda sein, die gemacht wurde, um das Gewissen zu entlasten und die Grenzen des römischen Imperiums zu erweitern.

Wenn man sich dem anderen Lager zuwendet, der alexandrinischen Überlieferung, ist man verblüfft über das völlige Fehlen von Blutopfern. Obwohl die alexandrinischen Autoren keine Kenntnisse aus erster Hand über die Druiden besaßen, hatten sie doch Zugang zu antiken Dokumenten, die in Alexandria aufbewahrt wurden – Dokumente, die viel älter waren als jede Quelle, auf die sich die Anhänger des Poseidonius stützen konnten. Ein Autor, Ammianus Marcellinus, gibt als seine Quelle Timagenes an, der um die Mitte des ersten Jahrhunderts vor Christus schrieb und angeblich sogar auf noch ältere Quellen zurückgegriffen hat.[25] Für Ammianus waren die Druiden Anhänger der gleichen Doktrin wie die Pythagoräer: «Die Druiden, Männer von überlegenem Geist und vereint mit der Bruderschaft der Anhänger des Pythagoras, wurden durch Untersuchungen zu geheimen, erhabenen Fragen geführt, und sie erklärten, daß die Seele unsterblich sei, ganz gleich, was der Mensch tue.» Der Dichter Lucan kannte die Druiden in ihrer Rolle als Hüter archaischen Wissens, und er wußte, daß sie auch die Unsterblichkeit der Seele und die Wiedergeburt lehrten. Selbst Caesar gab zu, daß diese Lehren druidischen Ursprungs waren: «Sie möchten jedem als ihre Haupterrungenschaft einschärfen, daß die Seelen nicht sterben, sondern nach dem Tod an die Nachkommen weitergegeben werden [...]»[26] Valerius Maximus, der im 1. Jahrhundert n. Chr. lebte, erwähnt den druidischen Glauben an ein Leben nach dem Tod – auch er erkennt hier übrigens eine Lehrmeinung des Pythagoras – und betont einen weiteren Aspekt, als er beschreibt, daß die Gallier «sich gegenseitig Geld leihen, das erst im nächsten Leben zurückgezahlt werden muß – so fest ist ihr Glaube daran, daß die Seele des Menschen unsterblich ist».[27]

Trotz dieser scheinbar so unversöhnlichen Gegensätzlichkeit könnte man die Sichtweise des Poseidonius und die der alexandrinischen Schule zusammenbringen. Die pro-römische Schule des Poseidonius, die die Druiden als «Bestien» bezeichnete, schrieb über gallische, nicht über britische Praktiken, und das zu einer Zeit, als der Stern des Druidentums schon seit Jahrhunderten sank. Die Gallier wurden zunehmend von Rom unter Druck gesetzt, und viele Gallier müssen sich unter dem Eindruck, daß sie den römischen Vormarsch nicht stoppen konnten, überlegt haben, ob die siegreichen römischen Götter in Wirklichkeit nicht ihren traditionellen Gottheiten überlegen waren. Es ist bekannt, daß Elemente der römischen Religion in ein paar keltische Stämme Europas Eingang gefunden haben. Es ist daher möglich, daß in diesen Regionen Menschenopfer erst ab diesem späten Zeitpunkt gepflegt wurden und später als Beweis für das barbarische Wesen des Druidentums herhalten mußten. Mit Sicherheit neigten die Autoren im Interesse einer für ihre Sache günstigen Propaganda zu Übertreibungen.

Im Gegensatz dazu scheinen die Alexandriner keinen bestimmten politischen Zweck verfolgt zu haben. Sie waren Chronisten und Forscher und sind deshalb vermutlich ein klein wenig zuverlässiger als ihre propagandistischen «Gegner». Es könnte aber auch einen weiteren Grund für diese unterschiedlichen Berichte geben. Wie wir gesehen haben, befand sich das Druidentum zur Zeit der Eroberungsfeldzüge Roms in einer Periode des Niedergangs, die wahrscheinlich schon seit Jahrhunderten anhielt. Die alexandrinischen Quellen waren älter als die des Poseidonius und befaßten sich mit der Zeit vor dem Niedergang des Druidentums. Deshalb berichteten sie über die druidische Gesellschaft, wie sie ein paar Jahrhunderte zuvor ausgesehen hatte, als sie in Blüte stand und vor dem Schwinden an Status und Macht, das einen Großteil der keltischen Welt traf, als die römischen Legionen einmarschierten. Menschenopfer können in diesem goldenen Zeitalter des Druidentums eigentlich nicht vorgekommen sein. Trotzdem kann man dessen nicht völlig sicher sein, denn die Alexandriner waren in erster Linie an den druidischen Lehren interessiert, die im Gegensatz zu ihren religiösen Praktiken standen. Deshalb ist es möglich, daß Details der Opferriten schlicht unwichtig für sie waren und darum auch nicht darüber berichtet wurde.

Die Religion der Druiden war anscheinend vor den römischen Eroberungsfeldzügen nahezu überall bei den westeuropäischen Kelten verbreitet. Jedoch scheint es bei den Kelten Italiens und Spaniens sowie den Kelten östlich des Rheins keine Druiden gegeben zu haben, obwohl keltische Stämme von Galatien in Kleinasien bis hin zu den Britischen Inseln siedelten. Heute nimmt man im allgemeinen an, daß der Orden der Druiden einer prä-keltischen Organisation aus dem äußersten Westen Europas entstammt, die die einwandernden Kelten so beeindruckte, daß sie die Formen und Ziele dieser neuen Religion annahmen, als sie sich unter den eingeborenen Stämmen niederließen (obwohl sie zweifellos auch an einigen ihrer traditionellen Glaubenssätze festhielten).[28] Sonderbarerweise berichtet Caesar, daß das Druidentum von den Britischen Inseln stammt und von dort nach Gallien gelangte: «Man glaubt, daß die Druiden ihren Ursprung in Britannien haben und von dort aus nach Gallien kamen.»[29] Irland scheint also nicht nur das Zentrum des eigentlichen Druidentums zu sein, sondern auch der Ort, wo sich die Lehre – unberührt von kontinentalen Einflüssen – am unverfälschtesten entwickeln konnte.

Ich hatte das Gefühl, es sei an der Zeit, alle diese Beweise zu bilanzieren: Da gab es eine prä-keltische Religion von hohem philosophischen Rang, die die Kelten von den Ureinwohnern der Britischen Inseln übernahmen. Das Zentrum dieser Religion schien Irland gewesen zu sein, die *Insula Sacra* der Überlieferung. Ich fragte mich, ob es sein könnte, daß die Ursprünge, also mindestens die Rudimente druidischer Praktiken, vielleicht bei der ägyptischen Einwanderung von Gaythelos und Scota zu finden sein könnten? Diese Theorie würde sehr gut zu dem passen, was wir inzwischen über die Legende von Scota wissen – eine von Echnaton begründete Religion von hohem kulturellen Wert, die durch die Umstände gezwungen worden war, in der Wildnis Irlands heimisch zu werden, um so in einer unzivilisierten und unwirtlichen Umwelt zu überleben.

Andere Fakten wiesen ebenfalls auf eine solche Verbindung hin. Das Gesetz der weiblichen Erbfolge der Scoti ähnelte dem der ägyptischen Pharaonen, bei denen ja die Erbfolge des Königshauses nur durch die weibliche Linie weitergegeben wurde. Diese Tradition war so streng, daß es von den Scoti im *Scotichronicon* heißt, sie hätten den frauenarmen Pikten nur unter der Bedingung ihre Frauen als Gefährtinnen gegeben, daß von da an auch im Königshaus der Pikten die weibliche Erbfolge galt. Sowohl in Irland als auch in Ägypten spielten Stiere eine wichtige Rolle. Der seltsame Brauch, daß die irischen Könige sich mit dem Land vermählten, über das sie herrschten, scheint ein schwacher Widerhall der ägyptischen Sitte zu sein, daß der Pharao auf die ägyptische Erde masturbierte, um den Schöpfungsakt der Götter nachzuvollziehen. Noch spekulativer scheint die Aussage zu sein, daß die Druiden angeblich bei einigen Riten notwendig gewesen seien, weil «nur sie die Sprache der Götter kannten». Ich fragte mich, ob dies wohl die Sprache der ägyptischen Priester war, die mündlich an ihre Nachfolger, die Druiden, überliefert worden war? Das war alles ziemlich anregend, aber wohl kaum schlüssig. Falls die Hypothese von der ägyptischen Herkunft stimmte, dann sollte man zumindest einen Überrest der Religion des Echnaton finden, und das hieß auch Hinweise auf die geheimnisvolle Verehrung des Schädels, die meiner Ansicht nach Bestandteil dieser Religion war.

Es gab sie, und zwar in einer unmißverständlichen Form. Es war fast unglaublich, daß die Lehren der Priesterkaste der Iren (und wegen der Verbreitung der Religion auch anderer keltischer Nationen) als wichtigsten Punkt die Verehrung eben dieses Objektes hatten, das ich versuchte aufzuspüren – des verletzten Schädels.

Der Kult des Schädels

Zentral für die druidische Lehre (und ich vermutete auch für ihre ägyptischen Vorfahren und ihre jüdischen «Religionsverwandten») war der Kult des Schädels. Unabdingbare Grundlage dafür war, daß die keltische Krieger-Elite die Kopfjagd praktizierte. Man erbeutete in der Schlacht die Köpfe der Feinde und durchbohrte die Schädel, so daß sie vom Sattel oder an Pfählen vor den Höfen herabhingen, gewissermaßen als martialisches Zeichen der Tapferkeit. Poseidonius wird von Strabo dergestalt zitiert, daß er erwähnt, wie siegreiche Kelten die

Köpfe ihrer Feinde aus der Schlacht mit heimbrachten und sie an die Eingänge ihrer Höfe nagelten. Strabo behauptet, daß Poseidonius «dieses Spektakel vielerorts mit eigenen Augen gesehen hat, und obwohl er es anfangs verabscheute, konnte er es später ruhig ertragen, weil er nun vertraut damit war». Der römische Historiker Livius beschreibt in seinen *Historiae* das Schicksal eines römischen Konsuls, der von dem keltischen Stamm der Boii getötet wurde:

> *«[Sie] entkleideten die Leiche, köpften ihn und trugen die sterblichen Überreste zu ihrem heiligsten Tempel. Dort säuberten sie den Schädel, wie es ihr Brauch ist, und polierten ihn. Später diente er ihnen als heiliger Kelch, woraus die Priester und Tempeldiener tranken.»*[30]

Aber selbst bei dieser grusligen Geschichte kommt die symbolische Bedeutung des Schädels klar heraus: Er wurde zu ihrem heiligsten Tempel gebracht, poliert und von den Priestern als Kelch bei den Ritualen benutzt. Offenbar war dieser Schädel nicht nur eine Kriegstrophäe, sondern eine heilige Reliquie, ein Objekt großer Verehrung. Viele heilige Orte zeugen von dieser Tatsache. In Carrawburgh in Northumberland wurde bei der alten römischen Festung Brocolitia ein Brunnen entdeckt, der über dreizehntausend Münzen und einen Schädel enthielt – alles Opfer für die Götter.[31] Ein Schacht, den man bei Newstead in Roxburgh ausgrub, enthielt drei menschliche Schädel und zwei Holzräder, die man für Sonnensymbole hielt. Wenn man keine echten Schädel hatte, dienten oft Nachahmungen aus Holz oder Stein als Ersatz. Einer der spektakulärsten Funde wurde 1963 aus Frankreich gemeldet, als man unzählige Schnitzereien, darunter fünfundzwanzig Miniaturschädel, in der Nähe eines keltischen Tempels des zweiten Jahrhunderts entdeckte, der im früheren Marschland des Flusses Seine lag.[32]

Für die Kelten war der Schädel das religiöse Objekt *par excellence* – er wurde in der Schlacht, an heiligen Orten und in Mythen verehrt. Die Legende von Bran, dem Gesegneten, vermittelt einen gewissen Einblick in die keltischen Ansichten, welche Attribute dem Schädel zuzuordnen waren. In dieser Geschichte wird der Held Bran von einem vergifteten Pfeil am Fuß verletzt, während er gegen den König von Irland kämpft. Als er merkt, daß sein Tod bevorsteht, befiehlt Bran seinen eigenen Männern, ihn zu köpfen. Aber anstatt zu sterben, lebt der Kopf weiter und spricht, verehrt von seinen Anhängern, vierzig Jahre lang Prophezeiungen. Danach wurde Brans Kopf auf dem White Hill vor London begraben. Um die Stadt und Großbritannien vor dem Bösen zu beschützen, ist sein Gesicht nach Frankreich gewandt.[33] Seltsamerweise gibt es einen ganz ähnlichen Mythos darüber, daß Adams Kopf am nördlichen Zugang zu Jerusalem begraben liegt, um die Heilige Stadt vor Invasionen zu schützen.[34]

Die Sage von Bran beleuchtet die zahllosen Eigenschaften, die die Kelten dem abgetrennten Schädel zuschrieben. Für die Kelten war er das Zentrum der Emotionen und des Lebens selbst. Vor allem anderen verehrungswürdig als der Sitz der Seele, ein Talisman von unermeßlichem Wert. Diodorus Siculus schrieb im ersten Jahrhundert nach Christus, daß der Schädel eines großen Mannes, gleich ob Feind oder Verbündeter, «in Zedernöl einbalsamiert und sorgfältig in einer Truhe verwahrt wurde». Diese Schädel waren von so hohem Wert, daß sie noch nicht einmal in Gold aufgewogen werden konnten, denn man glaubte, sie könnten wahrsagen, heilen, Sprache und Fruchtbarkeit verleihen – alles Motive, die zu dem einbalsamierten Schädel der Templer paßten und die immer wiederkehrten, während die Geschichte immer klarer wurde. Die Wissenschaftlerin Ann Ross hat die wahrscheinlich beste Zusammenfassung der keltischen Haltung gegenüber dem Schädel gegeben, die meiner Meinung nach ebenso die Herkunft von Echnatons Religion betont. Der Schädel «[...] wurde als die Quelle des Seins betrachtet. Er war der Sitz der Seele, das Symbol der göttlichen Macht, die das Böse abwehrt.»

Kurz gesagt: Der abgetrennte Schädel war das Symbol der Göttlichkeit.

4
Der Stein von Bethel

Das vorhergehende Kapitel bewies die Möglichkeit einer Verbindung zwischen Iren und Ägyptern und lieferte eine Begründung für das Vorhandensein des Schädelkults in der irisch-keltischen Gesellschaft. Ich fragte mich nun, ob es nun irgendeinen Beweis für eine Verbindung zwischen den Iren und Juden gab?

Der wahrscheinlich verblüffendste Hinweis auf eine irisch-jüdische Verbindung betrifft den heiligen Stein, den Jakob in Bethel als Kopfkissen benutzte. Die antiken Chroniken berichten, daß eben dieser Stein fünfhundert Jahre vor Christi Geburt nach Irland gebracht wurde. Andere Berichte bestätigen, daß ein wichtiger Stein im heiligsten Steinkreis der irischen Druiden den Namen Bethel trug.[1] Ist es dieser Stein, den König Edward I im Jahr 1296 in Scone raubte und der im Jahr 1996 zurückgebracht wurde – der Stein, den man jetzt irrtümlich als Schicksalsstein bezeichnet und der den ägyptischen Königen zumindest seit der Zeit des Pharao Echnaton als Thron diente? Der Stein von Bethel wurde ursprünglich nie direkt mit dem Königtum in Verbindung gebracht, sondern mit dem Gott der Juden. Er war ein «faßbares» Symbol für die Präsenz der Gottheit auf Erden.

Der Stein von Bethel

Die Bibel berichtet, daß Jakob, der Enkel Abrahams und Vater von Joseph (der bald eine wichtige Rolle in unserer Geschichte spielen wird), von Beerschewa nach Haran reiste, als die Nacht hereinbrach. Er nahm sich einen Stein als Kopfkissen und schlief unter freiem Himmel. Dort träumte er dann seinen berühmten Traum von der Leiter, die bis in den Himmel reichte und auf der Engel auf- und niederstiegen. In dem Traum schenkte Gott Jakob das Land, auf dem er schlief, und versprach ihm, daß seine Nachkommen so zahlreich werden würden «wie Staub auf der Erde». Die Bibel erzählt uns, daß Jakob, als er erwachte, voller Angst und Erstaunen war:

> *«Wie furchtbar ist diese Stätte! Hier ist nichts anderes als Gottes Haus, hier ist die Pforte des Himmels. Am andern Morgen aber in der Frühe nahm Jakob den Stein, den er unter sein Haupt gelegt hatte, richtete ihn auf als Malstein und goß Öl oben darauf [...]. Und Jakob tat ein Gelübde und sprach: [...] und dieser Stein, den ich als Malstein aufgerichtet habe, soll ein Gotteshaus werden [...].»*
>
> *(Genesis 28,17.18.20a.22a)*

Dann war also der Stein von Bethel, die Jakobssäule, das Haus Gottes. Damit ist er analog zu einem anderen «Gotteshaus», der Bundeslade, in der Jahwe/Adonai ja angeblich leben sollte. Und natürlich zu den ägyptischen Laden, in denen jeweils ein anderer Gott des ägyptischen Pantheons hauste. Es scheint so, als sei der Stein von Bethel, genau wie die Laden, so gefertigt gewesen, daß man ihn herumtragen konnte. Selbst heute, an seiner letzten Heimstatt im Schloß von Edinburgh, kann man noch die beiden Ringe sehen, an denen er getragen wurde. Daß er hin- und hergetragen wurde, sieht man auch an der tiefen Rinne im Stein, die von der Holzstange herrührt, die durch die Ringe geschoben wurde, um den Sandsteinblock über große Strecken tragen zu können. Ein Bericht in der irischen *Chronik von Eri,* die «Geschichte von Lia Fail», spricht davon, daß die Reliquie «in alter Zeit von [hebräischen] Priestern beim Marsch in die Wildnis getragen wurde. Später wurde sie über das Meer von Osten nach Westen gebracht – zum äußersten Ende des Sonnenlaufes über der Welt.»[2] Also war es ganz klar ein Stein mit einer gewissen religiösen Macht und Bedeutung, der sowohl von den Hebräern als auch von den alten Iren sehr verehrt wurde. Eigentlich hat er bis zum heutigen Tage große Bedeutung, was sich an der Zeremonie ablesen läßt, von der seine Rückkehr nach Schottland begleitet war. Während des Zweiten Weltkriegs gehörte der Stein zu der Gruppe von Reliquien, die für den Fall einer deutschen Invasion in den Katakomben der Westminster Abbey versteckt wurden. Nur zehn oder elf Männer kannten das geheime Versteck. Im Gegensatz dazu gab es keine vergleichbaren Maßnahmen, um die Kronjuwelen vor potentiellen Nazi-Besatzern in Sicherheit zu bringen.

Sir Compton MacKenzie, der Literaturkritiker und Autor, glaubte, daß der Stein eine Fälschung war, die man aus dem Sandstein der Steinbrüche von Oban an der Westküste Schottlands gefertigt hatte. Er konnte seine Behauptung nie mit Beweisen belegen, aber jüngste Forschungen haben offenbar die Echtheit des Steins oder zumindest seine Herkunft bestätigt. Professor Totten von der Universität Yale hat diesen Stein seit langem erforscht. Seine Erkenntnisse führten ihn zu dem Schluß, daß «die Analyse des Steins zeigt, daß er keinesfalls aus den Steinbrüchen in Scone oder Iona stammt, wo man einen Block dieser Art möglicherweise finden könnte. Er stammt auch nicht aus Tara» (das sind die drei Aufenthaltsorte des Steins seit seiner Ankunft auf den Britischen Inseln).[3] Ein anderer Geologe, Professor Odium von der Universität Ontario, erforschte das Problem der geologischen Herkunft des Steins. Professor Odium behauptet, daß er eine Sandsteinart entdeckt habe, die völlig identisch mit der Zusammensetzung des Steins von Bethel sei. Der Ort, wo es diese geologische Formation gibt, ist genau da, wo die Bibel es sagt – in Bethel, in Palästina, an dem Ort, wo Jakob den Traum von der Himmelsleiter hatte.[4]

Daß der Stein eine Reliquie von unschätzbarem Wert war, steht deshalb außer Zweifel. Aber ist es der Schicksalsstein, auf dem die Hochkönige von Irland gekrönt wurden? Ich kann nicht glauben, daß das stimmt. Alle Beweise sprechen dagegen und weisen auf den Marmorthron hin, den Gaythelos aus Ägypten mitbrachte, auf Echnatons Thron also, ein Objekt, dessen Verbindung zum Königtum eindeutig und unstrittig war. Der Stein von Bethel war zweifellos heilig, aber heilig wegen seiner Verbindung mit dem Patriarchen Jakob und weil er als Haus seines Gottes angesehen wurde – der Gottheit, die der Gott Israels werden sollte. Aber es gibt hier keine Verbindung zu einem Königshaus. Andere Geschichten, die sich mit der Jakobssäule befassen, entfernen sich vom Königtum und deuten auf den wahren Ursprung des Steins hin. Diese Erzählungen behaupten, daß er eine Zeitlang der Eckstein des Jerusalemer Tempels war. Der Tempel wurde von Salomo als «Haus» seines Gottes gebaut, und dazu paßte der Stein von Bethel, der ja ebenfalls ein «Haus Gottes» war. Die Verbindung des Steins zum Königtum ist nicht so leicht zu erkennen – und das aus gutem Grund: Es gibt keine. So wichtig der Stein von Bethel auch wegen seiner Verbindung zu Israel war, der originale Schicksalsstein war der schwarze Marmorthron, auf dem die ersten Könige Irlands gekrönt wurden, der Thron des Echnaton.

Die Verwirrung kam daher, daß in den Jahrhunderten ihrer Existenz sowohl Echnatons Thron als auch der Stein von Bethel den Titel «Schicksalsstein» trugen. Dieser Zufall hat viele Forscher verwirrt und das richtige Verständnis für die Komplexität dieser Geschichte behindert. Weil es nur einen Titel gab, ging man davon aus, daß es auch nur *ein* Objekt geben könne. Seit der Invasion Edwards I in Schottland, als die Schotten es zuließen, daß der weniger wertvolle Stein von den Engländern geraubt wurde, hat niemand mehr nach der viel wertvolleren Reliquie, dem Thron Echnatons, gesucht.

Es ist nicht schwer zu verstehen, warum die Schotten den Stein von Bethel geopfert haben, denn wenn Edward in Scone keine Reliquie gefunden hätte, hätte er wahrscheinlich seine Bemühungen, den Stein zu finden, verstärkt, und dann wäre die Wahrscheinlichkeit hoch gewesen, daß er beide Reliquien geraubt hätte. Deshalb wurde trotz der Zeugnisse in den alten Geschichten und der Augenzeugenberichte mittelalterlicher Chronisten, die alle besagten, daß der Stein des Königtums aus Marmor war, die Existenz des Marmorthrons des Gaythelos eifrig ignoriert und mit den Jahren vergessen. Von da an trug der Stein von Bethel den Titel «Schicksalsstein» allein. Wie man im vorhergehenden Kapitel sehen konnte, wurde das Gebäude der Überlieferung, das rund um den Stein von Bethel gewachsen war, nicht einmal dadurch erschüttert, daß man zur Zeit Königin Victorias in Dunsinane ganz zufällig den verzierten Marmorthron fand.

Das soll nicht heißen, daß der Stein von Bethel unwichtig ist, er ist es weder aus historischer Sicht noch für unsere Geschichte. Der Bericht von seiner Ankunft in Irland zeugt zweifellos von engen Religions- und Blutbindungen zwischen den Juden und den alten Iren.

Der Stein trifft in Irland ein

Der Stein von Bethel befand sich zu Anfang des sechsten Jahrhunderts v. Chr. in der Hauptstadt Judas, und er könnte sogar wirklich Teil des salomonischen Tempels gewesen sein. Das sechste Jahrhundert war ein unruhiges und gewalttätiges Kapitel in der jüdischen Geschichte. Im Jahr 586 v. Chr. drang die babylonische Armee unter König Nebukadnezar in Juda ein und verwüstete Jerusalem. Nach einer Belagerung von über einem Jahr fiel die Stadt mit ihren hungernden und mutlosen Einwohnern, und ihr König – Zedekia, der letzte König aus dem Haus David – wurde gefangengenommen, als er versuchte, über die Ebene von Jericho zu entkommen. Nebukadnezars Rache war gnadenlos: Alle Adligen Judas wurden hingerichtet. In Ketten mußte König Zedekia bei der Hinrichtung seiner Söhne zusehen. Es war das letzte, was er sah. Nach diesem entsetzlichen Anblick, der ihm wohl für immer ins Gedächtnis gebrannt war, wurden ihm die Augen ausgestochen, und er wurde blind und hilflos als Gefangener nach Babylon verschleppt (Jeremia 39, 4-7). Für die Juden war das eine Katastrophe von ungeheurem Ausmaß, die Stadt lag in Trümmern, und das Haus David war vernichtet. Doch es wird erzählt, daß eine Tochter Zedekias namens Tamar Tephi dem Gemetzel und der darauffolgenden Deportation nach Babylon entkam und aus Israel floh. Sie segelte nach Irland – im Gepäck den heiligen Stein, auf dem Jakob geschlafen hatte, als er von einer Leiter träumte, die bis in den Himmel zu Gott reichte. Die Legende berichtet weiter, daß der Prophet Jeremia mit ihr in das neue Land zog.

Die Bibel unterstützt diese Geschichte eigentlich. Jeremia hielt sich während der Belagerung in Jerusalem auf, und er überlebte die Zerstörung der Stadt. Er hatte nämlich die Gunst Zedekias verloren und saß im Gefängnis, als die Stadt von den Babyloniern eingenommen wurde. König Nebukadnezar ernannte Gedalja zum Gouverneur von Juda und gab Jeremia in die Obhut von Nebusaradan, dem Kommandanten der Leibwache. Er befahl ihm, den Propheten mit Respekt zu behandeln: «[...] tue ihm kein Leid, sondern verfahre mit ihm, wie er dir sagen wird» (Jeremia 39,12). Nebusaradan gehorchte dem Befehl und schenkte ihm wenig später mit diesen Worten die Freiheit: «Und nun, siehe, befreie ich dich heute von den Ketten an deinen Händen. Gefällt es dir, mit mir nach Babel zu kommen, so komm, und ich werde Sorge für dich tragen. Gefällt es dir aber nicht, mit mir nach Babel zu kommen, so laß es! Siehe, das ganze Land steht dir offen; geh, wohin es dich gut und recht dünkt» (Jeremia 40,4).

Hieraus geht klar hervor, daß Jeremia keinerlei Einschränkungen auferlegt waren. Die ganze Welt lag vor ihm, er konnte reisen, wohin er wollte.

Aber was war mit der Prinzessin? Warum wurde sie verschont, während alle Söhne Zedekias hingerichtet wurden? Es scheint, als ob die Babylonier sich nur für die männlichen Erben interessierten, denn die Bibel berichtet, daß einige Töchter des jüdischen Königs den Fall von Jerusalem überlebten. Vielleicht warteten sie zusammen mit den übrigen «wichtigen» Personen des Königreichs Juda auf die Deportation, wahrscheinlich waren sie für den Harem des babylonischen Königs bestimmt. Egal – jedenfalls ermordete ein gewisser Ismael, verwandtschaftlich mit dem Königshaus von Juda verbunden, während eines Essens in der Stadt Mizpa den Gouverneur Gedalja. In der darauf entstandenen Konfusion «führte Ismael [...] die Prinzessinnen und alles Volk, das in Mizpa übriggeblieben war [...] gefangen hinweg [...] und zog ab, um zu den Ammonitern überzugehen» (Jeremia 41,10). Offenbar wollte Ismael die Prinzessinnen als «Unterpfand» in seinen Verhandlungen mit den Ammonitern benutzen. Glücklicherweise kam ihnen Jochanan, ein loyaler Heerführer Judas, mit einem Rest von Zedekias Armee zu Hilfe. Er besiegte Ismael und zwang ihn dazu, die Gefangenen, zu denen auch die Prinzessinnen gehörten, herauszugeben.

Sie waren alle in großer Gefahr, denn die babylonische Armee durchkämmte auf der Suche nach Widerstandsnestern das Land. Man kam zu dem Entschluß, daß es am sichersten sei, sich in südlicher Richtung nach Ägypten durchzuschlagen. Jeremias Rat lautete, in Juda zu bleiben. Er dachte daran, welche Konsequenzen es nach sich ziehen würde, in Ägypten zu siedeln, und er prophezeite, daß alle, die in dieses Land zögen, sterben würden. Aber seine Warnungen wurden ignoriert, und die restlichen Mitglieder des Hauses Juda (wozu auch die Töchter Zedekias gehörten, was in der Bibel ausdrücklich betont wird) machten sich auf selten benutzten Wegen auf die Reise nach Ägypten (Jeremia 43,6). Es ist wahrscheinlich, daß sie im Gepäck alle heiligen Reliquien hatten, die sie aus ihrer zerstörten Hauptstadt hatten bergen können. Ich glaube, daß eine dieser Reliquien das «Haus Gottes» – also der Stein von Bethel – war. Warum sich Tamar Tephi schließlich auf den Weg nach Irland machte, geht aus der Geschichte, die überliefert wurde, nicht hervor. Es könnte Jeremias bestimmte Aussage gewesen sein, daß ein Aufenthalt in Ägypten zu völliger Vernichtung führen würde, die sie veranlaßte, nach Irland zu segeln. Oder vielleicht machten die Königstöchter untereinander aus, daß jede von ihnen einen anderen Weg einschlagen sollte, um auf diese Weise alle Chancen zu nutzen, den Fortbestand des königlichen Hauses zu sichern.

Es gab einen Seeweg, den bereits vorher Menschen ihrer Rasse und ihres Glaubens benutzt hatten – den Weg zum Land Hiber und dem Stamm der Schotten. Wenn man die nahe Blutsverwandtschaft der beiden Gruppen bedenkt (der Menschen, die Echnatons Tochter nach Irland folgten, und denen, die unter Echnaton selbst aus Ägypten flohen), ist es mehr als wahrscheinlich, daß sie Kontakt miteinander hielten (was durch die Tatsache bestätigt wird, daß Tamar Tephi schließlich einen irischen König heiratete, der nach Aussage der Chroniken selbst israelitischer Abstammung war). Es ist möglich, daß Jeremia selbst vorschlug, die entfernten Vettern aufzusuchen und eine Prinzessin des Königshauses auf die Insel im westlichen Meer zu bringen, die Schutz vor den wechselnden Bündnissen und dem wechselnden Kriegsglück des Nahen Ostens bot. Doch ganz gleich, welche Gründe sie hatten – die Chroniken berichten, daß Tamar Tephi und Jeremia mitsamt dem heiligen Stein um 584 v. Chr. ein Schiff nach Irland bestiegen.

In Irland heiratete Tamar Tephi (die als Zedekias Tochter und direkte Nachfahrin des Hauses David einen enormen Status besaß) Eochaid Heremon, einen Hochkönig von Irland, der ein enger Verwandter des Stammes Dan und damit selbst von israelitischem Blut war.[5] Die irischen Hochkönige (jetzt auch Nachfahren von König David) bewahrten den Stein während der Herrschaft von sechsundfünfzig Hochkönigen – was einer Periode von etwa tausend Jahren entspricht – im uralten Palast von Teamhair Breagh auf. Der Stein wurde zum Symbol der davidischen Abstammung und legitimierte alle, die neben ihm gekrönt wurden. Er wurde auch als Eckstein des zerstörten salomonischen Tempels verehrt, was seinen Wert noch erhöhte.

Wie der eigentliche Schicksalsstein, Echnatons Thron, wurde der Stein von Bethel nach Schottland gebracht, als Fergus Mor McErc (aus dem irischen Königreich Dalriada) irgendwann im fünften Jahrhundert nach Christus ins westliche Schottland, nach Argyll, eindrang und es von den Pikten eroberte. Dreizehn Könige von Argyll blieben dann im Besitz der heiligen Steine, bis Kenneth McAlpin im Jahr 843 n. Chr. Pikten und Schotten vereinigte und der erste König eines geeinten Schottlands wurde.[6] Er baute auch die erste Kirche in Scone, denn dort hatte er die Pikten besiegt. Hier blieb der Stein von Bethel und wurde an seinem Ehrenplatz vor dem Hochaltar verehrt, bis Edward I von England die heilige Reliquie raubte und in die Westminster Abbey brachte.

Es war an der Zeit, eine Bestandsaufnahme dessen zu machen, was ich erfahren hatte. In den Mythen und der Geschichte Westeuropas gab es stichhaltige Beweise für ein Netzwerk aus Verwandtschaft und Einflüssen. Eine Verbindung zwischen Ägypten und den Britischen Inseln war geschaffen worden, als Echnatons Tochter auf der Flucht vor der Rache der ägyptischen Götter und der Priester, die ihnen dienten, die ersten Schiffe dorthin führte. Sie hatte Echnatons Religion nach Irland gebracht, die in modifizierter Form in der Lehre der Druiden überlebt hatte, so daß der Schädelkult zu einem Hauptbestandteil der keltischen Religion wurde. Dazu war durch die Geschichte von Tamar Tephi und dem Stein von Bethel eine Verbindung zwischen den westlichen Stämmen der Kelten und Israel bewiesen worden. Aber eine wesentliche Frage blieb unbeantwortet: Den Nachfahren der Juden, die von Echnaton aus Ägypten geführt wurden, müßten die Geheimnisse des Schädelkults ebenfalls bekannt gewesen sein. Ich fragte mich jetzt, ob es in der jüdischen Geschichte wohl irgendeinen Hinweis auf den Schädelkult geben könnte.

5
Heiliges Haar, heilige Schädel

Anders als in der Frühgeschichte Britanniens ist der Schädel nicht gerade ein Hauptthema in der jüdischen Geschichte. Das kam nicht ganz unerwartet. Meine Hypothese lautete dahingehend, daß Echnaton die Juden ins Gelobte Land geführt und ihnen zusammen mit seinem monotheistischen Glauben eine geheime Überlieferung des Schädelkults «vererbt» hatte, in der der Schädel als Verkörperung des Göttlichen angesehen wurde. Diese Theorie stützt sich auf die Entdeckung, daß es 7000 Jahre vor Christus in Palästina diesen Kult gegeben hatte und daß er unter den Nachkommen der ägyptischen Einwanderer in Irland, die von Echnatons Tochter angeführt wurden, praktiziert wurde. Es scheint so gewesen zu sein, daß diese geheime Überlieferung der Iren im Lauf der Jahrhunderte immer mehr (zumindest in einer vereinfachten Form) einem Großteil der Bevölkerung zugänglich war.

Weil Echnaton beziehungsweise sein *alter ego* Moses als größter Prophet galt und die Erinnerung an ihn beim jüdischen Volk wach blieb, glaube ich, daß die geheimen Traditionen, die er im Schädelkult einführte, unverändert erhalten blieben. Von großem Interesse war die Entdeckung, daß im esoterischen Judentum die erste Emanation des Göttlichen, «die den Plan des Universums mit seiner Unendlichkeit von Zeit und Raum, mit seiner endlosen Verschiedenheit von Form, Farbe und Bewegungen enthält», selbst heute noch «weißer Schädel» genannt wird.[1] Dieses Konzept, einen Schädel als Quelle aller Weisheit anzusehen, sollte mir später bei meinen Nachforschungen unter ziemlich verblüffenden Umständen wieder begegnen.

Während es in Irland und Britannien allgemein gebräuchlich wurde, den Schädel nahezu jedes Menschen zu konservieren, war in Israel die Mumifizierung des Schädels und seine Verehrung nur für diejenigen reserviert, die als Herrscher und Mystiker Großes geleistet hatten. Dazu kam noch, daß die geheimen Lehren der Masse des jüdischen Volkes nie zugänglich gemacht wurden, sondern sie wurden innerhalb einer eingeweihten Elite weitergegeben. Das würde es besonders schwer machen, Beweise für den Schädelkult zu finden. Trotzdem gab es überall in den biblischen Schriften Hinweise.

Heilige Schädel

Eine sorgfältige Durchsicht der Bibel ergab, daß Schädel in einer Reihe von Kontexten erwähnt werden: David nimmt sich den Kopf Goliaths, nachdem er ihn im Kampf erschlagen hat (1. Samuel 17,46ff); während er im Krieg mit den Midianitern liegt, werden Gideon die Köpfe zweier midianitischer Prinzen gebracht, Zeeb und Oreb; und als König Saul von den Philistern erschlagen wird, wird sein Kopf abgenommen und in den Tempel ihres Hauptgottes, Dagon, gebracht, um dort aufgehängt zu werden. Obwohl die letzte Geschichte Gedanken an etwas Religiöses oder ein Ritual in bezug auf den Schädel weckt, fällt es hier schwer, die Verehrung des Schädels als ein religiöses Objekt von dem Schädel als Kriegstrophäe oder Symbol eines Sieges über einen verhaßten Gegner zu trennen. Ebenso schwer fällt es, die Enthauptung des philistinischen Gottes Dagon durch die jüdische Gottheit Adonai zu interpretieren. Als die Bundeslade von den Philistern erobert wurde, brachte man sie in den Tempel ihres Gottes Dagon und stellte sie vor dem Götzen ab. Am nächsten Morgen fand man den «falschen Gott» der Philister mit abgeschlagenem Kopf auf dem Boden vor der Lade (1. Samuel 5,4). Ist diese Geschichte einfach nur ein nationalistisches Märchen, oder steckt ein verborgener Symbolismus darin?

Doch es gibt ein paar Ereignisse in der Bibel, die weit deutlicher auf die Existenz einer religiösen Verehrung des Schädels und seine rituelle Entfernung und Lagerung hinweisen.

Saul war der erste König, der über die Kinder Israels herrschte. Er wurde von dem Propheten Samuel eingesetzt, und die Geschichte seiner Erwählung enthält einen höchst interessanten Vers. Samuel hat den Kindern Israels heftige Vorwürfe gemacht, weil sie einen König wollten, der über sie herrschen sollte (bis dahin war Israel von einer Reihe kluger und heiliger Männer, den Richtern, regiert worden). Was Samuel anging, so war er der Meinung, daß Gott der einzige König des Volkes sein sollte. Trotzdem stimmt er ihrer Forderung zu und ruft sie zusammen, damit sich Stamm um Stamm vor ihm und dem Herrn präsentieren. Als die Benjaminiten kommen, fragt er nach der Familie des Matri und nach Saul, der als Sohn von Kish beschrieben wird. Aber Saul ist nirgends zu finden, er hat sich versteckt, denn er will die Ehre der Königschaft nicht und muß vor Samuel gezerrt werden. Als «er aber mitten unter das Volk trat, da überragte er alles Volk um Haupteslänge» (1. Samuel 10,23). Dieser Vers schreckte mich auf, denn nirgendwo sonst in der Bibel wird Saul als großgewachsener Mann beschrieben, aber diese Beschreibung machte ihn zum Riesen, fast vergleichbar mit Goliath – und so etwas wäre doch bestimmt auch in anderem Kontext erwähnt worden. Könnte es sein, fragte ich mich, daß hier Sauls religiöse «Größe» beschrieben wurde? Der Ausdruck «um Haupteslänge» weist auf seinen Kopf hin – war Sauls Kopf in irgendeiner Hinsicht bedeutender als der einer der anderen anwesenden Personen? Aus religiöser oder symbolischer Sicht traf das ganz klar zu. Vor dieser Versammlung war Saul heimlich von Samuel zum König über Israel gesalbt worden, indem er ihm Öl über den Kopf gegossen hatte. Damit hatte Samuel den Saul auf die gleiche Art geheiligt, wie ein Priester die Heiligkeit des Schädels eines Nazariten wiederherstellte, falls er zufällig entweiht worden war – aber das sollte ich erst später erfahren. War Sauls Kopf durch diese Salbung ebenso heilig geworden? Könnte das der Grund dafür sein, daß die Philister, nachdem Saul und sein Sohn Jonathan in der Schlacht erschlagen worden waren, weder die Leiche Jonathans noch die Sauls beachteten, sondern nur Sauls Kopf nahmen, um ihn im Tempel ihres Gottes Dagon aufzuhängen? Hier könnte sehr wohl der Grund dafür zu finden sein, daß der Kopf im geheimen Schädelkult, den Echnaton begründet hatte, geheiligt war und konserviert wurde. Die Köpfe von Männern, die von Gott beseelt oder gesalbt worden waren, wurden als Verkörperung der Gottheit angesehen. Die Gottheit wirkte durch sie, während sie lebten, und nach ihrem Tod konnte der Gott immer noch durch den geheiligten Schädel als Medium erreicht werden. Wenn dem so war, dann wäre die Konservierung solchermaßen geheiligter Schädel eine heilige Pflicht gewesen, die äußerst bedeutend für die war, die in die geheime Überlieferung eingeweiht waren.

Saul war Benjaminit, und der Prophet Samuel lebte in der benjaminitischen Stadt Rama und war mit ziemlicher Sicherheit auch Benjaminit – ein Stamm, der beim Fortschreiten meiner Nachforschungen immer wichtiger wurde. Kurz nach der Ermordung König Sauls, aber noch ehe David zum König gesalbt wird, berichtet die Bibel von zwei Soldaten Davids, den Brüdern Baana und Rechab. Sie waren Söhne des Rimmon, der (ebenso wie König Saul und seine Söhne) aus dem Stamm Benjamin kam. In dem Licht dessen, was ich später herausfinden sollte, erwies sich diese benjaminitische Verbindung als äußerst bedeutungsvoll. In dem Bibelbericht stehlen sich die beiden Brüder in das Haus von Isbaal, einem der Söhne König Sauls. Es war Mittagszeit, und Isbaal lag schlafend auf dem Bett. Unter dem Vorwand, Weizen ins Haus zu bringen, kommen die beiden Brüder Isbaal nahe genug, um ihn mit einem «Stich unter die fünfte Rippe» zu erdolchen. Dann nehmen sie den Kopf ihres Opfers, fliehen in Davids Lager und erwarten, daß er sie für die Tat lobt.

Statt dessen ist David entsetzt über ihre Tat. In einer besonders grausigen Szene läßt er sie hinrichten, die Hände und Füße abschneiden und ihre verstümmelten Leichen über dem Teich von Hebron aufhängen. Im Gegensatz dazu wird Isbaals Kopf in allen Ehren behandelt – bedeutsam ist, daß der Leichnam von David und seinen Gefährten völlig ignoriert wird. Als Sauls Kopf geraubt und von den Philistern im Tempel des Dagon aufgehängt wurde, mußte er unbedingt gerettet und zurückgeholt werden: David nahm große Mühen auf sich, um Sauls Schädel zu finden und in allen Ehren zu bestatten (2. Samuel 21,14). Aber hier befand sich der Schädel in seinem Besitz, und so kann die übrige Leiche ignoriert werden, während der Schädel mit allem Respekt behandelt wird. Es wird weiter berichtet, daß David und seine Männer «den Kopf Isbaals nahmen und ihn in Abners Grab in Hebron begruben» (2. Samuel 4,12b).

Meine Aufmerksamkeit wurde neben der Tatsache, daß offenbar betont werden mußte, daß man den Schädel unter die Erde in ein Grab legte, davon erregt, daß es *Abners* Grab war. Abner war der Feldherr Sauls, aber wegen eines Streites mit einem von Sauls Söhnen wechselte er die Seite und lief zu David über. Abner war ebenfalls Benjaminit, und in Kapitel drei des 2. Samuelbuches steht, daß er von Joab erschlagen wurde, der ihn «unter die fünfte Rippe stieß, so daß er starb [...]». Das war ein seltsames Zusammentreffen. Beide Männer, beide vom Stamm Benjamin, waren offenbar «unter der fünften Rippe» erstochen worden. Ich fragte mich, warum auf diese Art? Hatte die fünfte Rippe irgendeine rituelle Bedeutung? Als ich weiterforschte, fand ich noch mehr. Auch Joab hatte einen Mann namens Asahel erschlagen, der ihm nach einer Schlacht nachsetzte. Auch Asahel starb durch einen Stich «unter der fünften Rippe».

Die biblische Redaktion der King-James-Bibel setzt das Wort «Rippe» kursiv, was darauf hinweist, daß der Redaktor es für die bestmögliche Entzifferung des Urtextes hielt. Ich begann mich zu fragen, ob «Rippe» wirklich die bestmögliche Umsetzung war. Jemandem einen Stich unter die fünfte Rippe zu versetzen hat nicht unbedingt den Tod zur Folge – man kann mit Glück die Lunge treffen oder mit noch viel mehr Glück das Herz erwischen. Aber bei einem Kampf möchte man den Gegner so schnell wie möglich «erledigen». Deshalb ergab dieses Hervorheben der fünften Rippe keinen Sinn, und daß es innerhalb von zwei Kapiteln dreimal vorkam, schien mir die Garantie für eine rituelle Bedeutsamkeit zu sein.

So fragte ich mich, ob das Wort nicht etwas anderes bedeuten könnte als die «fünfte Rippe». Aber welcher Teil der menschlichen Anatomie besitzt fünf oder mehr «Teile»? Mit Ausnahme der Finger und Zehen (auch Verletzungen dort haben nicht unbedingt den Tod zur Folge!) bleibt als einziges die Wirbelsäule übrig. Könnte das fehlende Wort vielleicht das hebräische Wort für «Wirbel» gewesen sein? Ein Dolchstoß «unter den fünften Wirbel» hätte den schnellen Tod eines Gegners oder Gefangenen zur Folge. Und es war der ideale Punkt, um in einem ganz besonderen Ritual zuzustoßen – beim Enthaupten. Wenn man das als wahr anerkennt, findet man in einer biblischen Erzählung gleich mehrere Berichte über die rituelle Enthauptung durch und von Mitgliedern des Stammes Benjamin.

Salome und ihr Tanz vor König Herodes Antipas liefern noch deutlichere Hinweise auf den Schädelkult in Israel und die Verehrung, die die Schädel großer Männer genossen. Die Geschichte ist wohlbekannt. Herodes ist so angetan von Salomes Tanz, daß er ihr jeden Wunsch erfüllen will – sogar die Hälfte seines Königreichs bietet er ihr an. Die Geschichte stellt ganz klar, daß dies kein leeres Versprechen ist; nachdem Herodes dieses Angebot gemacht hat, ist er verpflichtet, jede Bitte des Mädchens zu erfüllen. Salome läuft zu ihrer Mutter Herodias, bittet um ihren Rat und bekommt sofort die Antwort. Herodias rät Salome nicht, um Gold, Land oder eine mächtige Stellung zu bitten, sondern um das Haupt Johannes des Täufers. Das tut Salome, und es wird berichtet, daß Herodes auf die Bitte völlig entsetzt reagiert. Das ist komisch, denn ansonsten wird Herodes in den düstersten Farben gemalt, als sadistisches Untier und Monster mit inzestuösen und mörderischen Neigungen. Aber hier läßt ihn Salomes Bitte aus irgendeinem Grund vor Entsetzen erstarren. Doch da er geschworen hat, jede Bitte Salomes zu erfüllen, kommt er ihrer Forderung nach, «und der König schickte alsbald einen Soldaten der Leibwache hin und befahl, sein Haupt zu bringen. Da ging dieser hin, enthauptete ihn im Gefängnis, brachte sein Haupt auf einer Schüssel und gab es dem Mädchen, und das Mädchen gab es seiner Mutter» (Markus 6,27.28).

In diesem Teil des Markusevangeliums wird es so dargestellt, als wäre Johannes der Täufer immer noch im Gefängnis und am Leben, als Salome ihren Tanz vorführt. Aber nur dreizehn Verse vorher (Markus 6,14) wird berichtet, daß Herodes sich aufregt, als er von Jesus hört, wie er predigt und die Kranken heilt. Herodes Reaktion auf diese Berichte ist entlarvend: «Und der König Herodes hörte das [...] und man sagte: Johannes der Täufer ist *von den Toten auferweckt worden,* und deshalb sind die Wunderkräfte in ihm wirksam.» Hier ist ein klares, definitives Statement von Herodes, daß Johannes der Täufer lange vor Salomes Tanzvorstellung – die ihr den Schädel des Propheten einbrachte – tot war. Man kann darüber spekulieren, warum Herodes den Schädel behielt. Vielleicht wußte er etwas vom Schädelkult der Israeliten und glaubte, daß der Schädel des Johannes geheime Kräfte besäße; vielleicht aber besaß der Schädel des Johannes für Herodes auch eher politische als religiöse Macht. Ganz gleich, was auch immer dahintersteckt, als Herodias ihrer Tochter befahl, den Kopf von Johannes dem Täufer zu fordern, geschah das nicht, weil sie den Propheten haßte und seinen Tod wünschte, wie allgemein geglaubt wird. Der Prophet war bereits hingerichtet worden. Sie wollte nicht den Tod des Johannes, sondern seinen *Schädel*. Und Herodes Entsetzen über diese Forderung kann nur dadurch begründet sein, daß er durch seinen Eid gezwungen wurde, eine wertvolle Reliquie wegzugeben – eine Reliquie, die so viel wert war, daß Salome und Herodias dafür das halbe Königreich des Herodes ausschlugen.

Jetzt gab es einen Hinweis darauf, daß im alten Israel ein Schädelkult existiert hatte, und zwar zumindest von der Zeit des Saul bis zur Geburt Jesu. Und da war noch etwas, was mir bei einer sorgfältigen Durchsicht der Texte der Heiligen Schrift auffiel. Etwas, das wiederum auf die Bedeutung des Kopfes hinwies. Es war die regelmäßige Wiederkehr eines besonderen Attributs – die rituelle Bedeutung des Haares, besonders von langen Haaren, bei einer Gruppe von Juden, den Nazariten.

Samson

Die Nazariten waren eine Sekte, die sich besonders dem Dienst an dem hebräischen Gott Adonai widmeten. Nazariten konnten übrigens beiderlei Geschlechts sein, was für das Judentum ansonsten unüblich war. Nazariten durften keinen Alkohol trinken und einem besonderen Verbot unterlag die Traube – frisch, getrocknet oder in der Form von Wein. Alle Teile der Weintraube waren tabu «von den Kernen bis zur Schale», und deshalb wurden offenbar nicht nur die «giftigen» Früchte der Pflanze gemieden, sondern aus irgendeinem obskuren Grund auch die Pflanze selbst. Nazariten durften auch keiner Leiche zu nahe kommen, noch nicht einmal den Leichen ihrer Eltern oder Geschwister. Und den Nazariten war es verboten, ihre Haare zu schneiden. Ihre Haare scheinen heilig gewesen zu sein.

Obwohl es in jüdischen Legenden heißt, daß die Kraft Judas, eines der Söhne Jakobs, aus den Haaren stammte[2], ist die erste biblische Erwähnung von der Heiligkeit der Haare in jenen Kapiteln des Buches der Richter zu finden, die von Samson handeln. Er gehörte zum Stamm Dan (dem Stamm, von dem später der irische Mann von Tamar Tephi abstammte), und er wurde zum zwölften Richter der Stämme Israels. Samson blieb zwanzig Jahre an der Macht.[3] Die Geschichte dieses Herkules der Juden – wie er von Delilah verraten wurde (die seine Haare abschnitt und ihn so seiner Kraft beraubte) und seine selbstmörderische Rache an den Philistern, als er seine Kraft, die Gott ihm verliehen hatte, benutzte, um ihren Tempel einzureißen – ist ja bekannt. Weniger bekannt sind die Umstände von Samsons Empfängnis und Geburt. Noch im Mutterleib wurde er von seinen Eltern Adonai/Jahwe, dem jüdischen Gott, versprochen. Seine Mutter hatte keine Kinder bekommen können, aber ihr wurde von einem Engel gesagt, daß sie sich von diesem Zeitpunkt an von Alkohol und allen «unreinen Dingen» fernhalten sollte, dann würde sie bald empfangen und einen Sohn bekommen. Danach wird noch ein weiteres Verbot für das Ungeborene ausgesprochen: «[...] auf dessen Haupt soll kein Schermesser kommen; denn der Knabe soll ein Nazarit [Gottgeweihter] sein vom Mutterschoß an» (Richter 13,5).

Samsons Kraft soll von seinem Haar abhängig gewesen sein, und er benutzte sie, um bei den Philistern, die zu jener Zeit die Besatzungsmacht der Juden waren, Angst und Schrecken zu verbreiten. Anfangs schien sich Samson zu der Lebensweise der Philister hingezogen zu fühlen. Er heiratete eine Philisterin und lebte sehr zum Kummer seiner Eltern bei ihrer Familie. Doch Samson zerstritt sich bald mit ihnen, und nachdem er an die Schweife von dreihundert Füchsen Fackeln gebunden hatte und die Tiere durch die Kornfelder gejagt hatte, floh er ins Land seiner Geburt. Da sich sein Volk vor der Rache ihrer Besatzer fürchtete, kamen sie in großer Zahl, um ihn zu fangen und an die Philister auszuliefern, damit sie ihn aburteilten. Nachdem er den Hebräern das Versprechen abgenommen hatte, daß sie ihn nicht töten würden, ließ sich Samson von ihnen fesseln und den Philistern ausliefern. Aber als sie ihn gerade übernommen hatten, nutzte er seine übergroße Kraft, um seine Fesseln zu zerreißen. Nur mit dem Kieferknochen eines Esels bewaffnet, fiel er über seine Bewacher her und erschlug tausend.

Erst als Samson sich mit Delilah einließ, wurde sein Geheimnis bekannt. Delilah stand im Sold der adligen Philister. Jeder von ihnen hatte ihr elfhundert Stück Silber versprochen, wenn sie Samson verführen und ihm die Quelle seiner Kraft entlocken könnte. Sie hielt sich an ihre Befehle und drängte ihn dreimal, ihr das Geheimnis seiner Kraft zu enthüllen. Jedes Mal erzählte Samson ihr eine Lüge und konnte so die Philister, die kamen, um ihn gefangenzunehmen, töten. Schließlich (und das ist wirklich reichlich dämlich, wenn man bedenkt, daß sie ihn schon so oft an die Philister verraten hat) gesteht Samson Delilah, daß die wahre Quelle seiner Kraft der Tatsache zuzuschreiben sei, daß er Nazarit ist, und daß seine Stärke von seinen Haaren komme, die seit seiner Geburt noch nie geschnitten worden wären. Nachdem sie nun endlich Samsons Geheimnis kennt, überredet Delilah ihn, mit dem Kopf auf ihren Knien einzuschlafen. Während er schlummert, schert sie seine Haare, und er kann sich beim nächsten Überfall seiner Widersacher nicht mehr erwehren. Von den Philistern gefangengesetzt und geblendet, muß er die Gefängnismühle treten, bis er bei einer großen Zeremonie dem Dagon geopfert wird. Als es soweit ist, ist Samsons Haar soweit nachgewachsen, daß er zumindest wieder einen Teil seiner früheren Kraft besitzt. Nachdem er zu Gott gebetet hat, ihm noch einmal seine volle Kraft zurückzugeben, damit er sich an seinen Feinden rächen kann, bringt er die beiden Hauptpfeiler des Tempels der Philister zum Einsturz. Die Trümmer begraben ihn und seine Feinde unter sich.

Die Bibelerzählung, die uns überliefert ist, wurde mindestens einmal von einem «Bearbeiter» umgeschrieben, aber trotz dieser Manipulationen sind wichtige Punkte erhalten geblieben. Die Geschichte mag ja die Abenteuer eines historischen Charakters namens Samson ausbeuten, aber es gibt da noch eine mythische Dimension – besonders bei der zyklischen Anordnung von Teilen der Erzählung. Betont wird das noch durch Delilahs wiederholte Fragen nach der Quelle von Samsons Kraft, seinen irreführenden Antworten und seiner unverständlichen Entscheidung, ihr die Wahrheit zu sagen. Ebenso bemerkenswert ist, daß Samson übersetzt «Mann der Sonne» heißt.[4] Das hat ein paar Forscher zu der Vermutung veranlaßt, daß die Ursprünge der Geschichte in einem Mythos von einem unbekannten Sonnenkult zu suchen seien. Wenn man bedenkt, wie eng Echnatons Gott, der Aton (den Juden unter dem Namen Adonai bekannt), mit der Sonnenscheibe verbunden war, so mag man mir die Vermutung verzeihen, daß sein Name für mich ein Hinweis darauf ist, daß er in die Religion des Aton eingeführt wurde. Das erscheint um so wahrscheinlicher, weil er zu den Nazariten gehörte, deren Verbot, das Haupthaar zu schneiden, ebenfalls auf eine Verbindung mit dem Schädelkult hindeutete.

Die Nazariten

Weitere Nachforschungen ergaben, daß eine Reihe wichtiger Figuren des Alten Testaments ebenfalls zu den Nazariten gehörten. Neben Juda und Samson war das auch Josef mit dem vielfarbigen Mantel (dessen Abstammung – wie wir in Kapitel 9 sehen werden – von zentraler Bedeutung für die Klärung des Geheimnisses ist). Ihm scheint eine Art nazaritischer Segnung zuteil geworden zu sein, sein Kopf wird gesegnet, und er wird als «Geweihter unter seinen Brüdern» bezeichnet (Gen 49,26). Und Samuel, der Prophet, der Sauls Haupt mit dem Öl des Königtums salbte, wird in den jüdischen Apokryphen als Mitglied der «Sekte des Heiligen Hauptes» bezeichnet (Sir 46,13).

Das strengste Gebot der Nazariten betraf die Haare. Es war ihnen strikt untersagt, das Haupthaar und (bei den Männern) den Bart zu schneiden. Und dieses Tabu steht – laut dem Gesetz der Nazariten – in Numeri (= 4. Buch Mose), Kapitel sechs, und wird dort auch mit dem Gedanken, daß der Kopf heilig ist, verknüpft. In Vers 9 steht: «Und wenn jemand neben ihm plötzlich und unversehens stirbt und er so sein geweihtes Haupt verunreinigt, so soll er sein Haupt scheren an dem Tage, da er wieder rein wird; am siebenten Tag soll er es scheren.» Der Nazarit muß dann dem Priester zwei Tauben bringen, «und der Priester soll die eine als Sündopfer und die andre als Brandopfer darbringen und ihm so Sühne erwirken dafür, daß er sich an dem Toten [verunreinigt und sich dadurch] versündigt hat. Dann soll er an demselben Tage *sein Haupt wieder für geweiht erklären*» (Num 6,11). Das macht ganz klar, daß der Kopf als heilig betrachtet wurde, nicht das Haar, denn wenn die Haare als heilig gegolten hätten, wären sie gesegnet worden, nicht der Kopf. Für Nazariten stellt das Haar also nur die Manifestation des heiligen Kopfes (oder Schädels) nach außen dar, und es ist nur deshalb tabu, weil der Kopf heilig ist.

Epiphanius, der Bischof von Constantia auf Zypern, liefert weitere Details über die Nazariten – Details, die dafür sorgten, daß mich eine Gänsehaut der Erregung überlief.[5] Die Nazariten waren Juden und beachteten die Vorschriften für den Sabbat, die Beschneidung und die Feiertage. Das war zu erwarten, aber durch ihre *Abweichungen* von der orthodoxen Tradition lieferten sie mir richtig dicke, fette Hinweise. Die Nazariten lehnten den Pentateuch (die ersten fünf Bücher des Alten Testaments, die angeblich von Moses verfaßt worden waren) ab und behaupteten, daß das echte Gesetz sich von dem unterschied, was der Bevölkerung offenbart worden war. Dazu kam noch, daß sie besonders die alten Patriarchen und Ältesten Israels bis hin zu Moses (der ja mit Echnaton identisch war) verehrten. Das ist sehr bedeutsam, aber noch bedeutsamer ist die Tatsache, daß die Nazariten *alle Propheten nach Moses/Echnaton ablehnten.*[6]

Hier gab es also einen klaren Beweis dafür, daß manche Juden Echnatons Hinterlassenschaft als eine Lehre von großem Wert würdigten, als eine Philosophie, die sich von allem unterschied, was die Propheten, die nach ihm kamen, hinterlassen hatten. Diese Lehre war geheim, verborgen vor der jüdischen Bevölkerung im allgemeinen. Und dieses Wissen wurde von einer Gruppe bewahrt, die den Schädel verehrte und sich weigerte, die Haare zu schneiden. Anscheinend war ich auf der richtigen Fährte.

Es gab noch mehr. Epiphanius berichtet, daß eine Untergruppe der

Nazariten, die Sampsaei (Nazariten, die besonders den Helden Samson verehrten), ihren Namen aus dem Wort für die Sonnenscheibe abgeleitet hatten[7] – ein Echo von Echnatons Symbol für den Aton und eine Bestätigung dafür, daß Samson «Mann der Sonne» bedeutet. Aber sie waren nicht einfach nur Jünger eines Helden der Sonne. Der gute Bischof von Constantia berichtet uns, daß Sampsaei Heliacaei oder Solares (die Kinder oder Anbeter der Sonne) bedeutet. Das war sehr aufschlußreich – Echnaton hatte sich von Anfang an als «Sohn (oder Kind) der Sonne» bezeichnet. Und die Sampsaei spiegelten Echnatons Glauben, weil sie nicht einfach nur Sonnenanbeter waren, die das brennende Objekt, das über den Himmel segelte, als Gott betrachteten. Ihre Auffassung der Sonne war identisch mit der Echnatons – sie war einfach ein Symbol der Großen Macht, die das Universum erfüllte.[8]

Diese Menschen, die Echnaton/Moses verehrten, ehrten also auch den Aton, die Sonnenscheibe des ketzerischen Pharao, dessen Tempel alle nach Osten, in Richtung der aufgehenden Sonne, ausgerichtet waren. Man muß auch daran denken, daß Moses einen ähnlichen Tempel in Heliopolis (= Stadt der Sonne) gebaut haben soll.

Epiphanius, der Bischof von Constantia und «Geißel aller Häresien», berichtet in seinen *Häresien*, daß der Name der Sekte, die er Naziraei nennt, die «Geweihten» oder die «Geheiligten» bedeutet (*Haer.* XXIX,5). Er bestätigt auch, daß Samson Nazarit war – ebenso wie viele andere. Der interessanteste ist wohl Johannes der Täufer, der Vetter Jesu. Johannes wird als langhaariger, unrasierter Mensch beschrieben, der Alkohol mied und ein asketisches Leben führte, das völlig mit der nazaritischen Philosophie in Einklang stand. Noch aufschlußreicher ist, daß auch Jakobus der Gerechte, der Bruder Jesu, in der Liste der Nazariten genannt ist.

Diese Einzelheiten, die Epiphanius da lieferte, erwiesen sich als nützliche Informationen, denn in den Evangelien steht nur wenig über die Familie von Jesus, und ganz besonders wenig über seine vier Brüder (Jakobus, Josef, Simon und Juda). Seine Schwestern werden nicht einmal genannt (wie ihre jüdischen Zeitgenossen hielten auch die Urchristen Frauen für nicht erwähnenswert, erst recht nicht mit dem Namen!). Es sieht fast so aus, als hätten sich die Verfasser der Evangelien geschämt, die Familie zu erwähnen. Vielleicht fürchteten sie, daß das Bild von der Göttlichkeit Jesu leiden könnte, vielleicht waren es aber auch die Redakteure, die den Verfassern nachfolgten und die Texte hinzufügten oder strichen, um ihre spezielle Sicht des Mannes, der Jesus gewesen war, zu verbreiten. Trotzdem kann man viel aus dem wenigen, das im Neuen Testament und den Schriften der Kirchenväter noch übrig ist, erahnen.

Eusebius (260-340 n.Chr.) war Bischof von Caesarea. Er ist einer der Chefideologen der orthodoxen Sicht, die auf dem Konzil von Nicäa im Jahr 325 triumphierte. Er ist auch einer unserer wichtigsten Informanten, was die Geschichten anbelangt, die in den Jahrzehnten nach dem Tod von Jesus bei den Juden erzählt wurden. Eusebius informiert uns, daß es Jakobus, der Bruder von Jesus war, der nach der Kreuzigung Jesu die Rolle des Führers in der winzigen proto-christlichen Kirche übernahm.[9] Eusebius zitiert aus einer anderen Quelle, den *Memoiren* des Hegessipus, eine seltsame Aufarbeitung der Samson-Geschichte, in der steht, daß Jesu Bruder Jakobus

> *«[...] schon im Mutterleib heilig war. Er trank keinen Wein oder sonst etwas Starkes und nahm nichts, das von Tieren stammte, zu sich; kein Schermesser kam an seinen Kopf; weder ölte er sich, noch badete er; ihm allein war erlaubt, an die heiligen Orte zu gehen, denn er trug nie Wolle, nur Leinen... Wegen seiner großen Rechtschaffenheit bekam er die Beinamen ‹der Gerechte› und ‹Olbias›, was auf griechisch ‹Verteidiger der Menschen› und ‹Rechtschaffenheit› heißt.»*[10]

Wenn man sich dieses Porträt ansieht, kann man Jakobus nur als Nazariten einordnen, und diese Einschätzung wird auch noch von einer Reihe anderer antiker Quellen und heutigen Bibelforschungen bestätigt. Diese «neuen» Nazariten werden von Epiphanius als Mystiker gezeichnet, die ihren Ursprung in vorchristlicher Zeit hatten und die die Version der jüdischen Thora ablehnten, die die Priesterschaft des Tempels in jenen Tagen pflegte. Damit weisen sie die gleichen Merkmale auf, die wir bereits von den Sampsaei und Nazariten früherer

Zeiten kennen, und wir dürfen mit Fug und Recht annehmen, daß sie ebenso wie ihre Vorgänger die Patriarchen verehrten, alle Propheten nach Moses ablehnten und an eine «geheime» Lehre glaubten. Sie beteten zu Aton und pflegten in ihrer Sekte Echnatons okkulte Lehren und einen Schädelkult.

Es ist heute allgemein anerkannt, daß der berühmte Ausdruck «Jesus von Nazareth» in Wirklichkeit die falsche Übersetzung des griechischen «Jesus, der Nazarener» oder «Nasoräer» ist, ein Wort, das viele Autoritäten für identisch mit dem Wort «Nazarit» halten. Das ist aber nicht die einzige Tatsache, die auf eine Verbindung Jesu zu den Nazariten hindeutet. Nach seiner Kreuzigung wurde sein Bruder Jakobus der Gerechte (der zweifelsfrei ein Nazarit war, wie man bewiesen hat) Anführer der ersten «Christen», die man unter dem Namen Nazoraei kannte. Daß ein Nazarit einer Gruppe vorstand, die man Nazoraei nannte, läßt eigentlich eindeutig den Schluß zu, daß die beiden Begriffe identisch sind. Diese neuen Nazariten beteten ebenfalls zu dem jüdischen Gott Adonai. Sie betrachteten sich als Juden, waren beschnitten, hielten die Speisegesetze und die religiösen Feiertage ein und beteten im Tempel. Später nannte man die Anhänger von Jakobus auch Ebioniten – dieser Name führte zu Mißverständnissen, denn Epiphanius behauptete, diese Gruppe ginge auf einen gewissen Ebion zurück, aber übersetzt heißt Ebioniten einfach «Die Armen».[11] Das könnte einen der «rätselhaften Sprüche» von Jesus erklären, der seit fast zwei Jahrtausenden keiner Deutung zugänglich ist. In der Bergpredigt gehört zu den Seligpreisungen der Satz: «Gesegnet sind die Armen, denn ihrer ist das Himmelreich» (Lukas 6,20). Wenn die «Armen» in Wirklichkeit «Die Armen» sind, also die Gruppe von Nazariten, zu denen auch Jakobus der Gerechte gehörte, dann macht der Satz endlich Sinn, denn Jesus sagt eigentlich nur, daß diejenigen, die dem Weg der Nazariten/Ebioniten folgen, das Heil finden werden. Es ist höchst unwahrscheinlich, daß Jesus das gesagt hätte, wenn er selbst kein Nazarit gewesen wäre. Wenn man die vorhandenen Beweise abwägt, dann können wir Jesus wirklich als Mitglied (wenn nicht sogar Leiter) der Gemeinde der Nazariten ansehen. Nebenbei sollte man auch noch bemerken, daß die Juden, als sie den eben konvertierten

Paulus anklagten und ihren Fall bei dem römischen Prokurator Felix vorbrachten, Paulus als «Vorkämpfer der Sekte der Nazoraei» bezeichneten (Apg 24,5).

In den Nazariten können wir die wahren spirituellen Erben Echnatons erkennen, weil sie die Patriarchen verehren und alle Propheten nach Moses/Echnaton für sie bedeutungslos sind; sie waren Eingeweihte einer okkulten Lehre und hielten sich an eine geheime Doktrin, die vor der allgemeinen Bevölkerung verborgen wurde; sie beteten zur Sonne als Symbol des Schöpfers, der ultimativen Wirklichkeit des Universums; es war ihnen verboten, die Haare zu schneiden, und der Kopf war ihnen heilig. Und zu ihrer Gruppe gehörten Josef, Juda, Samuel, Samson, Johannes der Täufer, Jesus und sein Bruder Jakobus. Dieser Kult kann akkurat als die «Sekte des heiligen Schädels» beschrieben werden, und wenn meine Theorie stimmte, dann nahmen sie die Schädel ihrer höchsten Führer, konservierten sie und benutzten sie in ihren geheimsten Ritualen. Und Jesus war einer von ihnen gewesen, ein hochrangiges Mitglied der Nazariten. Ich war mir nicht sicher, ob mir die Richtung gefiel, in die meine Nachforschungen jetzt gingen.

6

Der abtrünnige Stamm

Die Nazariten gehörten nicht zu einem einzigen Klan oder Stamm. Getreu ihrer Überlieferung konnte sich jeder Angehöriger des Volkes Israel, wenn er sich der geforderten Disziplin unterwarf, auf diese Weise Adonai weihen. Die einzige Bedingung war, daß der Nazarit Jude war. Aber meine Nachforschungen hatten inzwischen eine ganz besondere Verbindung zutage gefördert – der Stamm Benjamin war weit öfter mit den Ritualen des Schädelkults in Verbindung als die anderen hebräischen Stämme. Und der Stamm Benjamin unterschied sich auch noch in einigen anderen Bereichen – was die Phantasie extrem anregte. In der Zeit, als die Israeliten nach Ägypten einwanderten, hatte ihr Ahnherr Benjamin die Gelegenheit, in die Nähe des ägyptischen Hofes und der vielen Gottheiten zu gelangen. Wie wir im 9. Kapitel sehen werden, traten die Benjaminiten in verwandtschaftliche Beziehungen zum Königshaus Ägyptens, ein Pharao hatte eine ganz besondere Beziehung zu ihnen – Echnaton, der «Ketzer-Pharao». Und schließlich und endlich war der Stamm Benjamin viele Jahre nach dem Exodus aus Ägypten von den übrigen Stämmen Israels aus Palästina vertrieben worden und hatte sich nach einer langen Periode des Umherwanderns offenbar endgültig in Europa niedergelassen.

Die Angehörigen des Stammes Benjamin waren die Nachkommen von Benjamin, dem Bruder Josephs des «Nazariten», der von seinen zehn Brüdern in die Sklaverei nach Ägypten verkauft worden war. Diese Behauptung stimmt nicht ganz, denn Josephs Vater Jakob hatte mit mehr als einer Frau Kinder gezeugt. Zu der Zeit seiner Entführung und seines Verkaufs war Joseph das einzige Kind, das Jakob mit Rachel hatte. Das gab Joseph von Geburt an eine andere Stellung gegenüber seinen Brüdern. Das Problem vergrößerte sich noch dadurch, daß Jakob anscheinend Rachel seinen anderen Frauen vorzog. Er machte kein Geheimnis daraus, daß Joseph sein Lieblingssohn war – «der Trost seines Alters» –, und es war Jakob, der Joseph den berühmten «Mantel mit den vielen Farben» gab. Die Bibel berichtet, daß dies einer der Hauptgründe für den Haß zwischen Joseph und den übrigen Söhnen Jakobs war und der Grund für seinen Verkauf in die Sklaverei.

Trotzdem litt Joseph in Ägypten nicht lange. Nachdem man ihn unter der falschen Anklage, die Frau seines Besitzers verführen zu wollen, ins Gefängnis geworfen hatte, faßte er in seiner neuen Heimat Fuß. Joseph soll den Traum des Pharao von den sieben vollen und sieben leeren Ähren und den sieben dünnen und sieben fetten Kühen richtig gedeutet haben, und zwar als sieben Hungerjahre, die auf sieben fette Jahre, sprich gute Ernten folgen werden. Aus Dankbarkeit machte ihn der Pharao zum Wesir über den Staat Ägypten. Das war eine Position mit ungeheurer Macht, nur der König stand noch über ihm. Die Bibel läßt den Pharao sagen: «Du sollst über mein Haus gesetzt sein, und deinem Worte soll mein ganzes Volk gehorchen; nur um den Thron will ich höher sein als du.»

Joseph einen so hohen Rang zu verleihen schien mir immer ein wenig seltsam, denn der Dienst, den Joseph dem Pharao erwiesen hatte, war nicht so groß – außerdem konnte der Pharao gar nicht wissen, ob die Traumdeutung des «Sklaven» korrekt war. Die Wahrheit konnte sich doch erst nach vierzehn Jahren herausstellen. Wenn der Pharao Joseph nach diesen vierzehn Jahren (oder nach acht Jahren, wenn die sieben erfolgreichen Ernten vorbei waren und das erste Hungerjahr einsetzte) in den Rang des Wesirs erhoben hätte, wäre die Geschichte stimmig. Aber nichts davon tritt ein – von uns wird erwartet, daß der Pharao Joseph in diesen Rang erhob, bloß weil ihm die *Grundidee* in Josephs Traumdeutung gefällt! Das ist so unwahrscheinlich, daß wir der biblischen Erzählung hier einfach nicht folgen können. Es müssen andere Faktoren beteiligt gewesen sein, die Joseph zu einem so hohen Rang in der ägyptischen Hierarchie verholfen haben. Wie im 9. Kapitel genauer dargelegt wird, spricht viel dafür, daß die biblische Version der Ereignisse ein paar wesentliche Faktoren unterschlägt, weil die Mittel, durch die Joseph zu diesem hohen Posten kam, zu beschämend für ihn (und die jüdischen Schreiber!) waren.

Aus der Verbindung zwischen Jakob und Rachel stammte nur noch ein Sohn, und zwar Benjamin (dessen Nachkommen die Benjaminiten waren). Benjamin war kurz nach Josephs Verkauf in die Sklaverei nach Ägypten geboren worden, und die beiden Brüder hatten sich nie kennengelernt (Benjamin glaubte sogar, daß Joseph lange vor seiner Geburt umgekommen sei). Wir wissen aus der Bibel, daß Benjamin Josephs Platz in der Zuneigung des Vaters eingenommen hatte – Jakob ist sehr erbittert, als der einzige verbliebene Sohn seiner Lieblingsfrau während der Hungersnot mit seinen anderen Söhnen nach Ägypten zieht. In Ägypten gibt sich Joseph seinem Bruder Benjamin, den er nie zuvor gesehen hat, als der «seit langem verstorbene» Bruder zu erkennen. Nur ihm vertraut er an, daß der ägyptische Name, unter dem ihn die Kanaaniter kennen, falsch ist.

Isis

Da Benjamin nicht nur der einzige leibliche Bruder von Joseph war, sondern auch der einzige, der nicht an ihm schuldig geworden war, ist es gut vorstellbar, daß die beiden sich besonders nahestanden. Es ist also eher wahrscheinlich, daß Joseph ihn an seine Seite holte. Ich glaube, es geschah hier, daß Benjamin – und durch ihn seine Nachkommen – mit der Religion von Echnaton mehr als vertraut wurden. Sie wurden eingeweiht in die Geheimnisse der alten Götter Ägyptens, und sie erfuhren alles über Isis – die ägyptische Version der Großen Muttergöttin.

Isis war ursprünglich eine Gottheit des ägyptischen Nildeltas, aber mit der Zeit breitete sich ihr Kult über ganz Ägypten aus und wurde sehr populär. Schließlich vereinigte sie fast alle anderen ägyptischen Göttinnen in sich. Sie war die Schwester und Gemahlin des Osiris, des Gottes der Toten, und ihre Gesänge und Zauberkräfte waren gefürchtet. Als ihr Bruder Seth Osiris ermordete und ihn in vierzehn Stücke teilte, suchte Isis geduldig alle Leichenteile ihres geliebten Mannes und setzte sie wieder zusammen. Danach führte sie zum ersten Mal in der Geschichte der Menschheit die Riten der Einbalsamierung durch, die ihrem Gatten die Unsterblichkeit zurückgaben.[1] Aber noch viel wichtiger ist, daß Isis kurz vor Durchführung dieser Auferstehung mit dem toten Osiris geschlafen und einen Sohn, Horus, empfangen hatte. Doch da der einzige Körperteil, den Isis nicht gefunden hatte, der Phallus ihres Mannes war, war diese Befruchtung magisch – ein Motiv, das in anderen Geschichten, in denen Götter und Menschen ohne Geschlechtsverkehr gezeugt werden, immer wieder auftaucht. Weil Osiris tot war, als Horus gezeugt wurde, war Isis eigentlich eine Witwe, als sie auf so magische Art und Weise empfing. Das machte Horus zum «Sohn der Witwe» – eine Bezeichnung, die später bei meinen Nachforschungen in verblüffend anderer Bedeutung wieder auftauchen sollte.

Isis wurde oft mit dem Säugling Horus in den Armen dargestellt. Diese Porträts weisen große Ähnlichkeit mit den christlichen Statuen der Maria mit dem Jesuskind auf. Viele Statuen der «Schwarzen Muttergottes», die man in mittelalterlichen Kirchen und Kathedralen (oft in Verbindung mit den Tempelrittern) findet, sind in Wirklichkeit Abbildungen der Göttin Isis. Pierre Plantard de Saint Clair, ein Großmeister des legendären Priorats von Sion – ein mysteriöser Geheimbund, der anscheinend viele Informationen über die Herkunft der Tempelritter besitzt –, behauptet, daß die Statuen der Schwarzen Muttergottes alle Isis darstellen, und nennt sie *Notre Dame de Lumière* (Unsere Dame des Lichts). Das impliziert, daß die Bezeichnung «Notre Dame» (viele christliche Kirchen und Kapellen tragen diesen Namen) nicht als

Symbol für die Jungfrau Maria, sondern als eines der Isis gelten sollte. Seltsamerweise ist die Bezeichnung *Himmelskönigin*, die in der katholischen Kirche für die Jungfrau Maria gebräuchlich ist, ebenfalls identisch mit einem der Titel der Isis.

Isis wurde oft als Frau mit einem Thron auf dem Kopf dargestellt (das ist ein Ideogramm ihres Namens). Manchmal trägt sie einen Kopfputz aus zwei Kuhhörnern, zwischen denen eine Sonnenscheibe steckt; seltener wird sie mit einem Kuhkopf auf einem menschlichen Körper gezeigt. Das wurde so interpretiert, daß zu der Zeit, als solche Darstellungen geschaffen wurden, Isis mit Hathor gleichzusetzen war, der Kuhgöttin, die in der ägyptischen Mythologie als Schöpferin der Welt und der Sonne galt. Der römische Historiker Plutarch liefert hingegen eine andere – ebenfalls faszinierende – Erklärung.[2] In seiner Geschichte wird erzählt, daß Osiris' Sohn Horus Rache an seinem Onkel Seth, dem Mörder seines Vaters, nehmen wollte. Aber Isis versuchte sich für Seth zu verwenden, der – obwohl ein Mörder – immer noch ihr Bruder war. Aufgebracht wandte sich Horus gegen seine Mutter und schlug ihr den Kopf ab. Thot, der Gott der Weisheit, rettete Isis mit seinen magischen Kräften, aber der Kopf der Göttin war schwer beschädigt, und so erhielt Isis statt dessen den Kopf einer Kuh. Wegen dieser Enthauptung ist die Kuh von da an heilig gewesen.

Die Kuh, der Bulle oder das Kalb tauchen im Laufe unserer Nachforschungen in vielen Kulturen auf. Es ist bemerkenswert, daß die Verehrung des Belial in Palästina ebenso wie der Isis-Kult auch Bullen, Kühe und Kälber einbezog und daß diese Tierart in Irland auch heilig war. Das *Scotichronicon* berichtet, daß Isis und der Apis-Stier zu den obersten Göttern gehörten, die die Scoti anbeteten. Dazu kommt noch, daß der «Ausrutscher» der Hebräer, dessen Zeuge Moses in der Wildnis wurde, sich um ein goldenes Kalb drehte. Es ist wahrscheinlich, daß das Goldene Kalb (das Symbol von Isis und Belial) ein spezieller Götze der Benjaminiten war. Diese Annahme wird noch durch den biblischen Bericht eines Krieges verstärkt, der zwischen Benjamin und den übrigen elf jüdischen Stämmen stattfand.

Der verstoßene Stamm

Die Geschichte des Konfliktes des Stammes Benjamin mit den anderen Kindern Israels wird im Buch der Richter, Kapitel 19-21, erzählt. Er beginnt, als ein Levit (ein Mitglied der erblichen Priesterkaste) mit seiner ermordeten Nebenfrau in sein Heim auf dem Berg Ephraim zurückkehrt. Er war mit ihr auf einer Reise gewesen; noch bevor er Jerusalem – die Hauptstadt des Stammes Benjamin – erreicht hatte, war er durch den Einbruch der Nacht gezwungen gewesen, sich eine Herberge zu suchen. Ein alter Mann aus Gibeah – einer anderen benjaminitischen Stadt – bietet den beiden an, in seinem Haus zu übernachten. Während sie seine Gastfreundschaft genießen, umstellen ein paar «Söhne des Belial» das Haus und verlangen die Herausgabe des Fremden und seiner Frau, die sie offenbar vergewaltigen wollen. Mit einer unerhört großzügigen Geste der Gastfreundschaft bietet der Hausherr seine jungfräuliche Tochter als Ersatz an, aber die Söhne des Belial lehnen das ab und wollen nur einlenken, wenn der Levit sich entschließt, ihnen seine Nebenfrau zu überlassen. Die unglückliche Frau wird während der Nacht wiederholt vergewaltigt, und am nächsten Morgen findet man sie tot auf der Schwelle des Hauses des alten Mannes. Um diese Zeit haben die Söhne des Belial wohl schon das Weite gesucht, und der Levit kann die Leiche seiner Nebenfrau ungehindert in sein Heim auf dem Berg Ephraim bringen. Hier macht er sich daran, den Leichnam in zwölf Teile zu schneiden. Jedem der zwölf Stämme Israels schickt er zusammen mit einem der Leichenstücke einen Bericht über den Tathergang und bittet sie um Hilfe bei der Bestrafung der Übeltäter.

Dann geschieht etwas Erstaunliches: Als die übrigen Stämme Israels die Benjaminiten bitten, die Vergewaltiger auszuliefern, damit man sie bestrafen könne, stellen sich die Benjaminiten auf die Seite der «Söhne des Belial» und wollen lieber gegen ihre Verwandten kämpfen, als nachzugeben. Die übrigen Hebräer haben keine Lust, gegen ihre Blutsverwandten zu kämpfen, aber als sie vor der Bundeslade fragen, ob sie Krieg führen sollen, befiehlt Gott ihnen, es zu tun. Nach ein paar Rückschlägen siegen die elf Stämme, und die Städte und Niederlassungen der unterlegenen Benjaminiten werden zerstört und verbrannt. Es muß ein besonders erbitterter und gnadenloser Feldzug gewesen sein, denn am Ende des Krieges sollen nur noch sechshundert benjaminitische Krieger in Israel am Leben gewesen sein. Anscheinend sind alle ihre Frauen und Kinder getötet worden, denn die übrigen Juden (die geschworen hatten, keine ihrer Frauen jemals einem Benjaminiten zu geben) überlegten intensiv, wie sie neue Frauen für diese letzten sechshundert benjaminitischen Männer finden konnten, damit der Stamm in Israel nicht ausstarb.

Die Benjaminiten mögen ja in Israel dezimiert worden sein, aber es gibt Berichte (besonders einen in den *Geheimen Dokumenten* des Priorats von Sion), daß ein Teil des besiegten Stammes Palästina verließ, vielleicht befanden sich ihre Verbündeten, die Söhne des Belial, bei ihnen. Sie bestiegen ein Schiff nach Griechenland und landeten in dem Gebiet, das Arkadien genannt wird.[3] Legenden aus Griechenland erzählen etwas Ähnliches über Danaus, Sohn des Königs Belus, der seine Töchter nach Griechenland brachte. Sie landeten in Arkadien und sollen die Religion der Großen Mutter mitgebracht haben, deren Anbetung sich die Einwohner dieses Gebiets fast besessen widmeten. In seinem Buch *Greek Myths* «dekodierte» Robert Graves diesen Mythos als Hinweis darauf, daß «Kolonisten aus Palästina» in die peloponnesische Halbinsel einwanderten und daß König Belus kein echter König war, sondern der Gott Baal oder Belial – einer der Namen für die Große Mutter, die man in Ägypten Isis nannte.[4]

Das schien darauf hinzudeuten, daß die Benjaminiten «jüdische Ketzer» waren, die zwar den männlichen Adonai verehrten, aber gleichzeitig auch eine weibliche Form der Gottheit in der Gestalt der Isis. Zu jener Zeit ist anscheinend Echnatons Konzept des Aton als einer Kraft, die das Universum belebte, bei den meisten Juden zu einem himmlischen Übervater, einem definitiv maskulinen Gott geworden. Indem sie sowohl maskuline als auch feminine Aspekte der Gottheit verehrten, könnten sich die Benjaminiten in Wirklichkeit enger an Echnatons ursprüngliches Konzept einer allumfassenden Gottheit gehalten haben, als es die paternalistischen orthodoxen Juden ihrer Tage taten. Doch ganz egal, ob das stimmt oder nicht – die benjaminitische

«Ketzerei», die Anbetung der Isis, die man in Palästina Belial nannte, konnte von den streng monotheistischen Juden, die in jener Zeit die Mehrheit stellten, nicht toleriert werden, denn für sie war ihre Version des Gottes Adonai (Aton) die einzige erlaubte Religion.

Das kriminelle Verhalten der Söhne Belials könnte der Versuch des Autors dieser Geschichte gewesen sein, die wahren Gründe für den Konflikt zu verschleiern und trotzdem einen Hinweis auf die (zumindest für ihn) schuldigen Parteien zu hinterlassen. Falls die Benjaminiten Belial anbeteten, dann könnte es sein, daß die «Söhne» dieser Göttin nicht die Verbündeten der Benjaminiten waren, wie es in der Bibel steht, sondern in Wirklichkeit die Benjaminiten selbst. Kurz gesagt: «Söhne des Belial» könnte ein anderer Name für die Benjaminiten sein, und die Autoren der Bibel haben ihn verwendet. Auf diese Weise wird das so unverständliche Unterfangen, daß ein jüdischer Stamm sich entschließt, wegen ein paar Heiden einen hoffnungslosen Krieg gegen einen hoch überlegenen Feind zu führen, verständlich. Die Benjaminiten kämpften nicht für einen benachbarten Stamm oder irgendwelche Verbündete, sondern für sich und das Überleben ihrer Religion.

Es war an der Zeit, die Bilanz dessen zu ziehen, was ich gefunden hatte. Benjamin hat als Josephs Lieblingsbruder und engster Verwandter höchstwahrscheinlich Zugang zu den ägyptischen Mysterien gehabt, die Josephs zehn Halbbrüdern, die ihn in die Sklaverei verkauft hatten, vorenthalten wurden. Aus dem ägyptischen Pantheon war vielleicht Isis, die Große Mutter, die attraktivste Gottheit für die strenge, männlich orientierte Gesellschaft der Hebräer, und die Benjaminiten wurden Anhänger der Isis. Es hatte einen Religionskrieg zwischen den Benjaminiten, die Isis anhingen, und dem restlichen jüdischen Volk gegeben. Die Benjaminiten verloren und wurden daraufhin – wie es in Religionskriegen oft der Fall ist – fast ausgerottet. So endete der Konflikt mit der Dezimierung eines ganzen Stammes und der Emigration der meisten Überlebenden nach Arkadien an der Südspitze des griechischen Festlands. Also war es anscheinend so, daß nur ein paar Eingeweihte des Schädelkults in Israel blieben, während der Großteil nach Griechenland floh.

Verbindungen zu Sparta

Es gab noch mehr Beweise dafür, daß sich jüdische Immigranten in Arkadien niedergelassen hatten. In den Apokryphen heißt es im zweiten Buch der Makkabäer, daß einige Juden, «nachdem sie sich eingeschifft hatten, um bei den Lakedämoniern (= Spartanern), ihren Verwandten, Schutz zu suchen», auch wirklich dort gelandet sind (2. Makk 5,9). Im ersten Buch der Makkabäer werden die Blutsbande genauer erklärt: «Wir finden in unseren alten Schriften, daß die von Sparta und die Juden Brüder sind, dieweil beide Völker von Abraham herkommen» (1. Makk 12,21).

Die Spartaner lebten tief im Süden des Peloponnes, der Halbinsel, die den südlichen Teil von Griechenland bildet. Ihr Staat war extrem militärisch ausgerichtet, behinderte Kinder wurden bereits nach der Geburt umgebracht, und Jungen begannen bereits im zarten Alter von sieben mit der militärischen Ausbildung. Was mich aber wirklich begeisterte, war eine unübliche Angewohnheit dieser jüdischen Einwanderer. Wie die Nazariten betrachteten auch die Spartaner ihr Haar als etwas Heiliges, und auch ihnen war verboten, es zu schneiden. Wie Samson, Johannes der Täufer, Jesus und sein Bruder Jakobus schrieben sie der Länge ihres Haares eine okkulte Bedeutung zu, denn für sie «war es das Symbol ihrer Körperkraft und somit heilig».[5]

Die Parallele zu dem Kult der Nazariten war verblüffend. Immer wieder innerhalb einer Zeitperiode, die mindestens tausend Jahre umfaßte, war von offenbar völlig unterschiedlichen Gruppen, die auch nicht in Verbindung miteinander zu stehen schienen, das Tabu gegen das Haareschneiden und die Heiligkeit des Haares betont worden. Doch all diese Gruppen leiteten sich letztendlich von dem Exodus aus Ägypten her – und von der Gestalt des Moses/Echnaton. Ich fragte mich jetzt, ob an all dem vielleicht noch mehr dran war? Die Gebote der Nazariten hatten mich auf eine wichtige Spur gebracht und eine genauere Vorstellung von dem vermittelt, was diesem Verbot des Haareschneidens zugrunde lag – im Lauf der Jahrhunderte wurde nicht das Haar an sich verehrt, sondern es war nur der «Auswuchs» und das Symbol des heiligen Schädels, der Wohnung der Seele und des Sitzes des Göttlichen. In dem Haarkult all dieser miteinander verbundenen Gruppen fand ich im Grunde nur das äußerliche Symbol der uralten Schädelreligion, die ihren Ursprung in Echnatons Ägypten gehabt hatte.

Je mehr ich nachforschte, desto wahrscheinlicher wurde diese Theorie. In der Geschichte Spartas spürte ich einen Hinweis auf: König Kleomenes, der nach spartanischer Sitte gemeinsam mit einem anderen König herrschte, besaß einen heiligen Schädel mit okkulten Kräften – den Schädel des Archonides –, den er in Honig konserviert hatte. In Krisenzeiten nahm Kleomenes den Schädel heraus und benutzte ihn als Orakel. Er glaubte, daß der Schädel ihm die Zukunft weissagen und Glück verheißen würde.

Das war ein weiteres Glied in der Kette. Eines, das mir eine Bestätigung für das Fortbestehen des Schädelkults gab. Wenn der Schädel der Sitz des Göttlichen war, konnte man die Gottheit vielleicht auch überzeugen, zu sprechen, die Zukunft weiszusagen oder dem Besitzer auf irgendeine andere Art Ratschläge zu geben. So etwas erinnerte mich frappierend an die Kräfte, die dem heiligen Schädel der Templer, dem Baphomet, zugeschrieben wurden. Die Ähnlichkeit von den Fähigkeiten des heiligen Schädels des Kleomenes mit dem der Tempelritter ist bemerkenswert und bestimmt mehr als Zufall.

Könnte es eine Verbindung zwischen beiden geben?

Offenbar mußte es noch ein weiteres Verbindungsglied zwischen diesen eingewanderten Juden, die ihre Heimat verlassen hatten und auf den Peloponnes gezogen waren, und den Tempelrittern des zehnten Jahrhunderts n. Chr. geben. Es gab da eine Lücke von mehr als tausend Jahren. Konnte sie überwunden werden? Gab es etwas, das diese beiden so unterschiedlichen Gruppen, durch Welten in Zeit und Raum getrennt, miteinander verband?

Wieder einmal schien die wechselhafte Geschichte der Benjaminiten die Antwort zu bieten. Laut den *Geheimen Dokumenten* des Priorats von Sion gerieten die Benjaminiten, nachdem sie ein paar Generationen in Arkadien gesiedelt hatten, in den Sog der Völkerwanderung Richtung Westeuropa. Angeblich sollen sie zuerst in den Norden und dann dem Lauf der Donau folgend Richtung Germanien gezogen sein. Das ist ein ziemlich plausibles Szenario, denn viele andere Gruppen zogen zu jener Zeit, bedrängt durch die Stämme, die aus den asiatischen Steppen kamen, westwärts. Und die Donau war als einziger Fluß, der Europa von Westen nach Osten durchquert, seit langem ein Handels- und Karawanenweg. Im elften Jahrhundert nutzten die Kreuzfahrer aus dem Norden den Fluß als Route nach Byzanz, und die osmanischen Türken zogen genau in entgegengesetzter Richtung, als Suleiman der Prächtige im Jahr 1529 seine Truppen nach Westen vor die Tore Wiens führte.[6]

Die Benjaminiten mußten während ihrer Wanderung zweifellos Konflikte mit anderen Gruppen austragen, um karge Nahrungsmittel ringen oder sich durch bewohnte Gebiete kämpfen. Die rauhen Lebensumstände der Völkerwanderung müssen sie in Verbindungen und Allianzen zu anderen nicht-jüdischen Klans und Stämmen gezwungen haben. Es kam offenbar häufig zu Hochzeiten mit Mitgliedern von anderen wandernden Völkern, und schließlich tauchten sie unter dem Namen der Sicambrier in dem Teil Westeuropas, der heute Deutschland bildet, wieder auf. Die Sicambrier stellten eine Mischung aus Kelten und Teutonen dar, was den hohen Grad der «Vermischung» der Stämme belegt. Wenn man den *Dokumenten* des Priorats Glauben schenkt, war in das Volk der Sicambrier auch ein großer Anteil vom jüdischen Blut der wandernden Benjaminiten eingeflossen. Das Gebiet der sicambrischen Franken befand sich einige Generationen lang am Ostufer des Rheins, dort wo heute die deutsch-französische Grenze verläuft. Während des fünften Jahrhunderts nach Christus überquerten sie schließlich den Rhein und eroberten unter ihren Königen, den geheimnisvollen Priesterkönigen und Zauberern des merowingischen Geschlechts, einen großen Teil Galliens.

Es ist vielleicht keine Überraschung, aber trotzdem – dieses Königshaus hatte ein unverletzliches Tabu, eines, das unbedingt vor allen anderen Traditionen eingehalten werden mußte: Den Merowingern war es verboten, die Haare zu schneiden, denn die Haare galten als heilig.

7
Die Magierkönige

Außer den *Geheimen Dokumenten* des Priorats von Sion gibt es frustrierend wenige Quellen über die Herkunft der merowingischen Dynastie. Anders als bei Echnaton, Moses und der Geschichte von Gaythelos und Scota gibt es keine alten Schriften, keine Chroniken, die eine jüdische Herkunft dieser Gruppe bestätigen, keine Legenden oder Sagen, die behaupten, daß sie von den Benjaminiten abstammten, die der Sage nach Israel verlassen hatten. Es gibt nur das Wort des Priorats von Sion (als was auch immer sich diese geheimnisvolle Vereinigung auch herausstellen mag) und sonst nichts. Das heißt – außer zwei kaum erkennbaren Hinweisen. Erstens gab es von den Merowingern selbst die seltsame Behauptung, daß sie von den Trojanern abstammten.[1] So stammten diese hypothetischen Vorfahren zumindest aus der gleichen geographischen Region wie die exilierten Benjaminiten. Und da alte griechische Schriften behaupteten, daß Troja von Siedlern aus Griechenland gegründet worden sei, scheinen die griechischen Benjaminiten und die trojanischen Merowinger gar nicht so weit entfernt gewesen zu sein, wie es auf den ersten Blick schien. Dann gab es das Verbindungsglied des Haarschneideverbots bei den jüdischen Gruppen, die ich näher erforscht hatte, und den merowingischen Königen.[2] Das war wenig genug, aber es war offenbar ein kleiner Hoffnungsschimmer, der, wenn man ihn weiterverfolgte, zu weiteren Entdeckungen führen konnte, so daß man hoffentlich schließlich entscheiden konnte, ob der Gedanke tragfähig war, daß die Benjaminiten die Gefahren ihres Exils überlebt hatten, um dann in Frankreich als das geheimnisumwittertste europäische Königshaus von allen wieder aufzutauchen.

Die Franken waren ein germanisches Volk, das den Rhein überquerte und im fünften Jahrhundert nach Christus in Frankreich eindrang. Sie hatten seit mehr als hundert Jahren Kontakt zur römischen Zivilisation gehabt und waren nicht mehr das wilde Waldvolk, als das sie von einigen Autoren gezeichnet wurden. Trotzdem waren sie nicht völlig zivilisiert. Obwohl die Bildung des Volkes gefördert wurde und merowingische Handwerker herrliche Waren herstellten, standen die beiden «Tugenden», Krieg zu führen und Überfälle zu verüben, immer noch in hohem Ansehen, um das Territorium des Stammes zu vergrößern oder die Schatztruhen des Königs zu füllen. Ebenfalls gab es das Gesetz der Blutrache. Die Verwandtschaft stand in hohem Ansehen, und es war die Pflicht eines jeden Mannes, einen Verwandten auf alle Fälle zu rächen, auch wenn gesunder Menschenverstand und kaltblütige Realpolitik davon abrieten. In solche Fehden waren oft viele Menschen verwickelt. Sie kamen in jeder Gesellschaftsschicht vor – auch in der Königsfamilie –, und sie konnten viele Generationen lang dauern.

Der Hauptchronist der merowingischen Zeit, Gregor von Tours, erzählt die Geschichte zweier Freunde, Sichar und Austregisil. Die beiden feierten gerade mit ihren Familien und Freunden, als völlig unerwartet der Diener eines örtlichen Priesters hereinkommt und sie in das Haus des Priesters einlädt.[3] Wahrscheinlich weil er zuviel getrunken hat, schlägt Austregisil diese großzügige Einladung aus und tötet den Diener – damit beginnt eine Blutfehde zwischen ihm und Sichar.

Als nächstes erfährt man, daß Sichar und sein Gefolge Austregisil in der Nähe der Kirche auflauern, aber in dem darauffolgenden Kampf wird Sichar besiegt und flieht unter Zurücklassung von vier verwundeten Dienern und einigen wertvollen Dingen in sein Haus. Austregisil tötet alle Verwundeten aus Sichars Gefolge und nimmt alles Wertvolle als Beute mit.

Ein Gericht wird angerufen, und Austregisil wird des Mordes und Diebstahls schuldig gesprochen. Es werden Wiedergutmachungen vereinbart, aber noch ehe diese gezahlt werden, hört Sichar, daß Auno, ein

Verwandter Austregisils, Nutznießer der Beute ist, die Austregisil gemacht hat. Er erneuert die Fehde mit einem Überraschungsangriff mitten in der Nacht, bei dem Auno und Austregisil getötet werden. Sichar zieht sich daraufhin mit der Beute seines Sieges in sein Haus zurück. Für diese Gewalttat wird Sichar von einem zweiten Gericht dazu verurteilt, Chramnesid, dem Sohn des Auno, Entschädigung zu zahlen. Doch Chramnesid weigert sich, Gold oder Sachwerte als Entschädigung für den Tod seines Vaters anzunehmen, und zerstört statt dessen Sichars Haus und raubt sein Vieh. Schon wieder tritt ein Gericht zusammen und beschließt, daß Sichar jetzt nur noch die Hälfte der Entschädigungssumme zahlen muß, die ursprünglich beschlossen wurde. Das wird endlich akzeptiert, und da der Ehre offenbar auf beiden Seiten endlich Genüge getan ist, schwören die Gegner heilige Eide, daß die Fehde nun beendet ist. «Und», berichtet Gregor von Tours mit spürbarer Erleichterung, «der Streit hatte ein Ende.»

Aber die Blutfehde ist im fränkischen Blut tief verwurzelt. Ein paar Jahre danach feiern Chramnesid und Sichar gemeinsam, ihre frühere Feindschaft ist offenbar vergessen, und sie scheinen enge Freunde zu sein. Sichar scherzt, daß Chramnesid ihm für sein Glück eigentlich danken müsse, denn wenn er, Sichar, nicht seine Verwandten getötet hätte, wäre Chramnesid nicht in den Genuß der anständigen Entschädigungssumme gekommen, die es ihm ermögliche, so gut zu leben. Chramnesids Antwort kommt prompt: Er löscht die Kerzen und schlägt Sichar den Schädel ein. Dann hängt er, wie es den Traditionen der Blutfehde entspricht (die verlangten, daß Racheakte nicht geheim bleiben durften, sondern öffentlich gemacht werden mußten), die Leiche Sichars an einen Zaun, ehe er zu König Childebert flieht und sich seiner Gnade unterwirft. Obwohl er ein Mörder ist, entscheidet Childebert zu seinen Gunsten, und endlich wird die Fehde beendet. Das geschieht durch eine Handlung, die kennzeichnet, welche Macht und Bedeutung die merowingischen Könige genossen – «durch die Stimme des Königs».

Childeberts Beschluß hört sich für unsere modernen Ohren ziemlich aufgeklärt an, aber die merowingischen Könige waren genauso Anhänger der Blutfehde und der Vendetta wie jeder andere germanische Stamm – und das trotz ihrer möglichen jüdischen Abstammung. Ihre Blutfehden bieten Stoff für Opern oder manchmal auch Seifenopern. Die meistbesungene Fehde umfaßte das gesamte Königshaus und dauerte drei Generationen. Sie begann, als König Chilperic seine wisigotische Frau Galswintha erwürgte – offenbar auf Veranlassung seiner Geliebten Fredegundis. Chilperic wollte den Mord unter den Teppich kehren, weil er Galswinthas reiche Mitgift behalten wollte. Aber Chilperics Bruder entdeckte die Übeltat und schmiedete einen Plan, um den König zu stürzen und um die Mitgift zu ergattern und zu gleichen Teilen aufzuteilen. Sie wurden unterstützt von Brunechildis, der Schwester der ermordeten Königin, die Fredegundis abgrundtief haßte und anscheinend die Fehde am Laufen hielt, als alle anderen sie nur noch begraben wollten. Zur gleichen Zeit wollte sich auch der wisigotische König an Fredegundis rächen, aber Chilperic weigerte sich, seine Geliebte in den sicheren Tod zu schicken, und die Fehde ging in die nächste (Mord-)Runde, wobei diesmal auch Chilperic zu den Opfern gehörte. An einem Punkt schwört ein merowingischer Teilnehmer, Guntram, der Bruder Chilperics (der kurz zuvor ermordet worden war), den Verwandten eines der Täter Rache «in nonam generationem» (also bis zur neunten Generation). Die unversöhnliche und gnadenlose Rache, die auf beiden Seiten geübt wird, wirkt im zwanzigsten Jahrhundert ziemlich entsetzlich, ist aber für die Blutfehde in merowingischer Zeit (und auch darüber hinaus) absolut charakteristisch. Ebenfalls seltsam aus moderner Sicht ist die Tatsache, daß Guntram wußte, welche Verbrechen sein Bruder begangen hatte, und daß sein Bruder zweifellos sein schreckliches Schicksal verdient hatte, aber das entband Guntram keineswegs von der Pflicht, die Fehde bis zum bitteren Ende zu verfolgen. Es liegt ein tragisches Verhängnis über der ganzen Geschichte. Es war auch nutzlos und zeitaufwendig. Die Tradition der Blutfehde führte mehr als alles andere zur Schwächung der merowingischen Dynastie und schließlich zu ihrem Sturz.

Das Haus der Merowinger war, lange bevor die sicambrischen Franken den Rhein überquerten und sich in Gallien niederließen, königlich. Wie bei Athenes Geburt aus dem Kopf des Zeus schien auch diese Familie von Anfang an komplett dagewesen zu sein und einen königlichen Status mit allen Rechten und dazu eine hochrangige und ziemlich geheimnisvolle Abstammung gehabt zu haben. Die kam teilweise von den Eltern des Merowech (oder Merovée), des Königs, der der Dynastie ihren Namen gab. Die Überlieferung lautet, daß Merowechs Mutter, die Frau des Königs Klodio, an einem warmen Sommertag ans Meer zum Baden ging, als sie bereits mit Merowech schwanger war.[4] Hier wurde sie von einem Quinotaurus, einem fabelhaften Meerungeheuer, vergewaltigt, das sie ein zweites Mal befruchtete, so daß ihr Sohn, der junge Prinz, bei seiner Geburt zwei Blutlinien in sich vereinte. (Daß das Ungeheuer «Quinotaurus» genannt wird, könnte von Bedeutung sein, denn wie beim Minotaurus, dem stierköpfigen Untier der Sage, deutet das «Taurus» auf etwas Stierähnliches hin. Und wie wir wissen, waren der Stier und das Kalb den Benjaminiten heilig. Der mystische «Sohn» des Quinotaurus wird Merowech genannt, und seltsamerweise gab es in Heliopolis – dem Zentrum der Religion des Aton – den heiligen Stier des Meroe.) Der symbolische Charakter dieser Geschichte ist offensichtlich. Aber die Deutung der Symbole ist problematisch. In Merowech waren erwiesenermaßen zwei unterschiedliche und bedeutende Blutlinien vereint – eine von seinem fränkischen (und man dürfte annehmen benjaminitischen) Vater, die andere von einer ebenso bedeutenden Familie, die irgendwie mit dem Meer verbunden war. Aber welche Familie, und warum wurde dem eine solche Bedeutung zugemessen?

Bei der Lösung dieses Rätsels sind andere Überlieferungen über das Haus der Merowinger von großer Bedeutung. Die Nachkommen von Merowech beriefen sich auf eine weitere Abkunft. Genau wie die Hochkönige von Irland behaupteten, durch die Heirat von Eochaid Heremon mit Tamar Tephi, der Tochter König Zedekias, von dem biblischen König David abzustammen, nahmen auch die Nachkommen der Merowinger für sich die Abstammung von diesem weisen hebräischen König in Anspruch. Wenn das stimmt, ist die Legende von Merowechs «zwei Vätern» eine Allegorie, die sich auf die Vermischung von König Klodios (benjaminitischem) Blut mit dem König Davids (das Wesen aus dem Meer oder vielleicht von jenseits des Meeres – der Quinotaurus) bezieht.

Interessanterweise läßt sich eine frühere Verbindung zwischen den beiden Stämmen herstellen. Der erste König Israels war Saul vom Stamme Benjamin. Als Saul die Gunst des Propheten Samuel, des «Königmachers», verlor, kämpfte David gegen Saul und wurde schließlich an seiner Stelle König. Aber lange Zeit vor dieser Auseinandersetzung war David Sauls Favorit. Es war ihm erlaubt, die Gemächer des Königs zu betreten, und er spielte die Harfe für ihn, wenn Saul in eine seiner depressiven Stimmungen versank, die von Zeit zu Zeit auftraten. Nach seinem Sieg über Goliath wurde David der engste Freund von Sauls Sohn Jonathan. Er lebte, kämpfte und schlief sogar an seiner Seite. Obwohl David kein Benjaminit war, behandelte Saul ihn eine Zeitlang fast wie einen Pflegesohn. Eben zu dieser Zeit könnte man David sehr wohl in die Mysterien der Benjaminiten eingeführt haben.[5]

Aber es gab immer noch das Problem, wie und wann diese Vermischung der benjaminitischen Blutlinie mit dem Haus Davids stattgefunden hatte. Es war eine Sache, von einem «verlorenen» jüdischen Stamm abzustammen, aber wenn die Hypothese «die Merowinger sind Benjaminiten» stimmt, dann hausten die Benjaminiten für über tausend Jahre entweder in Griechenland, oder sie kämpften sich bei der Völkerwanderung quer durch Europa. Ihre Chancen, sich in dieser Zeit mittels einer dynastischen Ehe mit dem Haus Davids zu verbinden, schienen verschwindend gering zu sein. Ich fragte mich, ob es möglicherweise Kontakte anderer Art gegeben haben könnte? Gab es eine Zeit, in der ein Nachfahre König Davids gereist war, «das Meer überquert hatte», um die Legende um Merowech wahr werden zu lassen?

Als erstes fiel mir die Geschichte von Tamar Tephis Flucht nach Irland ein. Sie stammte aus dem Haus Davids und könnte möglicherweise in einem Hafen des griechischen Arkadien angelegt haben, wo ja die Benjaminiten zeitweise lebten und wo auch die Heimat der Spartaner war, die mit dem hebräischen Volk «durch Blutsbande» verbunden waren. Es spricht für eine wirklich starke Bindung zwischen den Iren und den Juden, daß Tamar Tephi sich nicht auch in Arkadien niederließ, also in einem Land, in dem bereits Menschen ihres Blutes siedelten, und statt dessen die lange und gefährliche Seereise in den fernen Nordwesten antrat zu einem Volk, das dem ihren wahrscheinlich noch enger verbunden war. Ich konnte allerdings keinen Hinweis auf eine Landung von Tamar Tephi auf dem europäischen Festland finden. Außerdem würde sie, wenn überhaupt, am Rand des Mittelmeeres oder an den Küsten Frankreichs oder Spaniens an Land gegangen sein. Arkadien war aber die einzige Möglichkeit für ein Treffen zwischen ihr und den Benjaminiten. Und zur Zeit ihrer Reise waren die Benjaminiten (wenn man dem Priorat von Sion glauben kann) bereits mitten in Zentraleuropa unterwegs.

Aber der Gedanke an eine davidisch-benjaminitische Verbindung könnte nicht so weit hergeholt sein, wie es auf den ersten Blick vielleicht den Anschein hat. Die Lösung des Problems liegt in dem Schicksal der Anhänger Jesu nach der Kreuzigung. In den Evangelien steht absolut nichts über das Schicksal von Jesu Freunden und engster Familie nach seinem Tod am Kreuz. Ein Grund dafür könnte sein, daß die Autoren der Evangelien weit mehr an der Botschaft Jesu als an seinen Verwandten interessiert waren. Es könnte auch sein, daß sie Jesu Charakter nicht auch noch eine so menschliche Dimension hinzufügen wollten, besonders wenn einige Überlieferungen recht haben und Jesus verheiratet war und Kinder gezeugt hat. Doch wenn wir daran glauben, daß Jesus als Mensch lebte wie andere Menschen – gleich ob er nun verheiratet war oder nicht –, dann sind seine Familie und Freunde keine simplen Phantasien, sondern reale Menschen. Sie lösten sich nach Jesus Verhaftung nicht einfach in Luft auf. Die Erde verschluckte sie nicht einfach nach der Kreuzigung. Was geschah mit diesen Menschen? Es ist kaum wahrscheinlich, daß sie sich weiter in Jerusalem aufhielten, das für sie gefährlicher Boden war. Wohin gingen sie?

Maria Magdalena – ein zweites Exil?

Einige alte Dokumente und Legenden berichten, daß Maria Magdalena mitnichten die bekehrte Hure der katholischen Tradition war, sondern in Wirklichkeit die Frau Jesu. In anderen steht, daß sie von hoher Geburt war, wahrscheinlich sogar selbst aus königlichem Haus.[6] Michael Baigent, Henry Lincoln und Richard Leigh haben die Beweise zusammengetragen, die auf den Wahrheitsgehalt dieser Überlieferung hinweisen.[7] Kurz gesagt lautet ihr Hauptargument, daß der Mangel an Hinweisen über die Ehe Jesu im Neuen Testament eher dafür spricht, daß Jesus verheiratet war und nicht dagegen. Wenn Jesus im Kontext der jüdischen Tradition der damaligen Zeit als Verfechter des Zölibats aufgetreten wäre und zölibatär gelebt hätte, hätte er viel Aufmerksamkeit erregt, und die Autoren der Evangelien hätten diese Information unmöglich verschweigen können. Außerdem wird Jesus in vielen Versen der Evangelien als «Rabbi» oder «Lehrer» bezeichnet. Das könnte ein «Ehrentitel» gewesen sein, den man einem selbsternannten Lehrer des Volkes zusprach, aber das ist unwahrscheinlich. Die Tatsache, daß das Wort, das in der autorisierten Übersetzung mit «Zimmermann» übersetzt ist, eigentlich in seiner richtigen Bedeutung «Gelehrter»[8] heißt, weist darauf hin, daß Jesus eine richtige Ausbildung genossen hat und ein echter Rabbi war (die jüdische Literatur, wiewohl normalerweise negativ eingestellt, bestätigt diese Schlußfolgerung).[9] Wenn dem so war, muß Jesus verheiratet gewesen sein. Das Gesetz verlangte es und machte die Ehe zu einer Vorbedingung für eine Karriere als Rabbi: «Ein unverheirateter Mann darf kein Lehrer sein.»[10] Auf dieser Grundlage – und falls Maria Magdalena wirklich die Frau von Jesus war – kann man sich durchaus denken, daß in dieser Ehe Kinder geboren wurden, die die königliche Linie des Hauses David und das Blut Jesu weitergegeben haben. Wie ich später entdecken sollte, gibt es einen «verlorengegangenen» Hinweis auf die Kinder Jesu in alten jüdischen Schriften, obwohl nie anerkannt wurde, daß er existiert hat.

Wenn man akzeptiert, daß Jesus wirklich verheiratet war und Kinder hatte, dann waren seine Nachkommen, als Träger seines Blutes, nach der Kreuzigung von ungeheurer Bedeutung. Im Neuen Testament und anderen antiken Quellen steht, daß zu jener Zeit Palästina für die, die Jesu Lehren verbunden waren, ein gefährlicher Ort war. Die sicherste Möglichkeit bestand darin, ins Exil zu gehen. Und seltsam genug – in ein paar alten Manuskripten finden sich Einzelheiten eines solchen Exils, in einer Geschichte, die die Nachkommen von Maria Magdalena und Jesus in Frankreich landen läßt, also ganz genau an dem Ort, an dem sie sein mußten, um eine Verbindung zwischen den Merowingern und dem Haus Davids möglich zu machen.

In seinem Buch *The Coming of the Saints* zitiert J.W. Taylor aus dem Leben des Rabanus, dessen Aufrichtigkeit die römisch-katholische Kirche seit über einem Jahrtausend hochhält.[11] Darin wird erzählt, daß Magdalena vor der Küste Israels von ein paar Juden in einem ruderlosen Boot ausgesetzt wurde. Die Überlieferung geht ziemlich in die Einzelheiten und verzeichnet, daß dreizehn andere Mitglieder aus der Gefolgschaft Jesu sie begleiteten: Lazarus, Joseph von Arimathia, Maria, die Frau des Kleopas, Salome und ihre Magd, Martha und ihre Magd und sieben weitere Männer – Trophimus, Maximin, Kleon, Eutropius, Sidonius, Martial und Saturninus. Die letzteren waren wahrscheinlich Mitglieder des äußeren Kreises der Jünger, der «Zweiundsiebzig». Taylor zitiert auch aus dem Brevier für den Tag der heiligen Martha (29. Juli), wo eine Lesung für die zweite Nokturne beschreibt, wie Magdalena mit Lazarus, Martha und einigen anderen

> *«[...] von den Juden ergriffen, in ein Boot ohne Segel und Ruder gesetzt wurde und [offenbar mit göttlicher Hilfe] sicher in den Hafen von Marseille gelangte. Bewegt von dieser bemerkenswerten Tatsache, bekehrten sich die Menschen der benachbarten Länder schnell zum Christentum. Lazarus wurde Bischof von Marseille, Maximinus der von Aix, Maria lebte und starb als Einsiedlerin auf einem hohen Berg in diesen Landesteilen.»*[12]

Die Bekehrung der Menschen von Marseille zum Christentum, wie sie in diesem alten Text verzeichnet ist, verlief nicht ganz so einfach, wie es scheint. Wie wir später sehen werden, war das Christentum Jesu noch nicht das Christentum, wie wir es heute kennen, sondern einfach eine Variante des orthodoxen Judentums. Sowohl Jesus als auch seine ersten Anhänger betrachteten sich als Juden – sie waren beschnitten, beteten im Tempel und hielten die jüdischen Feiertage ein. Deshalb wird in diesem Text nicht die Bekehrung vieler Menschen im Süden Frankreichs zum Christentum verzeichnet, sondern zu einer Form des Judentums. Interessant ist, daß siebenhundert Jahre später in diesem Teil Frankreichs ein jüdisches Königreich errichtet wurde, und zwar unter einem König, der ebenso wie Jesus als «Sprößling aus dem Hause des König David» bezeichnet wurde.

Zusätzlich verzeichnet Caesar Baronius, Kardinal und Historiker, in seinen *Annales Ecclesiastici*, daß zur gleichen Zeit, als laut der Apostelgeschichte außer den Aposteln alle Anhänger Jesu aus Judäa flohen (etwa um 35 n. Chr.),

> *«Lazarus, Maria Magdalena, Martha, ihre Magd Marcella, Maximin, ein Jünger, Joseph, der Dekurio von Arimathia, also alle, gegen die man von seiten der Juden spezielle Feindschaft hegte, in einem Boot ohne Segel und Ruder auf dem Meer ausgesetzt wurden. Das Schiff trieb schließlich nach Marseille, und sie wurden gerettet.»*[13]

Also war eine Verbindung zwischen den Nachkommen der Benjaminiten und den Nachkommen des Stammes Juda und dem Haus Davids (genauer gesagt mit den Nachkommen Jesu) eigentlich nicht ganz unmöglich. Es ist sogar sehr gut möglich, wenn man das Zeugnis der Chroniken in Betracht zieht.

Die Magierkönige

Die Verbindung dieser beiden Blutlinien machte Merowech und die Merowinger, die auf ihn folgten, auf irgendeine Weise zu etwas «Besonderem». Man sagte, jeder von ihnen besäße ein Muttermal, ein rotes Kreuz, das entweder zwischen den Schultern oder über dem Herzen zu finden war, ein Zeichen, das ihr heiliges Blut bestätigte. Die Ähnlichkeit dieses Muttermals zu dem roten Kreuz der Templer ist von einigen Autoren kommentiert worden.

Die Merowinger standen in dem Ruf, Zauberkräfte zu besitzen – angeblich sollte jeder von ihnen einen Torques oder eine Kette mit magischen Fähigkeiten als Talisman getragen haben. Jean Hoyoux, ein französischer Gelehrter, glaubt, daß die Worte des heiligen Remi, als er Clovis als den ersten christlichen, merowingischen König taufte – «Mitis depone colla, Sicamber, adora quod incendisti, incende quod adorasti!» –, in Wirklichkeit als Bitte an den König verstanden werden sollten, die magischen Halsbänder, die er bis dahin ständig getragen hatte, abzulegen.[14] Die volkstümliche Überlieferung stattete die Merowinger mit der wundersamen Fähigkeit aus, die Natur zu beherrschen: Sie konnten mit den Tieren sprechen und das Wetter verändern. Genau wie Jesus und anderen heiligen Männern wurden ihnen Heilkräfte zugeschrieben, und sie sollen angeblich Krankheiten durch Handauflegen geheilt haben. Sogar eine Franse vom Mantel eines merowingischen Monarchs galt als sicheres Heilmittel für eine Vielzahl von Gebrechen. Gregor von Tours erzählt die Geschichte einer Frau mit einem kranken Sohn, die sich von hinten an den König heranschlich und ein paar Fäden vom Königsmantel abschnitt. Diese weichte sie in Wasser ein, verabreichte ihrem Sohn die Lösung und heilte ihn damit. Gregor, der ja Bischof war, hatte keine Schwierigkeiten damit, diese Geschichte voller Magie (oder Wunder, es kommt darauf an, von welchem Standpunkt aus man es betrachtet) zu glauben – er hatte bei vielen Gelegenheiten Geschichten von Dämonen gehört, die durch die bloße Nennung des königlichen Namens gebannt wurden.[15]

Die Heilkräfte der Merowinger lassen an christliche Heilige denken, aber andere Aspekte ihres Verhaltens erwecken den gegenteiligen Eindruck. Die merowingischen Könige waren dem Zauber der Frauen verfallen. Wie die Pharaonen und König David, von dem sie angeblich abstammten, praktizierten sie Polygamie auf eine – gelinde ausgedrückt – ziemlich ausschweifende Art und Weise. Die Kirche allerdings scheint abgesehen von einem gelegentlichen Tadel durch einen strengen Kleriker (zum Beispiel St. Kolumban, der sich weigerte, die merowingische Polygamie zu tolerieren) nicht gewagt zu haben, diese königliche Sünde anzuprangern, obwohl man Zeit und Energie darauf verschwendete, diese Praktiken beim gemeinen Volk und dem Adel zu verdammen. John Wallace-Hadrill, Fellow des Merton College in Oxford, kommentierte in seinem Buch *The Long-Haired Kings* diese seltsame Toleranz gegenüber der Polygamie der Merowinger:

«Warum wurde das von den Franken stillschweigend gebilligt? Wir finden hier die uralte Tradition der Polygamie in einer königlichen Familie – einer Familie von so hohem Rang, daß ihr Blut von keiner Partnerin veredelt – mochte die Verbindung auch noch so hochrangig sein – oder von einer Sklavin herabgemindert werden konnte. Die Merowinger betrachteten ihre Eheschließungen nicht unter dem Aspekt des Prestigegewinns [...] Es war völlig gleichgültig, ob eine Königin aus einer Königsdynastie stammte, unter den Höflingen gewählt wurde oder leibeigen war.»[16]

Aber wessen Blut konnte eine solche Achtung erwerben, sich sogar über die Beimischung des höchsten königlichen Blutes erheben? Anfangs war ich geneigt, den Ahnherrn Jesus, der zur Zeit der Merowinger als Gott galt, als Grund für diesen abgehobenen Status anzusehen. Später gelangte ich zu der Überzeugung, daß Jesus und seine Nachkommen zwar wichtig waren, aber nur ein Glied in einer Kette darstellten, die (zumindest für die, die um das Geheimnis wußten) zu weit illustreren Vorfahren zurückreichte. Das waren, kurz gesagt, die wahren Vorfahren Jesu, die die Quelle für die mythische Bedeutung des Blutes darstellten.

Jüdische Bindeglieder

Zusätzlich zu ihren legendären mystischen Kräften und ihrem heiligen Blut, schrieben die Merowinger ihrem Haar religiöse und okkulte Bedeutung zu. Es symbolisierte die magische Kraft ihrer königlichen Rasse. Heute noch vorhandene königliche Siegel (von Theuderich III.,

Clovis III. und Chilperich II.) bilden die Monarchen alle ohne Ausnahme mit wallenden Locken ab. Dieses Attribut hebt sie vor allem anderen von ihren Zeitgenossen ab und verbindet die langhaarigen Könige mit einer jüdischen Herkunft und mit dem Schädelkult. Wie Samson und andere weniger bekannte Nazariten, wie Johannes der Täufer, Jesus und sein Bruder Jakobus und wie die Spartaner schnitten die Merowinger nie ihre Haare. In sprechender Ähnlichkeit mit dem Kult der Nazariten glaubten sie, daß ihre Körperkraft, ihre einzigartigen Fähigkeiten, in den Haaren enthalten seien, und daß es eine Entweihung des Kopfes, auf dem sie wuchsen, sei, die Haare zu schneiden. Die tragische Geschichte von zwei merowingischen Prinzen zeigt, wie tief dieser Glauben ging. Als König Klodomir starb, rissen seine beiden Brüder Klotaire und Klodil sein Land an sich und setzten die zwei Söhne des toten Königs fest. Nachdem sie die Prinzen sicher in ihrer Gewalt hatten, schickten die beiden «bösen Onkel» einen Boten an die Großmutter der Kinder, Königin Klotilde, nach Paris, wo sie residierte. Der Bote hatte eine Schere und ein Schwert bei sich. Er zeigte diese Symbole der Königin Klotilde «[...] und bat sie zu wählen, ob den Kindern der Kopf geschoren werden solle und sie leben sollten, oder ob sie ungeschoren sterben sollten. Die stolze Königin erwiderte, daß sie ihre Enkel, da sie doch nicht auf den Thron kommen würden, lieber tot als geschoren sehen wolle.» Der Gesandte kehrte zurück, und seine Botschaft erwies sich als keine leere Drohung. Die beiden Prinzen wurden umgebracht, und ihr unbarmherziger Onkel Klotaire vollbrachte die Tat selbst.[17] Daß hier die Wahl zwischen einem geschorenen Kopf und dem Tod getroffen werden muß, illustriert den starken Glauben, der hinter dem heiligen Symbol der merowingischen Locken steht: Eine Hinrichtung konnte durch das simple Zugeständnis, sich die Haare schneiden zu lassen, vermieden werden. Es war nicht der Tod erforderlich, um einen König vom Thron zu stürzen – man mußte nur seinen Kopf scheren lassen. Das wurde gezeigt, als der letzte merowingische König, Childerich III., schließlich besiegt wurde. Der Papst, der zur Partei der Usurpatoren gehörte, achtete darauf, daß die Haare Childerichs III geschnitten wurden, ehe man ihn im Mönchskloster von Saint-Bertin einkerkerte.[18] Zusätzlich dazu – vielleicht um den

Verlust an Heiligkeit und Macht zu betonen, der dem Haupt der merowingischen Monarchen widerfahren war – wurde der Kopf des Usurpators, Pippin, mit heiligem Öl gesalbt. Diese Zeremonie war die bewußte Wiederholung der Salbung Sauls zum König Israels durch den Propheten Samuel.

Eine weitere klare jüdische Verbindung wurde tief in den komplizierten Erklärungen des salischen Gesetzes entdeckt, des Stammesgesetzes, dem sich die Franken seit Urzeiten unterworfen haben und das in merowingischer Zeit als Gesetz niedergelegt wurde. Joseph Rabinowitz hat bewiesen, daß der Absatz 45, der den Titel *De Migrantibus* trägt, nicht ein altes teutonisches Stammesgesetz darstellt wie die meisten anderen Absätze, sondern direkt dem Talmud entnommen ist. Das heißt direkt aus dem Gesetz, den heiligen Büchern, der Juden.[19] Wie eine Gruppe teutonischer Stämme Zugang zu den talmudischen Lehren haben sollte, ist ein völliges Rätsel – doch angesichts dessen, was das Priorat von Sion über die jüdischen Einwanderer erzählt, wird es weit weniger unglaubwürdig. Wenn man die anderen Beweise über Verbindungen zum Judentum hinzurechnet, dann lautet die wahrscheinlichste Erklärung für das Vorhandensein von *De Migrantibus*, daß die teutonischen Stämme sehr wohl Zugang zu jüdischen Schriften gehabt hatten, also auch zum Talmud, und zwar zur Zeit der Völkerwanderung. Daß ein exilierter jüdischer Stamm (die Benjaminiten) solche Texte besessen hat, ist äußerst wahrscheinlich und würde eine Erklärung für diese ansonsten unerklärliche jüdische Einfügung in das salische Gesetz der Franken erklären.

Ein anderer Fund erzählt auch von der jüdischen Herkunft der Merowinger und bestätigt erneut die Aufzeichnungen des Priorats von Sion, die eine Verbindung der Dynastie mit den Benjaminiten nahelegen. Es handelt sich um die Entdeckung des Grabes eines frühen merowingischen Königs, Childerichs I. Childerich I steht zwischen seinem legendären Vater Merowech und seinem Sohn Clovis, einer historisch erforschten Gestalt, über die man viel weiß. In seinem Grab fand man eine erstaunliche Mischung von mystischen und pragmatischen Dingen.[20] In dem Grabmal wurden ein Schwert, ein Helm und andere großartige Waffen sowie hundert Goldstücke und zweihundert

Silbermünzen, ein goldenes Armband und Broschen, die kunstvoll gearbeitet waren, gefunden – alles praktisches Zubehör für einen Kriegerkönig des frühen Mittelalters. Aber daneben wurden mit der Leiche auch Objekte vergraben, die entschieden okkulter Natur waren. Da gab es eine Kristallkugel, das traditionelle Werkzeug der Seher, die den Eingeweihten die Zukunft verriet. Oder den abgeschlagenen Schädel eines Pferdes mit herrlichem Zaumzeug. Am vielsagendsten war aber der Kopf eines goldenen Kalbes oder Stieres – unmißverständlich ein benjaminitischer Talisman.

Eine weitere ungewöhnliche Grabbeigabe hat eine große Debatte unter den Gelehrten entfacht: Childerichs Umhang, der mit dreihundert geflügelten Insekten bestickt war und zwar in purem Gold. Für manche sind das «Bienen», für andere «Zikaden». Sie scheinen eine bestimmte rituelle Bedeutung gehabt zu haben, denn über zwölfhundert Jahre später, im Jahr 1804, bestand Napoleon darauf, daß diese merowingischen «Bienen» auf seinem Krönungsmantel angebracht wurden, als er – wiederum ein Hinweis auf merowingische Zeiten – nicht zum «Kaiser» von Frankreich, sondern «der Franzosen» (oder Franken) gekrönt wurde. Die meisten Autoren vertreten die Ansicht, daß Bienen dargestellt werden sollten, aber bis jetzt hat niemand eine rechte Erklärung dafür gefunden, warum Bienen für die Merowinger irgendeine besondere Bedeutung hatten. Vielleicht stellen sie eine versteckte Anspielung auf Samson, den Nazariten, dar, dessen Rätsel über die Bienen, die ihren Stock in dem Gerippe des von ihm getöteten Löwen bauten («Speise ging aus von dem Fresser, und Süßes ging aus von dem Starken.» Richter 14,14), wohlbekannt ist. Aber wenn man sich die mögliche Geschichte des merowingischen/benjaminitischen Hauses anschaut, dann könnten die goldenen Stickereien durchaus Zikaden sein. Der Lebenszyklus der Zikaden beinhaltet eine sehr lange Entwicklung unter der Erde. Manche Zikaden bleiben bis zu siebzehn Jahre unter der Erde, wo sie langsam fressen und wachsen. Dann entpuppen sie sich und erblühen in ihrer schönen ausgereiften Gestalt.[21] Es könnte sein, daß die Benjaminiten die Zikade als Symbol ihrer Existenz betrachteten. Aus ihrer Heimat verbannt, ihre wahre Würde unbekannt, würden sie eines Tages, genau zum richtigen Moment, wie die

Zikade auftauchen, der Welt ihre wahre Identität enthüllen und ihr rechtmäßiges Erbe zurückfordern – Jerusalem und das Land der Juden.

Wie David, der hebräische König, von dem abzustammen sie behaupteten, waren die merowingischen Könige nicht bloß die irdischen Repräsentanten von Gottes Willen – sie wurden von ihren Zeitgenossen als Priesterkönige angesehen, als die lebendigen Gefäße von Gottes Geist hier auf Erden. Interessanterweise (und von größter Bedeutung für die Spur, die wir verfolgten) genossen die Pharaonen des alten Ägypten einen ähnlichen Status.[22] Der merowingische König mochte ein Kriegsherr sein, aber er war auch eine fast göttliche Gestalt. Die weltliche Befehlsgewalt und die Staatsführung wurden den «Hausmeiern» überlassen, die eine Stellung hatten wie die Wesire in Ägypten. Wenn der König ein starker und mächtiger Herrscher war, scheint dieses System funktioniert zu haben. Aber mit dem Aufkommen einer Anzahl blutiger Fehden und mörderischer Kriege zwischen merowingischen Staaten (hervorgerufen durch die Tradition der Dynastie, das Land zu gleichen Teilen unter den Söhnen des Königs aufzuteilen) litt das System so sehr, daß es schließlich zum Ende des Herrscherhauses führte. Attentate und Morde führten dazu, daß viele merowingische Prinzen bereits in zartem Alter auf den Thron gelangten. Sie wurden zur leichten Beute für skrupellose Hausmeier, die das Land zu ihrem eigenen Nutzen beherrschten.[23] Das ist die Zeit der *rois fainéants*, der «Nichtstuer-Könige», die wirklich nur noch Wachs in den Händen der Hausmeier waren. Im Laufe der Zeit bekamen die Hausmeier immer mehr Macht. Und angesichts schwacher und manipulierbarer Könige, begannen die Hausmeier an das Undenkbare zu denken und fragten sich, warum wohl sie die Herrscher und doch nicht die Könige waren. Das führte schließlich zu der Entmachtung der Merowinger und der Einsetzung der Karolinger, von denen der erste Karl der Große war, der Enkel eines Hausmeiers, der es wagte, seine Gedanken an Größe auch umzusetzen. Aber davor gab es noch andere Versuche, den Thron der merowingischen Könige zu usurpieren.

Dagobert II war ein Merowinger, der nicht in die Schablone der *rois fainéants* paßte. Sein Vater Siegbert starb jung und genoß dazu noch wenig Ansehen, denn er war ein spektakulär erfolgloser Feldherr gewesen. Der Hausmeier Grimoald beanspruchte den Thron für sich, und Dagobert wurde entführt, floh dann aber ins Exil.[24] Die Wahl seines Zufluchtsortes war bedeutsam – man sagt, er sei nach Irland geflohen, in das irische Mönchskloster von Slane,[25] eines der christlichen Klöster und Schulen, die direkt aus den druidischen Ausbildungsstätten des heidnischen Irland hervorgegangen waren. Diese Ausbildungsstätten hatten nur anderthalb Jahrhunderte früher noch Gläubige in dem geheimen Wissen der Druiden unterrichtet, das meiner Meinung aus Echnatons Lehren entwickelt worden war.[26] Dagobert soll auch den Hochkönig von Irland an seinem Hof in Tara besucht haben, wo sowohl der Schicksalsstein als auch der Stein von Bethel vor ihrem Transport nach Schottland aufbewahrt worden waren. Falls er nicht bereits die Geschichten über Gaythelos und Scota kannte (und damit die Herkunft sowohl seines Volkes als auch der Scoti aus Ägypten), darf man wohl annehmen, daß Dagobert sie in Irland gehört haben muß. Die folgenden Ereignisse scheinen darauf hinzuweisen, daß er auch noch etwas anderes mitnahm, als er Irland verließ (vorausgesetzt er kannte das Geheimnis noch nicht) – das Wissen um den Schädelkult.

Dagobert war zweimal verheiratet. Zuerst mit Mathilde, einer keltischen Prinzessin, die ihm zwei Töchter gebar und bei der Geburt der dritten starb. Danach kam die wisigotische Prinzessin Giselle von Razès, die er in Rennes le Château (ein Ort, dem das Priorat große Bedeutung zumißt) heiratete. Diese Verbindung verschaffte ihm offenbar zusätzliche Macht und die Unterstützung, die er brauchte. Im Jahr 674 zog Dagobert aus Rennes le Château nach Norden, verkündete seine Abstammung und nahm den Titel seines Vaters, König von Austrasie, an. Seine Herrschaft war durch einen Aufschwung der merowingischen Interessen gekennzeichnet. Giselle gebar ihm zwei Töchter und schließlich den Thronerben, seinen Sohn Sigisbert IV. Die Thronfolge schien somit gesichert zu sein. Und Dagobert erwies sich als fähiger Anführer – er zögerte nicht, gegen den Adel oder den Klerus vorzugehen, und innerhalb weniger Jahre hatte er sein Land erheblich vergrößert und ein effektives Regierungssystem aufgebaut. Doch damit schuf er sich mächtige Feinde, die entschlossen waren, diesen starken König so schnell wie möglich loszuwerden.

Der oberste Verschwörer war Pippin der Dicke, Dagoberts Hausmeier. Am 23. Dezember 679 ritt Dagobert im Wald von Woëvres auf die Jagd. Dieser alte Wald galt seit langem als heilig, und wenn man bedenkt, daß die «Jagd» am Tag der Wintersonnenwende – der «Wiedergeburt der Sonne» – stattfand, könnte das mehr als bloßes Vergnügen und statt dessen ein Ausflug mit religiöser Bedeutung gewesen sein. Pippin hatte einen der Diener Dagoberts bestochen, der sich dann bei einer Rast an den König heranschlich und ihn mit einem Speerstich ins Auge sofort tötete.[27] Nachdem der König tot war, versammelten sich die Verschwörer im Palast von Stenay und schlachteten jedes Mitglied von Dagoberts Familie, das sie finden konnten, ab. Offenbar bestand die Absicht, die Königsfamilie komplett auszurotten.

Weit davon entfernt, die Täter zu verurteilen, lobte die Kirche diese schrecklichen Morde als beispielhafte Taten. Wilfrid von York, der eine wichtige Rolle bei Dagoberts Wiedereinsetzung gespielt hatte, wurde ein Brief geschickt, in dem man versuchte, den Mord damit zu entschuldigen, daß Wilfrid den Franken einen König geschickt hatte, der

> *«dissipator urbumconsilia seniorum despiciens, populos ut Roboam filius Salomonis tributo humilians, ecclesias Dei cum praesulibus contempnens […]»*
>
> *(Städte zerstörte, den Rat der Älteren verachtete, wie Rehobeam, der Sohn des Salomo, die Steuern erhöht hatte und die Kirche Gottes verächtlich behandelte)*[28]

Wenn man zwischen den Zeilen liest, scheint es so, als hätte Dagobert eine Gruppe von Kirchenmännern und Adligen (wozu auch Pippin der Dicke gehörte) gegen sich aufgebracht, die nur zu gern sein Königreich für ihn regiert hätten. Als er sich nicht umgänglich zeigte, stürzten sie ihn. Doch daß die Kirche dabei half, ist bemerkenswert. Vielen Bischöfen des frühen Mittelalters war die Realität der Macht nicht fremd, aber einem Königsmord zuzustimmen war fast unglaublich. Steckte hinter dieser Geschichte vielleicht mehr? Könnte es mehr als eine bloße Übertreibung sein, vielleicht eine versteckte Wahrheit, als der fränkische Prälat behauptete, Dagobert hätte «die Kirche Gottes mit Verachtung behandelt»? Sollte er während seines Aufenthalts in Irland etwas gelernt haben, das (vielleicht zusammen mit Informationen, die er bereits hatte) dazu führte, die Kirche als etwas «Verächtliches» anzusehen? Bedeutsam ist, daß Dagoberts Kopf eine gewisse Zeit nach seinem Tod vom Körper getrennt wurde und zum Zentrum eines Kults in der Gegend von Stenay wurde. Den rituell versiegelten Schädel des Königs gibt es noch und er wird im Kloster der Schwarzen Schwestern von Mons aufbewahrt.[29] Von großer Bedeutung ist die Tatsache, daß das silberne Reliquiar, das Dagoberts Schädel birgt, in Form eines Kelches oder Grals gestaltet ist – und der Heilige Gral wird später in diesem Buch ein zentrales Thema sein.

Ganz gleich aus welchem Grund die Kirche sich zum Komplizen seiner Ermordung machte und warum auch immer später dieser Kult um seinen Schädel entstand – mit dem Mord an Dagobert verschwindet seine Familie aus der Geschichte – und das nicht deshalb, weil er keine Nachkommen gehabt hätte. In einer seltsamen Wiederholung der Geschichte des Echnaton scheint man alles unternommen zu haben, um ihn vollkommen aus den Annalen der fränkischen Könige zu tilgen – man wollte leugnen, daß Dagobert jemals existiert hatte. Sein Name wurde einfach ausgelöscht. Obwohl andere Merowinger durchaus bekannt waren, gelang es Adrien de Valois erst 1646, diesem totgeschwiegenen König seinen Platz in der Geschichte wiederzugeben.

Die verlorenen Könige

Obwohl er zur «Unperson» wurde, könnte die Ermordung und spätere «Verschleierung» nicht unbedingt das Ende von Dagoberts Haus bedeutet haben. Wieder einmal nimmt das Priorat von Sion den Faden der

Geschichte auf und liefert die Beweise dafür. Ihre Dossiers enthüllen, daß nicht die ganze königliche Familie Dagoberts von den Attentätern ermordet wurde. Der kleine Sohn des Königs, Sigisbert IV wurde von seiner Schwester gerettet und heimlich nach Razès gebracht, dem Heim der Familie seiner Mutter. Dort scheint er von seinem Onkel adoptiert worden zu sein, denn die Dokumente verzeichnen im oder um das Jahr 681, daß er die Titel des Herzogs von Razès und Grafen von Rhedae führte, die vorher die seines Onkels waren. Baigent, Leigh und Lincoln neigen dazu, diese Aufzeichnungen für wahr zu halten. Sie weisen darauf hin, daß die systematischen Versuche, Dagobert aus der Geschichte zu streichen, völlig unnötig gewesen wären, wenn er keinen Erben mehr gehabt hätte: «Indem man seine Existenz leugnete, wurde eine Abstammung von ihm von vorneherein völlig wertlos.»[30] Wenn es keinen König Dagobert gegeben hatte, konnte es auch keine Nachkommen geben, die den Thron für sich beanspruchten. Die Parallelen zum alten Ägypten und der Rache der Amun-Priester an Echnaton sind unübersehbar und werfen ein neues Licht auf die Streichung Echnatons aus der Liste der ägyptischen Könige. Abgesehen von schlichtem Haß und Rache, dürften wir der Wahrheit nicht allzu fern sein, wenn wir den Versuchen, die Könige von Amarna und besonders Echnaton aus der Geschichte zu tilgen, zumindest ähnliche Motive unterstellen. Kurz gesagt: Wenn Echnaton nie existierte, konnten er und sein Haus seinen Sturz auch nicht überlebt haben, um am Rand der Geschichte als rechtmäßige Herrscher Ägyptens auf ihre Stunde zu warten. Das spricht eigentlich dafür, daß Echnaton nach seinem Verschwinden aus den historischen Quellen noch weitergelebt hat.

Obwohl es in anderen historischen Quellen eine Lücke gibt, behaupten die Aufzeichnungen des Priorats, daß Sigisbert IV Nachkommen zeugte, die in eine Reihe prominenter Familien einheirateten. Die Autoren legen besonderen Wert darauf, Bernard de Plantavelu zu erwähnen, mit dem – so wird gesagt – die Linie Sigisberts IV im neunten Jahrhundert ihren Höhepunkt erreichte. Das ist wichtig, denn Bernard de Plantavelus unmittelbare Vorfahren sind bekannt, und sie verleihen der Möglichkeit, daß die Merowinger zumindest teilweise jüdischer Herkunft waren, großes Gewicht. Der erste bekannte Ahnherr von Bernard de Plantavelu war Theoderich, der angeblich merowingischer Herkunft gewesen sein soll, obwohl keiner seiner Ahnen bis jetzt bekannt ist. Den Schluß, den man hier ziehen soll, ist der, daß Theoderich in direkter Linie ein Abkömmling von Sigisbert war. Das könnte sehr wohl der Fall sein, die Beweise wiegen schwer. Theoderichs Sohn, Guillem de Gellone, trug den Namen eines Grafen von Razès, ein Titel, der dem sehr ähnlich ist, den Sigisbert IV angeblich getragen hat, nachdem er in den Süden geflohen ist, um den Mördern Pippins des Dicken zu entkommen.

Im Jahre 768 wurde ebendieser Theoderich Herrscher von Septimania, einem jüdischen Fürstentum in Südfrankreich, das durch einen «Handel» zwischen den Juden von Narbonne und Pippin, einem Nachfahren von Pippin dem Dicken, der hauptsächlich an der Ermordung Dagoberts beteiligt war, entstanden war. Pippin war ebenfalls Hausmeier und daher *de facto* Herrscher des Landes der Merowinger. Die Juden von Narbonne gewährten Pippin Unterstützung gegen die Mauren, die zu jener Zeit einen Großteil Frankreichs bedrohten, und bekamen im Gegenzug dafür ihr eigenes Fürstentum. Als Theoderich starb, trat sein Sohn Guillem de Gellone an seine Stelle. Dieser Fürst aus einer merowingischen Dynastie wurde von Pippin als «Sprößling aus dem Hause des Königs David» akzeptiert, sowie von mindestens einem muslimischen Herrscher (dem Kalifen von Bagdad) – ja, selbst die römisch-katholische Kirche anerkannte ihn, obwohl sie sich angesichts dieses Eingeständnisses eigentlich in Grund und Boden geschämt haben müßte.[31] Wenn wir annehmen, daß Theoderich Merowinger war (und bis heute gibt es keinen Beweis dafür, denn seine Ahnen sind unbekannt), dann liegen durch diesen jüdischen König und seinen Sohn Guillem unwiderlegbare Beweise dafür vor, daß die Merowinger von einigen wichtigen Zeitgenossen als Juden und Abkömmlinge des Königshauses von Juda angesehen wurden. Die Kraft dieser Beweise liegt darin, daß ebendiese Zeitgenossen durch ein solches Eingeständnis keine Vorteile zu erwarten hatten.

Es scheint so, als ob Mitglieder von Guillem de Gellones Familie sich durch Heirat mit dem bretonischen Fürstenhaus verbanden. Aus dieser Verbindung entstammte dann die faszinierendste Figur des Mittelalters – Gottfried von Bouillon, Herzog von Lothringen. Einige Autoren haben inzwischen die Behauptung des Priorats von Sion bestätigen können, daß Gottfried maßgeblich an der Gründung dieser rätselhaften Organisation beteiligt war – wahrscheinlich kurz bevor der Erste Kreuzzug losging.[32] Dazu kommt noch, daß der Orden von Sion (laut den *Geheimen Dokumenten* dieser Gruppe) verantwortlich für die Begründung des Ordens der Templer war, dieser Gruppe von Rittern, die mit dem ausdrücklichen Auftrag nach Jerusalem geschickt wurde, unter dem Tempel Salomos nach bestimmten Schätzen zu suchen. Außerdem soll Gottfrieds Hauslehrer angeblich Peter der Eremit gewesen sein, der bekannt war für seine charismatischen Predigten und seine ständige Forderung, es sei die Pflicht aller Christen, «dem Kreuz zu folgen», um Jerusalem und die heiligen Orte den «ungläubigen» Mohammedanern zu entreißen. Wie Baigent, Leigh und Lincoln schrieben, «wäre es möglich, daß die Predigten von Peter dem Eremiten weniger ein Ausdruck von wildem Fanatismus waren, als vielmehr eine Manifestation kalkulierter Politik».[33] Wenn dem so war, dann hatte diese Politik Erfolg. Der Erste Kreuzzug machte sich auf den Weg nach Palästina, und in einer fast schon an ein Wunder grenzenden kurzen Zeit war die Heilige Stadt in die Hände der christlichen Armee gefallen, Gottfried von Bouillon der Herrscher von Jerusalem, und die Templer begannen mit ihrer Arbeit, Ausgrabungen in den Tunneln unter dem Tempelberg vorzunehmen.

Kurz gesagt – was in den Geschichtsbüchern als plötzlicher Ausbruch christlicher Leidenschaft beschrieben wird, die sowohl das gemeine Volk als auch die Adligen ergriff, eine unvorhergesehene Konzentration religiöser Energien, die in der Eroberung Jerusalems gipfelte, war in Wirklichkeit eine sorgfältig durchdachte Verschwörung, um Jerusalem seinem rechtmäßigen Herrn zurückzugeben – dem Nachfahren der Benjaminiten und Davids, Gottfried von Bouillon.

Gottfried von Bouillon muß es um mehr gegangen sein, als nur um den Erwerb von Land und Titeln, denn er war der einzige von allen Kreuzfahrern, der das Recht auf seine Erblande aufgab, als er ins Heilige Land zog. Konnte die Hoffnung darauf, ein lange verloren geglaubtes Erbe zurückzuerobern, für den freiwilligen Verlust allen Landes entschädigen? Gleich nach dem Fall Jerusalems wurden die Templer gegründet – ihr einziger Lebenszweck waren die Ausgrabungen unter dem salomonischen Tempel. Das sprach für die Existenz eines Geheimnisses, das vielleicht nur Gottfried von Bouillon und den Mitgliedern eines geschlossenen Kreises von Eingeweihten, vielleicht des Priorats von Sion, bekannt war. Ein Geheimnis über etwas, das vor Jahrhunderten unter dem Tempelberg versteckt worden war. Wenn man die Verbindungen zwischen Juden und Merowingern, ihre Heiligkeit des Haares, ihre Nähe zur Magie und zum Schädelkult bedenkt... In mir wuchs der Verdacht, daß ich wußte, was da unter dem Tempel versteckt worden war. Es war an der Zeit, sich diesem rätselhaften Bau zu widmen, der zweitausend Jahre vor den Tempelrittern von Salomo, dem Sohn König Davids erbaut worden war. Salomo – ein Mann, erfüllt von esoterischen Lehren und in der Geschichte und Legende als Magier von nahezu übermenschlichen Fähigkeiten beschrieben.

8

Der Tempel, der dreimal gebaut wurde

Das Bauwerk, unter dem die Templer zu Anfang des zwölften Jahrhunderts ihre Ausgrabungen durchführten, war nicht der originale Tempel des Salomo. Dieses Gebäude war fünfzehnhundert Jahre bevor die Armee der christlichen Kreuzfahrer Jerusalem eroberte, zerstört worden. Alles in allem gab es drei jüdische «Tempel» auf dem Tempelberg in Jerusalem: den Tempel des Salomo, Serubbabels Tempel und den Tempel Herodes des Großen. Jeder von ihnen wurde mit großer Frömmigkeit errichtet und mit äußerster Sorgfalt entworfen. Alle Bauten kosteten einen entsetzlich hohen Preis an menschlichen Arbeitskräften. Die Ausgaben dafür waren immens und stürzten den jeweilig betroffenen König tief in Schulden. Und jeder wurde von feindlichen Armeen bald nach der Fertigstellung erobert, geschleift oder zerstört.[1]

Der Tempel des Salomo

Salomos Tempel wurde in der Mitte des zehnten Jahrhunderts vor Christus gebaut (1. Könige 5-8). Die Bibel berichtet, daß Salomos Vater, König David, als erster den Gedanken hatte, ein prachtvolles Bauwerk in der Stadt zu errichten, die er von den Jebusiten, den Vorgängern der Benjaminiten, erobert hatte. Er wollte Jerusalem zu seiner Hauptstadt machen und hatte bereits die Bundeslade hierhergebracht (2. Samuel 6,16.17). Unglücklicherweise scheiterten Davids Pläne, als der Prophet Nathan ihm mitteilte, daß ein Mann, der das Blut so vieler anderer vergossen hatte, nicht das Haus Gottes bauen dürfe. Der Herr verlangte, daß der Bau des Tempels verschoben wurde – die Ehre, ihn zu bauen, würde an Salomo, Davids Sohn gehen (2. Samuel 7,13). David befolgte die Anweisung, aber man kann lesen, daß er die Pläne in Händen hatte – von Gott selbst entworfen –, die er dann an seinen Sohn und Erben weitergab. (Auch Moses soll Anweisungen für den Entwurf des Tabernakels – des Zelts, in dem die Lade während des Aufenthalts der Hebräer in der Wildnis aufbewahrt wurde, also dem Vorläufer des Tempels – aus einem Plan gehabt haben, den ihm Gott auf dem Berg Sinai gezeigt haben soll.)

Der Tempel wurde also gebaut. Aber wer oder was sollte dort verehrt werden? In der Heiligen Schrift steht, daß es Jahwe war, aber die Geschichte ist nicht so klar, wie es die Bibel uns glauben machen will. Wie bei jeder Religion gab es auch bei den Israeliten Splittergruppen und Sekten. Manche fuhren die harte Schiene, sie hingen den puritanischen Lehren des Deuteronomiums an, die sich auf Gott allein konzentrierten und einem Königshaus nur geringe Bedeutung zumaßen. Sie glaubten, daß Gott eine unsichtbare Allmacht sei, die sich nur durch die Stimme bemerkbar machte. Andere Gläubige, die einer ebenso alten (wenn nicht sogar noch älteren) Überlieferung anhingen, glaubten etwas anderes. Ihr Gott konnte eine menschliche Gestalt annehmen und erschien den Auserwählten der menschlichen Rasse. Die Deuteronomisten, Verfechter der puritanischen Sicht, sind für einen der beiden Berichte verantwortlich, die in der Bibel über den Tempel und die Monarchie stehen, und sie gingen nicht besonders sanft mit dem König oder seiner Art der Gottesverehrung um. Sie ließen sogar bestimmte Aspekte des Tempelkults, die ihnen nicht gefielen, einfach aus. Die Forscherin Margaret Barker hat in ihrer Exegese des deuteronomistischen Werkes (1. und 2. Buch Samuel sowie 1. und 2. Buch Könige) darauf hingewiesen, «daß wir nie ihren Reformeifer vergessen dürfen [...]. Ihre Ansicht wurde als *die* Ansicht über das Geschehen akzeptiert, und was sie nicht aufzeichneten, galt als nicht existent. Aber es gibt andere Quellen, die eine völlig andere Sicht von Salomos Tempel und seinem Kult bieten [...]»[2]

Davids Verlangen, dem Herrn einen Tempel zu bauen, hatte seinen

Ursprung in einer Vision, die er an dem Ort hatte, an dem der Tempel schließlich stehen sollte, dem Berg Moria. Ein zerstörerischer Engel war ihm auf der Tenne Ornans (oder vielleicht Araunahs) des Jebusiten erschienen, und der himmlische Bote hatte ihm befohlen, hier einen Altar zu bauen. Diese Tenne war ursprünglich dem Gott Tammuz geweiht, einem Erntegott, der jedes Jahr rituell starb und wiederauferstand. Tammuz war ein anderer Name für Adonis, ein syrisches Wort, das in der Bedeutung identisch mit dem hebräischen Adonai (mein Gott) ist. Kurz gesagt – Adonis ist der syrische Titel des Aton.

Es gibt zwei Berichte über den Bau des salomonischen Tempels in der Bibel, und sie weisen markante Unterschiede in der Behandlung des Themas auf. Das ist ein ziemliches Glück, denn so bekommt man ein wenig mehr an Informationen als bei einem einzigen Bericht. Der Autor der Chronik schildert den Tempel als prächtiges Bauwerk, und er verwendet zwei volle Kapitel auf eine detaillierte Beschreibung. Sie enthält Angaben zur Größe des Gebäudes, es wird berichtet, wie Salomo «das Haus mit kostbaren Steinen zur Verschönerung ausstattete», und es wird hingewiesen auf die Riesenmengen von Gold, die dafür verschwendet wurden, denn selbst die Nägel waren aus Gold, «und das Gewicht der Nägel betrug fünfzig Schekel in Gold». Der Chronist ist offenbar völlig fasziniert von dem Glanz des Bauwerkes, und er bemüht sich auch zu betonen, welch herrliche Musik dafür komponiert wurde. Im Gegensatz dazu befaßt sich der Deuteronomist, der Autor der Königsbücher, damit, was die Menschen leisten mußten, um das Gebäude zu errichten: Achttausend Mann schufteten in den Steinbrüchen; die anderen Arbeiten wurden von weiteren dreißigtausend Männern erledigt, die in den Dienst des Königs gepreßt wurden und von drei Monaten einen im Libanon arbeiten mußten. Und als alles fertig war, wurden zwanzig galiläische Städte an Hiram, den König von Tyrus, abgetreten, um die Schulden auszugleichen, die durch den Bau des Tempels entstanden waren (1. Könige 9,11).

Aber ganz egal, was er gekostet haben mag – es besteht kein Zweifel daran, daß der Tempel des Salomo ein beeindruckender Bau war, besonders für die Zeit, in der er errichtet wurde. Er war völlig aus Stein, innen mit den berühmten Zedern aus dem Libanon verkleidet, die häufig mit Cherubinen und Blütenmustern verziert waren, und alles war «mit feinem Gold bedeckt». Von diesem Tempel gibt es keine Überreste, die archäologisch ausgewertet werden könnten, und die Gelehrten streiten sich darüber, wie der Grundriß genau aussah, aber im allgemeinen ist man der Meinung, daß er dem «Langhaus»-Typus entsprach, zwanzig Ellen breit und siebzig Ellen lang war (1 Elle ~ 50 cm). In dem Gebäude gab es drei Teile: den *Ulam* oder Torbereich, der zehn Ellen lang war, den *Hekel* oder Tempel, vierzig Ellen lang, und das Allerheiligste, *Debir*, das zwanzig Ellen lang war. Der *Hekel* war eigentlich dreißig Ellen lang, aber das Allerheiligste erhob sich offenbar über den restlichen Bau und stand über dem heiligen großen Stein. Das *Debir* formte einen perfekten Würfel, ein Symbol der Vollkommenheit und der passende Platz für die Bundeslade, das Heim des Gottes (1. Könige 6,20). Hier im innersten Heiligtum gab es zwei Cherubim, geschnitzt aus Olivenholz und komplett mit Gold überzogen. Diese Cherubim waren nicht die «knuddligen» Kleinkinder, wie sie Renaissance-Künstler so gern malten – sie waren mächtige Gestalten, Wächter mit dem Gesicht von Menschen, dem Körper von Löwen und den Flügeln von Adlern. Sie waren zehn Ellen hoch, und ihre Flügelspannweite betrug ebenfalls zehn Ellen, so daß sie nebeneinander die gesamte Breite des *Debir* ausfüllten und ihre Flügelspitzen die Wände berührten. Die Lade stand im Zentrum des *Debir*, unter den schützenden Flügeln der Cherubim. Bezeichnenderweise sind diese Wächter des Gottes unmißverständlich ägyptischer Herkunft. In der 1. Chronik wird berichtet, daß König David seinem Sohn Salomo die Pläne für «[…] das Modell des Wagens der goldenen Cherubim, die ihre Flügel ausbreiten und die Bundeslade des Herrn bedecken sollen» (1. Chronik 28,18b) gab. Dieser wagenartige Thron wurde wirklich gebaut: In Jesaja spricht König Hesekia von Gott als «[…] Gott Israels, der du über den Cherubinen thronst» (Jes 37,16). Daß der Autor der Königsbücher diesen wichtigen Teil des Kultes von Jahwe/Adonai einfach ausläßt, weist darauf hin, daß er sehr wohl auch andere Details ausgelassen haben könnte, die nicht in seine enge Gedankenwelt paßten. Ein bedeutender Forscher hat es in bezug auf den Autor der Königsbücher so ausgedrückt: «[Er] hat ein paar bedeutende Einzelheiten ausgelassen, und man fragt sich warum.»

Es gab nur einen einzigen Eingang zum Tempel, und der lag bezeichnenderweise in Richtung der aufgehenden Sonne, also nach Osten (wie beim Sonnentempel, den Moses/Echnaton in Heliopolis bauen ließ). Vor der Tür zum Tempel standen zwei massive Säulen, jede soll zwanzig Ellen hoch gewesen sein. Sie hießen «Jachin» (= gründen) und «Boas» (= Stärke).

Serubbabels Tempel

Salomos Tempel wurde im Jahr 586 v. Chr. durch den babylonischen König Nebukadnezar zerstört, als die meisten Juden ins babylonische Exil geführt wurden. Bei ihrer Rückkehr nach noch nicht einmal fünfzig Jahren begann König Serubbabel im Jahr 537 v. Chr. mit dem Wiederaufbau des Tempels; dieser zweite Tempel wurde schließlich im Jahr 515 v. Chr. Gott geweiht (Esra 6,16-18). Ein alter Brief, geschrieben von Aristeas, der von Ägypten kommend Palästina Anfang des zweiten Jahrhunderts v. Chr. besuchte, gibt uns eine lebendige Beschreibung vom Aussehen des Tempels in jener Zeit:

> *«Als wir im Land der Juden eintrafen, erblickten wir die Stadt mitten in Judäa gelegen, auf einem Berg von bemerkenswerter Höhe. Hoch darüber wurde der Tempel in seiner ganzen Pracht gebaut. Er war umgeben von drei Mauern, die mehr als siebzig Ellen [= 35,5 m] hoch sind [...]. Der Tempel steht gen Osten, die Rückseite gen Westen. Der ganze Boden ist mit Steinen gepflastert und etwas abschüssig an bestimmten Stellen, so daß man das Blut der Opfertiere mit Wasser wegwaschen kann, denn viele tausend Tiere werden hier an Feiertagen geopfert. Und der Wasservorrat ist unerschöpflich, denn inmitten des Tempels fließt eine natürliche Quelle.»*

(Brief des Aristeas 83,88-91)[3]

Dieser imposante Bau wurde von den Streitkräften des syrischen Königs Antiochus Epiphanes im Jahr 170 v. Chr. überrannt. Fast sofort wurde von dem Repräsentanten des Antiochus, einem gewissen Heliodorus, der Versuch unternommen, die Tempelschätze zu rauben, aber angeblich sollen himmlische Kräfte eingegriffen haben, um dieses Sakrileg zu verhindern: «Denn sie sahen ein Pferd, das wohl geschmückt war, darauf saß ein schrecklicher Reiter; das rannte auf den Heliodorus zu und stieß ihn mit den vordern zwei Füßen [...].» (2. Makk 3,25)

Unglücklicherweise scheint der himmlische Reiter angesichts des syrischen Königs machtlos gewesen zu sein. Antiochus besuchte Jerusalem im Jahr 169 v. Chr. und überwachte persönlich den Abtransport der Tempelschätze. «Und ging trotzig in das Heiligtum und ließ wegnehmen den goldenen Altar, den Leuchter und was dazu gehört [...] und den Vorhang.» (1. Makk 1,23) Nicht lange danach ließ Antiochus den Tempel dem olympischen Zeus weihen. Dieses Sakrileg wurde drei Jahre später, 164 v. Chr., wieder rückgängig gemacht, als der Kommandeur der israelitischen Armee, Judas Makkabäus, Jerusalem zurückeroberte und die erneute Weihung an Jahwe/Adonai befahl (1. Makk 4,36-59).

Im Jahr 63 v. Chr. – also über ein Jahrhundert später – belagerten die römischen Legionen unter Pompeius Jerusalem. Die Juden wehrten sich tapfer, aber schließlich fiel die Stadt nach dreimonatigen Kämpfen. Der Tempel wurde am Tag der Buße erobert, doch die Römer kannten kein Pardon. Ein Historiker aus dem ersten Jahrhundert hat anschaulich beschrieben, wie die Priester noch während des Überfalls ihren heiligen Pflichten nachkamen:

> *«Als ob die ganze Stadt in völligem Frieden wäre, wurden die täglichen Opfer, die Bußen und alle zeremoniellen Gebete unbeirrt zur Ehre Gottes durchgeführt. Zu der Stunde, als der Tempel erobert wurde, als sie über dem Altar abgeschlachtet wurden, hörten sie nie auf, die religiösen Rituale des Tages zu befolgen.»*[4]

Pompeius besuchte den Tempel gleich danach und beging das (in jüdischen Augen) entsetzliche Sakrileg, das Allerheiligste zu betreten –

etwas, das nur dem Hohenpriester, und das auch nur einmal im Jahr, erlaubt war. Was er sah, muß ihn tief beeindruckt haben, denn er verbot im Gegensatz zu Antiochus jede Plünderung des Tempels und befahl, daß er gereinigt werden solle, damit die heiligen Rituale so bald wie möglich wieder vollzogen werden könnten.

Der Tempel Herodes des Großen

Der dritte Tempel war im Grunde der zweite Tempel, den Herodes der Große im Jahr 20 v. Chr. erweitern und ausbessern ließ. Josephus hat uns eine idealisierte Darstellung dieses Bauvorhabens hinterlassen:

> *«Er ließ tausend Wagen zum Befördern der Steine bauen, suchte zehntausend der besten Arbeiter aus, kaufte Roben für tausend Priester und bildete manche zum Steinmetz, andere zum Zimmermann aus [...] er errichtete den Tempel, der tausend Ellen lang war [...] und noch zwanzig höher, aber im Laufe der Zeit wurde das weniger, als das Fundament nachgab [...]*
>
> *[...] die Eingangstore, deren Oberbalken so hoch sind wie der Tempel, schmückte er mit vielfarbigen Behängen in Purpur und mit eingewebten Säulenentwürfen. Darüber, unter dem Sims, ranken goldene Weinreben mit Trauben daran, ein Wunder an Größe und Kunsthandwerk.*
>
> *[...] Und er umgab den Tempel mit sehr großen Säulengängen [...] und er übertraf seine Vorgänger noch beim Ausgeben des Geldes, so daß man dachte, niemand hatte den Tempel so prächtig ausgestattet [...]. Und es wird gesagt, daß während der Bauzeit des Tempels der Regen nur in der Nacht fiel, nicht am Tag, so daß es keine Unterbrechung der Arbeit gab.»*[5]

Der äußere Hof im Tempel des Herodes war ein ummauertes Stück von etwa 240 Quadratmetern. Im ersten Hof befand sich der «Hof der Frauen», der diesen Titel trug, weil es Frauen verboten war, näher an das Allerheiligste heranzugehen. Der Hof der Frauen führte zu zwei noch heiligeren Bereichen, dem Hof Israels und dem Hof der Priester. Diese beiden waren eigentlich ein einziger, denn der Hof Israels war nur ein schmaler Streifen Land am Eingang des Hofs der Priester, nur durch eine niedrige Balustrade und zwei Stufen davon getrennt. Über dem Hof der Priester stand der Tempel und direkt davor der Altar, an dem die Brandopfer gemacht wurden. Laut Josephus stand der Altar direkt vor dem Tempel. Er war «fünfzehn Ellen hoch, Breite und Länge je fünfzig Ellen, in Form eines Quadrats mit hornähnlichen Auswüchsen an den Ecken [...]. Kein Eisen wurde bei seinem Bau benutzt, und er wurde auch nie von etwas aus Eisen berührt.»[6]

Das war der Tempel, wie er zur Zeit Jesu in Jerusalem stand. Völlig fertiggestellt wurde er allerdings erst im Jahr 66 n. Chr. Vier Jahre später wurde er von den römischen Legionen unter Titus zerstört.[7] Es waren die kümmerlichen Ruinen dieses dritten und letzten Tempels, die eintausend Jahre später die Ankunft der Templer erlebten, und es waren die Fundamente dieses Tempels, in denen die Templer ihre rätselhaften Grabungen durchführten.

Der Grundstein

Auf der Tenne, wo der erste Tempel gebaut wurde, gab es einen großen Felsen. Er war von großer Bedeutung für die Juden, die ihn in späteren Jahren unter dem Namen *eben sh'tiyyah,* Grundstein, kannten. Sie glaubten, daß alle «die Wasser unter der Erde» unter dem Tempelberg zusammenflossen und daß es lebenswichtig war, diese große Kraft zu kontrollieren – einerseits mußte es genug Wasser geben, um Leben und Wachstum der Natur zu gewährleisten, aber andererseits durfte es nicht so viel geben, daß eine zweite Sintflut dabei herauskam. Eine Geschichte im babylonischen Talmud erzählt, wie zu Zeiten König Davids «die Tiefe» zu steigen begann und eine zweite Sintflut drohte. David fragt, ob es den Gesetzen entspricht, den Namen (Gottes) zu schreiben und in die Fluten zu werfen. Man gibt ihm die Erlaubnis dazu.

«David schrieb den Namen auf eine Tafel, warf sie in die Tiefe, und sie fiel um sechzehntausend Ellen [...] Er sagte: Je näher sie der Erde ist, desto besser kann die Erde gewässert werden; und er sprach die fünfzehn Lieder des Aufstiegs, und die Tiefe stieg wieder um fünfzehntausend Ellen und blieb bei eintausend Ellen stehen.»

(B. Sukkah 53b)

Es gibt einige solcher Geschichten, die illustrieren, wie wichtig der König bei der Kontrolle dieser ungeheuren Kraft und anderer Mächte, die für das Wachstum des Getreides und den guten Zustand des Viehs verantwortlich waren, war. Man muß unwillkürlich an die fränkischen Legenden über die merowingischen Könige denken, die das Wetter beherrschten und mit den Tieren sprachen. All diese Geschichten weisen auf den uralten Brauch hin, den König als Heiligen oder sogar als Gott zu betrachten, als einen Vermittler zwischen den Menschen und dem Allerhöchsten. Sie betonen wieder einmal, daß der König in den Anfängen Israels sowohl Priester als auch Monarch war – ein Status, der ähnlich dem der ägyptischen Pharaonen war. Das war etwas, das die biblischen Redaktoren – von denen viele Deuteronomisten waren – unbedingt abschwächen wollten. In dem Licht dessen, was ich später entdecken sollte, hatten sie sehr gute Gründe, so zu handeln.

Ein Gelehrter, der sich mit den Ursprüngen der Christenheit befaßt, hat bemerkt, daß der zentrale Mythos der alten Israeliten der Glauben an einen Gott in menschlicher Gestalt war, dessen Gegenwart eine Verjüngung des Landes und seines Volkes sowie Fruchtbarkeit und Gesundheit brachte (genau das, was der Schädel von Bran in der keltischen Mythologie vollbringen konnte, und was auch die Templer später von dem Schädel behaupten sollten, den sie anbeteten). «Die menschliche Gestalt war wahrscheinlich einmal der König, der auch der Hohepriester war. Er war in der Lage, das Allerheiligste zu betreten. In späteren Zeiten trug der Hohepriester Blut zu dem Ort des Thrones [...]. Man fragt sich, was von den früheren Königen getan wurde, die sich daranmachten den Thron zu besteigen.»[8]

Es scheint wahrscheinlich, daß die Verehrung des Schädels das Geheimnis war, das dieser Gelehrte erfahren wollte. Falls meine Theorie korrekt ist, dann war der Tempel des Salomo – entworfen von König David, dessen Verbindungen zu den Benjaminiten, den Anhängern des Schädelkults, gut belegt sind, gebaut von seinem Sohn Salomo – das Zentrum des Schädelkults. Jüdische, islamische und christliche Legenden zeichnen Salomo alle als einen Mann mit starken okkulten Gaben, als außergewöhnlichen Magier, einen *Illuminatus* (= Erleuchteten), der Geister und Dämonen nach seinem Willen rufen und beherrschen konnte. Für eine solche Magie waren geheime Rituale unerläßlich, und ich glaube, sie waren aus ägyptischen Ritualen entwickelt. Sie waren an ein paar ausgewählte Eingeweihte von den Priestern dieses Landes (in der Bibel: «Zauberer») weitergegeben worden und auch durch den Pharao Echnaton, den die Juden unter dem Namen Moses kannten. Das wird ziemlich ausführlich in dem Buch des Propheten Ezechiel dargelegt. Hier wird Ezechiel von Gott eine Vision geschickt, in der ihm unterschiedliche geheime religiöse Rituale gezeigt werden, die im Tempel unter Anleitung der Älteren stattfinden:

> «*[...] und vor ihnen standen siebzig Männer aus den Vornehmen des Hauses Israel.*
>
> *[...] ein jeder hatte seine Räucherpfanne in der Hand, und der Duft des Räucherwerks stieg empor. Da sprach er zu mir: Menschensohn, hast du gesehen, was die Vornehmen des Hauses Israel treiben, indem sich ein jeder sein Bild auswählt?*»
>
> (Ezechiel 8,11.12)

Später sieht Ezechiel weitere «Greuel». Am Nordtor des Tempels «[...] sah ich Frauen sitzen, die den Tammuz beweinten». (Ez 8,14)

Tammuz war natürlich nur ein anderer Name des Adonis, was die syrische Übersetzung des Namens Aton ist. Aber weiter:

> «*[...] und siehe, am Eingang des Tempelhauses zwischen der Vorhalle und dem Altar waren etwa 25 Männer, die kehrten dem Tempel des Herrn den Rücken zu und wandten das Angesicht gegen Osten, indem sie die Sonne anbeteten.*»
>
> (Ez 8,16)

Daraus geht ganz klar hervor, daß im Tempel die geheimen Rituale von Echnatons Gott, dem Aton, praktiziert wurden, denn die Sonne wird nur als Symbol des universellen Schöpfergottes angebetet.[9] Man kann erwarten, daß die Rituale im zehnten Jahrhundert vor Christus durch die Vermischung mit kanaanitischen Praktiken leicht verfälscht worden sind, aber die Verehrung des Schädels als Sitz des Göttlichen dürfte immer noch den zentralen Bestandteil des Kultes dargestellt haben. Diese These wurde ungemein bekräftigt, als ich damit anfing, die Geschichten um den Tempel und seine legendären Erbauer zu durchforsten.

Salomo der Magier

Die akademische Forschung hält schon lange an dem Glauben fest, daß die Juden immer strenge Monotheisten waren und es auch für immer bleiben werden. Das trifft auf den Großteil ihrer Geschichte zu, aber es hat zweifellos lange Zeiträume gegeben, in denen die Idee des Monotheismus abgeschwächt oder sogar ganz vergessen wurde. Das können manche Leute nur schwer akzeptieren, denn die Juden sind schließlich das erwählte Volk – für viele ist allein der Gedanke an einen solchen Rückschritt unangenehm. Aber wie beim Christentum ist es auch beim orthodoxen Judentum so, daß es nur deshalb orthodox ist, weil es im Laufe der Zeit andere, konkurrierende Dogmen verdrängte. Die Beweise für solche «nicht-jüdischen» Praktiken wie die Anbetung anderer Götter sind in Wirklichkeit überwältigend und nicht von der Hand zu weisen.

Zur Zeit des Hesekia (715-687 v. Chr.) gab es im Tempel von Jerusalem Götzenstatuen, was in direktem Gegensatz zu dem Gebot stand, daß man sich kein Bildnis machen solle (Ex 20,4). Hesekia machte sich daran den Tempel und das Land zu reformieren. Er zerstörte die Hochaltäre, entfernte die Säulen und zerstörte die Ascherah, das Symbol einer Göttin (wahrscheinlich Isis, die unter anderem Namen verehrt wurde), was sehr für sich spricht. Wie wir bereits wissen war es Hesekia, der die «Bronzeschlange» des Moses zerstörte – wobei es sich, wie man heute weiß, um das Königszepter der Pharaonen handelte –, vor der gebetet worden war und der man Weihrauch geopfert hatte. Obwohl er von religiösem Eifer erfüllt war, gab es für Hesekias Taten zweifellos einen politischen Grund. Israel (Juda) stand in jener Zeit unter Oberhoheit der Assyrer, und indem er alle fremden Götter zerstörte, rief er zum offenen Aufstand gegen die assyrischen Besatzer auf. Weniger als hundert Jahre später mußte auch Josia (640-609) den Tempel von heidnischen Einflüssen reinigen. Indem er sich auf ein neu entdecktes «Gesetzbuch» berief, faßte Josia den Entschluß, alles «Unreine» aus dem Tempel zu entfernen, und er schreckte auch nicht davor zurück, Priester zu exekutieren, die nicht treu zu Jahwe/Adonai standen. Er befahl dem Hohenpriester, «aus dem Tempel des Herrn alle Geräte hinauszuschaffen, die man dem Baal und der Aschera und dem ganzen Heer des Himmels gemacht hatte [...]. Auch beseitigte er die Götzenpriester, welche die Könige von Juda eingesetzt hatten und die auf den Höhen in den Städten Judas und um Jerusalem herum opferten, auch die, welche dem Baal, der Sonne, dem Mond, den Gestirnen des Tierkreises und dem ganzen Heer des Himmels opferten.» (2. Könige 23,4.5) Aus diesem Bericht geht klar hervor, daß der Tempel in jener Zeit nicht einfach nur das Haus des Herrn war, sondern die Heimstätte vieler Götter, und daß die Könige Israels zuweilen auch anderen Göttern als Jahwe/Adonai folgten.

Das gleiche traf sicher auch auf den Tempel zu, den König Salomo erbaute. Von Anfang an umgab ihn eine heidnische Atmosphäre, denn es geht die Sage, daß Salomo zum Bau des Tempels übernatürliche Wesen herangezogen hat. Seine Fähigkeit, dämonische Wesen zu beherrschen, wird im Koran bestätigt, und muslimische Legenden behaupten, daß die Dämonen zumindest einen Teil des Tempels gebaut hätten. Die populärste Geschichte ist wahrscheinlich die, in der Salomo die Dämonen austrickste, als er spürte, daß er bald sterben würde. Der islamische Historiker Tabari erzählt die Geschichte so: Im Tempel tauchten mysteriöse Pflanzen auf. Salomo pflückte jede ab und befragte sie nach ihren Eigenschaften zum Heilen, Färben und so weiter, und er schrieb sich alles auf. Eines Tages entgegnete die Pflanze, die er gepflückt hatte, daß ihr Zweck «die Zerstörung des Tempels» sei. Da erkannte der große Magier, daß sein Tod kurz bevorstand, denn dann wären die Dämonen von dem Zauber befreit, den er über sie gelegt hatte, damit sie an dem heiligen Bauwerk arbeiteten.

Salomo nutzte die Warnung zu seinem Vorteil und machte sich einen Stab aus der Pflanze, den er nach seinem Tod als Stütze für seinen Körper benutzte. Die aufrechte Haltung des Körpers narrte die Dämonen, und sie setzten ihre Arbeit fort. Sie hörten erst auf, als Termiten den Stock durchfressen hatten, so daß der Körper zusammenbrach. Damit waren sie von dem Zauber befreit. Aber auch die Arbeit am Tempel war vollendet.

Dämonen als Baumeister des Tempels kann man lächelnd abtun, aber mit Sicherheit gab es dort unzählige «fremde Teufel». In Israel baute man nicht traditionell mit Steinen, und man mußte daher Steinmetzen und andere ausgebildete Arbeiter aus dem Ausland «importieren». Auf den Grundsteinen des Tempels hat man phönizische Schriftzeichen entdeckt.[10] Normalerweise wird König Hiram von Tyrus als derjenige angesehen, der das Personal für diese Arbeiten stellte, aber es ist nicht allgemein bekannt, daß viele Männer nicht Phönizier, sondern Ägypter waren. Dieses Heranziehen von Männern, die andere Götter anbeteten, erscheint seltsam, fast als Sakrileg, vor allem da der Tempel das alleinige Heim des jüdischen Gottes sein sollte und auch noch von einem König erbaut wurde, der nur diese Gottheit anerkannte. In späterer Zeit, zur Zeit Christi, war sogar der zweite Hof von einer hohen Mauer umgeben, die Heiden unter Androhung der Todesstrafe nicht überschreiten durften. Josephus beschrieb diese Mauer als «[...] drei Ellen (~ 1,5 m) hohe Steinbalustrade, die herrlich gearbeitet war, davor standen in regelmäßigen Abstanden Tafeln mit Warnungen, manche in griechischer, andere in lateinischer Schrift, über das Gesetz der Reinheit, die aussagten, daß kein Fremder den heiligen Ort betreten durfte, ohne dem Tod zu verfallen, denn selbst der zweite Hof des Tempels war bereits heilig».[11]

Eine dieser steinernen Warnungstafeln wurde inzwischen ausgegraben. Darauf steht: «Keinem Fremden ist gestattet, die Balustrade und den Absatz um das Heiligtum zu betreten. Jeder, der gefaßt wird, hat seinen Tod selbst verschuldet.»[12] Wenn solche Verbote schon für den zweiten Hof ausgesprochen wurden, wieviel strenger müssen dann die Gesetze für den Tempel selbst gewesen sein. Die meiste Zeit war die Priesterschaft des Tempels mit ritueller Reinigung beschäftigt. Sogar Wasserlassen machte besondere Waschungen erforderlich, um die betroffene Person wieder zu reinigen. Solche strengen Regeln stehen in direktem Gegensatz zu der großen Zahl nicht-jüdischer «Ungläubiger», die an dem Bau des Tempels beteiligt waren – Männer, die Isis, Ashtoreth, Belial und Adonis anbeteten. Dieser letzte Gott bietet die Möglichkeit zu interessanten Rückschlüssen. Adonis war ein Sonnengott, dessen Mythos eine allegorische Nacherzählung des Todes und der Wiederauferstehung der Sonne in jedem Jahr darstellt. Die syrische Küstenstadt Byblos war dem Adonis geweiht. Aber dieser Name ist die griechische Transkription, der syrische lautet Adoni, was das gleiche bedeutet wie im Hebräischen, nämlich «mein Herr», denn das «i» ist das Possessivpronomen. Also landen wir auch hier wie bei den Juden bei der semitischen Version des Aton. Es könnte sein, daß einige der Männer, die am Tempel arbeiteten, Initiierte waren, die in den Lehren Echnatons und des Schädelkults weit vorangeschritten waren. Das scheint sehr wahrscheinlich zu sein, wenn man auch die Freimaurerlegenden rund um den Tempel des Salomo in Betracht zieht.

Hiram Abif und der Schädelkult

In den Freimaurerlegenden heißt der Chef-Architekt des Tempels Hiram Abif. Er war ein Untertan seines Namensvetters Hiram, König von Tyrus, dessen Mitarbeit ungeheuer wichtig für den Bau des Tempels war, den Salomo sich vorstellte. Der biblische Chronist nennt ebendiesen Mann Hiram und behauptet, er sei «ein geschickter Mann, der sich gut auf Arbeiten in Gold, Silber-Erz, Eisen, Stein und Holz versteht [...]» (2. Chronik 2,13.14). Er war der Sohn eines phönizischen Vaters und einer Frau aus dem jüdischen Stamm Dan. Er war deshalb in den Augen der Juden, die nur die Abstammung der Mutter gelten ließen, auch ein Jude. Er ist wahrscheinlich auch der Mann, den man als Adoniram kennt, die biblische Gestalt, die in 1. Könige 6,28 «über die Fronarbeiter» gesetzt war. Adoniram stellt eine Zusammenziehung der beiden Wörter Adoni und Hiram dar. Ein Hinweis darauf, wie bedeutend der Adon (= Aton) im Leben eines Mannes war, der auch noch seinen Namen trug. Falls das stimmt, würde das implizieren, daß der wahre Baumeister von Salomos Tempel ein Anhänger des Aton, Echnatons Gott, war.[13]

Aber Hiram Abif ist auch noch aus einem anderen Grund wichtig. Seine Geschichte ist absolut zentral für die Bruderschaft der Freimaurer, deren Vorläufer zum großen Teil die Lehren der Templer übernommen haben. Die Geschichte, die jedem Freimaurer des dritten Grades erzählt wird, lautet so, daß sich kurz vor der Vollendung des Tempels fünfzehn «Vorarbeiter» der Maurer, erbost darüber, daß ihnen noch nicht das volle Wissen eines Meistermaurers zuteil geworden war, verschworen, um dem obersten Baumeister Hiram Abif diese geheimen Lehren wenn nötig mit Gewalt zu entlocken. Alle außer dreien zogen sich aus der Verschwörung zurück, aber Jubelo, Jubela und Jubelum waren entschlossen, den Weg zu Ende zu gehen. Die drei versteckten sich im Tempel und postierten sich am südlichen, westlichen und östlichen Tor des Tempels, um Hiram Abif abzupassen, nachdem er seine Mittagsgebete beendet hatte. Die Worte des Freimaurer-Rituals setzen die Erzählung so fort:

> *«Nachdem er sein Gebet beendet hatte, wollte er den Tempel durch das Südtor verlassen, wo er vom ersten dieser Schurken aufgehalten wurde, der sich in Ermangelung einer besseren Waffe mit einem Richtscheit bewaffnet hatte, unseren Meister Hiram Abif damit bedrohte und von ihm verlangte, ihm die wahren Geheimnisse eines Meistermaurers zu verraten, wenn er sich weigerte hätte das seinen Tod zur Folge. Aber getreu seines Eides erwiderte er, daß diese Geheimnisse nur drei Menschen auf der Welt bekannt seien und er ohne Einwilligung der anderen beiden [damit sind König Salomo und König Hiram von Tyrus gemeint] weder etwas preisgeben könne noch wolle [...]. Aber was ihn selbst angehe, wolle er lieber sterben als das heilige Vertrauen brechen, das man in ihn gesetzt habe.»*[14]

Die Antwort des ersten Verschwörers auf diese Aussage bestand in einem Schlag auf die rechte Schläfe des obersten Baumeisters. Verwundet flieht Hiram Abif vor seinem Angreifer zum Westtor, wo er sich erneut weigert, die Geheimnisse preiszugeben und wird daraufhin von dem zweiten Verschwörer, der «mit einer Wasserwaage» bewaffnet ist, auf die linke Schläfe geschlagen, so daß er mit dem rechten Knie zu Boden fällt.

> *«Nachdem ihm so die Fluchtmöglichkeiten aus diesen beiden Bezirken abgeschnitten waren, stolperte unser Meister einer Ohnmacht nahe und blutend zum Osttor, wo der dritte Schurke postiert war. Der bekam die gleiche Antwort auf seine unverschämte Forderung, denn unser Meister hielt sich auch in diesem gefährlichen Augenblick an seinen Eid. Da schlug der Schurke ihm mit einem schweren Steinhammer mitten vor die Stirn, so daß er leblos vor seinen Füßen zu Boden sank [...].»*

Eine gruselige Geschichte, die man nicht so leicht vergißt. Daher kommt es ziemlich überraschend, wenn man entdeckt, daß sowohl die Bibel als auch der Koran ganz klar behaupten, daß Hiram Abif nie ermordet worden sei. Im Gegenteil – es heißt, er sei nach Tyrus zurückgekehrt und habe ein hohes Alter erreicht.[15]

Neben dem Beispiel an Mut und Treue, das Hiram Abif den heutigen Freimaurern bietet, als er sich standhaft weigert, die Geheimnisse seiner Bruderschaft preiszugeben, scheint die fiktive Geschichte seines Todes eine zweite und viel wichtigere Funktion zu erfüllen. Sie stellt ein wichtiges Vorspiel zum nächsten Teil der Geschichte dar, der, soweit ich weiß, noch nie außerhalb von Freimaurerkreisen erzählt wurde. Bis heute war dieser Abschnitt der Geschichte ein streng gehütetes Geheimnis, das sich für uns aber als ausgesprochen interessant erweist.

Dieser Teil der Geschichte gelangte unter recht seltsamen Umständen zu mir. Sie wurde mir wiederholt von einem Bekannten erzählt, der ein hochrangiger Freimaurer ist oder vielleicht auch war. Die erste (mündliche) Erzählung versetzte mich in große Aufregung. Danach bekam ich die Gelegenheit, die Geschichte in einem Buch durchzulesen, das eigentlich nur von Mitgliedern der Bruderschaft gelesen werden durfte. Mir wurde versprochen, daß ich das Buch in ein oder zwei Tagen bekommen würde, so daß ich die Geschichte wortwörtlich aufschreiben könne. Doch mein Informant meldete sich nicht wieder und reagierte ziemlich ausweichend, als ich ihn anrief, um ein Treffen zu vereinbaren. Dann wurde plötzlich das Angebot, das Buch anzusehen, rückgängig gemacht, und zwar mit der Erklärung, daß es plötzlich verschwunden und «nicht mehr auffindbar» sei. Es schien auch kein zweites Buch dieser Art zu geben. Ich drängte nicht weiter, aber es war offensichtlich, daß mein Informant glaubte, er hätte sich «verplappert». Es war ganz klar, daß diese Geschichte ein Geheimnis der Bruderschaft darstellte und niemals der Allgemeinheit zugänglich gemacht werden durfte.

Diese geheime Geschichte berichtet, daß die Verschwörer nach dem Tod Hiram Abifs versuchten, den Mord zu vertuschen, indem sie den Leichnam vergruben – und die Art dieses Begräbnisses läßt an den Schädelkult denken. Das Grab, das sie eilig für Hiram Abif aushoben, lag – so wird gesagt – in einem Steinbruch und auf so felsigem Untergrund, daß es unmöglich war, lang und tief genug zu graben, um die Leiche des Meistermaurers ganz hineinzulegen. Daraufhin griffen die Verschwörer zu Messern, schnitten die Beine an den Oberschenkeln ab und legten sie auf den Leib ihres Opfers. Das machte die Leiche zwar kürzer, aber nicht kurz genug. Also trennten sie den Kopf ab und legten ihn zwischen die gekreuzten Oberschenkel. So konnten sie den seltsam verstümmelten Körper unter die Erde bringen. Aber nicht in horizontaler Lage – die geheime Freimaurergeschichte betont, daß Hiram Abif in einem rechten Winkel vergraben wurde.

Da dem realen Hiram Abif nichts davon widerfahren ist, war ich zu dem Schluß gezwungen, daß diese Freimaurergeschichte als «Vehikel» dient, um eine viel wichtigere Information zu vermitteln. Falls die Geschichte nichts enthält, was geheim bleiben soll – warum dann die Geheimnistuerei und die offensichtliche Angst vor Enthüllung? Diese «innere Bedeutung» betrifft die rituelle Enthauptung einer Person, die hochrangiges okkultes oder spirituelles Wissen besitzt, durch eine Gruppe von Männern (die auf irgendeine Art mit einem religiösen Gebäude oder einem geheimen Wissensschatz in Verbindung stehen) und das Begräbnis oder die Lagerung des Schädels unter der Erde. Viel später, als meine Suche sich ihrem Ende zuneigte, sollte ein sorgfältig verborgener Hiram Abif als symbolische Markierung dienen und direkt auf das Herz des Mysteriums hinweisen.

Die rechtwinklige Lagerung des Körpers bleibt ein ungelöstes Problem. Die Betonung weist auf die symbolische Bedeutung hin, aber bis jetzt habe ich noch keine angemessene Erklärung für diesen besonderen Aspekt des mythologischen Begräbnisses gefunden.

Doch eine andere Facette der Geschichte eröffnet ein weiteres symbolisches Gebiet, eines, das stark an Schädelabbildungen erinnert. Hiram Abifs Kopf wurde auf die gekreuzten Oberschenkel gelegt – wenn nur noch die Knochen übrigbleiben, das Fleisch also verwest ist, bildet sich ein altbekanntes Motiv der Freimaurer: der Totenschädel mit den gekreuzten Oberschenkelknochen.

In den Legenden über die Templer kommt das Motiv mit dem Schädel über den gekreuzten Knochen ebenfalls oft vor (es war die Kriegsflagge der Flotte des Ordens), aber dazu kommt noch, daß hier die ägyptische Herkunft der Geschichte zutage tritt. Antonio Sicci de Vercelli war zwar selbst kein Tempelritter, aber der italienische Notar hatte in Palästina etwa vierzig Jahre für den Orden gearbeitet. Als er 1311 vor eine päpstliche Kommission gerufen wurde, sagte er aus, daß folgendes geschah, als ein Tempelritter namens Matthew de Sarmage, Lord von Sidon, sich in eine armenische Dame verliebte:

> *«Er hatte sich ihr, während sie lebte, nie fleischlich genähert, aber als sie tot in ihrem Sarg lag, hatte er in der Nacht nach ihrem Begräbnis Geschlechtsverkehr mit ihr. Nachdem er das getan hatte, hörte er eine Stimme, die zu ihm sprach: ‹Kehre zurück, wenn die Zeit für eine Geburt gekommen ist, denn du wirst dann einen Schädel finden, den du gezeugt hast.› Und ich habe gehört, daß ebendieser Ritter, als die Zeit um war, an den Sarg zurückkehrte und zwischen den Beinen der begrabenen Frau einen menschlichen Schädel fand. Wieder sprach die Stimme zu ihm: ‹Hüte diesen Schädel, denn durch ihn wird alles Gute zu dir kommen.›»*[16]

Der Schädel als Ursprung aller guten Dinge war eine hervorragende Eigenschaft des Baphomet, des Schädels, den die Tempelritter angeblich anbeteten. Später sollte ich herausfinden, daß das gleiche Konzept in den Geschichten rund um den Heiligen Gral eine Rolle spielte, den die Tempelritter ja angeblich bewacht haben sollen. Gleiches findet sich auch in keltischen Legenden.[17] Ein Verdacht bezüglich der wahren Natur des Grals begann in mir zu keimen. Antonio Sicci sagte auch aus, daß man dem Tempelritter Matthew de Sarmage auch nachsagte, er sei Blutsbruder des Sultans von Ägypten gewesen, was ein extrem ketzerisches Leben impliziert und vielleicht das Land der Pharaonen mit der Geschichte verbindet. Der Rückschluß auf eine ägyptische Verbindung ist in einer anderen Variante der Geschichte offenbar, denn hier heißt die tote Frau Yse – eine verstümmelte Version des Namens der Göttin Isis, deren Goldenes Kalb die Benjaminiten anbeteten. Eine andere Version der Geschichte, diesmal von Roger de Howden, läßt die Sache aufleben, als Philipp II von Frankreich aus Outremer (Palästina) zurückkehrt und mit seinen Schiffen die «Inseln der Yse» passiert – wieder ein Hinweis auf die ägyptische Göttin.[18] Hier ist das Ergebnis der nekrophilen Liaison kein Schädel, sondern ein totgeborener Sohn. Die Stimme befiehlt dem Ritter den Kopf abzutrennen und aufzubewahren, denn er besäße die wundersame Macht, jeden Feind, der einen Blick darauf werfen würde, zu zerstören. In einer weiteren Geschichte, erzählt von dem Tempelritter Hugues de Faure aus Limoges, wird der Kopf der toten Dame abgetrennt:

«[...] ein bestimmter Adliger hatte ein Fräulein vom Schloß Maraclea im Umland von Tripolis tief geliebt, und da er sie während ihres Lebens nicht besitzen konnte, ließ er sie exhumieren, als er von ihrem Tod hörte, und hatte Geschlechtsverkehr mit ihr. Danach trennte er ihren Kopf ab, um ihn zu behalten, und eine Stimme erklang, daß er den Kopf gut behüten solle, denn jeder, der den Kopf sähe, würde tot zu Boden sinken.»[19]

Die älteste Aufzeichnung dieses Themas ist in den Schriften eines gewissen Walter Map zu finden, eines Chronisten aus dem zwölften

Jahrhundert, aber die mündliche Überlieferung ist mit Sicherheit viel älter.[20] In dieser Version wird dem nekrophilen Liebhaber wieder von einer Stimme angewiesen, zum Grab zurückzukehren, um herauszufinden, was sein abartiges Verlangen gezeugt hat. Als er das tut, präsentiert ihm die tote Dame einen menschlichen Schädel und er muß sich verpflichten, ihn zu verstecken, außer er will der Person, der er ihn zeigt, ein Leid zufügen. Gervais von Tilbury schrieb zwanzig oder dreißig Jahre später eine ähnliche Geschichte auf.[21]

Wenn man diese Geschichten zusammennimmt, dann weisen sie eine Reihe von Ähnlichkeiten auf – ganz gleich, ob es ein monströser Schädel, der Kopf der toten Dame oder der Kopf eines totgeborenen Sohnes ist: In allen Geschichten bildet ein abgetrennter Schädel das zentrale Thema. In allen steht der Schädel in Verbindung zu einem Sarg oder Grab, wenn er von einem Ritter – meistens einem Templer – entnommen wird, und der Ritter wird zum Hüter des Schädels. Auch wird in allen Geschichten der Ritter «von einer Stimme» aufgefordert, den Schädel nicht den Blicken der Allgemeinheit auszusetzen, denn es handelt sich immer um ein Objekt mit okkulten Kräften. Die Templer stehen in manchen Geschichten mit dem Schädel und den gekreuzten Oberschenkelknochen in enger Verbindung, was an das Symbol – Totenschädel und gekreuzte Knochen – aus der Freimaurer- und Templerlehre denken läßt.

Eine Verbindung zu Ägypten ist ebenfalls vorhanden, denn in zwei der Geschichten wird Isis genannt und auch das Heimatland der ägyptischen Göttin wird erwähnt. Wenn die Legende von Hiram Abif ebenfalls zu dieser Gruppe von Geschichten gezählt wird, betrifft sie auch noch andere: die Juden, den Tempel des Salomo und Echnatons Gott, den Aton. Es ist übrigens auch noch erwähnenswert, daß Hiram Abifs «Arbeitgeber» Salomo laut der Bibel die Tochter des Pharao geheiratet hat (Erstes Buch der Könige 3,1).

Jetzt stehen also auf der Liste: ein abgetrennter Schädel von großer Macht, der Gott Aton, die Göttin Isis, das Land Ägypten, die Tochter des Pharao, die Juden, der Tempel des Salomo, Tempelritter und ein unterirdisches Grabmal. Fast alle waren mir schon einzeln untergekommen, aber es war gelinde gesagt hochinteressant, sie alle im gleichen

Kreis von Geschichten versammelt zu finden. Das einzige Motiv, das ich mir noch nicht genauer angeschaut hatte, war die unterirdische Grabkammer – und Beweise dafür ließen auch nicht lange auf sich warten.

Tunnel

Während Salomo an seinem Tempel über der Erde baute, scheint es so, daß er und sein Vater König David auch fleißig unter der Erde bauten. Der babylonische Talmud verzeichnet kurz solche unterirdischen Arbeiten nahe dem großen Felsen unter dem Tempelberg: «Rabbi Joannas sagte «[...], als David die Höhlen grub [...]» (B. Sukkah 53,b). Im zweiten Jahrhundert vor Christus hatten diese unterirdischen Arbeiten großen Umfang und waren durchdacht. Aristeas, der ägyptische Reisende, dessen Beschreibung und Kommentare über den zweiten Tempel bereits zitiert wurden, schreibt auch, daß er

> *«wundervolle und unbeschreibliche unterirdische Zisternen [erblickte], die, wie man mir sagte, sich über fünf Furlongs (1 Furlong ~ 201,68 m) unter dem ganzen Tempel erstreckten, und jede von ihnen hatte zahllose Rohre, so daß die unterschiedlichen Ströme zusammenfließen. Sie führten mich vier Furlongs vor die Stadt und baten mich an einer bestimmten Stelle, hinunterzusehen und dem Lärm zuzuhören, der von dem Zusammentreffen der Wasser gemacht wurde, damit ich mir eine Vorstellung von der Riesengröße des Reservoirs machen konnte [...]».*
>
> (Brief des Aristeas, 83)[22]

Dieses riesige Kanalsystem war notwendig, um Jerusalem, das ständig größer wurde, mit Wasser zu versorgen. Aber eine solche Erfahrung in Arbeiten unter der Erde hätte sich auch für etwas anderes als Wasser nützlich erweisen können. Unterirdische Gänge und Höhlen wären in Zeiten der Belagerung ein sicheres Versteck für die wichtigsten Tempelschätze und würden auch sicher sein, wenn der

Tempel besetzt und zerstört würde – vorausgesetzt man hielt die Eingänge geheim. Es ist ja bekannt, daß die verschiedenen Tempel öfter belagert und zerstört worden sind. Meistens konnten die Juden Jerusalem zurückerobern und befanden sich bald wieder im Tempel. Aber das war nach der endgültigen Zerstörung des herodianischen Tempels nicht mehr möglich. Bei der Gelegenheit wurden die Juden von den römischen Legionen über die ganze Welt verstreut, und sie konnten erst fast zweitausend Jahre später zurückkehren und ihr Land zurückfordern.

Die Zerstörung des Tempels

Die römische Besetzung Palästinas zu Beginn der christlichen Ära führte zu einer Reihe kleinerer Aufstände, die mit ungeheurer Brutalität niedergeschlagen wurden. Die brodelnde Unruhe führte schließlich im Jahr 66 n. Chr. zu einem Volksaufstand, der damit begann, daß jüdische Nationalisten den Tempel besetzten und die römische Garnison aus Jerusalem vertrieben.[23] Nach anfänglichen Erfolgen wurden die Juden schließlich von dem römischen General Vespasian immer mehr in die Defensive gedrängt. Nach dem Selbstmord Neros verließ Vespasian Judäa, um in Rom seinem Anspruch auf den kaiserlichen Purpur Nachdruck zu verleihen. Aber die Armee blieb, um die Revolte unter dem Kommando seines Sohnes Titus niederzuschlagen. Titus Feldzug fand seinen Höhepunkt in der Belagerung Jerusalems, die im Mai des Jahres 70 n. Chr. begann und bis zum 28. August dieses Jahres andauerte, als die römischen Legionen die Stadt stürmten und sich unter Plünderungen und Morden ihren Weg zum Tempelberg bahnten.

Man erzählt, daß seltsame Omen die Zerstörung des heiligen Ortes vorhersagten. Ein Komet erschien am Himmel und blieb dort fast ein ganzes Jahr. Und über der Stadt hing ein Stern in Form eines Schwertes. Um Mitternacht öffnete sich das große Osttor des inneren Tempelhofes von selbst, und in einer Nacht im April tanzte ein Licht rund um den Altar. Eine Kuh, die gerade im Tempelbezirk geopfert werden sollte, schenkte einem Lamm das Leben. Und am 8. Juni, kurz vor Sonnenaufgang (zu Beginn der Belagerung und einundachtzig Tage bevor die Stadt fiel), «wurden in allen Teilen des Landes Streitwagen und bewaffnete Heere gesehen, die durch die Wolken wirbelten und die Stadt einschlossen».[24] Aber vielleicht fand das demoralisierendste Ereignis am Erntefest statt, als die Priester den inneren Hof betraten, um sich auf das Ritual vorzubereiten. Ihnen fiel sofort eine ungewöhnliche Unruhe auf, die schließlich darin gipfelte, daß eine Stimme erklärte: «Wir verlassen euch jetzt.» Wie es schien, überließen die höheren Wesen den Tempel jetzt seinem Schicksal.

Josephus ist unsere Hauptquelle für den Fall des Tempels. Man sollte jedoch nicht vergessen, daß Josephus ein Überläufer war – ein jüdischer Rebell, der rasch die Seiten wechselte, nachdem Vespasian, der General, der bald römischer Kaiser werden sollte, ihn gefangengenommen hatte. Er war während der Unterwerfung Galiläas und Judäas an Vespasians Seite und Augenzeuge der Belagerung und Eroberung Jerusalems durch Vespasians Sohn Titus. Danach nahm Josephus Vespasians Familiennamen Flavius an und verbrachte sein restliches Leben in Rom unter kaiserlichem Schutz mit dem Schreiben einiger Geschichten der Juden.[25] Daher kann man ihn wohl verdächtigen, daß er die Schreckenstaten seiner römischen Herren herunterspielte, um der Nachwelt zu hinterlassen, daß die Juden die ganze garstige Geschichte einem Haufen sturer Zeloten zu verdanken hatten. Bei der Zerstörung des Tempels zeichnet Josephus den Titus als menschenfreundlichen Eroberer, der zuerst versuchte, den Tempel vor der endgültigen Zerstörung zu retten. Aber schließlich mußte er erkennen, daß das nur zur Dezimierung seiner Truppen führen konnte, und er befahl, die silberverkleideten Tore niederzubrennen:

«[…] das Silber schmolz schnell, so daß die Flammen an das Holz gelangten, wo sie rasch Nahrung fanden und an die Säulen schlugen. Als die Juden sahen, wie das Feuer sie einschloß, verließ sie jede Kraft von Körper und Geist […] wie gelähmt standen sie da und sahen zu.»[26]

«In diesem Augenblick griff sich einer der Soldaten getrieben von einem übernatürlichen Impuls ein Scheit des brennenden Holzes und schleuderte – von einem seiner Kameraden hochgehoben – den feurigen Pfeil durch eine niedrige goldene Tür, die auf der Nordseite den Zugang zu den Kammern rund um das Allerheiligste gewährte. Als die Flammen emporschossen, stieg von den Juden ein Schrei auf, der die ganze Tragödie deutlich machte [...]. Auf allen Seiten herrschte Morden und Flucht. Die meisten Erschlagenen waren Zivilisten, schwache, unbewaffnete Menschen. Jeder wurde dort niedergemacht, wo man ihn fand. Rund um den Altar türmten sich Leichen; von den Stufen des Allerheiligsten flossen Ströme von Blut und die Leichen der Opfer, die darüber getötet worden waren, glitten langsam nach unten.»[27]

Kurz davor scheint einer der Priester des Tempels mit den belagernden Römern ein Abkommen geschlossen zu haben, das ein sicheres Geleit gegen Herausgabe des Tempelschatzes beinhaltete. Wieder liefert Josephus die Einzelheiten:

«[...] einer der Priester mit Namen Jesus, Sohn des Thebuti [...] kam heraus und reichte über die Mauer des Heiligtums zwei Leuchter, wie es sie im Heiligtum gab, zusammen mit Tischen, Kelchen und Platten, alle aus solidem Gold und sehr massiv; weiter lieferte er die Vorhänge aus, die Gewänder des Hohenpriesters, an denen kostbare Steine waren und viele andere Dinge, die bei öffentlichen Gebeten benutzt wurden.»[28]

Genau diese Schätze wurden als Kriegsbeute nach Rom geschafft und bei einem Triumphzug in den Straßen zur Schau gestellt. Aber den Römern sind wohl die bedeutendsten Schätze entgangen. Wenn man bedenkt, daß der Vorhang des Tempels riesig war und aus extrem dick gewebtem Stoff bestand, der dazu noch mit Gold durchwirkt war, dann konnte er unmöglich von einem Mann allein übergeben worden sein. Schon das Abhängen und Zusammenpacken hätte ein paar Tage in Anspruch genommen. Große und massive Goldtische hätten nur von ein paar starken Männern hochgehoben werden können, gar nicht zu reden davon, sie einfach «über die Mauer» zu reichen. Es scheint daher so gewesen zu sein, daß dieser Jesus, Sohn des Thebuti, zu einer Gruppe von Priestern gehörte, die versuchte, die Römer daran zu hindern, den Tempel zu betreten, indem sie den Goldschatz des Tempels ganz übergaben, ehe der letzte Angriff erfolgte. Auffällig ist außerdem, daß es die Schätze waren, die beim «öffentlichen Gebet» benutzt wurden. Es wurden also nur die Sachen weggegeben, die dem Volk bekannt waren. Das war von seiten der Priester eine sehr wirkungsvolle Strategie. Es wäre sinnlos zu versuchen, einen solchen Schatz zu verstecken, da die Römer von seiner Existenz wußten und sicherlich den ganzen Tempel durchkämmen würden, bis sie diese besonderen Stücke gefunden hätten. Es ist wahrscheinlich, daß man einfach den römischen Angriff verschieben wollte, um die Zeit zu haben, die Schätze, die nicht «beim öffentlichen Gebet» benutzt wurden, also Schätze und Reliquien, die *im geheimen* angebetet wurden, in den unterirdischen Gewölben sicher zu verstecken.

Es ist verräterisch, daß Josephus, als er darüber berichtet, welche Stücke vom Tempelschatz die Römer noch erbeuten konnten, nur relativ unwichtige Dinge aufzählt:

> *«Außerdem übergab der Schatzmeister des Tempels mit Namen Phineas, nachdem man ihn gefangengenommen hatte, die Tuniken und Gürtel, welche die Priester trugen, eine Menge an Scharlach und Purpur, das dazu benutzt wurde, den Vorhang des Tempels auszubessern. Dazu kam noch eine Menge Zimt, Sennesfrüchte und eine Vielzahl anderer Gewürze, die sie mischten und täglich als Weihrauch vor Gott verbrannten.»*[29]

Das würden wir heute wohl kaum noch als Schatz ansehen, und es bestärkt den Gedanken, daß der augenfällige Schatz – die Goldtische, das Zubehör, die Leuchter und der Vorhang des Tempels – geopfert wurde, um die wahren Schätze der Priester-Initiierten, die Schriftrollen des Tempels und die unbezahlbaren Reliquien dieses heiligen Ortes, die heiligen Schädel, zu schützen.

Daß man in und um Jerusalem zur Zeit der Zerstörung des Tempels einen Schatz vergraben hat, wurde im Jahr 1952 durch die Entdeckung einer kupfernen Schriftrolle in Qumran am Toten Meer (Schriftrolle 3Q15) bestätigt.[30] Nach fast zweitausendjähriger Lagerung war die Rolle sehr beschädigt, aber als man sie endlich entzifferte, stellte es sich heraus, daß es sich um eine Schatzliste handelte, auf der vierundsechzig Orte angegeben waren, an denen man Gold, Silber, Gewürze und Schriftrollen in und um Jerusalem versteckt hatte. Der Wert des Schatzes ist unglaublich: Man schätzt, daß *in toto* fünfundsechzig Tonnen Silber und fünfundzwanzig Tonnen Gold versteckt wurden. So große Summen haben einige Forscher zu der Meinung verleitet, daß die Schriftrolle ein Phantasieprodukt ist. Doch die meisten glauben an ihre Echtheit und halten den darauf verzeichneten Schatz für den größeren Teil des Tempelschatzes – was wiederum den Gedanken stützen würde, daß man nur den allgemein bekannten Schatz den Römern opferte.[31]

Der Gedanke, daß bedeutende Reliquien oder Schätze in Jerusalem vergraben wurden, ist nicht neu. Seit der Zerstörung des ersten Tempels und dem Verschwinden der Bundeslade kursieren Geschichten über geheime Gewölbe unter dem Tempel, wo die Lade angeblich versteckt worden ist.[32] Man glaubt allgemein, daß die geheime Kammer entweder das Werk König Salomos oder eines der letzten Könige von Juda, Josias, war. Viele ultra-orthodoxe Juden, die den Wunsch haben, daß ein neuer Tempel auf dem Tempelberg gebaut wird, sind von der Geschichte überzeugt. Obwohl Jerusalem seit dem Sechstagekrieg 1967 zum Staat Israel gehört, hat unglücklicherweise der oberste muslimische Rat, der *Wakf*, die Oberhoheit im Tempelbezirk. Sie haben sich geweigert, archäologische Forschungen jeder Art auf diesem heiligen Boden zuzulassen. Zum Teil erklärt sich ihr Verbot wohl dadurch, daß sie keine Ausgrabungen unterstützen wollen, die Beweise für frühe jüdische Bauten auf dem Tempelberg zutage fördern könnten. Nach Aussage des Forschers Gary Byers von der Gesellschaft für biblische Forschung begannen im Jahr 1981 trotzdem eine Reihe hochrangiger Rabbis mit Ausgrabungen in bestimmten Felsentunnels und Felskammern, die sie unter dem Tempelberg fanden. Anderthalb Jahre lang arbeiteten sie im geheimen und «[...] waren überzeugt davon, daß sie nach weiteren achtzehn Monaten die Kammer mit der Lade finden würden. Doch als ihr Unternehmen bekannt wurde, unterband die israelische Regierung jede weitere Aktivität [...].»[33]

Falls die Priester des jüdischen Tempels ihre geheimsten und wertvollsten Schätze unter dem Tempel versteckten – was sehr wahrscheinlich ist –, bevor die Römer ihn im Jahr 70 n. Chr. eroberten, dann sollte dieser Schatz immer noch dort sein. Außer natürlich, irgendeiner hat ihn ausgegraben. Diese Information über die Verstecke des «wahren Schatzes» scheint nur noch wenigen jüdischen Familien bekannt gewesen zu sein, die von Israel nach Europa flohen, und die, über eintausend Jahre später, im Jahr 1100 n. Chr., neue Verbündete gewonnen hatten und Macht und Land in Frankreich besaßen. Diese Familien waren maßgeblich an der Gründung der Tempelritter beteiligt, deren Aufgabe angeblich der Schutz von Pilgern war, die aber – wie ich später herausfinden sollte – in Wirklichkeit einer ganz anderen Aufgabe nachgingen, nämlich der Bergung des wahren Tempelschatzes von Jerusalem, woraus er auch immer bestand. Ich glaubte, daß sich inmitten dieses Schatzes die heiligen Schädel befanden. Aber andere Informationen schienen zu zeigen, daß noch vor der Ankunft der Templer mindestens einer der «Schätze» aus Israel weggeschafft worden war – ein Schatz, der eng mit Jesus und seiner Blutlinie verbunden war.

9
Die einzig wahre Blutlinie

Wer war Joseph?

Im fünften Kapitel konnte man sehen, daß der Verkauf Josephs in die Sklaverei dazu führte, daß sein einziger leiblicher Bruder Benjamin in engen Kontakt mit den ägyptischen Mysterien und dem Isis-Kult kam. Diese Erfahrung führte zu einem Schisma innerhalb der hebräischen Stämme und endete schließlich im «Bürgerkrieg» zwischen den Benjaminiten und den übrigen Kindern Israels. Die Folge war die Vertreibung der Benjaminiten und – nach einem Zeitraum von über tausend Jahren – die Begründung der merowingischen Dynastie in Westeuropa. Aber kann man den Zeitpunkt von Josephs Versklavung und die darauffolgende Freilassung innerhalb der ägyptischen Geschichte genau bestimmen? Ist es möglich, Joseph der Regierungszeit eines bestimmten Pharaos zuzuordnen, und kann man ihn als anerkannte historische Gestalt identifizieren?

Viele Exegeten waren damit zufrieden, Joseph in das beliebte «Sammelbecken» aller semitischen Völker in Ägypten zu werfen – sein Auftreten wurde also in die Zeit der Invasion der semitischen Hyksos oder Schäferkönige – etwa einhundert Jahre vor der Herrschaft Echnatons – datiert.[1] Zur gleichen Zeit hat die traditionelle Forschung versucht, die ägyptische Geschichte in die biblischen Erzählungen einzupassen, anstatt es umgekehrt zu versuchen (wie es eigentlich der gesunde Menschenverstand verlangt). Während die Bibel als unbestrittene «Autorität» betrachtet wurde, konnte dieser *modus operandi* verteidigt werden, aber seit die meisten Gelehrten zu der Auffassung gelangt sind, daß das Alte Testament eine bloße Stammesgeschichte der Hebräer darstellt, hat diese Strategie ausgedient. Wenn man sich die Bibel im Licht der ägyptischen Geschichte anschaut, dann werden viele Dinge klarer. Wie Ahmed Osman in seiner gründlichen Exegese der biblischen Geschichte des Joseph, die im weiteren dargelegt werden soll, bewiesen hat, ist die Behauptung, daß Joseph ein Angehöriger der Hyksos war, ziemlich unhaltbar. Hingegen erweist sich der Zeitpunkt, zu dem sich Josephs Auftreten wirklich in die ägyptische Geschichte fügt, als viel interessanter und bedeutsamer für unsere Geschichte.[2]

Die Geschichte Josephs

Die biblische Geschichte gibt viele Hinweise, die auf Zeit und Identität des Mannes Joseph deuten. Wenn man sie analysiert, enthüllt die biblische Geschichte unzählige Punkte, die darauf hinweisen, daß Joseph nicht in der Zeit der Hyksos lebte, sondern während der achtzehnten Dynastie, also während der Zeit des Herrscherhauses, zu dem auch Echnaton und die Könige von Amarna gehörten. Die relevanten Sätze sind im folgenden kursiv gesetzt und werden danach sofort kommentiert.

Nach seiner Ankunft *als Sklave in Ägypten*, erzählt die Bibel, gehört er zum Haus des Potiphar, dessen Frau – nachdem Joseph ihre Avancen abgewiesen hat – aufgebracht behauptet, er hätte versucht sie zu verführen. Potiphar glaubt seiner Frau und läßt den jungen Sklaven ins Gefängnis werfen, wo er erfolgreich die Träume von zweien seiner Mitgefangenen deutet. Jahre später erinnert sich einer dieser Gefangenen, der jetzt wieder seine hohe Position am Hof des Pharao innehat, an Joseph, als der Pharao einen Traum hat, den keiner der weisen Männer Ägyptens deuten kann. Joseph wird aus dem Gefängnis geholt, und es gelingt ihm, den Traum des Pharao als Warnung zu deuten, daß auf sieben Jahre der Fülle sieben Jahre Hungersnot folgen werden. Joseph wird von dem dankbaren König in die höchste Position des Staates eingesetzt: «Du sollst über mein Haus gesetzt sein, und deinem Worte soll mein ganzes Volk gehorchen; nur um den Thron will ich höher sein als du.»(Gen 41,40) Später läßt die Bibel den Pharao zu Joseph sagen: «Siehe, ich setze dich hiermit *über das ganze Land Ägypten.*» (Gen 41,41)

Diese erstaunliche Wende verschaffte Joseph, dem Ausländer, eine unglaublich mächtige Stellung, und unter den ägyptischen Adligen und der Priesterschaft brodelte bestimmt der Neid. Joseph bekam einen Siegelring vom Pharao, eine goldene Halskette und Roben aus feinstem Leinen – auch eine Frau bekam er: «*Asnath, die Tochter Potipheras, des Priesters von On.*» (Gen 41,45) Wenn er im Land reiste, um es auf die bevorstehende Hungersnot vorzubereiten, mußten vor seinem Wagen Männer herlaufen und rufen: «*Auf die Knie!*»

Die Hungersnot traf ein, wie er es vorhergesagt hatte. Sie betraf nicht nur Ägypten, sondern auch das Land Kanaan, und die Not zwang Josephs Vater Jakob dazu, seine zehn Söhne nach Ägypten zu schicken, um dort Getreide zu kaufen. Unter ihnen war auch sein jüngster Sohn Benjamin. Sie wurden Joseph vorgeführt, der sich seinen Brüdern nicht zu erkennen gab, obwohl er sie erkannte. Joseph behandelte sie hart und beschuldigte sie, Spione zu sein. Entsetzt über diesen Gang der Ereignisse, beteuern die Brüder ihre Unschuld und erklären: «Wir, deine Knechte, waren unser zwölf. Wir sind Brüder, Söhne eines Mannes im Lande Kanaan. Der jüngste ist jetzt noch bei unserem Vater, und einer ist nicht mehr da.» (Gen 42,13) Joseph läßt sich nicht besänftigen und verlangt, daß sie ihren jüngsten Bruder aus Kanaan holen, wobei sie einen Bruder als Geisel dalassen sollen, dabei schwört er: «*So wahr der Pharao lebt*, ihr sollt nicht von hinnen ziehen, es komme denn euer jüngster Bruder her.» (Gen 42,15) Im nächsten Vers wird der gleiche Schwur in Verbindung mit einer Prüfung ihrer Worte gebraucht: «[...] wo nicht, so seid ihr Kundschafter, *so wahr der Pharao lebt.*» (Gen 42, 16) Später bei einem anderen Treffen erfährt man, daß Joseph *einen Dolmetscher benutzt* (Gen 42,23), um mit seinen Brüdern zu sprechen und zu verlangen, daß Benjamin nach Ägypten gebracht wird. Als die Brüder schließlich mit Benjamin, dem Jüngsten, zurückkehren, hat Joseph ein Essen vorbereitet – er aß allein, und die

Ägypter aßen getrennt von den Kanaanitern, denn die Bibel berichtet uns: «*Denn die Ägypter dürfen nicht mit den Hebräern essen; das ist den Ägyptern ein Greuel.*» (Gen 43,32) Dieser Abscheu wird noch einmal betont in Genesis 46,34, als Joseph seine Brüder warnt: «*Alle Schafhirten sind nämlich den Ägyptern ein Greuel.*»

Schließlich gibt sich Joseph seinen Brüdern zu erkennen und sagt ihnen sofort, daß sie seinen Zorn wegen ihrer Tat nicht fürchten sollten, denn «um [viele] am Leben zu erhalten, hat mich Gott vor euch her gesandt [...]. So habt nicht ihr mich hierher gesandt, sondern Gott; er hat mich dem *Pharao zum Vater gesetzt* und zum Herrn über sein ganzes Haus und zum Herrscher über das ganze Land Ägypten. Nun eilt und zieht hinauf zu meinem Vater und sagt ihm: Das läßt dir dein Sohn Joseph sagen: ‹Gott hat mich zum Herrn über ganz Ägypten gemacht. Komm herab und säume nicht! Du sollst im Lande Goschen wohnen und nahe bei mir sein, du und deine Kinder und deine Kindeskinder samt deinen Schafen und Rindern und allem, was dein ist. Ich will daselbst für dich sorgen – denn noch fünf Jahre dauert die Hungersnot –, daß du nicht in Armut gerätst, du und dein Haus samt allem, was dein ist.›» (Gen 45,5.8-11)

Der Stamm Israel (Josephs Vater Jakob hatte in der Zwischenzeit den Namen Israel bekommen) ließ sich in Goschen nieder und lebte in Wohlstand. Jakob war zur Zeit der Reise nach Ägypten bereits ein alter Mann gewesen, und als er schließlich starb, ließ Joseph seinen Körper *auf ägyptische Art einbalsamieren* und brachte die Leiche getreu dem Versprechen, das er seinem Vater gegeben hatte, zurück nach Kanaan. Nach einiger Zeit starb auch Joseph. *Auch er wurde einbalsamiert* und nach Aussage der Bibel zum Begräbnis nach Kanaan überführt. Doch diesen letzten Teil halten die meisten alttestamentlichen Exegeten für eine spätere Einfügung (und es ist auch wahrscheinlicher, daß die Leiche Josephs – der die meiste Zeit seines Lebens in Ägypten verbracht hatte – in seiner Adoptivheimat blieb).

Sklaverei: In seinem Buch *Slavery in Pharaonic Egypt* kommt der Gelehrte Abd el-Mohsen Bakir zu dem Schluß, daß «aufgrund der vorliegenden Beweise Sklaverei strenggenommen nur zwischen der achtzehnten und zweiundzwanzigsten Dynastie existierte, während vor und nach dieser Periode nur unterschiedliche Formen der zeitweisen ‹Leibeigenschaft› nachgewiesen werden können».[3] Wenn also Joseph nach Ägypten in die Sklaverei verkauft wurde, dann konnte das frühestens in der Zeit der achtzehnten Dynastie, nach der Zeit der Hyksos, geschehen sein.

Das ganze Land Ägypten: In der Thora (den fünf Büchern Mose der christlichen Bibel) steht das Wort für Ägypten *'misrim,* im Plural, was «beide Ägypten» bedeutet. Nach Aussage von A.S. Yahuda in seinem Buch *The Language of the Pentateuch in its Relation to Egypt* «ist *misrim* nichts anderes als die buchstäbliche und grammatische Adaption des ägyptischen Wortes *tzwy*, des Plurals von *tz* (Land) – das heißt der beiden Länder oder der Zwillingsländer, denn so nannten die Ägypter seit undenklichen Zeiten ihr Land und wiesen damit auf Ober- und Unterägypten hin».[4] Die Art, es so zu schreiben, betont also, daß Joseph sowohl über Ober- als auch über Unterägypten herrschte. Doch während der Herrschaft der Hyksos war das Land in drei Teile geteilt: Die Hyksos herrschten über Unterägypten bis weit im Süden nach Cursae; Oberägypten blieb unter pharaonischer Herrschaft, und Nubien wurde von einem einheimischen Herrscher regiert. Es gab nie eine Zeit, in der ein Wesir der Hyksos Zugriff auf «zwei Länder» gehabt hatte.

Asnath, die Tochter Potipheras, des Priesters von On: Die Hyksos lehnten außer Seth alle ägyptischen Götter ab. Aber Seth beteten sie an und setzten ihn mit dem kanaanitischen Gott Baal gleich. Der altägyptische Historiker Manetho beschreibt, wie die Hyksos die Tempel und heiligen Orte anderer Götter zerstörten. Es ist daher ziemlich unglaubwürdig, daß ein Herrscher der Hyksos seinem neuen Wesir eine Frau gab, die die Tochter eines Priesters aus On war, wo der Sonnengott Ra verehrt wurde. Das klingt mehr nach dem Verhalten eines ägyptischen Pharaos.

Auf die Knie!: Dieser Befehl heißt im Hebräischen *abrek*, ein Kommando, das aus dem Ägyptischen stammt und bedeutet, daß man sich vor einem Höhergestellten verbeugen muß. Dieses Wort trat in Ägypten als «Lehnwort» erst während des Neuen Reiches auf. Deshalb war es in der ägyptischen Sprache erst nach Ende der Herrschaft der Hyksos vorhanden, also von der achtzehnten Dynastie an.

So wahr der Pharao lebt: Diese Form des Eides ist vor dem Neuen Reich nicht bekannt. Das erste Mal tauchte sie in der achtzehnten Dynastie auf (im Original heißt es: «Solange Amun dauert und der Pharao dauert.» Später wurde daraus: «Solange Amun lebt und der Pharao lebt» – der biblische Redakteur hat einfach den Gott Amun gestrichen). Auch dieser Ausdruck war zur Zeit der Hyksos unbekannt.

Einen Dolmetscher benutzt: Da Kanaanitisch nicht nur die Sprache der Brüder Josephs, sondern auch die der Hyksos war, wären die Dienste eines Dolmetschers wohl unnötig gewesen, wenn diese Szene in der Zeit der Hyksos stattgefunden hätte. Die Geschichte wird aber glaubwürdiger, wenn damals ein ägyptischer Pharao auf dem Thron saß.

Denn die Ägypter dürfen nicht mit den Hebräern essen; das ist den Ägyptern ein Greuel und *alle Schafhirten sind nämlich den Ägyptern ein Greuel:* Die Hyksos oder Schäferkönige waren selbst Nomaden mit Viehherden, als sie nach Ägypten kamen und es unterwarfen. Erst nach der Vertreibung der Hyksos wurden asiatische Nomaden «ein Greuel».

Pharao zum Vater: Dieser Titel ist in der Zeit der Hyksos unbekannt. Eigentlich taucht er von der Zeit der Hyksos bis zum Ende des Neuen Reiches nur einmal auf, und zwar in der achtzehnten Dynastie.

Auf ägyptische Art einbalsamieren und *auch er wurde einbalsamiert:* Es ist von keinem Würdenträger oder König der Hyksos bekannt, daß sie auf ägyptische Art einbalsamiert wurden. Diese Information plaziert Joseph und seine Familie mit absoluter Sicherheit in die Zeit eines ägyptischen Monarchen.

Joseph muß daher in einer Zeit nach den Hyksos gelebt haben, genauer gesagt in der achtzehnten Dynastie. Wenn man die Suche auf diesen Zeitabschnitt eingeengt hat, dann gibt es unzählige Hinweise im Text, die Joseph mit einem ganz speziellen Mitglied des pharaonischen Hofstaats in Verbindung bringen – es sind so viele Ähnlichkeiten, daß es kein «Zufall» mehr sein kann. Die fragliche Person ist der Großwesir Amenhoteps III, Yuya. Und Yuya war der Großvater Echnatons.

Am verräterischsten von all diesen «Zufällen» ist Josephs Beschreibung von sich als «einem Pharao zum Vater gesetzt». Diese Feststellung lieferte den Schlüssel, mit dem Ahmed Osman das Geheimnis um Josephs ägyptische Identität lösen konnte. Von der Zeit der Hyksos bis zum Ende des Neuen Reiches war diese Bezeichnung völlig unbekannt – nur einmal wurde dieser Titel jemandem zugesprochen, nämlich dem Wesir Yuya. Der Titel steht auf einem Ushabti (einer kleinen Grabfigurine des Verstorbenen, die wie eine Mumie gewickelt war, aber Kopf und Hals blieben unbandagiert), den man in Yuyas Grab fand, und taucht über zwanzig Male in seinem Totenbuch auf, das mit ihm begraben wurde.

Die Art des Begräbnisses gibt auch viele Hinweise. Yuya wurde im Tal der Könige bestattet, zwischen den Grabmälern von Ramses XI und einem Prinzen von Ramses III. Für jeden, der nicht aus dem Königshaus stammte, wäre es eine einzigartige Ehre, im Tal der Könige begraben zu werden – sogar führende Hofbeamte wurden anderswo, im Tal der Adligen, begraben. Warum also wurde Yuya die Ehre zuteil, an einem solchen Ort begraben zu werden? Diese einzige Ausnahme, die nur bei Yuya gemacht wurde, wirft die Frage auf, ob Yuya nicht doch mit dem Herrscherhaus der Pharaonen verwandt war.

Das Grab wurde von Theodore M. Davis im Sommer 1905 gefunden. Zusammen mit Arthur Weigall und dem damaligen Direktor des Kairoer Museums öffnete er das Grab Anfang September. Davis beschreibt in seinem Buch *The Tomb of Iouiya and Touiyou,* wie aufgeregt sie waren, als sie die Schätze der Grabkammer zum ersten Mal sahen:

«Wir hielten unsere Kerzen hoch, aber sie gaben nur wenig Licht und blendeten uns so, daß wir nur das Glitzern von Gold sehen konnten. Nach kurzer Zeit machte ich einen sehr großen [...] Begräbnisschlitten aus, auf den gewöhnlich alle Särge der toten Per-

son und seine Mumie geladen wurden, um sie zum Grab zu bringen. Er war über 1,80 m hoch und fast 2,50 m lang. Er war aus Holz gefertigt, das mit Bitumen bestrichen war – es leuchtete noch genauso wie an dem Tag, als es gestrichen wurde. Rund um den oberen Teil des Sarges war ein Streifen Blattgold gelegt, der 15 cm breit war. Darauf standen Hieroglyphen. Als ich Monsieur Masperos Aufmerksamkeit darauf lenkte, reichte er mir sofort seine Kerze, die ich zusammen mit meiner eigenen dicht vor die Inschriften hielt, so daß er sie lesen konnte. Nach einem Augenblick sagte er: ‹Iouiya (Yuya)!›»[5]

Die mumifizierten Überreste von Yuya gaben der Vermutung neue Nahrung, daß er – trotz seiner einzigartigen Grablegung neben den ägyptischen Königen – Ausländer gewesen sein muß.

Ägyptischen Mumien wurden gewöhnlich die Augen durchstochen – Yuyas nicht. Aber noch bedeutsamer ist die Tatsache, daß ägyptische Tote fast immer mit über der Brust gekreuzten Armen und auf den Rippen und Schultern ruhenden Handflächen einbalsamiert wurden. Diese Haltung macht die des Osiris, des Totengottes, nach. In Widerspruch zu dieser Tradition wurden an Yuyas Leiche die Hände völlig anders gelegt – die Fingerspitzen ruhen am Kinn und die Handflächen am Hals, es sieht fast aus, als würde er beten. Das ist *das erste und einzige Mal*, daß man eine ägyptische Mumie gefunden hat, die man in dieser Haltung einbalsamierte. Das impliziert zumindest eine Ablehnung des Osiris und vielleicht auch der gesamten ägyptischen Götterwelt.

Obwohl es nicht möglich ist, genau zu bestimmen, welcher Völkergruppe Yuya angehörte, sind seine Gesichtszüge ganz sicher nicht die eines Durchschnittsägypters. Der Körper ist gut erhalten, und das Gesicht des Toten bietet ein verblüffendes Erscheinungsbild. Einer seiner Entdecker beschreibt Yuya als «eine Person von bestechender Gegenwart, deren starker Charakter sich in seinen Gesichtszügen spiegelt. Man muß ihn sich als großen Mann vorstellen, mit einer weißen Haarmähne, einer großen, gebogenen Nase, wie der eines Syrers, vollen, kräftigen Lippen und einem hervorstehenden, entschlossenen

Kinn […]»[6] Seine Gesichtszüge, die den Fremden verraten, sind von mehr als einem Wissenschaftler kommentiert worden: Henri Naville stellte fest, daß «sein Adlergesicht semitisch sein könnte», was sehr gut zu der Hypothese passen würde, daß Yuya der biblische Joseph war und ein Semit, der aus dem Land Kanaan stammt.[7]

Obwohl das Grab irgendwann in der Vergangenheit Opfer von Grabräubern wurde, war noch einiges Interessante vorhanden. Der Name Yuya, der auf ein paar Objekten und den Särgen selbst steht, ist kein ägyptischer Name; er wurde vor dieser Zeit nie verzeichnet. Es schien auch so, als ob die Ägypter Schwierigkeiten damit hatten, den Namen zu transkribieren, denn es gibt nicht weniger als elf Versionen des Namens Yuya in dem Grab, als ob jeder Schreiber oder Kunsthandwerker versucht hätte, diesen seltsamen (und fremd klingenden) Namen auf seine Weise zu schreiben. Henri Naville zog in seinem Buch *Funerary Papyrus of Iouiya* den Schluß: «[…] die unzähligen Transkriptionen seines Namens scheinen zu zeigen, daß er in ägyptischen Ohren ausländisch klang, und sie schrieben ihn, wie sie ihn hörten, genauso wie heutzutage zwei Ägypter einen englischen oder französischen Namen nie gleich buchstabieren würden.»[8] Der Name Yuya war auch aus anderem Grund seltsam. Er enthielt nicht den Namen eines Gottes, was in Ägypten damals üblich war. Deshalb scheint es, daß Yuya – wer immer er auch gewesen sein mag – nicht unter dem Schutz eines ägyptischen Gottes stand. Das fordert natürlich die Frage heraus, welcher Gott ihn beschützte. Es könnte sehr gut der Gott gewesen sein, der zu der Zeit von Yuyas Enkel Echnaton unter dem Namen Aton bekannt war. Viele Wissenschaftler glauben, daß das plötzliche Auftauchen des Aton-Kultes zu Echnatons Zeit nicht aus dem Nichts entstand, und daß Yuya an der Einführung des Konzeptes eines unsichtbaren, allmächtigen Schöpfergottes in die ägyptische Götterwelt beteiligt war. Arthur Weigall – einer der Männer, die Yuyas Grab entdeckten – meinte, daß man, «wenn man sein so lebendig erhaltenes Gesicht vor sich sieht, glauben kann, den Begründer der religiösen Bewegung vor sich zu haben, die seine Tochter und sein Enkel zu höchster Blüte führten».[9]

Wenn man annimmt, daß Yuya mit Joseph gleichzusetzen ist, dann sind vier Könige von Amarna – Echnaton, Semenkhare, Tut-ench-

Amun und Aye – alle israelitisch/ägyptischer Abstammung, weil Teye, die Tochter von Yuya/Joseph, Echnatons Mutter war. Das macht die «Adoption» der Hebräer durch Echnaton/Moses um vieles glaubwürdiger, als es auf den ersten Blick den Anschein hat, weil Echnaton/Moses und die Hebräer über Yuya und Teye blutsverwandt waren. Es würde auch die grenzenlose Animosität der ägyptischen Priesterkaste gegenüber den vier Amarna Königen und besonders gegenüber Echnaton erklären. Sein Großvater Yuya hatte die Saat der neuen Religion des Aton aus Kanaan mitgebracht, und eine Zeitlang sah es so aus, als würde diese monotheistische Religion die Götter Ägyptens verdrängen. Für die Amun-Priester und ihre Anhänger war Yuya die Wurzel allen Übels, ein religiöser Revolutionär und ein Ausländer.

Aber war Yuya wirklich ein Ausländer?

Diese Frage führt zurück zu der bis jetzt noch unbeantworteten Frage, warum der Pharao Joseph bevorzugte. Die Bibel fordert uns auf, hinzunehmen, daß der Pharao einen unbekannten, offenbar wertlosen Sklaven – und Sträfling noch dazu! – aus einem atemberaubend trivialen Grund in die höchste Position des Staates erhob, und zwar nur, weil er vorgab, den Traum des Pharaos deuten zu können. Der Wahrheitsgehalt seiner prophetischen Deutung ließ sich erst nach Ablauf von vierzehn Jahren beweisen. Ganz Ägypten einem Mann zu überlassen, dessen Wert und Fähigkeiten völlig unbewiesen waren, wäre von den meisten Ägyptern zu Recht als Akt völliger Unzurechnungsfähigkeit angesehen worden – sogar als Zeichen für Wahnsinn. Gab es vielleicht noch einen anderen Grund, Joseph diesen hohen Posten anzuvertrauen?

Abraham und der Pharao

Die Antwort scheint in dem ebenso seltsamen Bericht über einen früheren Pharao, Abraham und seine Frau Sara zu liegen. Wenn man den biblischen Quellen Glauben schenkt, dann war Sara eine Bigamistin, denn sie war eine gewisse Zeitlang sowohl mit Abraham als auch mit dem ägyptischen Pharao verheiratet.

Auch die Geschichte Abrahams ist etwas seltsam. Er wurde unter dem Namen Abram in Ur in Chaldäa geboren. Er stammte von Sem, einem der drei Söhne Noahs, ab. Aus irgendeinem Grund, der in der Bibel nicht näher erläutert wird, verläßt Abram mit seinem Vater Thera, seiner Frau Sarai und seinem Neffen Lot seine Geburtsstadt. In der allgemein akzeptierten Version wandert Abram nach dem Tod seines Vaters mit seiner Frau, seinem Neffen und ein paar Schafen und Ziegen durch die Wüste, lebt in einem einfachen Zelt und gelangt schließlich nach Kanaan, wo er dem Herrn einen Altar baut. Wegen einer großen Hungersnot in Kanaan ist Abram gezwungen, in den Süden, nach Ägypten, zu fliehen. An diesem Punkt kommt ein sehr seltsamer Absatz: Abram sagt seiner Frau Sarai, daß er Angst hat, die Ägypter könnten ihn töten, um sie zu besitzen, weil sie so schön sei. Also bittet er seine Frau, sich als seine Schwester auszugeben, «und meine Seele wird durch dich leben». Abrams Befürchtung trifft ein, denn die ägyptischen Prinzen finden Sarai hübsch, und der Ruf ihrer Schönheit erreicht sogar die Ohren des Pharao. Wie es den ägyptischen Adligen gelang, einen Blick auf Sarai zu werfen, wird nicht erklärt, aber es scheint, als hätte Abram ihre Bekanntschaft auf gesellschaftlicher Ebene gemacht, denn der Adel Ägyptens mischte sich gewöhnlich nicht unters Volk. Das würde bedeuten, daß Abram alles andere als ein zerlumpter Nomade war. Er muß in seinem Heimatland ein bedeutender Mann und ziemlich reich gewesen sein. Ganz sicher ist er nicht allein, sondern mit viel Dienerschaft gereist. Und als Bürger von Ur (das als eindrucksvoll gebaute Stadt mit einer kultivierten Oberklasse bekannt war)[10] war er sowohl gesellschaftlich als auch intellektuell eine geeignete Bekanntschaft für die gebildeten Ägypter.

Egal, was davon stimmt oder nicht, der ägyptische König brauchte auf jeden Fall nicht lange, um Sarais Schönheit zu bemerken, worauf «das Weib in den Palast des Pharao geholt» (Gen 12,15b) wurde. Das soll heißen: Sie heiratete den Pharao. Abram wird gut für die Herausgabe seiner «Schwester» bezahlt: «Dem Abram aber tat er Gutes um ihretwillen: Er bekam Schafe, Rinder und Esel, Sklaven und Sklavinnen, Eselinnen und Kamele.» (Gen 12,16) Danach scheint Sarai ziemlich lange im Palast des Pharao gelebt zu haben, und obwohl die Bibel die Tatsache nicht speziell erwähnt, ist es eher unwahrscheinlich, daß der Pharao nicht mit seiner Braut geschlafen hat. Das wird klar, wenn man liest, daß Gott wohl an dieser Bigamie Anstoß nahm und «den Pharao und sein Haus mit schweren Plagen schlug.» (Gen 12,17) Als die Wahrheit endlich herauskam, gab der Pharao Sarai zurück an Abram und verbannte sie aus Ägypten. Aber anscheinend hatte er Abram die Mitgift gelassen, denn in einem der nächsten Verse erfährt man: «Abram aber war sehr reich an Vieh, an Silber und an Gold.» (Gen 13,2)

Isaak

Uns wird erzählt, daß Sarai unfruchtbar war und Abram keinen Sohn schenken konnte. Deshalb überließ sie Abram ihre persönliche Magd Hagar, und er zeugte mit ihr seinen ersten Sohn Ismael. (Er hatte auch noch sechs weitere Söhne von einer weiteren Frau, Ketaura, und noch einen von einer Sklavin, so daß Abraham nur schwerlich als Mann angesehen werden kann, der keinen Sohn und Erben hatte.) Erst mit neunzig Jahren bringt Sarai ihren Sohn Isaak zur Welt. Das ist natürlich völlig unglaubwürdig. Es hat eine Reihe von Wissenschaftlern zu der Theorie veranlaßt, daß die große Zahl von Ereignissen und die lange Zeitspanne, die zwischen Abrams und Sarais Vertreibung aus Ägypten und der Geburt Isaaks eingeschoben wurden, in Wirklichkeit ein Täuschungsmanöver darstellen, um Ereignisse, die zwar kurz aufeinanderfolgten, aber ziemlich beschämend waren, voneinander zu trennen. Ahmed Osman hat diese Sicht der Dinge als einer der ersten vorgebracht. In dieser Version war das Ergebnis der vollzogenen Ehe zwischen dem Pharao Thutmosis und Sarai ein Sohn – in der Bibel unter dem Namen Isaak bekannt –, der nach der Rückkehr nach Kanaan geboren wurde. Abram war demnach Isaaks Stiefvater, Thutmosis sein richtiger Vater, und in Isaaks Adern floß das Blut der Pharaonen.

Eine solche Verbindung zum ägyptischen Königshaus mochte eine Zeitlang ein Grund zum Prahlen gewesen sein, aber zu der Zeit der

Niederschrift der alten Überlieferung durch die Hebräer galten die gottlosen Ägypter als böse Unterdrücker, und eine Verbindung zwischen ihnen und den Gründern der jüdischen Nation war viel zu beschämend, um sie auch noch schriftlich niederzulegen. Trotzdem sind den biblischen «Zensoren» ein paar Hinweise entgangen, und diese deuten auf den wahren Vater Isaaks hin. Zu der Zeit, als Gott Abram sagt, daß Sarai einen Sohn gebären wird, besteht er darauf, daß beide ihre Namen in das uns vertraute Abraham und Sara ändern. Die Bedeutung von Sarais Namensänderung ist verblüffend: Sara heißt nämlich «Königin» – ein durchaus angemessener Name für eine Frau, die mit dem ägyptischen König verheiratet war und dabei ist, einen Prinzen zur Welt zu bringen. Anders macht es allerdings keinen Sinn.

Seltsamerweise macht Gott nur Isaak eine Reihe von Versprechungen, obwohl Ismael und die sechs anderen Söhne Abrahams viel älter sind. Abraham wird gesagt, daß Isaaks Nachkommen «vom Bach Ägyptens bis an den großen Strom, den Euphratstrom» (Gen 15,18) herrschen werden. Das war exakt die Größe, die das Reich Ägypten unter der Herrschaft Thutmosis III zur Zeit Abrahams innehatte. Die sieben anderen Söhne des Patriarchen sind auch von einem anderen Versprechen ausgenommen – nur Isaaks Nachkommen werden nach Ägypten zurückkehren. (Gen 15,13)[11]

Aber die Bibel ist nicht der einzige Augenzeuge für das «Anderssein» von Isaak. Der jüdische Talmud verzeichnet, daß die meisten Leute in jener Zeit Abraham dafür schalten, daß er behauptete, Isaak sei sein Sohn, denn er sei nur ein Findelkind. Im Koran wird – wiewohl verschleiert – das gleiche ausgesagt. In einem kurzen Absatz über die Abstammung (Sure XIX,58) werden sowohl Abraham als auch Jakob (Isaaks Sohn) als die Ahnen von Ismael, Moses und Aaron genannt.

Der gesunde Menschenverstand sagt einem schon, daß Jakob (Isaaks Sohn) zusammen mit Abrahams anderen Nachkommen Ismael, Moses und Aaron hätte genannt werden müssen, wenn Isaak wirklich Abrahams Sohn gewesen wäre. Das bedeutet, daß in diesem Abschnitt auf zwei Abstammungen hingewiesen wird – die eine von Abraham, die andere von Isaak. Dies könnte auch eine Erklärung dafür sein, daß Abraham bereit war, Isaak dem Herrn als Brandopfer darzubringen.

Abraham schrak erst im letzten Moment davor zurück und scheint danach seine Rolle als Stiefvater akzeptiert zu haben. Trotzdem war Isaak nicht mit Abraham verwandt, und wenn er «in Sünde» empfangen wurde, dann wird diese versuchte Opferung aus Abrahams Sicht etwas verständlicher, obwohl es aus moderner Sicht immer noch entsetzlich genug ist.

Wenn man also so zwischen den Zeilen der biblischen Geschichte liest, kann die Frage, die weiter oben in diesem Kapitel gestellt wurde (Warum bekam Joseph diese hohe Stellung?), beantwortet werden. Isaak zeugte Jakob (später Israel genannt), und Jakob war der Vater Josephs. Wenn Thutmosis III Isaaks wahrer Vater war, dann war Joseph der Urenkel des Pharao. Als Joseph also in die Sklaverei nach Ägypten verkauft wurde und beweisen konnte, daß sein Großvater Isaak ein Sohn des Pharao war (das könnte am Hof Allgemeinwissen gewesen sein), hatte man ihn womöglich als Verwandten des damaligen Pharao anerkannt und ihn dementsprechend behandelt (das heißt, man gab ihm eine Position am ägyptischen Hof, die seinem Rang entsprach). Das ist eine viel wahrscheinlichere Erklärung für die völlig unglaubwürdige «Beförderung» eines hebräischen Sklaven in die höchste Position des ägyptischen Reiches. Joseph wurde deshalb zum Großwesir, weil er der Urenkel des Pharao Thutmosis III war, der Sara, Abrahams Frau, «geheiratet» hatte.

Aber es ist möglich, daß die Geschichte der semitischen Verbindungen sogar noch weiter zurückgeführt werden kann. Thutmosis III gilt als sechster Pharao der achtzehnten Dynastie. Aber sein Weg zum Thron verlief ganz anders als bei seinen illustren Vorfahren. Er war nicht der Sohn der Thronerbin, sondern der einer Konkubine, und deshalb hätte er gar nicht auf den Thron kommen sollen. Aber es geht die Sage, daß die Lade des Amun so schwer wurde, als sie an ihm vorbeigetragen wurde, daß die Priester, die den Gott trugen, gezwungen waren anzuhalten. Das wurde als Zeichen dafür angesehen, daß der Gott Amun Thutmosis als seinen neuen «Sohn» erwählt hatte – anders ausgedrückt: Er war jetzt Pharao. Porträts von Thutmosis zeigen, daß er eine ziemliche Hakennase hatte, und es ist gut möglich, daß Sems Blut auch in Thutmosis Adern floß – vielleicht durch seine Mutter, die

Konkubine.[12] Abrams Reise nach Ägypten wäre dann mehr gewesen als der bloße Besuch eines Fremden. Das kann nur eine Spekulation sein, aber Thutmosis III und Abraham könnten sehr gut entfernt verwandt gewesen sein. Aber dafür gibt es keine sicheren Beweise.

Aber sicher ist auf jeden Fall, daß Thutmosis III der Vater Isaaks war und damit eigentlich die Stelle Abrahams als Stammvater der Kinder Israels einnehmen müßte. Das erklärt auch ein paar verwirrende Dinge bei einer anderen Heldenfigur der Heiligen Schrift, dem König David. Und es wirft ein neues Licht auf die Ahnentafel Jesu und die Bedeutung, die alle Nachkommen des «Hauses Davids» stets genossen.

Die zwei Davids

Eine sorgfältige Durchsicht der biblischen Geschichten um David fördert zutage, daß die Person dieses charismatischen Anführers zweigeteilt gezeichnet wird. Einerseits haben wir den Anführer der Guerilla, der Goliath mit einem Stein aus einer Schleuder tötet, der vor Saul, seinem König, in die Berge Palästinas flieht und der sich, nachdem er den Thron Israels bestiegen hatte, in zahllosen Kleinkriegen – hauptsächlich mit den Philistern – an den Grenzen seines kleinen Landes zerfranste. Im Gegensatz dazu besitzt der andere David wesentlich mehr Format. Als wahrer Eroberer kämpft er sich durch Schlachten im Nahen Osten und beherrscht die Länder zwischen Euphrat und Nil. Anders gesagt: Durch einen seltsamen Zufall herrscht dieser biblische Krieger «König David» über ein Reich, das mit dem eines anderen großen Reichsgründers, Pharao Thutmosis III, identisch ist.

Der König David, der über die Israeliten herrschte und gegen Goliath kämpfte, lebte nach Auskunft der Quellen im zehnten Jahrhundert vor Christus. Leider gibt es keinen archäologischen Hinweis darauf, daß dieser «Stämmekönig» David jemals wirklich über das riesige Gebiet geherrscht hat, das die Bibel ihm zuschreibt. Denn es gab zu dieser Zeit kein solches Reich, und nach den Tagen von Thutmosis III wurden diese Länder erst wieder in einer Hand vereint, als der Perserkönig Kyrus der Große die Region im sechsten Jahrhundert vor Christus eroberte. Dieses nicht existierende Imperium hat die Exegeten und Forscher in große Nöte gebracht. Um die Tatsache zu verschleiern, daß es dieses Reich zwar in der Bibel gibt, aber es in Wirklichkeit nicht da war, haben sie sich die wenig überzeugende Erklärung einfallen lassen, daß die Autoren des Alten Testaments einfach «fürchterlich übertrieben hätten», weil sie damit das Image des Stammesfürsten David aufpolieren wollten. Und trotzdem bleibt das beschriebene Imperium mit dem von Thutmosis III identisch.

Es gibt noch eine andere Erklärung. Anstatt einfach das Reich des Stammesfürsten David zu erfinden, könnte es nicht sein, daß die Autoren der Bibel die Geschichte des israelitischen Königs einfach mit der des ägyptischen Pharao verschmolzen haben? Könnten wir es hier nicht einfach mit zwei Personen zu tun haben, die beide David heißen?

Ahmed Osman hält das für wahr. Er hat nachgewiesen, daß das hebräische *dwd* bei einer Übersetzung ins Ägyptische zu *twt* wird. Und *Twt* ist die erste Silbe des Namens Thutmosis. Die Mythologie aller Kulturen bietet viele Beispiele für die Verschmelzung von Göttern und Helden, daher gibt es keinen Grund, warum sich die biblischen Geschichten nicht auf zwei Personen beziehen sollten – beide von königlichem Geblüt, aber eine mit einer ungleich charismatischeren Ausstrahlung –, deren Persönlichkeiten im Lauf der Jahrhunderte zu einer einzigen biblischen Gestalt verschmolzen wurden.

Das Muster wurde endlich klarer. Wenn Thutmosis III der echte Vater von Isaak und der ursprüngliche «König David» war, dessen Reich sich vom Euphrat bis zum Nil ersteckte, dann hatte das drei wichtige Konsequenzen: Erstens sollte ein Pharao von Ägypten und nicht Abraham der Semit als Ahnherr der hebräischen Nation angesehen werden. Zweitens waren alle Hauptdarsteller in der Frühgeschichte der Hebräer (von Isaak bis zu Moses/Echnaton) Mitglieder des Königshauses der achtzehnten Dynastie von Ägypten gewesen. Das würde bedeuten, daß ihre späteren Nachfahren Abkömmlinge des ägyptischen Königshauses waren. Und schließlich werfen diese Schlußfolgerungen ein völlig neues Licht auf einen der bekanntesten Ausdrücke der Bibel – das «Haus Davids». Damit war nun nicht mehr der Nachkomme eines obskuren Stammesfürsten gemeint, sondern der Nachfahre eines großen Königshauses, nämlich der Pharaonen.

Jesus stammte aus dem Haus Davids. Wir wissen inzwischen, daß er Nazarit war, und diese Verbindung half dabei, einen weiteren verwirrenden Aspekt der nazaritischen Philosophie zu erklären. Ebenso wie der Schädel für sie Objekt heiliger Verehrung war, sie den Lehren Echnatons/Moses folgten und die Sonne als Manifestation der Macht des Schöpfers anbeteten, ehrten die Nazariten auch nur die hebräischen Patriarchen Moses, Abraham, Isaak, Jakob und Joseph. Das heißt, sie verehrten die Nachfahren des Thutmosis und des Königshauses von Ägypten. Die Nazariten vertraten ihren Standpunkt sehr klar und lehnten besonders alle Propheten nach Moses ab.

Daß Jesus ein Mitglied der Sekte der Nazariten war, war jetzt bewiesen. Und er war auch anerkannt als ein Nachfahre des Hauses Davids. Ich fragte mich jetzt, ob vielleicht weitere Beweise dafür existierten, daß Jesus mit dem Königshaus von Ägypten verwandt war?

10

Jesus, Sohn des Ra

In jüngster Zeit ist es fast allgemein üblich geworden, Jesus als Revolutionär zu betrachten – ein wahrer Nachfahre von David, dem Stammesfürsten –, als einen Mann mit radikalen Ansichten, der in Wirklichkeit kein sanfter Erlöser, sondern ein Politiker war, dem es darum ging, das Joch der römischen Herrschaft abzuschütteln.[1] Die Verfechter dieser Sicht zitieren zur Unterstützung ihrer These ziemlich verblüffende Verse aus dem Neuen Testament. Dazu gehört zum Beispiel die Feststellung Jesu, er sei nicht gekommen, um den Frieden zu bringen, sondern das Schwert. Ebenso erstaunlich ist, daß Jesus seinen Jüngern gegen Ende seines irdischen Lebens befahl, sich ein Schwert zu beschaffen. Diese Sicht von «Jesus als Revolutionär», die viele orthodoxe Christen schockiert, hat sich erst in jüngster Zeit aus der modernen kritischen Auslegung der vier Evangelien – Markus, Matthäus, Lukas, Johannes –, der Apostelgeschichte und der Briefe des Neuen Testaments entwickelt. Für alle diese Analysen wird das Neue Testament als Hauptquelle herangezogen. Verschiedene Kommentatoren mögen zu unterschiedlichen Ergebnissen kommen, aber sie beziehen ihre Schlußfolgerungen alle aus den gleichen Texten.

Deshalb ist es überraschend, daß es eine völlig unterschiedliche Sammlung von Schriften gibt, die den christlichen Berichten entgegengesetzt sind und eine völlig andere Sicht von Jesus vermitteln. Das sind die jüdischen Texte, der Talmud und die Toldoths, von denen einige mindestens so alt sind wie die Evangelien des Neuen Testaments.[2] Der Talmud besteht aus einer großen Zahl von Midraschim

(Erklärungen und Ausführungen biblischer Themen) und enthält die Mischna, die im allgemeinen älter sind, und spätere Anfügungen, die man Gemara nennt. Sie stammen aus der Zeit von 100 bis 500 n. Chr., enthalten aber oft noch ältere, mündliche Überlieferungen. Das Bild, das diese jüdischen Texte von Jesus zeichnen, ist alles andere als schmeichelhaft: Er wird verschiedentlich als Bastard eines Barbiers oder Betrügers beschrieben, weiter als Dieb, als Magier, der das Volk von Israel verführte, sich von seinem jüdischen Gott abzuwenden, und wegen dieses Verbrechens zu Tode gesteinigt wurde. Solche Behauptungen können orthodoxe Christen selbst heute noch in Rage bringen, und in der Vergangenheit waren diese Texte Anlaß für Verbote, päpstliche Bullen und Bücherverbrennungen – alles Dinge, die auch dem Volk zustießen, das diese Texte als Teil seines kulturellen Erbes hochhielt.[3] Manche der wüstesten Beschuldigungen gegen Jesus kann man als Reaktionen auf diese Verfolgungen sehen, aber andere sind nüchterne Argumente und Feststellungen, die getroffen wurden, um einen Kontrapunkt zur christlichen Sicht Jesu zu setzen – und genau die sind es wert, daß man sich mit ihnen befaßt.

Er brachte die «Magie» aus Ägypten

Eine der am häufigsten wiederkehrenden Anschuldigungen der jüdischen Autoren gegen Jesus war die, daß er in Ägypten Magie studiert hätte. Dazu kam noch die Fabel, daß es Jesus gelungen sei, bestimmte Texte aus Ägypten herauszuschmuggeln – entweder indem er sich die Hieroglyphen auf die Haut schrieb oder die Schrift in einer Körperöffnung verbarg, so daß er später an einem sicheren Ort das Pergament aus seinem Körper holen und lesen konnte! Nach heutigem Verständnis denkt man bei «tätiger Magie» an Zauberer und Hexenmeister, die mit dem Teufel paktieren und um Mitternacht widerliche Rituale auf dem Friedhof durchführen. Aber die jüdische Definition von Magie war doch etwas anders. Wenn man daran denkt, daß die «Zauberer» in den biblischen Geschichten um Moses einfach ägyptische Priester sind, die einen anderen Gott als Adonai/Jahwe verehren, dann klingt diese Anschuldigung gegen Jesus schon ganz anders. Anscheinend war er der Anhänger einer Gottheit, die nicht der Gott des Judentums war, und er war offenbar ein Eingeweihter von hohem Rang, was die Mysterien dieses Gottes anging. In den Talmud-Balaam-Jesus-Geschichten (Balaam bedeutet Zerstörer und bezieht sich offenbar auf die Anklagen gegen Jesus) wird der Ausdruck «Nie soll eine Plage in dein Zelt kommen» noch durch den folgenden Nebensatz verstärkt: «[...] damit du nicht einen Sohn oder Jünger hast, der sein Essen öffentlich verbrennt wie Jeschu ha Notsri» (Bab. Sanhedrin 103a). Der Forscher George Mead kam zu dem Schluß, daß die seltsame Phrase «sein Essen öffentlich verbrennen» in Wirklichkeit bedeutet, geheime Lehren öffentlich zu verkünden – also vor dem gemeinen Volk, den Armen, den Bauern und Handwerkern wie Zimmerleuten und Steinmetzen. Mead macht ganz klar, daß diese Menschen – *Amme ha aretz* (= Menschen der Erde) – für die religiöse jüdische Elite Unwissende und Unreine waren, für die die Thora (die fünf Bücher Mose) nicht bestimmt war. Wenn schon kein *Am ha aretz* in die Synagoge durfte, dann wurden die Gemeinschaften, wo die Mysterien studiert wurden, noch viel schärfer bewacht. Wir glauben, daß Jesus einmal einer solchen Gemeinschaft angehörte und ausgestoßen wurde, weil er «sein Essen öffentlich verbrannte» – im Klartext: Er brachte dem unreinen Volk die Weisheiten bei und verletzte so die uralte Regel des Ordens. Obwohl Mead hier von den «Theosophisten» des Judentums sprach, ist es ganz klar, daß die «Gemeinschaft», zu der Jesus gehörte, die der Nazariten war, die – wie ich entdeckt hatte – den Schädel verehrten und den uralten Lehren des Echnaton anhingen.

In diesem Zusammenhang sollte auch bemerkt werden, daß sowohl die Bibel als auch der Talmud aussagen, Jesus hätte seine Jugend in Ägypten verbracht. Ein paar Autoren haben gemeint, daß der angeblich von König Herodes initiierte «Kindermord» lediglich ein Vorwand war, um die Reise Jesu nach Ägypten – also in das Geburtsland des Schädelkultes, wo man ihn sicher in weitere Mysterien einführte – zu erklären.[4] Sicher ist nur, daß der Kindermord reine Erfindung ist. Es gibt einfach keinen historischen Beweis für die vollständige Ermordung jüdischer Kinder. Josephus erwähnt kein Wort davon, obwohl er sonst keine Scheu davor hat, die Verbrechen des Herodes haarklein aufzuzählen. Auch der Talmud verzeichnet keine solche Wahnsinnstat, obwohl die Rabbis, die den Text zusammenstellten, Herodes bis aufs Blut haßten. Das neutestamentliche Vorspiel der «Flucht» nach Ägypten scheint eher eine Tarnung für andere Motive zu sein. In diesem Kontext und in Erinnerung der Emigration von Gaythelos und Scota aus Ägypten ist es vielleicht interessant, daß die mündliche Überlieferung Jesus noch ein anderes fremdes Land besuchen läßt – nämlich die Britischen Inseln.[5]

Jesus, ein wahrer König

Die christliche Überlieferung schwelgt förmlich darin, Jesus als das einfache Kind bescheidener Eltern zu zeichnen, das still danebensteht, wenn sein Vater in der Werkstatt mit Hammer, Hobel und Beil hantiert. Aber es gibt wenig Beweise – wenn überhaupt! – dafür, daß Joseph Handwerker war, und viel spricht dafür, daß die Familie, aus der Jesus kam, sehr viel hochgeborener war, als es die Überlieferung wahrhaben will.

Der bescheidene Titel «Zimmermann», der sowohl Joseph als auch Jesus seit beinahe zweitausend Jahren anhängt, ist mit ziemlicher Sicherheit eine falsche Benennung und durch eine falsche Übersetzung des Originaltextes zustande gekommen. Im Markus- und im Matthäus-Evangelium fragen die Zuhörer, die den ersten Lehrversuchen Jesu in der Synagoge von Nazareth lauschen: «Ist das nicht der Zimmermann?» (Mk 6,3) oder: «Ist das nicht der Sohn des Zimmermanns?» (Mt 13,55). Das jüdische Original benutzt ein Wort, das man sowohl buchstäblich als auch metaphorisch verstehen kann. Im Aramäischen, also der Sprache, die zur Zeit Jesu von der jüdischen Bevölkerung gesprochen wurde, heißt das Wort *naggar*, was entweder «Handwerker» oder metaphorisch «gebildeter Mann» oder «Gelehrter» bedeuten kann. Die Frage in der Synagoge sollte also besser so übersetzt werden: «Ist das nicht der Gelehrte?» oder: «Ist das nicht der Sohn des Gelehrten?», wodurch sich der gesellschaftliche Status von Jesus dramatisch ändert.[6]

Das Evangelium des Lukas gibt uns eine Genealogie, die mit Joseph beginnt und bis zu Adam zurückgeht, wodurch bewiesen werden soll, daß Jesus aus dem Hause Davids stammte. Auf den ersten Blick fällt es wahrlich nicht leicht, einen Sprößling dieses bekannten Königshauses und einen Zimmermann in Einklang zu bringen. Bei Matthäus und im Buch des Jakobus ist Maria, die Mutter Jesu, diejenige, die aus dem Haus Davids stammen soll. Das Konzept von Jesus als einfachem Handwerker wird angesichts dieser Informationen unhaltbar – entweder von der Seite seines Vaters oder der seiner Mutter (vielleicht durch beide) war Jesus königlicher Abstammung. Die hohe Geburt seiner Vorfahren wird auch durch jüdische Schriften zu diesem Thema bestätigt. Obwohl Jesus in den meisten Fällen nicht besonders gewogen, anerkennen sie ihn doch als Mitglied der gesellschaftlichen Elite:

«Aber es gibt eine Überlieferung: Am Sabbat des Passahfestes wurde Jeschu gehängt. Aber vierzig Tage ging ein Herold vor ihm und rief: ‹Jeschu soll hingerichtet werden, weil er Zauberei geübt, Israel verführt und es seinem Gott entfremdet hat. Falls jemand seine Unschuld beweisen kann, dann soll er kommen und seine Beweise verkünden.› Aber es wurde niemand gefunden, der seine Unschuld bewies, und deshalb wurde er am Sabbat des Passahfestes gehängt. Dem Recht wurde Genüge getan, aber glaubt man denn, er gehört zu denen, deren Unschuld man beweisen kann? Er war ein Verführer und der Allergnädigste Gott hat gesagt: ‹Man soll ihn nicht verschonen oder verbergen.› Doch in Jeschus Fall war es etwas anders, denn er saß in der Nähe der Mächtigen.»

(Bab. Sanhedrin 43a)

George Mead schrieb dazu: «Der wirkliche Grund für diese ganzen Vorsichtsmaßnahmen war, daß Jesus eine Person von großem Ansehen und großer Bedeutung war, und zu jener Zeit bedeutete ‹in der Nähe der Mächtigen› wahrscheinlich, daß er durch Blutsbande mit den jüdischen Herrschern verbunden war – ein Charakteristikum, das in der Toldoth Jeschu für alle Zeiten festgeschrieben ist.»[7] Daß diese königliche Abstammung von einem ägyptischen Königshaus herrührte, kann vermittels einer anderen Toldoth-Geschichte gezeigt werden, die sich mit der Zeugung von Jesus befaßt.

Zeugung

Die Toldoth Jeschu vermittelt Einzelheiten über Jesu Zeugung, die völlig von dem Bericht der jungfräulichen Geburt in den Evangelien abweichen und Jesus zu einem Menschen machen, der genau wie andere Menschen von einer Frau empfangen und geboren wurde. Es gab zu jener Zeit die jüdische Sitte, daß eine Frau sich vor der Hochzeit eine Zeitlang räumlich von ihrem Verlobten trennte. Es war auch ziemlich normal, daß der Mann seine Braut nachts besuchte, und oft wurden Kinder in dieser Zeit gezeugt. Die Juden hatten sogar zwei unterschiedliche Begriffe für Kinder, die außerehelich gezeugt worden waren – zum einen *mamzer* = Bastard und zum anderen für die Kinder, die während der getrennten Verlobungszeit des Paares empfangen worden waren, *ben ha-niddah* = Sohn einer Frau während ihrer Trennung.

In der Toldoth steht, daß Miriam (die hebräische Form von Maria) dem Rabbi Jochanan versprochen war, der aus dem königlichen Haus Davids stammte (andere Geschichten behaupten, daß Miriam selbst zu dieser erlauchten Blutlinie gehörte). Während ihrer Trennung betrat in der Nacht ein Mann ihr Zimmer, den sie für ihren Verlobten Jochanan hielt, aber es war in Wirklichkeit ein anderer Mann, der hier Ben Pandira genannt wird. Trotz ihrer Proteste, daß sie sich in der Trennungszeit befände und nicht angerührt werden dürfe, gestattete sie ihrem vermeintlichen Verlobten schließlich, mit ihr zu schlafen. Eine kurze Zeit danach entschloß sich Rabbi Jochanan zu einem geheimen Besuch bei Miriam, und da protestierte sie viel heftiger:

«‹Was bedeutet das? Seit du mir versprochen bist, war es noch nie deine Gewohnheit, zweimal in der Nacht zu mir zu kommen.›

Er antwortete ihr und sagte: ‹Ich komme heute nacht zum ersten Mal zu dir.›

Sie sagte zu ihm: ‹Du kamst zu mir, und ich sagte dir, ich sei in meiner Trennungszeit, das störte dich nicht, sondern du setztest deinen Willen durch und machtest weiter.›

Als er das hörte, dachte er, daß Joseph ben Pandira ein Auge auf sie geworfen und die Tat begangen hatte […].»[8]

In der Toldoth-Geschichte wurde die außereheliche Zeugung Jesu schließlich bekannt und auch der Name seines wahren Vaters. Von da an nannte man ihn Jesus ben Pandira («Ben» bedeutet im Hebräischen das gleiche wie «Mac» im schottischen Gälisch – «Sohn von»).

Etwas ist an dieser Geschichte seltsam. Der Name von Jesus «wahrem Vater» Pandira ist kein jüdischer Name. In der Überlieferung sind ein paar Erklärungen des Namens zu finden, und es wurde sogar behauptet, daß Pandira der Name eines römischen Legionärs gewesen sei, der mit Miriam eine heimliche Affäre gehabt hätte – Jesus war dann das Ergebnis. Aber das schlüssigste Argument, das vorgebracht wurde, um diesen rätselhaften Namen zu erklären, vermutet eine ägyptische Herkunft und setzt den Namen in direkte Beziehung zu dem Sonnengott der Ägypter, Ra.[9] Nach dieser Theorie lautet das Wort im Hebräischen Pa-ndi-ra. Wenn man das jetzt ins Ägyptische umsetzt, liest man Pa-ntr-ra oder (wenn man Vokale hinzufügt) Pa-neter-ra. Das ist ein uralter Titel des Sonnengottes Ra, unter dem die Gottheit im alten Ägypten verehrt wurde. Wenn man also Jesus «Jesus ben Pandira» nannte, dann identifizierte man ihn in Wirklichkeit mit dem ägyptischen Gott Ra – Jesus, Sohn des Ra. Aber das ist kein Name, der einfach allen Anhängern dieses besonderen Gottes zuerkannt wurde. Der Titel «Sohn des Ra» war ein Beiname, den bis zurück zur vierten Dynastie – 2700 Jahre vor Jesu Geburt – jeder Pharao getragen hatte. Hier haben wir also Jesus als Nachfahren der Pharaonen. Das ist genau das, was man erwarten mußte, wenn die Theorie im neunten Kapitel, daß Isaak von Thutmosis gezeugt wurde, stimmt, aber es ist extrem schwierig, wollte man es anders erklären.

Anscheinend ist die Sache mit Ben Pandira sehr wichtig, denn sie wurde aus einer Reihe von Texten von unbekannter Hand entfernt. Zum Beispiel wettert der Kirchenvater Origenes in *Contra Celsum* gegen einen Juden namens Celsus und zitiert ihn mit der Behauptung, der Geliebte der Mutter Jesu hätte den Namen Panthera getragen (offenbar eine Verstümmelung von Pandira), eine Beschuldigung, die Celsus später im Text wiederholt.[10] Im ältesten vatikanischen Manuskript dieses Werkes ist der Name Panthera in beiden Absätzen gestrichen worden.[11] Es fällt schwer zu glauben, daß das ein Zufall ist oder daß allein der Name störte. Die Geschichte von der außerehelichen Zeugung Jesu muß in katholischen Ohren viel beleidigender geklungen haben als der nebensächliche Name des Vaters. Warum hatte man also die Geschichte stehengelassen und nur den Namen entfernt? Die Antwort kann nur dahingehend lauten, daß der Name Pandira geheime Informationen enthält und daß bestimmte Personen von der Verbindung Jesu zum Königshaus Ägyptens wußten und es vorzogen, daß diese Information geheim blieb.

Besonders interessant ist die Tatsache, daß die Lehrer des Talmud den Namen beibehielten, ohne zu wissen, was er eigentlich bedeutete. Das ist an sich schon ein gewichtiger Beweis für seine Echtheit. Viele anthropologische Studien haben bewiesen, daß es möglich ist, eine Information über Generationen hinweg weiterzugeben, ohne daß die Übermittler wissen müssen, was diese Information bedeutet. Damit die «Daten» über eine lange Periode hinweg intakt bleiben, ist es sogar besser, daß den Übermittlern die Bedeutung der Botschaft unklar ist, sie können dann weniger verfälschen. Das ist ein weiterer Beweis für das Alter der Information, die in diesem ziemlich ungewöhnlichen Namen steckt. Aber warum Ben Pandira, «Sohn des Ra»? Wenn die Theorie stimmt, falls es wahr ist, daß Jesus von Thutmosis III abstammt, dessen Ururenkel Echnaton war, der oberste Priester des Schöpfergottes Aton, warum hat man dann Jesus nicht «Sohn des Aton» genannt? Das und nicht «Sohn des Ra» wäre der logischste und schlüssigste Weg gewesen, auf seine Herkunft hinzuweisen. Anscheinend ist die Antwort, daß hier Jesus Verbindung mit dem ägyptischen Königshaus des David (=Thutmosis III) betont werden sollte – und der Pharao Thutmosis III trug den Beinamen «Sohn des Ra». Außerdem wäre es für einen jüdischen Chronisten extrem schwierig, wenn nicht sogar gefährlich gewesen, Jesus einen «Sohn des Aton» zu nennen. Wie wir gesehen haben heißt Aton im Hebräischen «Adonai». Jesus als

Sohn Adonais zu bezeichnen, wäre darauf hinausgelaufen, ihn «Jesus, Gottes Sohn» zu nennen – ein Titel, der zwar offenbar für Christen akzeptabel ist, aber nackte Ketzerei für jeden Juden!

In ihrem Buch *Unter den Tempeln Jerusalems* haben Christopher Knight und Robert Lomas die These von Jesu Verbindung zu dem Königshaus von Ägypten unbewußt bestätigt. Bis zur vierten Dynastie identifizierten sich die Pharaonen nicht als Menschensohn des Gottes Ra, sondern als Horus, den falkenköpfigen Gott der ägyptischen Götterwelt, Sohn des Osiris und seiner Schwester Isis. Im Osiris-Mythos, der ja hier bereits beschrieben wurde, tötet der eifersüchtige Bruder Seth Osiris und schneidet ihn in vierzehn Stücke, die er verstreut. Aber Isis sammelt alle verstreuten Teile (außer dem Phallus), hüllt sie in Leinen und liegt bei dem Körper. Das Ergebnis ist ihr wundersam empfangener Sohn Horus – noch ehe Osiris wiederaufersteht. Also war Horus paradoxerweise der Sohn einer Frau, deren Mann tot war, bevor er gezeugt wurde. Horus war deshalb der Sohn einer Witwe. Wie Knight und Lomas bemerken: «Es erscheint daher absolut logisch, daß alle die, die danach zum Horus, also Könige von Ägypten, wurden, sich als ‹Söhne der Witwe› bezeichnen.»[12] Das bestätigte nun wirklich meine Auffassung, daß Jesus aus dem Königshaus von Ägypten stammte. Erstaunlicherweise wird in vielen christlichen häretischen Sekten dieser Ausdruck benutzt, um auf Jesus hinzuweisen. Noch bedeutender ist, daß bei den Freimaurern, die ja behaupten, ihren Ursprung im alten Ägypten zu haben, sowohl Hiram Abif als auch Jesus den Beinamen «Sohn der Witwe» tragen.

Die Frau und die Söhne Jesu

Obwohl der Talmud Jesus beschuldigt, Verbrechen gegen das orthodoxe Judentum begangen zu haben, ist es doch ganz klar, daß er ein gebildeter Mann war.[13] Darin – und in ein paar weiteren Punkten – billigen die Evangelien das Talmud-Porträt eines gebildeten Jesus. Er wird im Neuen Testament viele Male Rabbi oder Lehrer genannt. Aber wenn dem so war, dann muß Jesus verheiratet gewesen sein, denn das mischnaische Gesetz bestimmt kategorisch: «Ein unverheirateter Mann darf kein Lehrer sein.» Tatsächlich schweigt man sich über den Personenstand von Jesus in den Evangelien ziemlich aus. Wenn Jesus zölibatär gelebt hätte oder für das Zölibat eingetreten wäre, dann wäre das bestimmt erwähnt worden – in dieser Zeit hätte ein zölibatäres Leben Jesus abgehoben, zu etwas Besonderem gemacht, etwas, das ja die Autoren der Evangelien unbedingt betonen wollten und daher bestimmt nicht übersehen hätten. Der Theologe Charles Davis hat nicht übertrieben, als er den Schluß zog: «[...] jede Art von oder Fürsprache für ein freiwilliges Zölibat wäre so ungewöhnlich gewesen, daß es große Aufmerksamkeit erregt hätte und oft kommentiert worden wäre.»[14]

Ein paar Wissenschaftler haben die Aufmerksamkeit auf bestimmte Passagen im Neuen Testament gelenkt, die auf die Tatsache hinzuweisen scheinen, daß Jesus in Wirklichkeit verheiratet war. Michael Baigent, Henry Lincoln und Richard Leigh haben starke Argumente für die These vorgebracht, daß drei der weiblichen Hauptfiguren im Neuen Testament – Maria von Bethanien, die Frau, die Jesus die Füße mit Öl salbte, und Maria Magdalena – in Wirklichkeit ein und dieselbe Person darstellen, und zwar die Frau von Jesus.[15] Ein paar alte Legenden betonen ganz klar die Tatsache, daß Jesus und Maria Magdalena ein Paar waren, und die gleiche «Wahrheit» galt bei den ketzerischen Katharern als «großes Geheimnis».[16] Wenn Maria Magdalena die Frau von Jesus war, würde das auch erklären, warum sie in späteren Legenden als Hauptfigur mit einbezogen wurde. Dazu kommt noch, daß in einigen Legenden steht, daß Maria Magdalena vom Stamm Benjamin war, und das eröffnet eine mehr als interessante Möglichkeit und macht eine Ehe wahrscheinlicher. Der Stammeskönig David (der aus dem Haus Juda stammte) hatte den Thron von dem Benjaminiten Saul usurpiert und hatte die geschlagene Wunde noch dadurch vergrößert, daß er die benjaminitische Stadt Jerusalem zu seiner Hauptstadt machte. Wenn man bedenkt, welche Bedeutung der Abstammung in der antiken jüdischen Gesellschaft zukam, dann wäre es nur natürlich, wenn diese Ereignisse zu einer gewissen Kälte zwischen dem Haus Juda und dem Haus Benjamin geführt hätten. Beide Wunden hätten dadurch geheilt werden können, wenn Jesus (vom

Stamm Juda) sich zu einer Ehe mit einer Benjaminitin von hohem Rang entschlossen hätte. Und Maria Magdalena stammte nicht nur aus dem Haus Benjamin, sondern war auch königlicher Abstammung.[17]

Falls eine solche Heirat stattgefunden hat, darf man auch erwarten, daß Jesus von seiner Frau Kinder bekommen hat. Der einzig wahre Zweck einer solchen Ehe wäre doch die Begründung einer Blutlinie, die die feindlichen Stämme Juda und Benjamin miteinander versöhnen konnte. Falls es Kinder gab, dann würde das mit der Hypothese übereinstimmen, daß die Linie Jesu sich außerhalb von Israel fortsetzte, nämlich im Süden Frankreichs, wohin Maria Magdalena angeblich geflohen sein soll. Bis jetzt hat es anscheinend keinen schriftlichen Beweis dafür gegeben, daß Jesus Kinder hatte, und dieses Argument mußte durch logische Schlußfolgerungen, historische Briefwechsel und spätere Legenden untermauert werden – und durch auffällige Lücken in der Geschichte Christi. Es scheint jedem anderen Forscher entgangen zu sein, daß erstaunlicherweise ein Hinweis auf die Kinder Jesu in der Literatur existiert.

Ich fand ihn in den jüdischen Schriften, in der Toldoth. Hier gibt es einen Absatz, der den Bericht in den Evangelien bestätigt, daß Jesus am Vorabend des Passahfestes auf einem Esel in Jerusalem einritt. Aber es gibt einen wichtigen Zusatz:

> *«In diesem Jahr fiel Pessach auf einen Sabbat, und er und seine Söhne kamen am letzten Tag des Pessach, also am Freitag. Er ritt auf einem Esel und sagte zu seinen Jüngern: ‹Über mich wurde gesagt: Freuet euch sehr, Töchter Zions […].›»*[18]

Der Ausdruck «und seine Söhne» ist so selbstverständlich eingefügt, daß man ihn leicht übersieht. Der Text verrät uns, daß Jesus mindestens zwei Söhne hatte (und wahrscheinlich einige Töchter – Frauen werden in jüdischen Schriften nur sehr selten erwähnt). Wenn die Talmud-Gelehrten diese Tatsache aus Boshaftigkeit eingefügt hätten, hätten sie wahrscheinlich um die Existenz der Kinder mehr Wind gemacht. Aber sie entschieden sich dafür, kein politisches oder religiöses Kapital aus dieser Tatsache zu schlagen. In diesem Absatz steht lediglich, daß die Söhne Jesu ihren Vater nach Jerusalem begleiteten. Die Tatsache, daß sie weder herausgehoben werden noch irgend etwas näher erläutert wird, ist ein weiterer Beweis für das Alter dieses Abschnittes und seinen Wahrheitsgehalt.

Prozeß und Hinrichtung

Die jüdischen Schriften erwähnen keine römische Beteiligung am Tod Jesu. Pontius Pilatus wird nicht erwähnt und die Kreuzigung auch nicht. Einige Judaisten sind der Meinung, daß es Kreuzigung als Hinrichtungsart bei den Juden nie gab. Sie sagen, ein zum Tode Verurteilter wäre geköpft, erdrosselt, gehängt oder gesteinigt worden. Aber das Kreuz war als Todesstrafe unbekannt. Im allgemeinen scheint das zu stimmen, aber es gab mit Sicherheit ein paar Fälle von Kreuzigungen in der jüdischen Geschichte. Die wahrscheinlich schrecklichste Episode von allen ereignete sich zur Zeit des Jannai, eines Königs der makkabäischen Dynastie, der von 104-78 v. Chr. (also zirka achtzig Jahre vor der Geburt Jesu) in Palästina herrschte. Jannai nahm den Pharisäern die meisten Privilegien. Er demütigte diese heiligen Männer, indem er sich selbst als Hohenpriester einsetzte und sie mit ansehen ließ, wie er selbst im Tempel opferte. Nach vielen Jahren der Unzufriedenheit rebellierten die Pharisäer gegen Jannai und wurden grausam geschlagen. Man sagt, es wären angeblich mehr als fünfzigtausend Juden in dieser Revolte umgekommen, und die Anführer der Rebellion flüchteten schließlich in die Festung Bethome, die Jannai belagerte und schließlich einnahm.[19] Achthundert pharisäische Gefangene wurden nach Jerusalem geschleppt, wo man sie zwang, die Ermordung ihrer Frauen und Kinder mit anzusehen. Dann wurden sie alle gekreuzigt, während Jannai samt seinen Frauen und Konkubinen zusah und sich über ihre Leiden lustig machte. Obwohl Kreuzigungen in so hoher Zahl wohl eher die Ausnahme waren, ist es klar, daß die Strafe zumindest gelegentlich angewandt wurde, also kann man nicht sicher sein, daß das Kreuz für jemanden wie Jesus, dessen Verbrechen als besonders abgefeimt galten, nicht in Frage gekommen wäre.

Wie wir gesehen haben, klagten die jüdischen Rabbiner Jesus vor allem deshalb an, weil er Magie betrieb. Die formelle Anklage lautete: Jesus hat «Zauberei betrieben, Israel verführt und es Gott entfremdet». Dabei muß man immer daran denken, daß «Magie» und «Zauberei» für die Juden die Ausübung jeder anderen Religion war. Anscheinend wollte Jesus bei der Masse der jüdischen Nation neue Arten der Verehrung einführen und enthüllte dabei (wie der Text über «verbrannte sein Essen in der Öffentlichkeit» andeutet) Lehren, von denen man glaubte, sie sollten einigen wenigen Erwählten vorbehalten sein. Für orthodoxe Gläubige war das schiere Ketzerei, und die einzig mögliche Strafe dafür war der Tod. Nach jüdischen Quellen wurden in einem Haus, das Jesus besuchen wollte, um dem Hauseigentümer seine neuen Lehren nahezubringen, zwei Augenzeugen versteckt. Das war ein Standardverfahren, wenn jemand der Ketzerei überführt werden sollte. Die Mischna stellt die Prozedur detailliert so dar:

> *«[...] Augenzeugen werden hinter der Wand verborgen, und er sagt zu dem Verführer: ‹Jetzt sage mir noch einmal, was du mir eben gesagt hast, denn wir sind allein.› Wenn er es jetzt wiederholt, sagt der andere zu ihm: ‹Wie sollen wir denn unseren Himmlischen Vater verlassen und Holz und Steine anbeten?› Wenn der Verführer jetzt bereut, ist alles gut, aber wenn er erwidert: ‹Es ist unsere Pflicht und nur zum Besten›, dann sollen die, die hinter der Wand stehen, ihn vor Gericht bringen, und er wird gesteinigt.»*
>
> (Pal. Sanhedrin 25c)

Die Gemara fügt diesem Absatz noch hinzu, daß eine einwandfreie Identifikation des Verführers nötig ist, die durch eine Lampe, die man über seinem Kopf anzündet, erreicht wird. Es geht weiter: «[...] so handelte man zum Beispiel bei Ben Sot'da (ein Pseudonym für Jesus) [...] und er wurde vor Gericht gebracht und gesteinigt.» Die babylonische Gemara bestätigt die Steinigung und fügt hinzu: «[...] und sie hängten ihn am Tag vor dem Passahfest.» Das bezieht sich offenbar auf die jüdische Sitte, daß die Leichen der zu Tode Gesteinigten zur Warnung für andere an einen Pfahl gehängt wurden.[20] Was die christliche

Überlieferung angeht, wo das Wort hängen gelegentlich als Synonym für Kreuzigung benutzt wird, so ist es möglich, daß die Steinigung und das Hängen im Laufe der Zeit in den schrecklicheren Tod der Kreuzigung umgewandelt wurden, weil die Lehren und Geschichte der neuen Religion in die romanisierte Welt gelangten, wo der Tod am Kreuz eine häufigere und vertrautere Form der Todesstrafe war.

Begräbnis

Die Evangelien behaupten, daß Jesus nach seinem Tod bis zur Auferstehung nur drei Tage in seinem Sarg lag, wobei die Auferstehung nach christlichem Dogma die Rückkehr des Lebens in einen Körper war, der am Kreuz gehangen hatte. Maria Magdalena, die das Grab im Garten Josephs von Arimathia besuchte, fand das Grab leer. «Ein Engel» berichtete der verwirrten Frau von der Auferstehung, worauf sie den Jüngern die freudige Nachricht mitteilte. Im Gegensatz dazu findet sich in jüdischen Chroniken eine weit prosaischere Erklärung für das Verschwinden der Leiche. Dort steht, daß die Jünger die Leiche Jesu aus dem Grab stahlen. Die rezensierte Toldoth, die in der Straßburger MS erhalten ist, bietet eine etwas andere Version. Hier steht, daß die Leiche Jesu nach der Hinrichtung bis zum Nachmittagsgebet hängen blieb, dann wurde sie «vom Baum abgenommen [...]. Sie begruben ihn [...] am Sonntag, und die Apostaten weinten an seinem Grab.» Ein paar junge Männer wollten einen Blick auf das Grab werfen, und zu ihrer Überraschung und zu der der Jünger war das Grab leer. Die Jünger (in der Toldoth heißen sie «die Närrischen») kommen zu dem Schluß, daß Jesus auferstanden ist und rufen die Königin von Israel herbei, die Helene genannt wird, damit sie mit eigenen Augen sieht, daß ihr Meister gen Himmel gefahren ist. Sie ist geneigt ihnen zu glauben, denn die weisen Männer Israels können offenbar das seltsame Verschwinden der Leiche nicht erklären. Die Königin setzt einen Termin, bis zu dem sie den Leichnam finden müssen, und «[...] ganz Israel klagte, fastete und betete, und die Apostaten (die Jünger) sagten: ‹Ihr habt den Gesalbten Gottes erschlagen.›»

Die Leiche bleibt bis zu dem Termin, den die Königin gesetzt hatte, verschwunden. Ein Rabbi, der durch die Felder ging und klagte, erzählt einem Gärtner von seinen Problemen, und der gesteht, daß er die Leiche gestohlen hat, «damit die Apostaten ihn nicht stehlen und immer damit prahlen können». (Das soll wahrscheinlich heißen, daß sie nicht die Gelegenheit haben sollten zu behaupten, ihr Meister sei von den Toten auferstanden.)

Ob man nun die Geschichte des Gärtners glaubt oder nicht (und sie scheint nüchtern betrachtet ein wenig zu glatt zu sein), bleibt doch die Tatsache, daß die jüdische Überlieferung unerschütterlich bei der Behauptung bleibt, daß die Leiche Jesu von seinen Anhängern gestohlen wurde. Ich neigte dazu, diesen Teil der Geschichte zu glauben, hatte aber auch den Gedanken, daß ebensogut die nazaritischen Mitbrüder Jesu die Leiche zu rituellen Zwecken genommen haben könnten. Wenn man die Fakten in Betracht zog, die ich über die Verbindungen zwischen Echnaton, dem offenbaren Begründer des Schädelkults, und den Nazariten, die seinen Lehren treu folgten und deren Verehrung des Schädels außer Zweifel stand, hergestellt hatte, konnte man nur einen Schluß ziehen, obwohl es eine Schlußfolgerung war, die ein leicht unbehagliches Gefühl bei mir zurückließ. Ich fragte mich, ob man wohl den Kopf Jesu vom Körper getrennt hatte, um ihn als heilige Reliquie einzubalsamieren? Wegen des Status von Jesus als wahrem König aus der Linie Thutmosis III und Echnatons und als anerkanntem Adepten der «Magie» mußte man doch einfach annehmen, daß das Ritual durchgeführt wurde!

Das war, wie gesagt, eine verwirrende Schlußfolgerung, aber eine, auf die alle Beweise hindeuteten.

Die wichtigsten Aussagen dieses Kapitels zeigen, daß es viele Beweise dafür gibt, daß Jesus von seinen Zeitgenossen als Priesterkönig angesehen wurde, als Verkörperung des Göttlichen, wie es die Pharaonen, die israelitischen Könige und später die Merowinger waren. Er war von königlichem Blut und ein Nachfahre des wahren Hauses Davids (stammte also von Thutmosis III ab). Er war in Echnatons Mysterien eingeweiht worden, und er wurde zum Tode verurteilt, weil er zumindest einige dieser Lehren einer größeren Öffentlichkeit mitteilen wollte, was für die orthodoxen Juden seiner Zeit ein Anathema war. Er war mit Sicherheit Nazarit, und als solcher betete er bestimmt die Sonne als Manifestation des Schöpfergottes an. Wie seine nazaritischen Zeitgenossen verehrte auch Jesus ganz bestimmt besonders die frühen Patriarchen (die, wie wir jetzt wissen, auch von Thutmosis III abstammten) und betrachtete Moses/Echnaton als Quelle der wahren Religion, die als geheime Lehre weiterbestand. Und schließlich war der Schädel für ihn als Nazariten bestimmt heilig, und auch er befolgte das Verbot des Haareschneidens, das während meiner Forschungen eine so große Rolle gespielt hatte und das meiner Meinung nach ganz sicher die offene Darstellung des Schädelkults war. Er wurde – wahrscheinlich von den jüdischen Behörden – hingerichtet, weil er ihrer Meinung nach «versuchte, die Kinder Israels zu verführen, andere Götter anzubeten». Nach seinem Tod verschwindet seine Leiche. Wenn man seine Position als wahrer König und Adept der geheimen Religion in Betracht zieht, dann ist sein heiliger Schädel bestimmt abgenommen und als heilige Reliquie bewahrt worden.

Es ist wahrscheinlich, daß Jesus nicht der wilde Revolutionär war, als den ihn so viele «revisionistische» Bücher gern beschreiben. Der Zweck seiner Mission war eher religiös als politisch, und seine antagonistische Haltung Rom gegenüber war eher zufällig als ein «Hauptpfeiler» seiner Strategie. Er ließ sich auf eine sorgfältig geplante religiöse Revolution ein, um die Religion des Aton wiederaufleben zu lassen, wobei er die Rolle Echnatons einnahm, als Priesterkönig der «neuen» Religion und als direkter Nachfahre des Hauses Davids – des ägyptischen Königshauses, das mit Thutmosis III seinen Anfang nahm und seinen Höhepunkt in den Königen von Amarna hatte, von denen Echnaton/Moses der bekannteste ist. Alle Quellen sind sich darüber einig, daß der Versuch fehlschlug und er gefangengenommen wurde. Danach wurde er entweder gesteinigt oder gekreuzigt.

Die Überlieferung behauptet, daß Maria Magdalena (die wahrscheinlich die Frau von Jesus war) und Joseph von Arimathia nach Frankreich ins Exil gingen, als alle Hoffnung verloren war. In ihrer Begleitung befanden sich noch einige andere, darunter Lazarus, den Jesus «von den Toten erweckt hatte». Angeblich soll Maria Magdalena den

Gral mit ins Exil genommen haben. Von großem Interesse ist die Geschichte von einer Reisegefährtin Maria Magdalenas, der Veronika.[21] Sie soll der Legende nach Mitleid mit Jesus gehabt haben, als er mit dem Kreuz den Kalvarienberg hinaufging. Sie bot dem zum Tode Verurteilten ein Tuch, das sie um ihren Arm trug. Sie wurde mit dem Abdruck seines heiligen Gesichtes auf dem Tuch belohnt, das sie als Reliquie aufbewahrte und das unter dem Namen Veronika bekannt wurde. Die Veronika war also der Kopf Jesu, offenbar auf einem Tuch eingeprägt. Ich fragte mich jetzt, ob das nicht die allegorische Version eines wirklichen Ereignisses sein könnte – eines Ereignisses, das man vor der übrigen Welt geheimhalten wollte? War die Geschichte von Veronikas Reise über das Mittelmeer ein Bericht über den Transport des heiligen Schädels nach Frankreich? Wie ich später entdecken sollte, erörterten auch andere Texte diese Möglichkeit.

Während Maria Magdalena den Gral nach Frankreich gebracht haben soll, steht in anderen Geschichten, daß Joseph von Arimathia ihn nach England schaffte (nach Glastonbury). Die Katharer sollen den Gral auch besessen haben, und andere Legenden geben alle möglichen Orte als Aufbewahrungsort für den Gral an – Schottland zum Beispiel. Wie man im 12. Kapitel erfahren wird, wurde den Tempelrittern für ihre Entdeckungen unter dem salomonischen Tempel der Titel «Hüter des Grals» zugesprochen. Es war offenkundig, daß ein Gral nicht an all diesen Orten gleichzeitig sein konnte – nur wenn ein Objekt übernatürlichen Ursprungs ist, kann es an mehreren Orten gleichzeitig sein. Wenn nur zwei dieser unterschiedlichen Geschichten stimmten, war ich zu der Schlußfolgerung gezwungen, daß es mehr als einen Gral gegeben haben mußte, vielleicht eine Reihe heiliger Objekte, die durch die Unwägbarkeiten der Geschichte über die ganze antike Welt verstreut worden waren. Und mir begann es zu dämmern, was der Gral – oder die Grale – gewesen sein könnte. Die Ähnlichkeit zwischen den Attributen des Grals und den einbalsamierten Schädeln, die die Templer angebetet hatten, war zu augenfällig. Konnte es sein, daß der Gral nur als «Deckung» fungierte? Konnten die Grale der Legende die heiligen Reliquien des jüdischen Schädelkults gewesen sein? Kurz gesagt – war der Heilige Gral der heilige Schädel?

11
Der Heilige Gral

Die Ursprünge der Geschichten um den Heiligen Gral entstanden nach der gängigen Meinung aus den miteinander verwobenen Strängen zweier Kulturen – der jüdischen Überlieferung und der keltischen (oder besser gesagt: irischen) Kultur. Das an sich ist schon spannend, denn das kulturelle Fundament der Legenden spiegelt demzufolge das Eindringen der Mysterien des Echnaton und des Schädelkults nach Israel und Irland wider. Wie bereits beschrieben, wurden die Lehren des Aton und die Mysterien des Schädelkults von Moses/Echnaton nach Israel sowie von Echnatons Tochter noch vor der Zeit der Kelten nach Irland gebracht. Und es gibt noch eine zweite Ähnlichkeit – die meisten Gelehrten glauben, daß die Quelle der Gralssagen ursprünglich in der Sonnenverehrung zu suchen ist.[1] In einer Version der Gralssage bekommt der Held Lohengrin den Titel Helios oder Sonne, was zum einen an Samson, den Mann der Sonne, und an den anderen Namen der Nazariten, Heliaci (Kinder der Sonne), erinnert.[2] Eingedenk der Übereinstimmungen beschäftigten mich vor allem zwei Fragen: ob es wohl möglich wäre, Beweise für das Vorhandensein von heiligen oder abgetrennten Schädeln in den Gralssagen zu finden, und ob die Gralssagen zu irgendeinem Teil des komplexen Puzzles passen, das ich versuchte zusammenzusetzen? Dafür war es nötig, die umfangreichen, verwirrenden und oft widersprüchlichen Gralssagen zu untersuchen – eine nach der anderen. Langsam zeitigte die mühsame Forschungsarbeit Ergebnisse, und ein fast vollständiges Bild entwickelte sich.

Trotz der komplexen Struktur der Gralsgeschichten war es nicht schwierig, das Motiv des abgeschlagenen Kopfes zu finden. Einen abgeschlagenen Kopf gab es in der ersten Legende, die ich untersuchte, dem alt-walisischen *Peredur*, und in der nächsten, dem *Perlesvaus*, und dann wieder in der nächsten und so weiter.[3] Zu meiner Überraschung fiel es schwer, Hinweise auf abgeschlagene und heilige Schädel zu meiden – sie waren in allen Gralssagen haufenweise vertreten. Obwohl deren Bedeutung von orthodoxen Forschern heruntergespielt wurde, entdeckte ich, daß der heilige, abgeschlagene Schädel eins der Hauptmotive in den Erzählungen ist, die den Gralszyklus bilden. Es gab ganz einfach überall Schädel!

Mysteriöse sprechende Schädel sind natürlich in den Volksmärchen weit verbreitet, aber die Schädel in den Gralsgeschichten fallen nicht in diese Kategorie. Weder sprechen sie, noch sind sie sonderlich geheimnisvoll. Viele von ihnen sind einbalsamiert und mit Leder oder Silber versiegelt. Noch bedeutsamer ist, daß viele dieser Schädel einem Adelshaus verbunden sind, einem «heiligen» und ausdrücklich jüdischen Adelshaus. Und eine genaue Untersuchung der Abschnitte, die Hinweise auf abgeschlagene Schädel enthalten, offenbarte bis dahin unvermutete Daten, Informationen, die unmißverständlich in eine Richtung wiesen. Sie verbanden nicht nur das Haus Jesu, sondern Jesus selbst mit dem Schädelkult.

Für mich bestätigten diese Übereinstimmungen erneut die Verbindungen, die es zwischen der «Ketzer»-Philosophie, die die Templer in Jerusalem zutage gefördert hatten, und der keltischen (oder korrekter: der prä-keltischen) Religion von Irland gab. In beiden hatte der heilige Schädel ungeheure Bedeutung.

Die Suche nach dem Gral

Obwohl es in den Geschichten, die den Gralszyklus bilden, in den Details große Unterschiede gibt, handeln sie doch alle von einem Thema, nämlich von der Suche nach dem Gral. Der Held sucht nach einem Objekt von hohem ideellen Wert, das Macht und Heiligkeit verkörpert, und er wird einer Reihe von Prüfungen unterzogen – seine Tapferkeit, seine Frömmigkeit und gelegentlich seine Arglist werden auf die Probe gestellt. Erfolge bei diesen Tests führen ihn immer tiefer in die Geheimnisse des Grals ein. Dieses Motiv ist so alt wie die Geschichten selbst – eine der ersten Sagen, die wir aus dem alten Babylon kennen, das *Epos des Gilgamesch*, weist eben diese Strukturmerkmale auf. Der Held durchlebt hier auf der Suche nach der Pflanze des ewigen Lebens unzählige Prüfungen und Härten, nur um seinen Preis im Augenblick des Sieges zu verlieren.[4] Auch in der keltischen Literatur ist der suchende Held ein zentrales Thema, zum Beispiel in den Geschichten, die unter dem Titel «Reise ins Feenland» bekannt sind, oder in dem Geschichtenzyklus *Tochmarca* oder «Werbungen».[5] Der berühmte Held Cú Chulainn ist die Hauptperson in einer dieser Geschichten, in der er gezwungen wird, lange Reisen und große Prüfungen zu bestehen, um die Hand der schönen Emer zu erringen. Auch die drei Söhne Turenns werden von dem magischen Weidenboot des Manannan – des irischen Meeresgottes – übers Meer entführt, um verschiedene Abenteuer zu bestehen.[6]

Die keltische Verbindung

Die keltischen Geschichten weisen noch andere Ähnlichkeiten mit dem Gralszyklus auf, die den keltischen Ursprung von den meisten symbolistischen Ansätzen beim Gral verraten. Eine der geringsten Eigenschaften des Grals war seine Fähigkeit, eine unbegrenzte Anzahl von Menschen mit Essen und Getränken in ausreichender Menge zu versorgen. Diese magische Eigenschaft gibt es auch in einer viel älteren irischen Sage, bei dem *Cauldron des Dagda*, der von gottgleichen Menschen nach Irland gebracht worden sein soll.[7] Dagda war einer der Hauptgötter der irischen Götterwelt, der «Herr über Leben und Tod», und sein Kessel (= Cauldron) war mit ausgesuchtestem Fleisch und Getränken gefüllt, er wurde nie leer, und alle, die aus ihm aßen, wurden satt. Genauso steht in einigen Gralssagen (wie zum Beispiel in der Fortsetzung des *Conte du Graal* von Gautier de Doulens), daß die Reliquie den Gralsrittern eine Vielfalt von sieben Gerichten biete und daß niemand, der an dieser wundersamen Mahlzeit teilnähme, hungrig den Tisch verlasse. Oft wird beschrieben, daß der Gral die köstlichsten Mahlzeiten lieferte, zu denen es häufig, aber nicht immer, die besten Weine gab. Robert de Borrons Romanze *Joseph* oder *Roman de l'Estoire dou Saint Graal* erzählt von einer Hungersnot, in die die Gefährten des ersten Gralshüters, Joseph von Arimathia, gerieten. Diese Hungersnot war – so berichtet der Erzähler – eine Strafe für die Ausschweifungen, denen sich einige von Josephs Anhängern hingegeben hatten. Joseph betete vor dem Gral zu Christus und bekam den Rat, den Gral offen auf den Tisch zu stellen. Dann sollte er alle Mitglieder der Gemeinschaft dazu einladen, sich an den Tisch mit der Reliquie zu setzen, sie aber davor warnen, daß nur die, die sich nicht gegen Christi Lehren vergangen hätten, dies versuchen sollten. Diejenigen, die es tun, bekommen – wie in den keltischen Kessel-Sagen – alles zu essen, was ihr Herz begehrt. Schließlich fragt einer der so Gesegneten – Petrus – die Sünder, die vor dem Gral sitzen, ob sie denn nichts von all dem Guten mitbekämen, das sie durchdringt. Die Sünder verneinen diese Frage. Hier scheint de Borron unbedingt auf die spirituelle Seite des Gralssymbolismus hinweisen zu wollen – das «Essen», das der Gral gibt, ist zu gleichen Teilen geistige wie körperliche Nahrung.[8]

Eigenschaften eines anderen Kessels, desjenigen des Bedigeid Vran, sind auch dem Gral zugeschrieben worden. Dieser Kessel, der in der alten walisischen Sage *Mabinogion* erwähnt wird, konnte zum Leben erwecken – jeder tote Mann, den man dort hineinsetzte, war nach einer gewissen Zeit wieder genauso gesund, wie er es zeit seines Lebens gewesen war, er wurde nur mit Stummheit geschlagen.[9] Dabei geht es ihm dann wie Perceval, dem Helden einiger Gralssagen, der unter dem Bann des Schweigens stand, wenn er sich vor dem Gral befand. Dieser Kessel scheint die Reste der alten druidischen Religion zu überliefern. Ein Gralsforscher hat es so ausgedrückt: «[...] die druidischen Mysterien sind so zu erlangen wie durch jede andere Initiation – der Kandidat durchlebt die Erfahrung eines mystischen Todes und wird zum Beispiel durch den Kessel der Ceridwen in ein neues Leben zurückgebracht. Aber obwohl die Toten so zum Leben erweckt wurden, wird ihnen nicht [...] die Gabe des Sprechens wiedergegeben – sie leben zwar, dürfen aber nicht reden. Anders ausgedrückt: Das Schweigen ist ihnen von da an auferlegt.»[10] Zusammen mit der Einweihung in ein Geheimnis kommt auch die Verpflichtung zu absolutem Schweigen darüber.

Ein anderer Sagenheld, Bran der Gesegnete, besaß einen ähnlichen lebenspendenden Kessel, den er dem König Matholwch von Irland schenkte. Bran gehörte auch ein Teller, der genau wie der Kessel des Dagda und der Gral sofort «alles, was man sich zu essen wünschte», hervorzauberte. Aber aus unserer Sicht sind andere Aspekte der Sage des Bran wichtiger – die Sage ist durchsetzt mit Gralssymbolismus, und sie dreht sich um einen wundertätigen abgeschlagenen Kopf – den des Bran.[11]

Das *Mabinogion* erzählt, daß Bran ein König von Britannien war, «der die Krone Londons trug». Während einer Expedition nach Irland wurde er in der Schlacht von seinem Widersacher Caswallawn verwundet – der Stich einer vergifteten Lanze traf ihn in die Ferse. Gleich danach sollen angeblich sowohl Irland als auch Britannien wüst und unfruchtbar geworden sein. Als ihm klar wurde, daß er sterben würde und welches Unheil seinem Königreich durch seine tödliche Wunde drohte, befahl Bran seinen Gefährten, ihm den Kopf abzuschlagen, der wundersamerweise nach der Enthauptung am Leben blieb. Brans Kopf wurde von seinen sieben treuen Gefährten nach Harlech gebracht, wo sie sieben Jahre in einem Palast mit drei Toren verbrachten. Danach gehorchten sie den Befehlen des lebenden Schädels und siedelten nach Grassholm über – «einer Insel, wo es Musik und gute Kameradschaft gab». Hier vergnügten sich Brans Gefährten offenbar bei Essen und Trinken für weitere achtzig Jahre, wobei sie nicht alterten; man nennt diesen Zeitraum in der Sage die «Gastfreundschaft des wundertätigen Kopfes». Schließlich wurde Brans Kopf auf dem White Hill in London begraben, er blickt in Richtung des Kontinents. Er besaß immer noch okkulte Kräfte, wozu auch die Fähigkeit gehörte, Volk und Land gegen Invasoren zu verteidigen und die Fruchtbarkeit von Getreide und Vieh auf den Britischen Inseln zu sichern. Bezeichnend ist, daß man auch dem Gral nachsagte, er könne das Land fruchtbar machen, vor Feinden schützen und all denen, die es brauchten, Essen und Trinken in Überfülle geben.

Genau diese Charakteristika, die in den Gralssagen immer wieder auftauchten, wurden dem Schädel zugeschrieben, dessen Verehrung durch die Tempelritter einer der Anklagepunkte gegen sie war. Die «Anklageartikel» der Inquisition stellen fest, die Ordensmitglieder würden glauben, daß der Schädel sie vor Feinden schütze, ihnen Reichtümer beschere und die Bäume und die Äcker fruchtbar mache.[12] Der Heilige Gral und der «Götze» der Templer haben also identische okkulte Kräfte. Ich war überzeugt, daß mehr als bloßer Zufall dahintersteckte. Wenn die Kräfte, die der Gral und der Götze gemeinsam besaßen, identisch waren, könnten dann nicht auch die beiden Objekte identisch sein? Konnten der «Gral» und der «Götze» zwei Namen für ein Objekt sein? Kurz – war Gral ein «Deckname» für einen heiligen abgetrennten Schädel? Das war eine plausible Hypothese, aber ich mußte noch viel mehr Beweise zusammentragen, damit ich sicher sein konnte, daß sie richtig war. Es war an der Zeit, sich wieder den Gralssagen zuzuwenden und nachzuprüfen, ob diese Gemeinsamkeiten zwischen Gral und Schädelkult einfach ein glücklicher Zufall waren oder ob meine Schlußfolgerungen auf festem Boden standen. Ich begann mit der ersten Gralssage, Chrétien de Troyes' Meisterwerk *Le Conte du Graal*, und gleich wurde ich «fündig».

Chrétien de Troyes und der Perceval

Irgendwann im zwölften Jahrhundert wurden ein paar dieser keltischen Sagen miteinander verschmolzen, neu gestaltet und bekamen eine besondere christliche Aussage in der Form der Gralslegenden. Aber es war ein Christentum in heterodoxer oder häretischer Form, und die neugeformte Legende wurde nicht nur als Vehikel einer ketzerischen Philosophie benutzt, sondern auch als Deckmantel, unter dem man sie vor den Uneingeweihten verbergen konnte. Es war auch eine Form des Selbstschutzes, der es den Autoren einerseits erlaubte, tiefschürfende häretische Glaubensansätze aufzuschreiben, aber andererseits den lebensgefährlichen Fragen der Kirche und später der Inquisition zu entgehen, die sich eifrig ihrer selbstgestellten Aufgabe widmeten, Gottes Feinde und den «Teufel» der Häresie auszurotten.

Die Gralslegenden waren ideal für jeden, der den Wunsch hatte, ein Geheimnis in eine scheinbar normale Geschichte «einzupacken». Die Gliederung in Episoden und die traumähnliche Qualität der Erzählung erlauben dem Verfasser, nahezu *ad libitum* Elemente, Themen, Personen oder Orte einzuführen und so ein dichtes, phantasievolles und hochkomplexes Netz aus Ereignissen zu weben, das nur durch eine sorgfältige und geduldige Analyse wieder aufgedröselt werden kann – und das auch nur, wenn der Forscher mit dem notwendigen Schlüssel ausgestattet ist. Diese Strategie zu nutzen heißt, die Elemente, die zählen und nur von den Eingeweihten dekodiert werden können, in einem Nebel aus relativ unwichtigen Symbolen und Charakteren effektiv zu verstecken. Diejenigen, die den Schlüssel kennen und besitzen, können zwischen den Zeilen lesen und in den Symbolen die wahre Botschaft des Buches erkennen, aber die, die das Geheimnis nicht kennen, freuen sich einfach am abenteuerlichen und romantischen Charakter der Geschichte. Sie begreifen nur die Oberfläche der Legende und nicht die tiefere Bedeutung.

Chrétien de Troyes soll die erste Fassung dieser neuen christlichen Version der Sage, *Le Conte du Graal*, verfaßt haben.[13] Chrétien war ein Kleriker und Dichter des zwölften Jahrhunderts und hat anscheinend in Troyes unter dem Schutz von der Gräfin der Champagne, Marie, gelebt. Viele seiner Werke sind dieser Dame gewidmet, die ein leuchtender Stern unter den höfischen Adligen von Nordfrankreich war. Möglicherweise hat er in Troyes Philipp von Alsace, den Grafen von Flandern, kennengelernt, als dieser sich vergeblich um Maries Hand bewarb, nachdem ihr Mann Henri gestorben war. Chrétiens Gralsromanze ist auf eine ziemlich kriecherische Art Philipp von Alsace gewidmet, der – so Chrétien – ihn angeblich gebeten hat, das Werk zu verfassen. Er erklärt, daß es die beste Geschichte sei, die jemals am Königshof erzählt worden sei und aus einem älteren Buch stamme, das Philipp ihm zu lesen gegeben habe.

Wie der Gelehrte Alfred Brown nachgewiesen hat, enthalten Chrétiens frühe Sagen wie zum Beispiel *Lanzelot* und *Erek* alle Motive, die man in den weit älteren irischen Sagen finden kann, die eine «Reise ins Feenland» darstellen.[14] So sind zum Beispiel der Schmerzensturm und das Schloß der Jungfrauen zentrale Themen der irischen Sagen und in jedem frühen Werk Chrétiens zu finden. Viele dieser Motive tauchen auch in Chrétiens *Perceval* auf und die keltischen Ursprünge der Geschichte wurden deshalb nie angezweifelt. Abgeschlagene Köpfe gibt es auch in den Frühwerken: In *Lanzelot* hat der gleichnamige Held gerade einen Ritter besiegt, als eine Dame heranreitet und dessen Kopf verlangt. Lanzelot gibt daraufhin dem Ritter sein Schwert zurück, überwältigt ihn und schlägt ihm den Kopf ab.[15] Er reicht den Kopf der Dame, die sofort wieder wegreitet. In *Erek* gibt es eine Reihe mit aufgespießten Köpfen, und am Ende der Reihe steht eine seltsame, noch leere Lanze.[16] Doch diese Köpfe sind nur «Kulissen» für die eigentliche Geschichte, und sie haben bestimmt keine große Bedeutung – ganz anders als die Köpfe in den späteren Gralssagen.

Chrétiens *Le Conte du Graal* spielt in der Zeit des Königs Artus. Das erste Mal begegnet man dem Helden Perceval, als er noch ein armer, unwissender Junge war, dessen Vater in der Schlacht gefallen ist. Deshalb wird er auch – sehr interessant! – «Sohn der verwitweten Dame» genannt, ein Titel, dem wir bereits begegnet sind, als wir uns für die Nachkommen Jesu interessierten. Das schreit nach einer Erklärung, aber man bekommt keine. Chrétien führt diese Verbindung nicht weiter aus, obwohl spätere Autoren der Gralssage dazu viel zu sagen haben.

Zufällig lernt Perceval ein paar von Artus Rittern kennen; beeindruckt von ihrem Auftreten, beschließt er auch ein Ritter zu werden und macht sich auf die Suche nach «dem König, der die Ritter macht», seine Mutter bleibt voller Trauer zurück. An Artus Hof und bei anderen Gelegenheiten fällt es traurig auf, daß Percevals Umgangsformen sehr zu wünschen übriglassen. Aber schließlich nimmt ihn Lord Gornemant unter seine Fittiche. Er bildet ihn an den Waffen aus und schlägt den linkischen Jungen schließlich zum Ritter. Gornemant warnt ihn auch davor, zuviel zu reden, ein Rat, der sich katastrophal für den frischgebackenen Ritter auswirken wird.

Nachdem er sein Ziel erreicht hat, macht sich Perceval auf den Weg nach Hause. Dabei findet er sich an einem breiten Fluß wieder, der weder Brücke noch Furt oder Fähre aufweist, so daß er ihn nicht überqueren kann. Er erkundigt sich bei zwei Männern, die in einem Boot angeln, und einer der beiden Männer bietet ihm sein Haus für die Nacht an. Das Haus stellt sich als schönes Schloß heraus, und Perceval wird behandelt wie ein König – er bekommt neue Kleidung, sein Pferd wird versorgt, und ein üppiges Bankett ist vorbereitet. Sein Gastgeber, den man den Fischerkönig (Roi Pescheor) nennt, steht nicht auf, als der Ritter eintritt, denn eine offene Speerwunde an der Hüfte hat ihn gelähmt. Der Fischerkönig schenkt Perceval ein gutes Schwert und bietet ihm an, während des Festes neben ihm zu sitzen. Aber bevor das Bankett anfängt, wird Perceval Zeuge einer seltsamen Prozession, die zwischen dem Feuer und der Bank, auf der er sitzt, vorbeizieht. Ein Knappe geht voran. Er trägt einen Speer oder eine Lanze, von der Blut tropft. Zwei Knaben mit Leuchtern folgen, die eine junge Dame begleiten, die in ihren Händen den Gral trägt, der – in den meisten Versionen – eine Hostie enthält. Eine zweite junge Dame mit einem Silberteller beendet die Prozession. «Der Gral, der ihr vorausgetragen wurde, war aus feinem Gold, und er war besetzt mit vielen kostbaren Edelsteinen, den besten und teuersten, die sich im Meer oder unter der Erde finden lassen. Wie die Lanze gingen auch die jungen Damen an der Sitzbank vorbei und in einen anderen Raum.» Während des gesamten Vorgangs sitzt Perceval schweigend dabei. Und obwohl er das Bedürfnis hat zu fragen, was es mit diesen wundersamen Dingen auf sich hat, denkt er an die Worte seines Lehrers Gornemant und schweigt. Immer wenn ein neuer Gang serviert wird, wiederholt sich die Gralsprozession, aber Perceval stellt keine Frage zu dem mystischen Vorgang, dessen Augenzeuge er wird, obwohl er vor Neugier fast platzt. Völlig verwirrt geht er zu Bett, und als er am nächsten Morgen erwacht, ist das Schloß leer.

So ist er gezwungen, seine Fahrten fortzusetzen, und begegnet einer Jungfrau, die bitterlich weint. Sie sitzt neben einer Leiche, deren Kopf fehlt. Die Jungfrau, die Percevals Kusine ist, tadelt ihn, daß er nicht nach dem Gral gefragt hat. Diese Frage hätte den Fischerkönig geheilt und zu großem Glück geführt. Weil Perceval die Frage aber nicht gestellt hat, waren er und andere zu großem Elend und Jammer verdammt. Das kommt alles daher, daß er die Sünde begangen hat, seine

Mutter zu verlassen, seit seiner Reise an Artus' Hof ist sie vor Kummer gestorben. Perceval ist bekümmert, als er diese Nachricht hört, bietet aber seiner Kusine seine Hilfe an und will sie auf ihrer weiteren Reise begleiten. Er kehrt zu König Artus zurück und sitzt bei Hofe, als eine häßliche Seherin (die Kundry in Wagners Oper *Parzival*) hereinkommt: «[...] außer denen in der Hölle wurde nie eine so widerliche Kreatur gesehen [...]. Ihre Augen waren zwei Löcher, so klein wie die einer Ratte. Ihre Nase war die eines Affen oder einer Katze [...] die Farbe ihrer Zähne gemahnte an Eier, sie hatte einen Bart wie eine Ziege [...] Ihre Gestalt war vollkommen, um einen Höllentanz anzuführen!» Diese furchterregende Kreatur tadelt Perceval auf gleiche Weise wie seine Kusine und bemängelt sein Schweigen, als die Lanze und besonders der Gral an ihm vorübergetragen wurden. Offenbar hätte er fragen müssen: «Wem dient man damit?» Das ist eine ziemlich doppeldeutige Frage, die man zum einen so verstehen kann, wem der Gral Nahrung gibt, und zum anderen, welchem Herrn man folgt, wenn man dem Gral folgt.

Die häßliche Seherin erzählt dann von den 566 Rittern des Schlosses Orgulous, wohin jeder Ritter, der ritterliche Taten vollbringen wolle, gehen solle. Und sie berichtet von der Jungfrau, die unter Montesclaire belagert würde und deren Rettung große Ehre mit sich brächte. Als er das hört, schwört Sir Gawain, die Jungfrau zu erlösen, und auch die anderen Ritter – es sind mehr als fünfzig – leisten unterschiedliche heroische Schwüre. Doch Perceval ist weiterhin besessen von den Ereignissen in der Halle des Fischerkönigs und von den Mysterien des Grals. Er «[...] schwor, daß er von jetzt an nie mehr zwei Nächte hintereinander unter einem Dach verbringen wolle. Er wolle auch keiner seltsamen Gegend mehr ausweichen, von der er höre, oder dem Zweikampf mit einem Ritter ausweichen, der sich überlegen dünke, oder sogar mit zwei Rittern, wenn es nötig sei, bis er erführe, wem man mit dem Gral diene [...]» Doch das erfüllt sich nie, denn Chrétiens Epos ist traurigerweise unvollendet. Das letzte, was wir von Perceval hören, ist, daß er nach fünfjähriger Glaubensabstinenz seinen als Eremit lebenden Onkel trifft, seinen Glauben wiederfindet und von seinem Verwandten den guten katholischen Rat bekommt, wie er sich als Christ zu verhalten hat. Und da hört die Sage abrupt auf und alles weist darauf hin, daß sie unvollendet blieb, denn der Verfasser starb um das Jahr 1188. Vom erzählerischen Standpunkt aus ist das alles andere als befriedigend. Nachdem er in früheren Teilen der Erzählung die Fragen aufgeworfen hat «Was ist der Gral?» und «Wem dient man damit?» gelingt es Chrétien nicht, auch nur die leiseste Antwort darauf anzudeuten. Vielleicht hätten wir die Antworten, wenn er lange genug gelebt hätte, um die Sage zu vollenden. Zum Glück für unsere Nachforschungen waren andere Autoren da zuvorkommender.

Der Peredur *und der Leib Christi*

Obwohl die erste offizielle «Ausgabe» des Gralsthemas gewöhnlich Chrétien de Troyes zugeschrieben wird, glauben viele Gelehrte, daß die walisische Sage *Peredur* zumindest aus der gleichen Zeit stammt wie Chrétiens Erzählung, und daß beide aus der gleichen Quelle stammen, die heute nicht mehr auffindbar ist.[17] Im *Peredur* findet man den ersten der heiligen abgeschlagenen Köpfe. Wie in Chrétiens Romanze wird zu Ehren Peredurs (die walisische Form von Perceval) ein Bankett im Schloß seines Onkels gegeben, und vor seinen Augen zieht eine geheimnisvolle Prozession vorbei. An die Stelle der Lanze tritt hier ein Speer, der vor Blut trieft, und anstatt der Hostie liegt ein abgeschlagener Kopf, der in Blut schwimmt, auf der Platte. Ein blonder Junge wird anstelle der jungen Frau als «Gralsträger» bezeichnet. Das gibt natürlich Veranlassung zu der Frage, ob der Gral nun die Platte ist, auf der der Kopf liegt, oder der Kopf selbst. Als ob man diesen Punkt hätte betonen wollen, findet sich das Motiv des abgeschlagenen Kopfes auf der Platte in vielen späteren Gralserzählungen. Im Text des *Peredur* bleibt dieses Rätsel ungelöst, aber im Verlauf meiner Nachforschungen kam die ungewöhnliche Antwort darauf ganz klar heraus.

Diese Diskrepanz zwischen dem abgeschlagenen Kopf und der Hostie hat einige Forscher zu dem Versuch gezwungen, festzulegen, welche Geschichte nun den originalen Symbolismus enthält, damit die Frage beantwortet werden kann, welche der beiden Prozessionen am klarsten die gemeinsame Quelle aller Erzählungen widerspiegelt. Die meisten glauben, daß der walisische *Peredur* dem Original am nächsten kommt. Glenys Goetinck schrieb: «[...] die Beiwerke [in *Peredur*] [...] unterscheiden sich sehr von denen im Schloß des Roi Pescheor und sind gröber. Der Speer ist riesig und blutüberströmt, und auf dem Gral liegt nicht nur eine Hostie, sondern ein abgeschlagener Kopf, der in Blut schwimmt, und die Mitglieder des Haushaltes brechen in ängstliches Wehklagen aus, als er vorübergetragen wird, anstatt die Prozession schweigend zu verfolgen.»[18] Wenn man jetzt bedenkt, daß sowohl der *Peredur* als auch Chrétiens *Perceval* aus der gleichen älteren Quelle stammen und daß Chrétien für den französischen Adel in einer Atmosphäre der ritterlichen *Courteoisie* und hoher Kultur schrieb, dann ist der Schluß nur logisch, daß der abgeschlagene Kopf, der in Blut schwimmt, die originale Variante darstellt und daß Chrétien die Hostie einführte, um die Erzählung für seine gläubigen und gebildeten Leser glaubwürdiger zu gestalten.

Aber mir fiel auf, daß diese Forschungsarbeit keinen Kommentar zum wichtigsten Aspekt dieser Umsetzung abgab. Warum tauschte man einen abgeschlagenen Kopf gegen eine Hostie? Was wollte Chrétien mit dieser Veränderung vermitteln? Chrétien hat die Idee mit der Hostie nicht einfach aus der Luft gegriffen – das Symbol war ihm wichtig, und er muß es aus einem bestimmten Grund gewählt haben. Und was ist eine Hostie anderes als der Leib Christi, die nach dem Dogma der Kirche in Chrétiens Zeit (und der katholischen Kirche heute) *wirklich* der Leib Christi ist. Als ich zum ersten Mal die Bedeutung dieses Sinnbilds begriff, war der Schock fast körperlich greifbar. Es konnte nur einen Grund für die Wahl dieses Symbols geben. Indem er die Hostie als Ersatz wählte, verband Chrétien mit Absicht den abgeschlagenen Kopf mit dem Leib Christi.

Das war also offensichtlich. Aber es gab noch eine andere Verbindung, die meine Vermutung, daß der Gral nur ein Deckname für einen einbalsamierten heiligen Schädel war, bestätigte. Ich hatte noch nicht festlegen können, ob der Gral die Platte war oder das Objekt, das darauf herumgetragen wurde. Aber jetzt war die Lösung klar. Die Platte wurde durch nichts mit Jesus verbunden. Aber Chrétien hatte den abgeschlagenen Kopf mit dem Leib Christi verbunden (indem er die Hostie ins Spiel brachte) – und auch der Gral stand mit dem Leib Christi in Verbindung (als das Gefäß, das Christi Blut aufnahm). Es war daher nur logisch, den Schluß zu ziehen, daß das Objekt auf der Platte, und nicht die Platte, der Gral war, den der «Gralsträger» trug. Wenn das so war, bezeichneten der Kopf, die Hostie und der Gral mit unterschiedlichen Namen das gleiche Objekt. Und da der abgeschlagene Kopf das Originalobjekt aus der ältesten Erzählung ist, kann man daraus folgern, daß der Kopf in Wirklichkeit das Objekt ist, auf das sich die beiden anderen verdeckt beziehen. Also: Die Hostie war der Kopf, und der Gral war auch der Kopf.

Ein Übermaß an Köpfen

Der *Perlesvaus* ist eine etwas später erschienene Romanze eines anonymen Verfassers, von dem viele annehmen, daß er Tempelritter gewesen ist.[19] Und hier gibt es Köpfe in Überfülle. Eine Person in dieser Erzählung, die hochmütige Jungfrau, zeigt Sir Gawain drei Särge und drückt ihre Absicht aus, ihn, Lanzelot und Perceval zu köpfen. «So will ich ihre Köpfe abschlagen, während sie vor den Reliquien beten [...].» Bei einem Bankett im Schloß der Bärte schaut Lanzelot bei einer seltsamen Prozession verkrüppelter Ritter zu, die damit endet, daß «die fünfte Runde edler und stolzer Ritter, von denen jeder ein blankes Schwert in der Hand trug, ihren Kopf der Dame anboten», die allen nacheinander den Kopf abschlägt. «Lanzelot saß da, sah, was mit diesen Rittern geschah und grübelte darüber, welchen Dienst sie wohl leisteten.» Auch in der öden Stadt trifft Lanzelot eine völlig unverständliche Vereinbarung mit einem anderen Ritter, der Lanzelot fragt, ob er ihm den Kopf abschlagen wolle und dann «[...] nach genau einem Jahr hierher zurückkehren wolle, zu der Stunde, in der Ihr mich tötet oder früher und freiwillig Euren Kopf darbietet, so wie ich Euch jetzt meinen darbiete». Lanzelot schwört, der Ritter kniet nieder, bietet seinen Hals an, und Lanzelot «hob die Streitaxt und trennte den Kopf des Ritters mit einem so gewaltigen Schlag ab, daß er über zwei Meter weg-

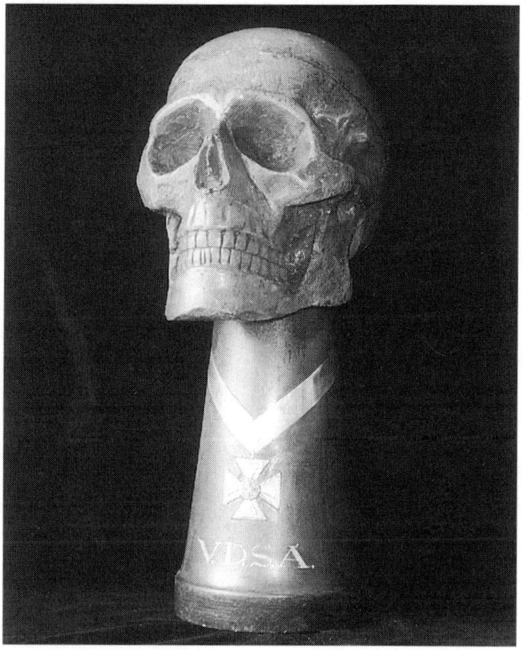

Ein Schädel aus Eichenholz, der anatomisch sehr präzise ist und auf die Bedeutung des Schädels im Ritual der Templer hinweist. Der Schädel steht auf einem Silbersockel. Ordensinsignie der Tempelritter, wahrscheinlich aus dem achtzehnten Jahrhundert.
© Robert Bryden

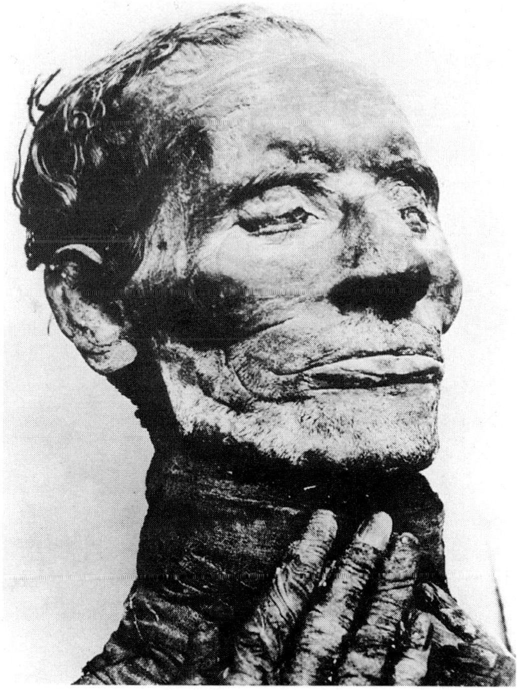

Der mumifizierte Kopf von Yuya, dem biblischen Joseph. Die semitischen Gesichtszüge der Mumie, auf welche verschiedene Autoren hinweisen, sind erstaunlich gut erhalten.
© Cairo Museum

Der Amarna-Stil, eingeführt durch Pharao Echnaton, wich in grundsätzlichen Punkten von früheren Darstellungen des Pharaos und seines Gefolges ab. Hier wird Echnatons Gott, Aton, als Sonnenscheibe gezeigt, die lebenspendende Kraft über die königliche Familie gießt.
© Hulton Getty Images

Die Pharaonen der achtzehnten Dynastie (1575-1308 v. Chr.)

Ahmose
Amenophis I
Thutmosis I
Thutmosis II
Hatschepsut
Thutmosis III
Amenophis II
Thutmosis IV
Amenophis III
Amenophis IV (Echnaton)
Samenchkare
Tut-ench-amun
Eye
Haremhab

Kursivgedruckte Pharaonen = Amarna Könige

Die Emigration von Gaythelos und Scota von Ägypten nach Irland.
© Corpus Christi College, Cambridge

Der Schicksalsstein, auch Stein von Bethel oder Jakobssäule genannt. Dieser 65 Zentimeter lange Block aus Sandstein (ausgestattet mit zwei Eisenringen, an denen der Stein an einer Stange festgemacht werden konnte) verbindet die Geschichte der Juden mit der von Irland.

Delilah schneidet Samson das Haar ab. Samson gehörte zu den Nazariten, einer Sekte, die sowohl das Haupt als auch das Haar als heilig betrachtete und deren Lehren mit den Geheimnissen von Echnaton in Verbindung standen.

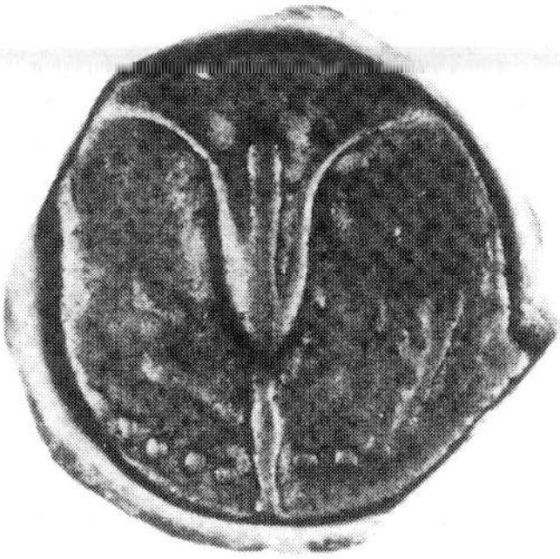

Die Ähnlichkeit dieser Münze aus dem 1. Jh. v. Chr. mit dem ägyptischen Lotus und der *fleur-de-lis* ist auffallend.

Münze, die König Childerich I zeigt. Wie Samson war es den merowingischen Königen verboten, sich die Haare zu schneiden.

Der heilige Lotus, Symbol des pharaonischen Ägypten, eingemeißelt in eine Säule im Amuntempel in Karnak. Der Lotus weist eine große Ähnlichkeit mit der judäischen «Lilie» und der französischen *fleur-de-lis* auf.

Rechts: Der Glaube an den göttlichen Ursprung des *fleur-de-lis*-Symbols geht auf die *Legende der Fleur-de-Lys* aus dem fünfzehnten Jahrhundert zurück. Laut dieser Legende wird das Symbol von Gott an den merowingischen König Chlodwig I weitergegeben.

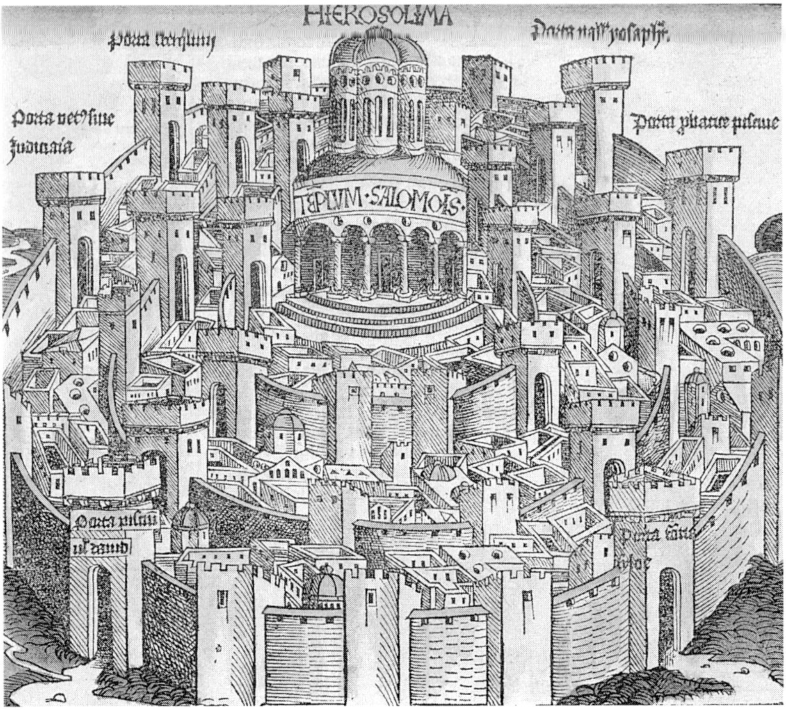

Ansicht von der Festung Jerusalem mit dem salomonischen Tempel und den Stadttoren (Holzschnitt aus den Nürnberger Chroniken, 1493). Der Tempel Salomos wurde über der heiligsten Stelle in Jerusalem errichtet. Jerusalem war ursprünglich eine benjaminitische Hauptstadt, dem Sonnengott geweiht.

Die gnostischen Sekten haben die frühen Geheimlehren ins christliche Zeitalter überliefert. Gnostische (archontische) Begräbnisstele voller Schädelmotive.

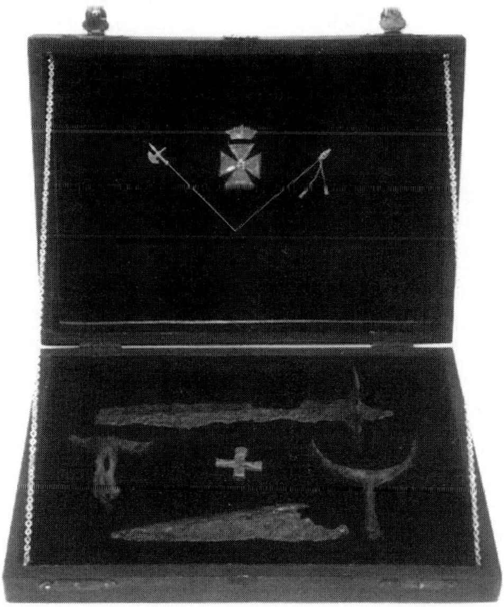

Der Heilige Gral und die Tafelrunde (spätes fünf zehntes Jahrhundert). Der Gral wurde von manchem tapferen Ritter gesucht, aber sein Verbleiben bleibt bis heute ungeklärt. Musée Conde, Chantilly, Frankreich.

Artefakte der Tempelritter, entdeckt bei Ausgrabungen in Jerusalem. Zu sehen sind ein Sporn, eine Lanze, ein Schwert und ein Templerkreuz aus Blei.

Die Verhaftung der Tempelritter. Aus den Chroniken von Frankreich oder von St. Denis (vierzehntes Jahrhundert).

Jacques de Molay, letzter Großmeister der Tempelritter, wird wegen Ketzerei verbrannt. Aus den Chroniken von Frankreich oder von St. Denis (vierzehntes Jahrhundert).

Das Grab von William Sinclair in der Kapelle von Rosslyn. Der Grabstein ist viel zu kurz für einen erwachsenen Mann, was auf eine templerische Bestattungsweise hindeutet. Bemerkenswert ist die Grabinschrift: Der Nachname wurde zu «er» abgeändert, und diese beiden letzten Buchstaben stehen in einem rechten Winkel zu den anderen Buchstaben. Dies kann zweierlei bedeuten: William Sinclair «und seine sterblichen Überreste» oder *et reliquae,* «die Reliquien». © Liz Laidler

Das Grab des Jacques de Molay enthüllt auf symbolische Art das Geheimnis der Templer (Holzschnitt aus dem achtzehnten Jahrhundert).

Die Kapelle von Rosslyn, Sir William Sinclairs «Gralskapelle», aus der Luft gesehen. © Commission Air, Peterborough

Rechts: Das Tonnendach der Kapelle von Rosslyn mit einer Vielzahl von Schnitzereien. © Antonia Reeve/Rosslyn Chapel Trust

Ein Schädel vom «Grünen Mann», verziert mit Blättern, als Symbol der Fruchtbarkeit der Natur (und weiteren Bedeutungen). Dies ist einer von vielen «Grünen Männern», die in der Kapelle von Rosslyn zu finden sind.
© Antonia Reeve/ Rosslyn Chapel Trust

Die Kreuzigungsszene von Rosslyn. Zu beachten sind das Kreuz, die Position der Füße und die Arme, die ans Kreuz gebunden, nicht genagelt sind.
© Antonia Reeve/ Rosslyn Chapel Trust

Die «Veronika» oder vielleicht die Darstellung eines heiligen Schädels. Laut einer Quelle soll die Identität der Person, die den Gegenstand hält, bewußt zerstört worden sein.
© Liz Laidler

Der Kopf des Lehrlings. Auch dieser Kopf soll bewußt zerstört worden sein, diesmal im unteren Bereich des Gesichts. Bei genauem Hinschauen sind jedoch ein Schnurrbart sowie ein Bart zu erkennen. Der Lehrling ist in Wahrheit «Der Meister».
© Antonia Reeve/
Rosslyn Chapel Trust

Die Lehrlingssäule: Die Blätterspiralen sowie andere Schnitzereien deuten darauf hin, daß es sich hier (unter anderem) um den Baum des Lebens, ein Symbol für Jesus, und um die Yggdrasil, die Weltesche aus der nordischen Mythologie handelt. © Antonia Reeve/Rosslyn Chapel Trust

Die Spitze der Lehrlingssäule mit Isaak und dem Widder, eine Anspielung auf das Alte Testament. © Liz Laidler

Detail, das den Schaden zeigt, der der Säule zugefügt wurde (wie man glaubt, absichtlich). © Liz Laidler

Die Schlange Nidhögg windet sich um die Basis der Welt Asgard. Ein Gegenstand, der unter den Wurzeln dieses sagenhaften Baumes versteckt sein sollte, gab einen wichtigen Hinweis über die Beschaffenheit des Templerschatzes. © Liz Laidler

Das Kruzifix mit dem Haupt Gottes, Kapelle von Rosslyn. Diese Darstellung vom Haupt Jesu am Kreuz scheint in der christlichen Ikonographie einzigartig zu sein. Die Tatsache, daß eine solche Darstellung in der «Gralskapelle» von Rosslyn zu finden ist, scheint äußerst bemerkenswert. © Liz Laidler

Apollos Kopf auf dem Kreuz. Bei Apollo handelt es sich um den Sonnengott. Er kann als griechisches Gegenstück zu Aton verstanden werden. Ordensinsignie der Templer von höherem Rang. © Robert Bryden

Der «Kopf» der Sonne auf dem Kreuz, Ordensinsignie der Templer von höherem Rang. Die Ähnlichkeit dieses Kreuzes mit anderen auf dieser Seite abgebildeten Kreuzen ist verblüffend. © Robert Bryden

Die Templer verehrten einen eigentlichen Kopf oder zumindest die Darstellung eines Kopfes. Dieses Gemälde eines Templerkopfes, das 1951 bei Templeton gefunden wurde, weist eine beeindruckende Ähnlichkeit mit dem Haupt Jesu auf.

Der Kopf von Sara, der Frau Abrahams. Die Frage stellt sich, weshalb Sara von solch großer Bedeutung für die Templer gewesen ist.

flog». Er besteigt sein Pferd und reitet schnell weg, aber als er zurückschaut, sieht er, daß sich sowohl Körper als auch Kopf in Luft aufgelöst haben. Gegen Ende der Erzählung sitzt König Artus gerade mit seinen Rittern zusammen, als eine schöne Jungfrau die Halle betritt. Sie trägt eine Truhe aus purem Gold, die reich mit Edelsteinen verziert ist, und darin liegt ein abgeschlagener Kopf.

Warum findet man hier eine Unmenge von Köpfen? Man kann sicher sein, daß sie nicht zufällig in so großer Zahl in der Erzählung vorhanden sind. Die wahrscheinlichste Erklärung dafür ist, daß der Verfasser es mit voller Absicht getan hat, um die Aufmerksamkeit auf das Konzept des Schädelkults zu lenken. Hier findet man also Beispiele für das Köpfen in Verbindung mit Gebet und Sarg oder Särgen (die hochmütige Jungfrau), für rituelles Köpfen (im Schloß der Bärte), für das Verschwinden von Kopf und Körper (Lanzelots Versprechen) und für das Aufbewahren eines abgeschlagenen Kopfes in etwas, dessen Beschreibung verdächtig an ein Reliquiar erinnert (der Kopf in der Truhe).

Im *Perlesvaus* kann man auch lesen, daß die häßliche Seherin, als sie in Cardeuil eintrifft, wo König Artus hofhält, «[...] den Kopf eines Königs in den Händen hält, versiegelt mit Silber und gekrönt mit Gold». Eine zweite Frau bringt den Kopf einer Königin, versiegelt in Leder und gekrönt mit Kupfer, und ein Schild mit einem roten Kreuz (dem Zeichen der Templer), und man erfährt, daß es sich um den Schild Josephs von Arimathia handelt. Die Seherin sagt König Artus, daß draußen in einer Karosse, die mit schwarzem Samt ausgeschlagen ist und von drei weißen Hirschen gezogen wird, die Köpfe von einhundertfünfzig Rittern liegen, einige sind mit Gold versiegelt, andere mit Silber, die restlichen mit Leder. Später hat man das noch so ausgeschmückt, daß die Köpfe in Gold Christen, die in Silber Juden und die in Leder Sarazenen (= Muslimen) zuzuordnen sind. Bizarr ist, daß der Königskopf der Adams sein soll und der der Königin Evas. Das ist offensichtlich die «oberflächliche» Bedeutung der Erzählung, geschaffen für die Ahnungslosen, die nicht eingeweiht sind. Die Zusatzerklärung scheint das Eingeständnis zu sein, daß es wirklich eine Reihe einbalsamierter Schädel gab, die einst Mitgliedern aller genannten Völker (Christen,

Juden und Muslime) gehörten, und daß die Schädel irgendwie mit dem Königtum verbunden sind. Eine weitere Verbindung zum Königtum wurde von Glenys Goetinck bemerkt, der bei der Besprechung des *Peredur* den abgeschlagenen Kopf und die Platte mit dem Blut in Verbindung zu früheren walisischen Motiven setzt, die den Verlust des Herrscherhauses symbolisierten.[20] Könnte sich dieser Verlust des Königtums auf Echnaton, Jesus und die Merowinger beziehen, die alle ihren Anspruch auf die Königswürde verloren hatten? Das wäre wahrscheinlich. Deshalb dient der Kopf in diesem Teil der Erzählung zwei Zwecken des Autors: Er weist zum einen auf die Wurzeln der Mysterien der geheimen Religion (den Schädelkult) hin und symbolisiert andererseits den Verlust der weltlichen Macht des Königshauses.

Im *Perlesvaus* besucht Lanzelot auch das Gralsschloß. Er begegnet drei grauhaarigen Rittern in einem Boot, von denen einer mit einer goldenen Angel fischt. Bei ihnen ist eine Frau, die einen abgeschlagenen Kopf hält. Drei andere Frauen sind bereits vorgestellt worden, von denen jede irgendein ziemlich scheußliches Objekt hält, und drei andere folgen später. Der Grund, warum sie die drei betagten Ritter begleiten – oder wie sie am Verlauf der Handlung beteiligt sind –, wird nie offen erklärt. Sie sind einfach da, wie Phantome, die am Rand der Erzählung lauern und ihre furchterregenden Trophäen festhalten, um dafür zu sorgen, daß der abgeschlagene Kopf dem Leser immer im Kopf herumgeht. Einer der wenigen Forscher, die dieses Problem von einem Übermaß an abgeschlagenen Köpfen erwähnen, ist Robert Loomis in seinem Buch *The Grail*. Aber er kann keinen Grund für dieses ständig wiederkehrende Motiv finden und ruft erbost aus: «Sollte das eine makabre Obsession, das Symbol eines kranken Geistes sein?»[21] So weit ist also die moderne Forschung mit dem Versuch gekommen, das Geheimnis der abgeschlagenen Köpfe in den Gralssagen zu erklären – entweder sind die Köpfe da, weil die Verfasser der Gralserzählungen eine «makabre Obsession» hatten, oder sie waren einfach «geisteskrank». Erst jetzt, da wir wissen, was der Schädelkult war, ergibt dieses wiederkehrende Motiv einen Sinn, und man kann erkennen, was es wirklich ist – die verschlüsselte Darstellung der okkulten Lehren, die weit in die Geschichte zurückreichen.

Aber gab es weitere Beweise, die diese Erklärung für die Anwesenheit der Köpfe in den Gralssagen stützen konnten und sie mit der Spur in Verbindung brachten, der ich von Joseph/Yuya über Moses/Echnaton, die Benjaminiten und den Tempel Salomos, Jesus und die Merowinger gefolgt war?

Der Parzival

Die Antwort fand sich in einer weiteren Gralssage, dem *Parzival*, der, fast hundert Jahre nachdem Chrétien de Troyes zum ersten Mal die Gralsthematik aufgegriffen hatte, geschrieben wurde.[22] Eine so lange Zeitspanne könnte bedeuten, daß das Werk ein Derivat ist, daß der Autor des *Parzival* Chrétiens Werk ebenso wie die ganzen Versionen und Variationen, die darauf folgten, benutzte und seine eigene Version zusammenstellte, die vielleicht ein paar eigene Erfindungen enthielt. Aber der Verfasser des *Parzival*, Wolfram von Eschenbach, streitet jede Verbindung zu Chrétiens Werk ab. Im Gegenteil – er besteht darauf, daß Chrétiens *Perceval* keine Autorität hat und daß sein Werk das wahre Geheimnis des Grals enthält. Für unsere Nachforschungen ist die Quelle von Wolframs Kenntnissen das eigentlich Interessante und Bedeutende. Er erzählt selbst, daß er die Geschichte von einem Mann hätte, den er Kyot de Provence nennt. Einige Wissenschaftler haben sehr plausible Begründungen dafür geliefert, daß Kyot mit Guiot de Provins gleichzusetzen ist. Guiot war Mönch und Troubadour, und in seinen Liedern gibt es Liebesgeschichten, Denunziationen der römisch-katholischen Kirche und Verse, die die Tempelritter und ihre Mission unterstützen. Die Tempelritter tauchen in Guiots Werken immer wieder auf und bilden eines der Hauptthemen.

Wolfram von Eschenbachs *Parzival* bemüht sich ebenso, die Templer in den Himmel zu heben, denn er schildert sie als Wächter des Grals. Damit greift Wolfram den *Perlesvaus* auf, indem er von einer Gruppe eingeweihter Ritter spricht – ihrer Kleidung und ihrem Verhalten nach können sich seine Beschreibungen nur auf den Orden der «Armen Ritter» vom Tempel des Salomo beziehen –, obwohl die Templer nie direkt mit Namen erwähnt werden. Das ist seltsam, denn der *Perlesvaus* beruft sich ständig auf Josephus als Autorität für die beschriebenen Vorgänge. Da Josephus im ersten Jahrhundert nach Christus schrieb, weist der Verfasser offenbar darauf hin, daß die beschriebenen Vorfälle sich auch im ersten Jahrhundert oder sogar noch früher ereigneten. Der mittelalterliche Orden der Tempelritter ist daher völlig fehl am Platze. Es könnte sein, daß man begreifen sollte, daß die beschriebenen Ereignisse – wiewohl im ersten Jahrhundert vorgefallen – immer noch in der Zeit relevant waren, in der der Verfasser schrieb, und daß im zwölften und dreizehnten Jahrhundert die Tempelritter die Wächter des Grals waren. Das wird anscheinend durch einen anderen Abschnitt des *Perlesvaus* bestätigt, wo ein hoher Initiierter des Grals ungewöhnlich ehrlich über die heiligen Schädel spricht. Er erzählt dem Helden Perceval: «Es gibt Köpfe, die in Silber versiegelt sind, und es gibt Köpfe, die in Leder versiegelt sind, ebenso wie die Leiber, zu denen diese Köpfe gehörten.» Der Initiierte ist in Weiß gekleidet und trägt ein rotes Kreuz auf der Brust – die Uniform der Tempelritter. Nach Aussage des *Perlesvaus* waren also die Templer im Besitz der konservierten Schädel, aber es wird nie darüber gesprochen, um wessen Schädel es sich handelt. Wie wir gesehen haben, waren die Schädel, die von den Templern angebetet wurden, in der Lage, sie «zu retten [...] reich zu machen [...] die Bäume zum Blühen zu bringen [...] das Land fruchtbar zu machen»[23] (s. Anhang I). Das sind Kräfte, die nicht nur mit Brans Kopf, sondern auch mit dem Gral untrennbar verbunden sind.

Die Verbindung von Guiot de Provins zu den Troubadouren ist ebenfalls interessant und verrät eine Menge. Troubadoure waren die Dichter und Musiker des südlichen Frankreich, die ihre Werke gewöhnlich in ihrer Muttersprache verfaßten (gewöhnlich die *Langue d'Oc*) und nicht in der damals üblichen Schriftsprache Latein. Ihre Themen waren die Ideale der höfischen Liebe und die Verherrlichung der Frauen. Das war zumindest oberflächlich gesehen der Inhalt ihrer Dichtungen. Doch man glaubt allgemein – und aus gutem Grund –, daß der Großteil der Liebesgedichte der Troubadoure sich nicht auf fleischliche oder körperliche Liebe bezieht (wie es auf den ersten Blick aussieht), sondern daß es sich bei ihnen in Wirklichkeit um eine Art religiöse Allegorie handelt, die sich mit einer häretischen Sicht des Christentums befaßt.[24] Die Parallelen zu den Gralslegenden sind offensichtlich. Es ist auch allgemein anerkannt, daß viele Troubadoure ihre Beschützer in den Häusern der katharischen Adligen in Frankreich fanden – und die «häretischen» Katharer sollten später bei meinen Nachforschungen als anerkannte Besitzer des Grals auftauchen. Seltsamerweise verschwanden die Musik und die Dichtungen der Troubadoure, nachdem der Albigenser-Kreuzzug die Macht der Katharer-Herren im Süden Frankreichs zerstört hatte, was wiederum stark auf eine Verbindung zwischen diesen rätselhaften Poeten und der «Häresie» der Katharer schließen läßt.

Der gelehrte Jude

Guiot de Provins, der anerkannte Mentor Wolfram von Eschenbachs, hat Deutschland erwiesenermaßen im Jahr 1184 besucht, als Friedrich Barbarossa seinen Söhnen in der Kathedrale von Mainz einen Titel verlieh und sie zum Ritter schlug. Wolfram von Eschenbach war ein Ritter, der Barbarossa, dem Kaiser des Heiligen Römischen Reiches, Gefolgschaft schuldete, und die Anwesenheit bei einer so wichtigen Zeremonie war unbedingte Pflicht. Es ist deshalb plausibel, daß die beiden Männer sich kennenlernten und daß Wolfram die Geschichte des Grals von Guiot erfahren hat – genau, wie er es immer behauptet hat. Das macht die anderen Details, die Wolfram über die Herkunft der Gralsgeschichte mitteilt, um so glaubwürdiger. Nach Aussage von Wolfram hatte Kyot (Guiot) die Erzählung von einem gelehrten Mann, einem Juden namens Flegetanis, erfahren. Das ist eigentlich schon seltsam – was sucht ein Jude bei der Weitergabe von Geheimnissen, die etwas so Christliches wie den Gral angehen? Oder es ist vielleicht nicht mehr so seltsam, wenn man unsere neuen Erkenntnisse über die wahre Geschichte der Personen, die im Haus Davids eine Rolle spielten, in Betracht zieht. Wolfram übermittelt weitere Einzelheiten über diesen gelehrten Juden, was in der Tat darauf hindeutet, daß die «Gralsgeschichte», die Wolfram da erfuhr, ursprünglich eine Geschichte war, die von jüdischen Eingeweihten unter Verschluß gehalten wurde. Und diese *Adepti* schienen Angehörige von zwei bestimmten jüdischen Stämmen gewesen zu sein, von denen jeder bereits im Verlauf unserer Spurensuche eine wichtige Rolle gespielt hat:

> *«Ein Heide, Flegetanis, war allgemein bekannt für seine Gelehrtheit. Dieser Erforscher der Natur stammte von Salomo ab und kam aus einer Familie, die lange israelitisch gewesen war, bis die Taufe zu unserem Schild gegen die Höllenfeuer wurde. Er schrieb das Abenteuer des Grals. Von seines Vaters Seite war Flegetanis ein Heide, von denen, die ein Kalb anbeteten [...]»*

Die Übereinstimmungen in diesem kurzen Absatz waren verblüffend. Wieder einmal kamen die Themen König Salomo und das Haus David und die Benjaminiten, die das Kalb anbeteten, zum Vorschein. Und auch Jesus, der auch von Salomo und der davidischen Linie abstammte, und mit dem der Gral in allen Legenden besonders verbunden ist, tauchte auf. Und all das im Kontext eines Dichters mit Templerverbindungen.

Zur Erinnerung: Die Templer werden als Wächter des Grals bezeichnet, dessen Eigenschaften identisch mit dem abgeschlagenen Kopf des Bran und den Schädeln, die die Templer anbeteten, waren. Chrétien de Troyes hatte den Gral und den abgeschlagenen Kopf miteinander verbunden und eingeführt, daß der Kopf mit der Hostie, dem «Leib Christi», identisch ist. Meine anfängliche Schlußfolgerung, daß der Gral nur ein «Deckname» für einen heiligen abgeschlagenen Kopf war, schien somit bestätigt zu sein. Die Romanzen wiesen auch darauf hin, daß der Orden der Tempelritter dieses heilige Objekt oder diese heiligen Objekte besaß. Dazu kam noch, daß dieser Schädel (oder diese Schädel) mit den Juden in Verbindung stand, besonders mit Salomo und den Benjaminiten, die das Kalb verehrten.

Aber warum sollte sich eine Gruppe jüdischer Eingeweihter mit einer Geschichte befassen, in der Jesus die Hauptrolle spielte? Wie wir bereits im 10. Kapitel gesehen haben, hat die jüdische Überlieferung –

wenn sie denn Jesus überhaupt erwähnte – dies in wenig schmeichelhaften Worten getan: Er war ein Verführer der Kinder Israels, ein Zauberer, dessen Ende – zu Tode gesteinigt und an einen Pfahl gehängt – alles andere als nobel war. Es ist wahrscheinlich, daß Flegetanis und seine jüdischen Adepten Vertreter des esoterischen Judentums waren, des ketzerischen Judentums, die nach meinen Forschungsergebnissen ein radikal anderes Gotteskonzept vertraten als das des orthodoxen Jahwe – nämlich eines, das den ursprünglichen Lehren Echnatons verbunden war. Und für eine so esoterische Gruppe waren Jesus und seine Nachkommen wichtig, denn sie verkörperten die lebendige Fortsetzung der heiligsten Blutlinie – die der Pharaonen.

Jesus und die Gralsfamilie

Obwohl es allgemein heißt, es handle sich um eine spezifisch christliche Legende, bleibt die Tatsache bestehen, daß die meisten Hauptpersonen in der Gralssage Juden oder zumindest jüdischer Abstammung sind. Das gleiche trifft natürlich auch auf die Protagonisten des Neuen Testaments zu. In den meisten Gralslegenden trägt der Held Perceval den Beinamen «Sohn der Witwe», einen Titel, den man den bisherigen Erkenntnissen in diesem Buch zufolge sowohl bei den ägyptischen Pharaonen als auch – aufgrund seiner Herkunft aus diesem Geschlecht – auf Jesus anwenden kann. Das weist darauf hin, daß Perceval als Sohn der Witwe die gleiche Abstammung hat. Außerdem wird Perceval als naher Verwandter Josephs von Arimathia und/oder des rätselhaften Fischerkönigs bezeichnet – eine Feststellung, die eine Verbindung zwischen Perceval und Jesus völlig unbestreitbar machen sollte.

Es gibt viele Beweise dafür, daß Joseph von Arimathia und der Fischerkönig in den Gralssagen in Wirklichkeit ein und dieselbe Person sind. In der überwiegenden Mehrheit der mittelalterlichen Gralslegenden ist es Joseph von Arimathia, der den Gral in den Westen bringt, nach Frankreich und dann nach Britannien. Doch in Robert de Borrons Werk *Roman de l'Estoire dou Saint Graal* gelangt der Gral in den Besitz von Joseph von Arimathia, der ihn offenbar an Brons, den

Fischerkönig, weitergibt. Und er, nicht Joseph, bringt ihn in den Westen. Wenn man nun bedenkt, daß die meisten Gralssagen es anders darstellen als Robert de Borron, scheint er hier einfach nur einen zusätzlichen Darsteller in die Erzählung eingefügt zu haben. Daher kann man wohl mit Sicherheit annehmen, daß der Fischerkönig und Joseph ein und dieselbe Person sind. Da das so ist, weisen alle Gralssagen auf die Tatsache hin, daß Perceval mit ziemlicher Sicherheit jüdischen Ursprungs ist, und daß er und Joseph von Arimathia dem gleichen Geschlecht entstammen.

Wenn man das weiß, ist es möglich, den Versuch zu unternehmen, das genaue Verwandtschaftsverhältnis zwischen Joseph/Fischerkönig und Perceval zu ergründen. In allen Werken, die hier in Betracht gezogen wurden (außer der Romanze von de Borron), also in Chrétiens *Le Conte du Graal*, im *Peredur*, im *Perlesvaus* und im *Parzival* Wolfram von Eschenbachs, ist Perceval entweder der Neffe von Joseph oder dem Fischerkönig. Wenn nun Joseph und der Fischerkönig identisch sind, wie es der Fall zu sein scheint, dann ist Joseph von Arimathia wohl der Onkel Percevals. Diese Schlußfolgerung erwies sich als äußerst wichtig, um einige Schlüsselstellen der Gralssage zu dekodieren und für die Identität des heiligen Schädels.

Der Kopf des Vetters

Im walisischen *Peredur* wird Perceval später in der Erzählung gesagt, daß der Kopf, der vor ihm durch die Halle des Fischerkönigs getragen worden war, in Wirklichkeit der seines Vetters war. Es geht hier um den Kopf, der im Gral herumgetragen wurde – oder der, was wahrscheinlicher ist, selbst der Gral war. Auch in Chrétiens *Le Conte du Graal* gibt es eine Szene, in der Perceval eine Dame trifft, die unter einem Baum sitzt und den Kopf eines Mannes in einem Gefäß aus Elfenbein in Händen hält. Die Dame erzählt Perceval, daß es sich um den Kopf seines Vetters handelt. Das gleiche Szenario wird im *Perlesvaus* wiederholt, wo auch betont wird, daß der Kopf in der Elfenbeintruhe der von Percevals Vetter ist.

Warum wird hier die Aufmerksamkeit auf diesen Kopf gelenkt? Und warum ist es der Kopf von Percevals «Vetter»? Offenbar ist hier wieder die Abstammung wichtig, denn der Kopf hat keinen Namen, nur seine Verwandtschaft zu Percevals Familie gilt etwas. Wer war also Percevals Vetter? Die Gralssagen schweigen sich zu diesem Thema aus – und das ist seltsam. Obwohl fast jede andere Person diesen oder jenen Titel trägt, erfährt man nie den Namen des Kopfes in der Elfenbeintruhe. Oder zumindest nicht direkt. Es ist so, als würde man aufgefordert, den Namen selbst zu finden, ein Puzzle oder Rätsel zu lösen. Aber die Lösung scheint nicht in den Gralsgeschichten enthalten zu sein. Um die Lösung zu finden, muß man sich einfach kurz «Urlaub» von den verschlungenen Wegen der Gralssagen nehmen und sich einer Person zuwenden, die nicht nur eine der Hauptpersonen im Grals-zyklus ist, sondern auch eine der rätselhaftesten Gestalten des Neuen Testaments – Joseph von Arimathia.

Joseph von Arimathia

Obwohl er eine große Rolle in der Sage spielt, berichten die Verfasser der Gralssagen nur sehr wenig über Joseph von Arimathia. Meistens ist er einfach eine «Voraussetzung» der Handlung. Er ist der Hüter des Grals und der Onkel Percevals. Sein Schild trägt (im *Perlesvaus*) ein rotes Kreuz, das Templer-Symbol *par excellence* (oder vielleicht haben die Tempelritter das rote Kreuz aus Josephs Wappen übernommen). Eine Gralslegende behauptet, Joseph sei «sieben Jahre lang ein Soldat des Pilatus gewesen», und mindestens eine Sage, Robert de Borrons *Roman de l'Estoire dou Saint Graal*, verlegt die Ereignisse der Gralsgeschichte in die Zeit des Joseph von Arimathia.[25] Ebenso bezieht sich der *Perlesvaus* laufend auf die Autorität von Flavius Josephus, dem Historiker des ersten Jahrhunderts, was zwar offenbar falsch ist, aber wieder darauf hindeutet, daß der Verfasser den Leser zu dem Glauben verleiten will, daß die Ereignisse, die in der Sage beschrieben werden, in der Zeit des Joseph von Arimathia (also zu oder kurz nach der Zeit Christi) stattfanden.

Die Bibel ist sogar noch verschlossener, was Joseph angeht. Er wird als reicher Mann beschrieben, als Mitglied des Sanhedrin, einer Gruppe einflußreicher Männer, die unter römischer Oberhoheit Jerusalem regierten. Joseph ist der Mann, der von Pilatus den Leichnam Jesu erbittet und ihn auch bekommt. Dann legt er ihn in das Grab, das er für sich benutzen wollte. Danach verschwindet er aus der biblischen Geschichte. Das ist zumindest aus zwei wichtigen Gründen seltsam.

Erstens konnte nicht jeder den Leichnam eines Hingerichteten bekommen. Nach jüdischer Tradition war nur der engste und älteste männliche Verwandte dazu berechtigt. Da Jesus Vater Joseph allen Berichten zufolge tot war und Jesus keine älteren Brüder hatte, wäre diese Pflicht wohl dem nächsten männlichen Verwandten zugefallen. Das wäre logischerweise (man muß bedenken, welch riesige Familien es damals gab) einer der Brüder von Jesus Vater Joseph oder seiner Mutter Maria gewesen. Demzufolge wäre die Person, die um Jesu Leiche bat, Jesus Onkel gewesen, und das würde bedeuten, daß Joseph von Arimathia mütterlicher- oder väterlicherseits der Onkel von Jesus gewesen ist. Das alles wird wahrscheinlicher, wenn man sich eine Behauptung im *Perlesvaus,* in der es um die «heilige Abstammung des Joseph von Arimathia» geht, anschaut. Warum sollte Josephs Abstammung heilig sein, wenn sie nicht eng mit Jesus und dem Haus Davids verbunden war? Dieses Argument wird noch durch eine zweite Beweiskette bekräftigt, die man in der Bibel und einigen alten Manuskripten finden kann und in der es um Marias und Joseph von Arimathias Handlungen nach der Kreuzigung ging.

In einem bezeichnenden Absatz im Johannesevangelium erfährt man, daß Jesus, während er am Kreuz hing, dafür Sorge trug, daß man sich nach seinem Tod um seine Mutter kümmern würde: «Als nun Jesus die Mutter sah und neben ihr den Jünger (Johannes) [...] sagte er zur Mutter: Weib, siehe dein Sohn! Hierauf sagte er zum Jünger: Siehe, deine Mutter! Und von jener Stunde an nahm sie der Jünger in *sein Haus*» (Joh 19,26.27). Ganz gleich, ob man nun Haus einfügt oder nicht, die Aussage bleibt gleich – Johannes wurde der Beschützer der Maria. Johannes Status als Beschützer oder *Paranymphos* wird auch in zwei alten Chroniken bestätigt, und zwar in der *Magna Glastoniensis*

Tabula und im Cotton MS Titus. Aber diese beiden Chroniken nennen auch noch den Namen eines zweiten Beschützers – und das ist Joseph von Arimathia. Jesus hatte am Kreuz Johannes zum Beschützer bestimmt, und einem Sterbenden wird nur selten eine Bitte abgeschlagen. Aber traditionell war der nächste lebende männliche Verwandte der Beschützer, und offenbar wurde Joseph ernannt, um den Verpflichtungen dieses Brauches nachzukommen. Manche Überlieferungen bezeichnen Joseph als den Vetter Marias, aber das würde bedeuten, daß weder ihr Vater noch einer ihrer Brüder noch am Leben gewesen wäre. Das aber erscheint unwahrscheinlich, wenn man in Betracht zieht, daß die Familien damals riesig waren und Anna, Marias Mutter, angeblich drei Ehemänner gehabt haben soll. Doch die Beweise in den Überlieferungen deuten darauf hin, daß Joseph der Bruder Marias war. Diese Faktoren – Josephs Verwandtschaft mit Jesus und seine familiäre Beziehung zu Maria – bestärken einander, und es ist sehr wahrscheinlich, daß Joseph von Arimathia der Bruder Marias und der Onkel Jesu war.

Wenn man das als gegeben annimmt, kann man diese Schlußfolgerung zu den Informationen rechnen, die aus den Gralssagen kommen und erraten, zu wem der abgeschlagene Kopf in der Elfenbeintruhe – der Kopf des Vetters – gehörte.

Joseph von Arimathia ist laut Aussage der Gralslegenden der Onkel von Perceval und nach den Beweisen aus der Bibel und anderer Quellen auch der Onkel von Jesus. Das bedeutet, daß Perceval und Jesus Vettern sein müssen. Jetzt soll der geheimnisvolle namenlose Kopf in der Elfenbeintruhe angeblich Percevals Vetter sein. Wollen die Gralssagen damit etwa versteckt den Hinweis geben, der Kopf sei der von Jesus? Natürlich sind auch andere Erklärungen möglich. Es hätte einen hypothetischen «dritten Vetter» geben können, der sowohl mit Jesus als auch mit Perceval verwandt war und dessen Kopf abgeschlagen und einbalsamiert wurde.[26] Aber mit dem Wissen, daß Jesus Nazarit und der Kopf ihm heilig war und daß die Nazariten die Traditionen von Echnatons Geheimlehren und den Schädelkult bewahrten, und mit dem Wissen, daß Jesus dem Geschlecht der Pharaonen entstammte, ist es mit hoher Wahrscheinlichkeit möglich, daß die Verfasser der Gralssagen wirklich die Information liefern, daß es sich um den Kopf Jesu handelt. Selbst wenn man der Gralsromanze des Robert de Borron folgt, der steif und fest behauptet, Perceval sei der Enkel Joseph von Arimathias gewesen, bleiben Perceval und Jesus immer noch Vettern zweiten Grades, was unter der Voraussetzung der Tatsache, daß der Grad der Verwandtschaft in keiner Gralssage erwähnt wird, immer noch die Schlußfolgerung zuläßt, daß der Kopf in der Elfenbeintruhe der von Jesus ist.

Das Haupt Gottes

Das war natürlich eine Schlußfolgerung, die man nur schwer akzeptieren konnte, aber nach den Enthüllungen der vorausgegangenen Monate kam sie nicht ganz unerwartet. Trotzdem mochte ich diese Ergebnisse nicht so einfach hinnehmen. Erst mußte ich hieb- und stichfeste Beweise haben, die Joseph mit dem Kopf Jesu in Verbindung brachten. Erst als ich ein weiteres Stück des Puzzles an der richtigen Stelle eingefügt hatte, konnte ich endlich die Identität des Kopfes als bestätigt ansehen.

Ich fand es, als ich noch einmal die *Continuation* des altfranzösischen *Perceval* las. Es war in dem Abschnitt, der sich mit den Ereignissen nach der Kreuzigung Jesu befaßt[27] und sich dabei im großen und ganzen auf das *Evangelium Nicodemi* stützt, das zu den neutestamentlichen Apokryphen gehört. Dort steht wie in den übrigen Evangelien auch, daß Joseph von Arimathia nach der Kreuzigung den Leichnam Jesu an sich nahm und ihn in sein eigenes Grab legte. Das *Evangelium Nicodemi* berichtet weiter, daß Joseph kurz danach von den Juden eingekerkert wurde. Aber als man am Ostertag die Tür seines Verlieses öffnete, war er durch die Gnade des auferstandenen Christus auf geheimnisvolle Weise seinen Häschern entkommen und lebte in seinem Haus in Arimathia. Die *Continuation* von Chrétiens Epos berichtet weiter, daß «die Juden»

> *«[...]einen Rat abhielten, um Joseph zu verbannen und aus dem Land zu vertreiben, und sie teilten ihm mit, daß er wegen seines*

Verbrechens sofort abreisen müsse – er und all seine Freunde, wozu auch Nikodemus gehörte, der ein äußerst weiser Mann war, und eine seiner Schwestern. Nikodemus hatte einen Kopf geschnitzt, der aussah wie der Herr an dem Tag, als er Ihn am Kreuz gesehen hatte. Aber ich bin mir sicher, daß Gott der Herr bei der Gestaltung seine Hand führte, denn man sagt: Kein Mensch hat je so etwas gesehen oder mit eigener Hand schaffen können […]

Als Nikodemus erfuhr, daß er das Land verlassen mußte, nahm er heimlich den Kopf und brachte ihn, ohne es jemandem mitzuteilen, unverzüglich nach Jaffa, warf ihn ins Meer und empfahl ihn der Gnade Gottes, nach dessen Antlitz er ihn geschaffen hatte […].»

Dieser Nikodemus genoß hohes Ansehen in der jüdischen Gemeinde, und er war wie Joseph von Arimathia ein Mitglied des Sanhedrin. Wie das Johannesevangelium verrät, war er außer Joseph der einzige Mensch, der bei der Grablegung Jesu dabei war und die Zeremonien und Rituale durchführte, die im Grab erforderlich waren: «Aber auch Nikodemus, der das erstemal bei Nacht zu ihm gekommen war, kam und brachte eine Mischung von Myrrhe und Aloe, ungefähr hundert Pfund.» (Joh 19,39) Die erwähnten Heilkräuter und das Gewicht (fast dreißig Kilogramm, eine ungeheure Menge) regen die Phantasie ungemein an. Aloe und Myrrhe wurden nämlich oft zum Einbalsamieren benutzt.

Sehen wir doch einmal, was wir hier haben: Nikodemus war eine der zwei Personen, die bei der «Salbung» von Jesu Leiche dabeiwaren. Er brachte eine ungeheure Menge von Salben zum Einbalsamieren mit, und laut Aussage des Verfassers der *Continuation* besaß Nikodemus zufällig einen Kopf Jesu – nicht ein simples Porträt, sondern einen, *der aussah wie der Herr an dem Tag, als er Ihn am Kreuz gesehen hatte*, ein Kopf, den *kein Mensch mit eigener Hand schaffen konnte* und *bei dem Gott der Herr die Hand führte*. Es wird nicht erwähnt, warum und zu welchem Zweck der Kopf «geschnitzt» wurde. Materialien zum Einbalsamieren, eine geheime Grablegung – danach verschwindet der Leichnam, und Nikodemus ist im Besitz eines lebensechten Kopfes von

Jesus, will das aber unter allen Umständen geheimhalten. Was soll man da wohl denken?

Wenn man das liest, sollte man auf jeden Fall daran denken, wie gefährlich es zu jener Zeit war, so etwas zu schreiben, und welches Risiko ein Autor auf sich nahm, der «Ketzerisches» zu Papier (oder Pergament) brachte. Weit harmlosere Ketzereien beschworen den Zorn der heiligen Mutter Kirche herauf und hatten schreckliche Strafen zur Folge. Wenn man das «Undenkbare» für einen Augenblick als gegeben annimmt und die Möglichkeit in Erwägung zieht, daß der einbalsamierte Kopf Jesu durch Nikodemus vom Leichnam abgetrennt wurde – wie konnte ein mittelalterlicher Mitwisser des Geheimnisses diese Information an die weitergeben, die er erreichen wollte? Plump wäre es, einfach die körperliche Auferstehung zu leugnen (und statt dessen wie die gnostischen Christen eine Auferstehung des Geistes zu vertreten), die immerhin das Rückgrat des kirchlichen Dogmas bildet. Wenn man sich klarmacht, wie groß die Macht der Kirche war, dann war es schlicht unmöglich, die Fakten ehrlich aufzuschreiben. Jeder, der so etwas machte, hätte Verhaftung, Einkerkerung, Folter und den Scheiterhaufen riskiert.[28] Das Dokument selbst wäre gebannt und verbrannt worden. Die Wahrheit konnte man am ehesten dadurch verbreiten, daß man eine Erzählung entwarf, in der die Person, die nach der Kreuzigung im Grab dabei war und die Christi Leiche «salbte», in enge Verbindung zu *einem* Kopf Christi gebracht wurde. Und genau das findet man in der *Continuation* mit Nikodemus als dem Handwerker, der den Kopf Jesu schnitzte (daß ein hochgestellter, reicher Angehöriger der jüdischen Oberschicht als Mann gezeichnet wird, der übermenschliche Begabung in einem Handwerk besitzt, ist ein zusätzlicher Hinweis darauf, wie unmöglich diese Geschichte vom «geschnitzten Kopf» ist!). Aber der Verfasser der Geschichte des Nikodemus geht viel weiter – da wird erzählt, der Kopf sei kostbar gewesen und bei Nacht und Nebel aus Jerusalem geschafft worden. Und man liest, daß dieser «geschnitzte» Kopf so lebensecht gewesen sei, daß kein Sterblicher ihn hätte schaffen können «*[...] kein Mensch konnte ihn mit eigener Hand schaffen*». Der Verfasser der *Continuation* wollte seinen eigenen Tod nicht riskieren und ging trotzdem bis hart an die

Grenze, als er schrieb: «*bei dem Gott der Herr die Hand führte*». Im Klartext: Gott selbst hat diesen Kopf geschaffen.

Anders ausgedrückt: Der Kopf war real, echt. Es war buchstäblich das Haupt Gottes.

12

Die Tempelritter und der heilige Schädel

Wenn der Heilige Gral in Wirklichkeit der Kopf Jesu war, was geschah dann damit? War er ins Ausland geschafft worden, wie es die *Continuation* behauptet? Oder hatte man ihn als heilige Reliquie nach Jerusalem zurückgebracht und vielleicht zusammen mit anderen alten heiligen Schädeln, die meiner Meinung nach dort begraben waren, unter dem Tempel von Jerusalem versteckt? Die Antwort schienen nur die Tempelritter zu kennen, da sie es waren, die die Schätze unter dem Tempelberg geborgen hatten. Es war an der Zeit, die Geschichte des Ordens der «Armen Ritter» des salomonischen Tempels genauer zu untersuchen. Weil ich wußte, was bis jetzt schon entdeckt worden war, hoffte ich zuversichtlich, daß eine genauere Untersuchung des Ordens ein besseres Licht auf die wahren Motive ihres «Ketzerglaubens», ihre seltsamen Begräbnisriten, ihre Leidenschaft für Geheimniskrämerei und ihre Verehrung einbalsamierter Schädel werfen würde. Und ich hoffte auch eine Antwort auf die Frage zu finden, die mich ständig beschäftigte – was war aus den heiligen Schädeln geworden und besonders aus dem Haupt Gottes? War es möglich, daß es diese einzigartige, unbezahlbare Reliquie immer noch gab? Konnte man ihre Spur von der Zeit Christi durch fast zweitausend Jahre Geschichte sogar bis heute verfolgen?

Ritter und Mönche

Wie es zur Entstehung der christlichen Militärorden – Tempelritter, Johanniter, Lazarusritter, Deutschordensritter und einer ganzen Reihe kleinerer Gruppen – kam, ist unter Historikern seit langem sehr umstritten. Man argumentierte, daß die Struktur der geheimnisumwobenen muslimischen Sekte der Assassinen zumindest für die Tempelritter als Modell diente.[1] Andere Gelehrte meinen auch, daß der Ursprung im Heiligen Land liegt, glauben aber, daß die Idee des militärischen Ordens durch kulturelle Vermischung aus dem islamischen *Ribat* abgeleitet wurde, einem befestigten Kloster, in dem die Mitglieder zwar eine religiöse Disziplin einhielten, aber gleichzeitig den Eid geleistet hatten, jeden Feind des Propheten mit dem Schwert zu bekämpfen.[2] Wieder andere sind der Meinung, die Ritterorden seien durch eine Änderung des christlichen Denkens in bezug auf die Rolle des Ritters entstanden – und das scheint die vernünftigste Erklärung für das Vorhandensein dieser außergewöhnlichen Mönchsritter zu sein. Im achten und neunten Jahrhundert waren die *miles seculi* (weltliche Soldaten) und die *miles Christi* (Soldaten Christi, wie man die Mönche überall nannte) ganz klar voneinander getrennt. Smaragdus, der Abt von Saint-Mihiel, ließ in seiner Schrift aus dem neunten Jahrhundert keinen Zweifel daran, wer seiner Meinung nach moralisch höher stand:

> *«[...] weltliche Soldaten tragen schwache und gefährliche Waffen, während die der Soldaten Christi stark und hervorragend sind; die ersteren kämpfen so, daß sie sowohl sich als auch die, die sie töten, in ewige Verdammnis führen; die letzteren bekämpfen das Böse auf eine Art, die ihnen nach dem Tod die Belohnung des ewigen Lebens bringt. Die ersteren kämpfen auf eine Art, die sie in die Hölle fahren läßt, die letzteren kämpfen für ewigen Ruhm. Die ersteren dienen nach ihrem Tod mit den Teufeln in der Hölle, die letzteren sitzen bis in alle Ewigkeit mit den Engeln im Königreich des Himmels.»*[3]

Diese Sicht war im Grunde pazifistisch. Die Soldaten Christi kämpften mit Gebeten, Weihrauch und Chorälen gegen den Teufel und seine Kumpane. Gewalt selbst gegen Bösewichte war in sich verdammenswert und verurteilte den Täter zu ewigem Höllenfeuer.

Zur Zeit der gregorianischen Reformbewegung waren die Ansichten der Kirchenmänner nachsichtiger. Jetzt wurde erwartet, daß Krieger selbst im Krieg und im Schlachtengetümmel christliche Werte verkörperten. Diese Einstellung wurde von Bonizo de Sutri zusammengefaßt, der gegen Ende des elften Jahrhunderts schrieb:

> *«Es ist ihre Pflicht, ihren Herren zu gehorchen, nicht zu plündern, ihr eigenes Leben nicht zu schonen, wenn sie das ihrer Herren beschützen, bis zum Tod für das Wohl des Staates zu kämpfen, Schismatiker und Häretiker zu bekämpfen, Arme, Witwen und Waisen zu verteidigen, ihren Treueid nicht zu brechen und niemals ihre Herren zu hintergehen.»*[4]

Mit Beginn der Kreuzzüge im Jahr 1095 wurde diese Verbindung zwischen den Kriegern und ihrer Fähigkeit, ja sogar Pflicht, für den christlichen Gott zu kämpfen und zu morden, in noch größerem Ausmaß betont. Die Schlacht wurde als weiterer Weg zum Heil betrachtet, und Kreuzfahrern wurde Absolution versprochen, wenn sie im Kampf gegen die Ungläubigen für die Eroberung der Heiligen Stadt Jerusalem fielen. Guibert de Nogent sprach im Namen vieler Kirchenmänner, als er die heilbringende Macht des Kreuzzuges folgendermaßen kommentierte:

> *«In unserer Zeit hat Gott die heiligen Kriege eingerichtet, damit die Ritterorden und das abtrünnige Volk, die sich wie die alten Heiden gegenseitig abschlachteten, einen neuen Weg finden mögen, um zum Heil zu gelangen. Sie sind nicht länger verpflichtet, wie es früher der Fall war, die Welt hinter sich zu lassen und das Mönchsleben und eine Ordensregel zu wählen; sie können Gottes Gnade auch erlangen, wenn sie ihrem Beruf nachgehen und weltlich bleiben.»*[5]

Papst Urban II, dessen Rede in Clermont-Ferrand am 27. November 1095 formell den Beginn des ersten Kreuzzuges darstellte, behauptete, daß die Kreuzfahrer Christi Willen erfüllten und «ihren Besitz und ihre Person ganz der Liebe Gottes und der Nächstenliebe gewidmet» hätten.[6] Als die Kirche so offen Waffengewalt als Weg zum Himmel bezeichnete (solange die Gewalt den Ungläubigen galt), förderte sie damit die Verschmelzung von Weltlichem und Religiösem – sie machte den Weg frei für einen Orden von Rittermönchen, der die religiöse Disziplin und Hingebung der Kirche mit der Gewalttätigkeit und tödlichen Kraft des professionellen Kriegers verband. Der erste dieser militärischen Orden war der Orden der «Armen Ritter» des salomonischen Tempels.

Die Tempelritter

Im allgemeinen heißt es in Quellen zur Entstehung der Tempelritter, daß eines Tages Hugues de Payen, Herr des burgundischen Schlosses Martigny, zusammen mit acht anderen Rittern unangemeldet zu Balduin II, König von Jerusalem, kam. Der Chronist William, Erzbischof von Tyrus, behauptet, daß dies im Jahr 1119 stattfand. Diese Ritter,

> *«[...] Gott ergeben, religiös und gottesfürchtig, äußerten den Wunsch, in Keuschheit, Gehorsam und ständiger Armut zu leben, und begaben sich wie gewöhnliche Geistliche ganz in die Hände des obersten Patriarchen, um Christus zu dienen [...]. Weil sie weder eine Kirche noch ein festes Haus besaßen, räumte der König ihnen ein zeitweises Wohnrecht in seinem Palast ein [...]. Die Geistlichen des Tempels bestimmten einen Hof in der Nähe als Platz für den Orden. Außerdem ließen ihnen der König und seine Adligen und der Patriarch mit seinen Prälaten Wohltaten zukommen [...] davon konnten sie essen und sich kleiden. Ihre vornehmliche Aufgabe bestand darin, alle ihre Kräfte einzusetzen, um auf allen Wegen und Straßen die Pilger vor Überfällen durch Räuber und Diebe zu schützen.»*[7]

Die neun Ritter bezogen ihr neues Quartier, die Al-Aqsa-Moschee, die am südlichen Rand der Haram al-Sharif, auch Tempelebene genannt, lag. Es wurde behauptet, daß dieses Gebäude auf den Ruinen des salomonischen Tempels stünde, und von dort bezog der neue Orden seinen Namen. In der Nähe der Moschee bekamen sie ein Areal zugeteilt, auf dem sie beten konnten. Neun Jahre blieben sie dort und nahmen niemanden neu in ihre Bruderschaft auf und unternahmen auch nur sehr wenig zum Schutz der Pilger. Erst im Jahr 1128 zeigte der Orden beim Konzil von Troyes, wo seine wahren Ziele lagen. Hier bekamen die Tempelritter die offizielle Anerkennung, und Bernhard von Clairvaux (später Sankt Bernhard) entwarf und schrieb ihre Regel (eine Art Ordensverfassung, durch den der Orden regiert wurde), die zum Teil der des geistlichen Ordens, dem Bernhard angehörte, dem Orden der Zisterzienser, ähnlich war. Die Regel enthielt zweiundsiebzig Artikel, die anfangs zwei Klassen von Tempelrittern schuf: Ritter und Sergeanten (auch dienende Brüder genannt).[8] Später kam noch eine eigene Klasse von Priestern, die auch Mitglieder des Ordens waren, dazu. In den Artikeln der Regel wurde das weibliche Geschlecht völlig abgelehnt, was durch das Tragen von weißen Gewändern symbolisiert wurde. Nur Ritter durften Weiß tragen, die Sergeanten trugen braune oder schwarze Mäntel, wie es ihrem geringeren Status zukam. Obwohl andere Orden gelegentlich auch Nonnenklöster zuließen, wurde das durch die Regel der Templer ausdrücklich verboten. Kein verheirateter Mann durfte der Bruderschaft beitreten, denn alle Mitglieder hatten «vor Gott Keuschheit gelobt», aber bei manchen wurden Ausnahmen gemacht.

Der heilige Bernhard schrieb das Credo dieser kriegerischen Mönche in seiner Schrift *De Laude Novae Militiae* (Zum Lob der neuen Ritterschaft) nieder. Sie sollte die Philosophie der Templer unterstützen und wurde irgendwann zu Anfang der dreißiger Jahre des 12. Jahrhunderts geschrieben.[9] Versehen mit der ausdrücklichen Billigung des Konzils von Troyes und des heiligen Bernhard, veränderten sich der Status, das Vorgehen und der Reichtum der Tempelritter ungeheuer. Sie blieben nicht länger ein exklusiver Verein mit nur neun Mitgliedern, sondern sie nahmen unzählige neue Mitglieder auf, die mit Hilfe von Rekrutierungskampagnen überall in ganz Europa – von Portugal und Italien bis nach Schottland und den Ostgebieten von Deutschland – geworben wurden. Die Ritter, die als erste in den Orden eintraten, waren fast ausnahmslos Adlige mit ansehnlichem Landbesitz. Und ausnahmslos jeder mußte seinen Besitz dem Orden übergeben. Zur gleichen Zeit begannen die Templer damit, aus Schenkungen und Geschenken von Adligen, die zwar nicht dazu bereit waren, sich den harten Gesetzen des Ordens zu unterwerfen, aber trotzdem seine Ziele unterstützten, einen Reichtum anzuhäufen, den man bis dahin in diesem Ausmaß nicht gekannt hatte. Innerhalb von ein paar Jahren hatten die «Armen Ritter» Geldgeschenke, Ländereien und feste Gebäude in ihrem Besitz und waren der reichste von allen Orden. Geschenke, Akte wahrer Frömmigkeit, kamen aus allen Gesellschaftsklassen und reichten von kleinen Münzen aus Kollekten in Kirchen (die Templer bekamen das Recht, Kirchen wieder zu öffnen, die von den kirchlichen Behörden geschlossen worden waren) bis hin zu Lebensmitteln, Rüstungen und Pferden. Aber die Schenkungen, die zu dem ungeheuren Reichtum führten, kamen aus dem Adel, das geht aus den Büchern klar hervor. Sogar schon im Jahr 1127 war den Tempelrittern ein Gut von Theobald, dem Grafen von Blois, geschenkt worden. Ein anderes Mitglied des Hochadels, William Clito, trat den Tempelrittern die Feudalrechte an seinem Landbesitz ab. William de St. Omer und seine Söhne schenkten die Einkünfte von ein paar Kirchen in Flandern. Daß die Schenkungen gemacht wurden, um die Sache der Christen im Heiligen Land zu fördern, geht aus den Schenkungsurkunden hervor. Der Graf von Flandern sprach in seiner Schenkungsurkunde davon, daß «die Ritter des Tempels ständig für Gott kämpfen, indem sie die orientalische Kirche vor den schmutzigen Heiden verteidigen». König Ludwig VII übertraf seine Adligen noch und schenkte den Tempelrittern die Stadt Savigny.[10] Nach etwas mehr als zehn Jahren gehörten dem Orden Ländereien in mindestens neun europäischen Ländern, einige von beträchtlicher Größe.

Dieser große Reichtum führte zu Einfluß und Macht. In der ganzen Christenheit wurde der Templerorden geachtet und geehrt. Sie waren die geschätzten Berater von Königen, beeinflußten Entscheidungen von großer Tragweite und wurden bei Verhandlungen zwischen den Monarchen Westeuropas im Range eines Botschafters benutzt. Gelegentlich bildeten die Tempelritter auch die Leibwache des Papstes. Als der Sohn König Ludwigs XI von Frankreich geboren wurde, geschah das in dem Schloß der Templer in Atlit, und der Großmeister Reginald von Vichiers wurde Taufpate.[11] Und in den letzten Jahren des lateinischen Syrien war es der Meister des Tempels William de Beaujeu, der die gefährlichen Verhandlungen mit dem Sultan der Mamelucken führte.

Zeitgleich damit stand der Orden jetzt dank der Großzügigkeit einiger Päpste außerhalb der geistlichen wie weltlichen Gerichtsbarkeit. Papst Innozenz III fing damit an, als er drei Bullen mit ausdrücklich beschriebenen Privilegien herausgab – *Omne datum optimum, Milites Templi* und *Militia Dei.* Gegen Ende des zwölften Jahrhunderts besaßen die Tempelritter eine verblüffende Anzahl von Privilegien, zu denen unter anderem gehörten: Weiherecht in ihren Kirchen, Befreiung von allen Zehnten und Steuern, Verbot der Auflösung und völlige Unabhängigkeit von Bischöfen.[13] Spätere Päpste weiteten diese Privilegien und Rechte auf Immunität noch aus. Jeder, der einen Tempelritter verwundete oder auch nur schlug, wurde exkommuniziert, und es war sogar strafwürdig, Angehörige des Ordens zu verärgern. Nach Aussage der päpstlichen Bullen schuldeten die Tempelritter nur dem Papst Gehorsam und erkannten keine andere Autorität als die des Pontifex maximus und der katholischen Kirche an. Ganz gleich, welches Verbrechen sie begingen – kein kirchlicher oder weltlicher Gerichtshof durfte sie verurteilen, nur der Papst hatte das Recht dazu. Nach einem gewissen Zeitraum war auch diese Abhängigkeit vom Papst rein nominell geworden, und am Ende des dreizehnten Jahrhunderts waren die Templer keiner Autorität mehr unterworfen, sie waren völlig unabhängig. Sie stellten eine einzigartige Institution dar – eine autonome Gruppe von Militärs, die über die ganze christliche Welt verstreut war. Sie stellten alles in allem eine souveräne Macht dar.

Die Gedankenfreiheit

Eine solche Autonomie brachte eine weitere Annehmlichkeit mit sich, die im Europa des Mittelalters eher selten war – Gedankenfreiheit. Anders als ihre Zeitgenossen waren die Angehörigen des Ordens bereit, Informationen zusammenzutragen und aus jeder Quelle – egal ob arabischen, christlichen oder jüdischen Ursprungs – zu lernen. Die offene Geisteshaltung der Tempelritter blieb bis zur Mitte des 14. Jahrhunderts, als die Renaissance begann, ein einzigartiges Phänomen in Europa. Das freidenkerische Umfeld der Templer unterschied den Orden von der übrigen Christenheit des Mittelalters, die den strengen Lehren der römisch-katholischen Kirche anhing. Ihr Verstand wurde nicht durch Traditionen gehemmt, und in ihren Auffassungen waren sie nicht an eine «richtige Sicht» von etwas gebunden. Ebendiese intellektuelle Freiheit ließ den Orden der Tempelritter mehr als alles andere gedeihen. In Outremer – so nannten sie Palästina – übernahmen sie viele Sitten ihrer früheren Feinde. Manche führenden Tempelritter sprachen fließend Arabisch (das sie oft als Gefangene bei den Arabern gelernt hatten), und viele beschäftigten arabische Sekretäre. Auf diese Weise lernten sie von der fremden Kultur ihrer Gegner, die in vieler Hinsicht weit gebildeter waren als die Christen.[14] Arabische Zentren des Lernens waren zu jener Zeit Hochburgen des Wissens, und ihre Büchereien enthielten viele alte ägyptische und griechische Schriften, die man im Westen nicht mehr kannte – medizinische Standardwerke wie den *Corpus* von Galen und die *Aphorismen* des Hippokrates sowie Bücher über Astronomie, Naturwissenschaften und Mathematik. Diese Schätze waren aufgrund der fanatischen Zerstörungswut der Kirche gegenüber «häretischen» Büchern verlorengegangen. Die wachsende Macht der Templer und ihre *de facto* Autonomie ermöglichten ihnen die Erschließung dieser neuen Quellen, ohne daß sie ständig die Einmischung der Kirche oder das Damoklesschwert des Scheiterhaufens fürchten mußten.

Diese Aufgeschlossenheit gegenüber neuen Ideen und Konzepten brachte große Vorteile. Es waren die Templer, die dem Westen hochentwickelte Techniken der Landvermessung, Medizin, Architektur und Baukunst brachten. Aber das vielleicht dauerhafteste Vermächtnis, das die Tempelritter der Welt hinterließen, war finanzieller Natur: Fast allein brachten sie es fertig, die christliche Ansicht über Geld zu verändern. Sie waren die ersten richtigen Bankiers – zuerst dienten die Burgen der Tempelritter als «Safe», als Ort also, an dem man Geld sicher unter dem Schutz professioneller Soldaten unterbringen konnte.[15] Aber schon bald dehnte der Orden seine «Dienste» aus. Anfangs wurde das Geld von den Tempelrittern noch von einem Land ins andere geschafft, aber schon bald wurde es möglich, eine solche Transaktion nur auf dem Papier stattfinden zu lassen. Als dem Grafen von La Marche im Jahr 1235 von dem englischen König Henry III eine jährliche Pension von achthundert Livres zugesprochen wurde, erhielten die Templer in London vom König das Geld, und die Templer in Paris zahlten es an den Grafen aus, ohne daß nur ein Stück Bargeld über den Kanal verschifft werden mußte.[16] Es gibt auch einen Bericht aus dem Jahr 1270, wo ein Ritter aus Katalonien Geld bei den Templern im Heiligen Land deponierte und in Palau, in Spanien, ausbezahlt wurde.

Der Orden konnte auch Vermögen über Mittelsmänner verschieben. Falls zum Beispiel König Ludwig XI dringend viertausend *Livres tournois* an seine Repräsentanten in Outremer (Palästina) schicken wollte, dann wandte er sich sofort an den Templerorden. Die Anleihe wurde von den Templern bei den Kaufleuten von Acre aufgetrieben (einer der Chefunterhändler des Königs war der Großmeister des Ordens), wofür sie in Frankreich mit der gleichen Summe entschädigt wurden. Dank den Templern wurde Geld zu einer internationalen Angelegenheit. Es war sogar möglich, ein laufendes Konto beim Orden zu unterhalten. Wie bei einer modernen Bank bekam der Orden regelmäßig das Einkommen des Kontoinhabers ausgehändigt und bezahlte damit dessen Rechnungen.[17] Eine große Zahl französischer Prinzen und Adliger machte regelmäßig Gebrauch von dieser Möglichkeit.

Von Philipp Augustus bis zu Philipp IV hatten die Templer das Schatzamt der französischen Könige inne. Der Orden lieh einer Reihe europäischer Könige Geld – manchmal ungeheure Summen –, eine Politik, die die Monarchen an den Orden band, das Vermögen der Mönche vergrößerte und ihnen die Verwirklichung langfristiger Ziele ermöglichte. Ludwig VII lieh sich Geld von ihnen, um den zweiten Kreuzzug zu finanzieren, und während des dreizehnten Jahrhunderts gaben die Tempelritter den Königen von Aragón regelmäßig Kredite. Ihre Zinsen waren vernünftig (zehn Prozent pro Jahr – jüdische Geldverleiher verlangten damals normalerweise zwanzig Prozent), der Handel war kurz und die Profite riesig.[18] Als die Sarazenen König Ludwig IX von Frankreich gefangennahmen und 800 000 Bezants für seine Freilassung verlangten, brachten die Templer fast ganz allein das Lösegeld auf, um den Souverän aus den Händen der Ungläubigen zu befreien.[19] Kurz gesagt: Die Tempelritter stellten das mittelalterliche Äquivalent zu den internationalen Bankiers von heute dar, und sie waren wie sie in großem Stil im Geldgeschäft.

Aber Reichtümer allein konnten den Orden und den Rest des christlichen Syrien nicht vor der harschen Realität der levantinischen Realpolitik schützen. Das christliche Königreich war ein Küstenstreifen, der von Norden nach Süden nie länger als fünfhundert Kilometer maß und durchschnittlich nie mehr als hundert Kilometer Raum zwischen den Arabern und dem Mittelmeer bot. Diese extremen geographischen Ausdehnungen machten es ausgesprochen angreifbar, eine Verletzlichkeit, die die Kreuzfahrer zum Teil durch den Bau riesiger Festungsanlagen – wie zum Beispiel Gaston und Crac des Chevaliers – zu kompensieren versuchten. Von diesen Burgen aus konnte eine relativ kleine Zahl christlicher Soldaten die Umgebung beherrschen. Während die Moslems zerstritten waren, waren die Europäer vergleichsweise sicher, weil sie eine Seite gegen die andere ausspielen konnten. Aber als das Ägypten der Mamelucken immer mächtiger wurde, geriet der christliche Staat in arge Bedrängnis. Man war von allen Seiten von Feinden umgeben und stand mit dem Rücken zum Meer. Die Aussichten für das christliche Palästina waren trostlos, aber im Jahr 1260 brachte das Auftauchen der mongolischen Armee des Hulagu, Großkhan von Persien, einen Aufschub. Die Moslems schlossen Waffenstillstand mit den Christen, um die Invasion der Mongolen bekämpfen zu können, die bereits Bagdad zerstört hatten. Aber damit wurde nur eine Bedrohung durch die andere ersetzt, denn die Mongolen (Tataren genannt) waren keine Freunde der Christen und stellten mit der Zeit eine ebenso große Bedrohung des christlichen Königreiches dar wie die Mamelucken. Der Verfasser der St.-Albans-Chronik *Flores Historiarum* beschreibt die entsetzte Reaktion, als die Nachricht der mongolischen Invasion durch einen Boten der Tempelritter nach England gebracht wurde:

> *«Der Mann überwand, getrieben von der Notwendigkeit, die große Entfernung mit solcher Geschwindigkeit, daß er nur dreizehn Wochen vom Heiligen Land bis nach London brauchte […]. Doch als man diese Briefe gelesen hatte, brachen sowohl der König als auch die Templer und auch andere, die davon gehört hatten, in großes Wehklagen aus, und zwar in einem Maße, das man noch nie gesehen hatte. Denn die Nachricht war, daß die Tataren mit einer ungeheuren Streitmacht heranmarschierten und bereits das Heilige Land bis fast nach Acre besetzt und verwüstet hatten. Das erstaunlichste war, daß sie das ganze Land mit ihrer Armee besetzen […] und ihre Verwüstung fortsetzen wollten. Und der gleiche Bote berichtete, daß sie alle Fremden, die sich zu ihnen flüchteten oder von ihnen gefangengenommen wurden, bei einer Schlacht in die erste Reihe stellten, und beim Kampf schossen hinter ihnen wie vor ihnen Männer und Frauen Pfeile ab. Ohne Unterstützung durch die mächtige Hand Gottes wird ihnen die Christenheit nicht widerstehen können. Außerdem haben sie bereits fast alle Tempelritter und Johanniter dort getötet, und wenn nicht rasch Hilfe kommt, wird, was Gott verhüten möge, eine schreckliche Heimsuchung über die Welt kommen.»*[20]

Trotz dieser schrecklichen Bedrohung für die Christenheit wurde nur sehr wenig unternommen, und es blieb den muslimischen Armeen vorbehalten, den Vormarsch der Mongolen zum Stehen zu bringen. Im Juli 1260 bat der Mamelucke Kutuiz die Herrscher des christlichen Königreiches darum, unbehelligt mit seiner Armee durch das Land ziehen zu dürfen; ferner bot er ihnen auch eine Allianz an, um gemeinsam gegen die Bedrohung zu kämpfen. Obwohl sie der ersten Bitte nachkamen, lehnten die Christen die zweite ab. Am 3. September desselben Jahres schlugen die muslimischen Armeen in Ain Jalut südlich von Nazareth die mongolischen Streitkräfte. Es war ein großer Sieg, der die Moral und das Selbstvertrauen der Moslems gewaltig stärkte. Es dauerte nur eine Generation, ehe diese Kraft für den Zusammenbruch des gesamten christlichen Königreiches sorgte.

Der Niedergang kam langsam, aber stetig. Als erstes fielen die Burgen und Ländereien, die am weitesten von der Küste entfernt waren, in die Hände der muslimischen Streitkräfte. Es gab Zeiten, die das Unvermeidliche hinausschoben, wie zum Beispiel der Waffenstillstand, den Prinz Edward von England 1271 schloß, oder die Waffenruhen von 1281 und 1282.[21] Aber diese letzte Vereinbarung, in der der Meister der Templer, William de Beaujeu, und der Kommandeur der Mamelucken, Kavalun, einen Frieden von zehn Jahren und zehn Monaten vereinbart hatten, wurde von den Moslems im Jahr 1285 gebrochen. Bald darauf erlitten die Burgen an der Küste das gleiche Schicksal wie die Festungen im Inland. Latakia fiel noch im gleichen Jahr, ebenso wie Al-Marqab, eine Burg der Johanniterritter. Vier Jahre später schickte Kavalun seine Armee vor die Tore von Tripolis. Es geht das Gerücht, daß die Tempelritter durch ihre arabischen Spione schon vorher von dem Angriff gewußt hätten, ihre Warnungen aber ignoriert worden seien, bis es zu spät war.[22] Tripolis wurde im April 1289 erobert. Es war offensichtlich, daß Acre, das Nervenzentrum der Kreuzfahrermacht, das nächste Ziel der siegreichen mameluckischen Streitkräfte sein würde.

Endlich erkannte die Christenheit die Krise, und im Jahr 1290 traf eine Schiffsflotte mit Verstärkung und Vorräten in Acre ein. Aber die unerfahrenen Neuankömmlinge, die zuerst unter großem Jubel als Retter der Stadt begrüßt worden waren, wurden der großen Stadt zum Verderben. Sie entfesselten einen Aufstand und töteten viele Moslems. Nach Aussage des unbekannten Chronisten, der sich der «Tempelritter von Tyrus» nannte, waren die Getöteten keine Krieger, sondern einfache Bauern, die ihre Produkte immer in der Stadt verkauft hatten.[23] Das war der Vorwand, den Kavalun brauchte. Er schickte Boten, die Sühne des Verbrechens verlangten, und drohte mit der Zerstörung der Stadt, wenn seine Forderungen nicht erfüllt wurden. Der

Meister der Tempelritter, der in der Diplomatie der Levante erfahren war, schlug vor, daß alle europäischen Gefangenen, die gegenwärtig zum Tode verurteilt waren, den Moslems als Urheber des Massakers ausgeliefert werden sollten. Sie würden sowieso sterben, und wenn sie durch ihren Tod den Zorn der Mamelucken besänftigen könnten, um so besser. Sein Vorschlag wurde abgewiesen. Und damit war das Schicksal von Acre besiegelt.

Kavalun starb zwar, bevor der Angriff auf Acre begann, aber sein Sohn führte den Krieg ebenso unversöhnlich weiter, und im April marschierte die mameluckische Armee gegen die Stadt. Obwohl alle Männer, die Waffen tragen konnten, zur Verteidigung aufgeboten worden waren, brauchten die Mamelucken nur dreiundvierzig Tage, die Wälle der Stadt zu erobern. Sie drangen über den «Verfluchten Turm» ein und eroberten trotz des erbitterten Widerstands der militärischen Orden langsam die ganze Stadt.[24] Die gesamten anwesenden Lazarusritter und St.-Thomas-Ritter starben bei der Verteidigung. Von den Deutschordensrittern überlebte nur der Hochmeister. Ein Tempelritter – Bruder Rutger von Blum – nutzte die Katastrophe noch zu seinen Gunsten aus: Er kommandierte eine Galeone und erpreßte für die sichere Überfahrt nach Zypern exorbitante Zahlungen von den Flüchtlingen der Stadt.[25] Ein paar Tempelritter schworen dem Glauben ab, als man sie gefangennahm. Sie retteten damit ihr Leben und blieben bis ans Ende ihrer Tage als Sklaven in Ägypten. Doch die meisten starben im Kampf, auch der Meister William de Beaujeu, der von einem Armbrustbolzen getroffen wurde, als er gerade einen gemischten Trupp aus Tempelrittern, Johannitern und Italienern bei dem vergeblichen Versuch anführte, den «Verfluchten Turm» zurückzuerobern.

Die Überlebenden zogen sich in das einzige Gebäude zurück, das noch verteidigungsfähig war und unter Kontrolle der Christen stand. Es war die Templerfestung, die im Südwesten der Stadt lag, nahe dem einzigen noch möglichen Fluchtweg, dem Meer. Ihre Zahl wurde durch unzählige Flüchtlinge vergrößert, die bis jetzt dem Massaker der Moslems entkommen waren, aber keinen Platz auf den Schiffen bekommen hatten. Entgegen den Geschichten, die über die Habgier der Tempelritter umgingen, sorgte der Marschall Pierre de Sevrey dafür, daß alle Frauen und Kinder an Bord der Templerschiffe gebracht wurden, als sie sich zur Abfahrt bereitmachten. Nicht einer der Templergarnison fuhr mit den Schiffen, selbst die Verwundeten entschieden sich zu bleiben. Ein Augenzeuge hat berichtet: «Als sie Segel setzten, jubelten die Templer, die zurückblieben, laut, und so segelten sie ab.»[26] Nur ein einziges Boot blieb dort, und das hatte eine spezielle Aufgabe.

Eine Woche nach dem Fall der Stadt schlug al-Ashraf Kalil eine anscheinend ehrenvolle Übergabe der Festung unter hervorragenden Bedingungen vor. Dazu gehörte freier Abzug aller Flüchtlinge und der Verteidiger. Pierre de Sevrey willigte ein und öffnete die Tore für mameluckische Soldaten, die die Halbmondflagge hissen sollten. Doch gleich nachdem sie hereingekommen waren, fielen die Mamelucken über Frauen und Kinder her. Die aufgebrachten Tempelritter schlossen die Tore und töteten sie bis auf einen Mann. Die Kriegsflagge der Tempelritter – der «Beau Séant» – wurde wieder aufgezogen und wehte trotzig über der Festung. Alle Hoffnung auf einen sicheren Abzug war verloren. Alle wußten, daß ihr Schicksal besiegelt war, sie konnten keine Gnade von den Sarazenen vor den Wällen erwarten. Erst da segelte das letzte Boot im Schutz der Nacht ab. Unter dem Kommando des Templerkapitäns Theobald Gaudin führte das Boot den Schatz des Ordens und die «heiligen Reliquien» mit sich. Welcher Art diese Reliquien auch waren – die Tempelritter schienen sie nur widerwillig aus dem Heiligen Land zu lassen. Erst als alles verloren war, wurden sie ausgelagert.

Überraschenderweise bot al-Ashraf Kalil am nächsten Morgen wieder Verhandlungen an. Er sagte, seine Männer hätten sich übel benommen und den Tod verdient gehabt. Der Marschall, Pierre de Sevrey, stimmte Verhandlungen zu und verließ die Festung, um die Bedingungen festzulegen. Als er die mameluckischen Linien erreicht hatte, wurde er ergriffen und einfach enthauptet. Diese Botschaft war klar – es würde keine Übergabe geben, die Verteidiger konnten keine Gnade von ihren Widersachern erwarten. Alle in der Burg der Tempelritter wußten, daß ihnen das Schicksal der Märtyrer bevorstand. Sie hielten noch drei Tage aus, während Mamelucken unter der Festung

Gänge gruben. Sie arbeiteten in Schichten, bis die Templerfestung nur noch von den Holzbalken ihrer Feinde aufrecht gehalten wurde. Als die Gänge in die Luft gesprengt wurden, stürzte am 28. Mai ein Abschnitt der Mauer ein, und zweitausend Mamelucken strömten durch die Bresche. Sie trafen auf die letzten Reste der Templer-Streitmacht, die getreu ihrem Eid bis zum Tod kämpften. Während die Schlacht wütete, brachen die Mauern der Festung nach innen ein und begruben Christen wie Moslems unter Steinen und Flammen.

Nach dem Verlust Acres war die Lage der übrigen christlichen Streitkräfte hoffnungslos. Es blieben nur noch die Burgen Sidon, Tortosa und Atlit. Sidon wurde im Juli aufgegeben, Tortosa und Atlit einen Monat später. Aber die Tempelritter weigerten sich als einzige, die Hoffnung auf eine Rückkehr ins Heilige Land aufzugeben. Sie planten eine Invasion auf eine winzige Ecke der Levante, die kleine, wasserlose Insel Ruad. Von dort aus wollten sie den Gegenangriff auf die Mamelucken starten. Ruad fiel im Jahr 1303.[27] Die Überlebenden der Garnison wurden in Ketten nach Kairo gebracht, wo sie vor einer festlich gekleideten Menge, gespickt mit den Pfeilen der mameluckischen Bogenschützen, den Tod fanden. Mit ihnen starben der Traum von einem christlichen Heiligen Land und die *Raison d'être* des Ordens der Tempelritter.

Der okkulte Orden

Diese Standardversion der Geschichte der Tempelritter ist – zumindest in den meisten Teilen – unbestritten. Ihr Einfluß auf die Christenheit, ihre breitgefächerten Interessen, ihr Wissensdurst, ihre finanziellen Neuerungen und die bedeutende Rolle, die der Orden zu seiner Zeit in der Politik spielte – all das ist unbestritten. Es gibt auch keinen Zweifel daran, daß die Ritter für das christliche Königreich Jerusalem kämpften und starben und bei zahllosen Gelegenheiten für die Sache Christi ihr Leben ließen. Trotzdem gibt es Facetten der Tempelritter und ihres Glaubens, die Anlaß für erbitterte Diskussionen lieferten. Viele Historiker würden es vorziehen, wenn diese unorthodoxen

Aspekte des Ordens einfach totgeschwiegen und vergessen würden. Zu meiner Überraschung erwähnte eine Reihe von Standardwerken über die Tempelritter, die ich konsultierte, die Schädel noch nicht einmal, die die Tempelritter laut Anklage angebetet haben sollen. Die Autoren schienen der Auffassung zu sein, daß ein Problem nicht existierte, wenn man es nicht erwähnte. Aber die Beweise dafür und andere unorthodoxe Praktiken häufen sich weiter, und zwar in einem solchen Ausmaß, daß es inzwischen unmöglich ist, die orthodoxe Fassung als vollständige und faire Beschreibung des Ordens der Tempelritter zu akzeptieren. Hinter den Mauern dieses Geheimordens von Kriegermönchen ging noch etwas anderes vor. Es mußten glaubhafte Erklärungen für die obsessive Geheimhaltungspolitik der Tempelritter gefunden werden – und für ihre Ausgrabungen unter dem salomonischen Tempel, ihre außergewöhnlichen Begräbnisrituale und die Anbetung von abgetrennten Köpfen, besonders die Verehrung für den «Götzen» Baphomet. Solche Fakten sind dokumentierter Teil der Templergeschichte, und man kann sie nicht einfach deshalb ignorieren, weil sie «unpassend» sind.

Die wahren Anfänge des Templerordens sind geheimnisumwoben. Kurz nachdem Hugues de Payen und seine acht ritterlichen Gefährten bei König Balduin in Jerusalem vorstellig geworden waren und das Recht erbeten hatten, die christlichen Pilger zu verteidigen, erfahren wir von dem Chronisten William von Tyrus etwas Seltsames. Diese Ritter, die erbeten hatten, die unzähligen Pilger zu beschützen, die in die Heilige Stadt strömten, weigerten sich neun Jahre lang, neue Mitglieder in ihren kümmerlichen Orden aufzunehmen.[28] William läßt sich nicht weiter darüber aus, sondern stellt das einfach fest: Fast ein ganzes Jahrzehnt trieb der Orden der armen Ritter Christi des salomonischen Tempels «Nabelschau». Warum? Es kann kaum so gewesen sein, daß ihre Dienste nicht benötigt wurden. Der Pilger Saewulf, der Jerusalem ein paar Jahre nach seiner Eroberung durch die Kreuzfahrer besuchte, macht ganz klar, wie gefährlich die Reise war:

«Wir reisten von Joppa in die Stadt Jerusalem. Die Reise dauert zwei Tage und führt über eine Gebirgsroute, die sehr schwierig und

gefährlich ist, denn die Sarazenen nehmen jede Gelegenheit wahr, um die Christen zu überfallen. Sie liegen hinter den Felsen auf der Lauer und warten Tag und Nacht auf jeden, den sie leicht überfallen können – entweder Pilger, die in kleinen Gruppen reisen, oder erschöpfte Nachzügler, die von ihren Gefährten getrennt wurden.»[29]

Im Jahr 1118, in dem nach Aussage der Historiker die offizielle Gründung der Tempelritter stattfand, war es auch keinen Deut besser. In diesem Jahr wurde eine Gesellschaft von siebenhundert Pilgern in den Bergen zwischen Jerusalem und dem Jordan überrascht. Mehr als die Hälfte wurde von den Sarazenen getötet oder gefangengenommen.[30] Ein Jahr später waren die Bedingungen sogar noch schlechter. In einem Brief an den Erzbischof von Compostela bitten der Prior des Heiligen Grabes, Gerard, und der Patriarch Warmund um Hilfe und Geleitschutz. Die Sarazenen waren überall, raubten und plünderten, und es war unmöglich, ohne eine bewaffnete Eskorte zu reisen. Der Feind war so selbstbewußt, daß sie bis vor die Tore der Heiligen Stadt ritten.[31] Wenn Pilgerreisen zur Zeit ihrer Gründung so gefährlich waren, warum bestanden die Tempelritter dann darauf, für sich zu bleiben, und weigerten sich neun Jahre lang, weitere Rekruten aufzunehmen? Was war so wichtig, daß sie keine Zeit hatten, ihren Eid zu erfüllen und Pilger zu beschützen, indem sie eine angemessene Zahl von Rittern auf den Pilgerstraßen nach Jerusalem postierten?

Als ob das nicht schon komisch genug war, gibt es auch noch Beweise dafür, daß der Templerorden tatsächlich schon einige Jahre vor dem Jahr 1118, dem offiziellen Gründungsdatum, das uns durch William von Tyrus überliefert wurde, existierte. Einige Autoren haben darauf hingewiesen, daß der Orden erst 1127 neue Mitglieder aufgenommen hätte, wenn die Angaben des William von Tyrus stimmen würden. Doch es gibt schriftliche Belege dafür, daß mindestens zwei neue Ritter in den ersten sechs Jahren nach dem angenommenen Gründungsdatum des Ordens aufgenommen wurden und weitere zwei im Jahr 1126 eintraten.[32] Und außerdem steht in einem Brief vom Bischof von Chartres an den Grafen von Champagne, daß der Graf um die Erlaubnis nachgesucht habe, «La Milice du Christ» beitreten zu dürfen, also den Tempelrittern. Der Brief stammt aus dem Jahr 1114, was nach Aussage der orthodoxen Historiker vier Jahre vor der Gründung des Templerordens liegt.[33] Was ist hier los? Warum ist das «orthodoxe» Gründungsdatum der Tempelritter falsch? Warum erfüllten die Tempelritter nicht ihren Eid und sicherten nicht die Pilgerstraßen? Und was haben die ersten neun Mitglieder in den neun Jahren ihrer selbstgewählten Isolation auf dem Tempelberg gemacht?

Die Antwort ist nicht darin zu suchen, was sie *auf* dem Tempelberg machten, sondern was sie *darunter* taten. Darunter und östlich der Al-Aqsa-Moschee, die ihr Hauptquartier war, lagen die Ställe des Salomo, ein riesiges unterirdisches Labyrinth, das von den baulichen Fähigkeiten der Juden zeugte, die es mehr als tausend Jahre zuvor erbaut hatten. Der deutsche Pilger Theoderich, der das Gebiet, ein paar Jahre nachdem die Templer dort Unterkunft genommen hatten, besuchte, hat die detaillierteste Beschreibung der Ställe hinterlassen. Er berichtet, daß unter dem Hauptquartier der Templer

> *«[...] die Ställe lagen, die König Salomo einst errichtete. Sie liegen neben dem Palast, und ihre Bauweise ist bemerkenswert komplex. Sie weisen Nischen, Bögen und Dächer in vielen Varianten auf, und nach unserer Schätzung können sie zehntausend Pferde samt ihren Pflegern aufnehmen. Ein Schuß aus einer Armbrust könnte weder in der Länge noch in der Breite das Gebäude ganz durchmessen.»*[34]

Daß die Tempelritter in den ersten Gründungsjahren ihrer offiziellen Aufgabe ganz und gar nicht nachkamen, scheint auf irgendein geheimes Projekt zurückzuführen zu sein, dem sie unter dem Tempelberg nachgingen. Die neun Ritter machten entweder in den Ställen oder ganz in der Nähe davon Ausgrabungen, deren Zweck nur ein paar hohen Adligen offenbart werden konnte und niemandem sonst. Wenn man an die Geschichten über die «Schätze» denkt, die man unter dem Tempel versteckte – Geschichten, die durch die Schatzrolle von Qumran (die vierundsechzig Verstecke unter dem Tempel und in der Gegend von Jerusalem aufzählt) bestätigt wurden –, ist es sehr wahrscheinlich, daß die neun Ritter nicht in einem Anfall von masochistischem Eremitenwahn ins Heilige Land kamen, sondern um eine «Schatzsuche» von ungeheurer Bedeutung durchzuführen. Die Geschichte, daß sie nach Jerusalem gekommen waren, um Pilger zu beschützen, war Tarnung, um Neugierige von ihrer wahren Aufgabe abzulenken. Daß sie sich im Tempelbezirk und in den Ställen des Salomo niederließen, macht dieses Szenario nur noch wahrscheinlicher. Außerdem waren sie wahrscheinlich die einzige Gruppe, die solche Ausgrabungen durchführen konnte, denn ihr neunjähriges «Exil» auf dem Tempelberg gab ihnen die Möglichkeit und die Zeit, ausgiebige Grabungen durchzuführen.

Es wird nicht angezweifelt, daß es unter dem Tempel Tunnel und Höhlen gibt, die aus dem rohen Felsen gehauen wurden. Im 8. Kapitel konnte man lesen, wie alte Manuskripte diese Tunnel beschreiben und Rabbis von hohem Rang in heutiger Zeit ausgiebige Grabungen in diesen unterirdischen Gängen durchgeführt haben. Außerdem ist das nicht die einzige Bestätigung der unterirdischen Höhlen. Der israelische Archäologe Meir Ben-Dov hat über seine Ausgrabungen in Jerusalem geschrieben. Er erforschte einen Tunnel, dessen Eingang außerhalb des Tempelberges lag und der zu Salomos Ställen unter dem Tempelbezirk führte: «Der Tunnel führt von der südlichen Mauer etwa dreißig Meter hinein, ehe er durch Geröllschutt blockiert wird. Wir wissen, daß er noch weiter verläuft, aber wir hatten es zur festen Regel gemacht, nicht in den Grenzen des Tempelberges zu graben [...] der Tunnel wurde eigentlich von den Kreuzfahrern gegraben [...].» Ben-Dov zog den Schluß, daß es die «Armen Ritter» vom salomonischen Tempel gewesen sein müssen, denn «der Tempelberg diente als militärisches Hauptquartier der Tempelritter».[35]

Weitere Beweise stammen aus einer früheren Quelle. Captain Charles Wilson von den Royal Engineers leitete eine Gruppe, die in den sechziger Jahren des 19. Jahrhunderts Vermessungsarbeiten unter dem Tempelberg durchführte und dort Tunnel und Zisternen ausgrub.[36] Dabei fand die Gruppe viele Gegenstände, darunter einige, die definitiv Tempelrittern gehört haben mußten. Diese Artefakte befinden sich gegenwärtig in Schottland, im Besitz eines Verwandten von Captain Wilson, Robert Bryden. Ich sprach mit Robert Bryden ausführlich über die Funde, und er bestätigte, daß es sie wirklich gibt. Sie stammen nach offizieller Datierung aus dem zwölften Jahrhundert und bestehen aus einer Speerspitze, Sporen, einem Schwertgriff und einem ledernen Schaufelkreuz, dem Symbol der Tempelritter.[37]

Drei wichtige Fakten können nun nicht mehr bestritten werden. Erstens gibt es definitive, aus Quellen belegte Beweise dafür, daß unter dem Tempelberg ein Schatz versteckt war. Zweitens gibt es uralte, von Menschenhand aus dem Felsen gehauene Tunnel und Höhlen unter dem Tempelberg. Und schließlich und endlich wandten die Templer eine Menge Zeit und Energie auf, um zumindest einen dieser Tunnel auszugraben, was durch die Templer-Artefakte bewiesen wurde, die man in Tunneln unter dem Tempelberg entdeckte. Zusammengenommen erscheint die Behauptung, daß die Tempelritter in ihren Anfängen einen Schatz fanden, ziemlich überzeugend. Und es gibt noch einen anderen Beweis, der nicht nur das Argument bekräftigt, das oben ausgeführt wurde, sondern auch die Verbindung der ersten Tempelritter zum Schädelkult deutlich macht – die verblüffende und gruselige Veränderung, die bei den Begräbnisriten der Initiierten der Tempelritter stattfand.

Das Begräbnis eines Tempelritters

Es ist ziemlich sicher, daß im Glauben der Tempelritter in den Jahren nach den Ausgrabungen unter dem Tempelberg eine profunde Veränderung eintrat. Obwohl vieles von dem, was geschah, weiter ein Geheimnis bleiben wird, gibt es einen soliden Beweis, den bis jetzt noch niemand erklärt hat: die rätselhafte Bestattungszeremonie der Templer.

Einige Zeit nach der Gründung des Ordens begannen bestimmte Tempelritter damit, ihre Toten auf höchst unchristliche Weise zu bestatten. Normalerweise brachte man in der ganzen Christenheit Tote mit einem intakten Körper unter die Erde. Die Art des Begräbnisses hing natürlich wie alles andere in der mittelalterlichen Gesellschaft von Rang und Reichtum des Verstorbenen ab. Beim gemeinen Volk reichte den Toten ein grobes Laken und eine Grube, die lang und tief genug war, um wilde Tiere abzuschrecken. Adlige und Könige wurden mit größerem Pomp bestattet, oft in Ledersärgen, die gelegentlich die Verwesung hinauszögerten. Manche wurden auch einbalsamiert.[38] Aber in einer Hinsicht wurden alle, vom gemeinen Mann bis zum König, gleich behandelt – die Leiche blieb intakt. Alles andere wäre unvorstellbar gewesen, denn am Tage des Jüngsten Gerichts würden Leib und Seele für die Auferstehung wieder zusammengefügt. Dieser Glaube war das zentrale christliche Dogma.[39] Alle menschlichen Seelen würden in den Körpern wiederauferstehen, in denen sie während ihres irdischen Lebens eine Heimstatt hatten (die Ähnlichkeit mit dem Glauben der Ägypter ist ziemlich verblüffend, wurde aber nur selten beachtet – wenn im Detail auch unterschiedlich, glaubt man doch in beiden Religionen an eine Auferstehung der Körper). Also findet man eine Begräbnisprozedur vor, die dem Körper Achtung erweist – er durfte weder verstümmelt noch verkrümmt werden.[40]

Im Gegensatz dazu wurden die Leichen einiger hochrangiger Tempelritter Opfer einer groben Verstümmelung – zumindest in den Augen der Christen ihrer Zeit (und was das angeht, auch der Christen von heute). Ein selten bemerkter Hinweis für die «Entleibung», die bei den Templerleichen durchgeführt wurde, kann durch die Größe ihrer Särge bewiesen werden – sie sind winzig, reichen kaum für ein Kind aus, ganz zu schweigen von einem ausgewachsenen Ritter. Die äußeren Maße des Steinsarges von Sir William Sinclair, dem schottischen Tempelritter, betragen 100 x 28 cm, und da der Sarg aus solidem Stein gearbeitet ist, müssen die Innenmaße demzufolge noch geringer sein. Der groteske Grund für diese kleine Sarggröße ist, daß der Körper nicht mehr ganz war.

An den Leichen der toten Tempelritter wurden teilweise die Gliedmaßen entfernt, und sie wurden rituell geköpft. Aus orthodoxer Sicht handelt es sich hier um eine absichtliche Leichenschändung, die hart an Schlächterei grenzt. Die Tempelritter sahen das völlig anders. Es ist wichtig, daß den Leichen die Gliedmaßen nur teilweise entfernt wurden. Die Arme blieben intakt. Nur die unteren Gliedmaßen wurden abgenommen und über Kreuz auf den Leib gelegt. Der abgeschlagene Kopf wurde ähnlich auf den Leib gelegt, und zwar über die überkreuzten Beine. Das ist natürlich das klassische Symbol aus Schädel und gekreuzten Oberschenkelknochen, das man auch heute noch auf den Grabsteinen von Tempelrittern und Freimaurern finden kann. Außerdem erinnert es stark an die Geschichten der Dame von Maraclea mit dem geheimnisvollen abgeschlagenen Kopf, der seinen Besitzer beschützen und alle Wohltaten besorgen konnte – Eigenschaften, die mit denen des Grals und des abgeschlagenen Kopfes von Bran identisch sind. Aber noch wichtiger ist, daß dieser Begräbnisritus genau der Art und Weise entspricht, wie die Leiche des Hiram Abif laut der Freimaurerlegende der Erde überantwortet wurde. Ich hatte ja bereits im 8. Kapitel Beweise diskutiert, die Hiram Abif mit dem Aton, dem Gott Echnatons, und dem Schädelkult in Verbindung brachten, der am Jerusalemer Tempel praktiziert wurde. Jetzt hatte sich erwiesen, daß das Begräbnis von Hiram Abif als Modell für die Beerdigungen von Tempelrittern fungierte. Damit besitzt man ein festes Bindeglied zwischen den Templern und der alten Religion des Echnaton.

Die Tempelritter hatten Ausgrabungen unter dem Tempelberg durchgeführt. Es gibt Beweise dafür, daß an ebendiesem Ort viele der heiligen Reliquien und Schriften der Juden – wozu meiner Meinung nach auch die geheimen Lehren Echnatons gehörten – versteckt worden sind. Und gleich nachdem die Tempelritter ihre Ausgrabungen beendet hatten, begannen sie damit, ihre Toten mit abgeschlagenen Köpfen auf gleiche Weise zu begraben, wie der Sage nach der Aton-Anhänger Hiram Abif, der Baumeister des Tempels, begraben worden war. Wir wissen bereits, daß die Geschichte von Hiram Abif eine Allegorie war, die dazu diente, denjenigen geheime Informationen zu übermitteln, die in die Mysterien von Echnatons Religion eingeweiht waren. Daraus folgt, daß die Tempelritter ebenfalls diese geheimen Lehren kannten, weil sie diese Art des Begräbnisses pflegten. Sie hatten etwas unter dem Tempel gefunden, das ihren Glauben fundamental änderte. Etwas, das sie davon überzeugte, ihren Kopf nach ihrem Tod abschlagen zu lassen – genauso wie man es meiner Meinung nach mit Jesus nach seiner Hinrichtung machte. Und wie wir gesehen haben, war einer der Hauptanklagepunkte gegen den Orden die Verehrung eines abgeschlagenen Schädels (oder von Schädeln) – genauer gesagt des Kopfes namens Baphomet.

Der Baphomet

Obwohl die Tempelritter innerhalb kürzester Zeit zu prominenten Mitgliedern der mittelalterlichen Gesellschaft wurden, führte man weiterhin die Zeremonien unter größter Geheimhaltung durch. Ihre Versammlungen und Kapitel fanden immer nachts unter strengen Sicherheitsvorkehrungen statt – bewaffnete Wachen standen am Eingang und auf dem Dach. Genährt durch ihre seltsamen Rituale und vielleicht auch aus Neid auf ihren Reichtum und ihre Privilegien, zirkulierten wilde Gerüchte, in denen von Totenbeschwörungen und seltsamen Praktiken die Rede war. Bei dem Verfahren gegen die Tempelritter von Aragón, das in Lerida stattfand, sagte ein Prior der Dominikaner, Pedro Olivonis, aus, er habe vom Beichtvater des Königs von Aragón, Ferrario de Bigletto, das Gerücht gehört, die Tempelritter würden Schädel anbeten. Der Onkel von Ferrario, der ein Priester des Templerordens war, habe oft über seinem Hemd eine Schnur getragen, an der ein silberner bärtiger Kopf hing. Er habe deshalb angenommen, daß das Gerücht über den Schädelkult bei den Templern wahr sei.[41]

Es gibt keinen Zweifel daran, daß zum Ritual der Tempelritter ein konservierter abgeschlagener Kopf gehörte und daß dieser sehr verehrt und angebetet wurde. Nach ihrer Verhaftung gestand ein Tempelritter nach dem anderen die Verehrung des Schädels, während sie oft die wilderen Phantasien der dominikanischen Inquisitoren, wie etwa die satanische Anbetung einer Katze, zurückwiesen. Ein paar Tempelritter, darunter auch Jean de Tour, Schatzmeister des Pariser Ordens, gaben zu, einen gemalten Kopf auf einem Bild «angebetet» zu haben. Andere gestanden, eine «Verkörperung» eines bärtigen Kopfes gesehen und die Aufforderung erhalten zu haben, ihn anzubeten. Einer der Brüder, Jean Talliefer, sagte, daß bei seinem Eintritt «ein

Götze mit einem menschlichen Gesicht» vor ihn auf den Altar gestellt worden wäre. Er hatte «die natürliche Größe eines Männerkopfes, ein wildes Gesicht und einen Bart». Hugues de Bure bezeugte, daß der Kopf eines Mannes mit einem langen Bart, der anscheinend mit Silber oder Gold verkleidet war, aus dem Allerheiligsten der Kapelle geholt worden sei. Bartholomäus Bochier hatte ebenfalls einen Kopf mit einem langen Bart gesehen, konnte aber nicht sagen, ob er aus Holz, Metall oder Knochen oder sogar menschlichen Ursprungs gewesen sei.[42] Beschreibungen des Kopfes reichten von einem, der «anscheinend weiß mit einem Bart war», bis hin zu einem «bösen, schwarzen Götzen». Zusammen mit unterschiedlichen Verkörperungen müssen hier auch ganz klar mehrere echte Köpfe im Spiel gewesen sein.

Doch eine Reliquie wurde immer wieder erwähnt – der langhaarige, bärtige Kopf, den man fast nur bei den Tempelrittern in Paris gesehen hatte. Viele Geschichten waren über diesen abgeschlagenen, einbalsamierten Kopf in Umlauf, dessen Name – wie viele Templer nach ihrer Verhaftung gestanden – *Baphomet* lautete. Die Herkunft dieses Namens war Gegenstand unzähliger Streitgespräche, aber inzwischen scheint es klar zu sein, daß er aus der Umgangssprache der spanischen Mauren kommt. Das maurische Wort *Bufihimat* ist selbst eine Verstümmelung des arabischen *Abufihamet*.[43] Übersetzt bedeutet das «Vater der Weisheit», ein Titel, der mir damals wenig sagte, aber gegen Ende meiner Nachforschungen unter dramatischen Umständen wieder auftauchen sollte.

Daß der Baphomet ein Gegenstand höchster Verehrung war und normalerweise nicht vom «Fußvolk» des Ordens gesehen wurde, bestätigte auch ein weiterer Tempelritter, Guilliame d'Arbley, ein Verwandter von Hugues de Bure. Guilliame sagte aus, daß zwar Kopien des «Götzen» weit verbreitet waren, aber das echte Objekt der Verehrung nur bei «Generalkapiteln ausgestellt» wurde, was impliziert, daß nur hohe Ränge des Ordens es bei besonderen Gelegenheiten zu sehen bekamen. Einer der führenden Wissenschaftler im Bereich des Grabtuches von Turin, Ian Wilson, kam bezüglich der Köpfe der Tempelritter zu einem ähnlichen Schluß, als er sich dem angeblichen Grabtuch Christi widmete: «Andere Beschreibungen, die sich ganz klar auf Kopien beziehen, erwähnen Behältnisse aus Gold und Silber, Intarsien aus Holz und ähnliches. Aber der Pariser Schädel ist anders. Man gewinnt den bestimmten Eindruck, daß er das Allerheiligste darstellte, und die Zeremonie erinnerte verblüffend an die der Byzantiner (um die einbalsamierten Köpfe von St. Peter und St. Paul zu ehren).»[44]

Die zeitgenössischen Beschreibungen des «Pariser Kopfes», des Baphomet, stellen ganz klar, daß der Kopf weder eine Kopie noch eine Schnitzerei oder irgendein «Götzenbild» war. Es war ein echter, einbalsamierter, abgeschlagener Kopf. Die Zeugenaussage von Bruder Raoul de Gizy ist typisch:

Inquisitor: Jetzt erzähl uns von dem Kopf.

Fra Raoul: Also, der Kopf. Ich habe ihn bei sieben Kapiteln gesehen, die von Bruder Hugues de Piraud und anderen gehalten wurden.

Inquisitor: Was tat man, um ihn anzubeten?

Fra Raoul: Nun, das ging so. Er wurde gezeigt, und jeder warf sich zu Boden, warf seine Kapuze zurück und betete ihn an.

Inquisitor: Wie sah sein Gesicht aus?

Fra Raoul: Schrecklich. Mir schien es das Gesicht eines Dämonen, eines Maufé (eines bösen Geistes) zu sein. Jedes Mal, wenn ich es sah, erfüllte mich solches Entsetzen, daß ich es kaum anschauen konnte und an allen Gliedern zitterte.[45]

Raoul de Gizy gestand also, daß er den Götzen bei sieben verschiedenen Kapiteln gesehen hatte, die alle von Hugues de Piraud abgehalten wurden. De Piraud war Inspekteur von Frankreich, ein Posten, der ihn praktisch zum Befehlshaber aller Templerhäuser in Europa machte. Nur einer stand höher im Rang als de Piraud – der Großmeister Jacques de Molay. Das machte de Piraud zu einem dicken Fisch, und er wurde rasch zur Befragung vorgeführt. Seine Zeugenaussage war pures Dynamit: De Piraud gestand die Existenz des Kopfes und gab nach Befragung durch den dominikanischen Inquisitor Nicolas d'Ennezat zu, daß er

> *«[...] ihn in Montpellier in einem bestimmten Kapitel gesehen, in Händen gehalten und gestreichelt hatte. Andere anwesende Brüder hatten ihn mit dem Mund angebetet [...] und nicht aus vollem*

Herzen. Doch er wüßte nicht, ob andere Brüder ihn aus vollem Herzen angebetet hatten. Auf die Frage, wo er (der Kopf) sich befände, sagte er, er hätte ihn zu Pierre Alemandin, dem Präzeptor von Montpellier, geschickt, wüßte aber nicht, ob die Leute des Königs ihn gefunden hätten.»[46]

Die Zeugenaussage von Etienne de Troyes deckte sich mit der Raoul de Gizys und wies wieder auf den zweithöchsten Kommandeur des Ordens, Hugues de Piraud, hin. Ein Jahr nachdem er in den Orden aufgenommen worden war, nahm er an einem Ritual in Paris teil:

«[...] und sie hielten die erste Nachtwache, und sie fuhren fort bis zur Dämmerung (6 Uhr morgens), und in der Dämmerung brachten sie einen Schädel herbei, ein Priester trug ihn, gefolgt von zwei Brüdern mit großen Wachskerzen in silbernen Leuchtern, und er (der Priester) legte ihn auf den Altar auf zwei Kissen mit einem kunstvoll gewebten Seidenbezug. Und der Schädel schien ihm vom Scheitel bis zum Halsansatz mit Fleisch bedeckt zu sein und einem Hundefell ohne jedes Gold oder Silber und ein richtiges Gesicht, leicht bläulich eingefärbt und fleckig mit einem graumelierten Bart, wie ihn auch manche Templer trugen. Und dann stand der Inspekteur (Hugues de Piraud) auf und sagte zu allen: ‹Wir müssen fortfahren, betet ihn an und ehrt ihn, der uns hilft und nicht verläßt›, und dann gingen alle voller Ehrerbietung hin, ehrten und beteten den Kopf an.»[47]

Diese Stellungnahme war die gleiche Aussage, die ich zu Beginn meiner Nachforschungen gelesen hatte und die mich auf die Spur des Baphomet und der geheimen Religion, die er repräsentierte, gesetzt hatte. Schon für sich genommen war die Aussage von Etienne de Troyes dramatisch genug gewesen, aber zusammen mit den anderen Stellungnahmen, die sich auf den Kopf bezogen, hatte sie eine ungeheure Wirkung auf mich. Ebenso interessant waren die offenbar unterschiedlichen Mysterienklassen bei den Tempelrittern. Viele okkulte Praktiken – wie zum Beispiel das Leugnen von Christus und dem Kreuz – waren offenbar Teil des Aufnahmeprozesses, aber das Vorhandensein des Schädels war als Geheimnis nur den höheren Rängen der Tempelritter bekannt, während die jüngeren Brüder den Schädel nicht sehen durften. Etienne de Troyes scheint eine Ausnahme von dieser Regel gewesen zu sein (er war schließlich noch kein Jahr Mitglied des Ordens) – doch man sagte ihm, es handle sich um den Kopf von Hugues de Payen, eine Erklärung, die den niedrigen Rängen gegeben wurde, um ihre Neugier zu befriedigen. Die wahre Identität des Kopfes wurde enthüllt, wenn sich der Rekrut als würdig erwiesen hatte, die höchsten Mysterien des Ordens zu erfahren.

Die Aussagen der Templerzeugen kann man in drei Kategorien aufteilen. Es gibt die, die nur eine Wiedergabe eines Kopfes sahen, diejenigen, die andere einbalsamierte Schädel sahen, und die, die Zugang zu dem Allerheiligsten hatten, dem mysteriösen abgeschlagenen Kopf mit dem Namen Baphomet.

Hierbei darf man nicht vergessen, daß es sich um eine Geheimreligion mit einem hierarchischen System aus Graden oder Rängen handelt. Initiierte wurden schrittweise in die Geheimnisse oder Mysterien eingeführt, die als so mächtig angesehen wurden, daß man sie dem Volk oder den geringeren Graden der Brüderschaft nicht weitergeben durfte. Es ist sehr wahrscheinlich, daß es im Orden einen inneren Kreis von *Illuminati* gab, die in unterschiedlichem Grad Zugang zu dem Geheimnis hatten, während die meisten Sergeanten und viele der Ritter auf Abstand gehalten wurden. Es hing von ihrer Würdigkeit oder ihrem Temperament ab, ob sie entweder ihr ganzes Leben lang darüber nichts erfuhren oder nur zu den niedrigsten Graden des geheimen Bundes zugelassen wurden. Philipp der Schöne wußte das, denn als er die Zerschlagung des Ordens befahl, erging an seine Beamten folgende Anweisung: Der Götze ist

> *«[...] der Kopf eines Mannes mit einem langen Bart. Sie küssen den Kopf und beten in bei all ihren Provinzkapiteln an, aber das wissen nicht alle Brüder, nur der Großmeister und die Ältesten.»*

Die niedrigen Ränge sahen nur Wiedergaben des Kopfes, Kopien und Gemälde, wie zum Beispiel das langhaarige, bärtige Gesicht auf einer

Tafel, das man immer noch in Templecombe, Gloucestershire, sehen kann. Diejenigen, die aufgestiegen waren oder eine natürliche Anlage zeigten, durften an Ritualen teilnehmen, zu denen andere Köpfe als der des Baphomet benutzt wurden, während diese heiligste Reliquie normalerweise nur den höchsten Graden der Eingeweihten vorbehalten war.

Es ist von großem Interesse, daß fast alle Brüder den Kopf mit langen Haaren und langem Bart beschreiben. Noel Currer-Briggs hat darauf hingewiesen, daß «[...] für die Tempelritter ebenso wie für die meisten ihrer Zeitgenossen lange Haare als weibisch galten, schon allein deshalb waren die langen Haare des ‹Götzen› bemerkenswert, von anderen Gründen einmal ganz abgesehen».[48] Das spricht dafür, daß der Kopf eine echte, uralte Reliquie war. Wäre es eine Fälschung aus der damaligen Zeit gewesen, könnte man vernünftigerweise erwarten, daß sie den Ansichten und Wertvorstellungen der Tempelritter entsprochen hätte, und lange Haare gehörten bestimmt nicht dazu. Außerdem hätten die «weiblichen» Attribute zu einer Meidung durch einen Orden geführt, der jeden Kontakt zu dem weiblichen Geschlecht strikt ablehnte. Die Tatsache, daß der «Götze» langhaarig ist, zeigt, daß er nicht von den Templern gemacht wurde, sondern irgendwie in ihren Besitz gelangte. Daß eine solche Entdeckung oder solch ein Geschenk trotz seiner weibischen Locken von den Tempelrittern nicht als «unwürdig» zurückgewiesen wurde, zeigt ganz deutlich, daß es den Templern schon wichtig gewesen sein muß, bevor es in ihren Besitz gelangte. Und wenn man ihre Stellung als Kriegermönche Christi bedenkt, ist es durchaus logisch, anzunehmen, daß diese Bedeutung in erster Linie mit Jesus in Verbindung stand.

Wieder einmal geben die langen Haare den entscheidenden Hinweis: Man denkt sofort an die Sampsaei und die Nazoraei, deren Locken nie ein Schermesser sahen, denen die Haare heilig und tabu waren und die die alten Lehren des Echnaton/Moses befolgten und verehrten. Und wie wir gesehen haben, war Jesus mit ziemlich großer Sicherheit ein Mitglied dieses Kultes. Zum Zeitpunkt seines Todes war er sogar höchstwahrscheinlich der Führer dieser Glaubensgemeinschaft, sonst wäre sein Kopf nicht – wie es die *Continuation* berichtet – in den Händen von einem der beiden Männer gewesen, die mit der Leiche im Grab waren, und es wäre von diesem Kopf nicht gesagt worden, daß *«[...] kein Mensch ihn schaffen konnte»*. Dieser Kopf, der Kopf Christi, hätte lange Haare und einen langen Bart gehabt – genauso wie es beim Baphomet beschrieben wird.

Das war eine verblüffende und – um ehrlich zu sein – ziemlich unbequeme Schlußfolgerung, aber der logische Schluß war unausweichlich. Es schien wahrscheinlich, daß der mysteriöse Kopf Christi, den Nikodemus besessen hatte, die Jahrhunderte seit seiner «Herstellung» kurz nach dem Tod Jesu überlebt hatte. Die Beweise deuteten darauf hin, daß die heiligste Reliquie der Templer, der Kopf mit dem Namen Baphomet, Vater der Weisheit, nichts anderes war als der einbalsamierte Kopf Jesu, das Haupt Gottes. Das wahrscheinlichste Szenario für seine Entdeckung ist, daß es bei den Ausgrabungen der armen Ritter unter dem Tempel Salomos gefunden wurde. Es gibt kaum Zweifel daran, daß damals ein Schädel oder mehrere Schädel von den Templern ausgegraben wurden, davon zeugen allein ihre außergewöhnlichen Begräbnisrituale. Aber es ist auch möglich, daß diese heiligste aller Reliquien ins Ausland geschickt wurde, wie es vom *Evangelium Nicodemi* impliziert wird, und daß sie über eine noch gewundenere Route zu den Templern gelangte. Die Reliquie könnte ihnen von den «Häretikern» vermacht worden sein, die im frühen Mittelalter die größte Bedrohung der römisch-katholischen Kirche darstellten – von den Anhängern des Gnostizismus, den Katharern.

13
Die Verbindung zu den Katharern

Die Verbindung zu den Katharern

Die Katharer waren eine häretische Sekte in Südfrankreich und Norditalien, die von 1142 bis zu ihrer Zerschlagung um das Jahr 1250 über hundert Jahre existierte. Man kannte sie unter vielen Namen – Texeranten, Patarener, Piphli und Albigenser. Der letzte Name hatte seinen Ursprung in einer Hochburg des dualistischen Glaubens, der Stadt Albi in Südfrankreich, von der sich auch der Name für den infamen Krieg gegen die katharischen Gläubigen ableitet – den Albigenser-Kreuzzug. Obwohl der Name Katharer einige Variationen des Glaubens einschließt, kann man sie alle als gnostische Dualisten ansehen, die geeint durch die Überzeugung waren, daß es möglich ist, Gnosis zu erlangen, die direkte Erfahrung der göttlichen Weisheit.[1] Diese Erfahrung bedurfte zwar der Anleitung durch die *Perfecti* (= Vollkommenen), die bereits diese Verbindung zu dem Kosmischen erlangt hatten, war aber letzten Endes von den Handlungen der Person selbst abhängig und nicht durch Zwischenschaltung von Priestern oder Opfern zu erreichen. Dadurch gerieten die Katharer natürlich sofort in Streit mit der römisch-katholischen Kirche, deren Hierarchie von Prälaten und Priestern sofort überflüssig geworden wäre, hätte das Katharertum beim einfachen Volk die Oberhand gewonnen – was bei einigen Gelegenheiten schon fast der Fall gewesen wäre.

Für die Katharer war die materielle Welt böse und nicht von dem lieben Gott geschaffen, sondern von dem Demiurg. Dieser geringere und böse Gott wurde manchmal als älterer Sohn des lieben Gottes angesehen, der gegen die Herrschaft seines Vaters rebelliert hatte. In dieser Kosmologie war der böse «Sohn» also letztendlich dem lieben Gott untergeordnet. Später wurde dieser monarchische Dualismus zum großen Teil durch einen absoluten Dualismus ersetzt, den Glauben, daß es zwei ewige Prinzipien von gleicher Macht gab, Böse und Gut, und daß sie unaufhörlich bis in alle Ewigkeit im ganzen Kosmos gegeneinander kämpften.[2] Es war der böse Gott, der einen Teil der Engelwesen entweder verführt oder gefangen hatte, um sie in der materiellen Welt gefangenzuhalten und so die ersten Menschen zu formen. Für die Katharer bestand die Menschheit aus im Grunde guten Engelwesen, die in Körpern gefangen waren, die wie der Rest der Welt aus bösen, verderbten Stoffen bestanden.[3] Ihre Auffassung von Christus spiegelte diese Weltsicht wider. Jesus war in die Welt gesandt worden, um diese verlorenen Engelseelen aus dem Gefängnis der Materie zu erlösen und sie zu ihrem «natürlichen» Wohnort beim lieben Gott zurückzuführen. Aber obwohl die meisten Katharer Jesus sehr verehrten, blieb er für sie – anders als bei der römisch-katholischen Kirche – immer Mensch. Ein Mensch, den zwar der Geist des lieben Gottes erfüllte, aber trotzdem ein Mensch. In manchen Fällen galt die Auffassung, daß ein himmlischer Christus in einem irdischen Jesus wohnte, der gezeugt worden war wie andere Menschen auch. Daraus folgt natürlich auch, daß die Katharer das Dogma der jungfräulichen Geburt negierten. Sie lehnten auch das Kruzifix und das Kreuz ab.[4] Die Auferstehung des Körpers wurde belacht. Die Katharer zogen (wie viele Mysterienreligionen) den Glauben vor, daß «Auferstehung» als Wiedergeburt während des Lebens stattfand, als Ergebnis der Einheit mit Gott. Das apokryphe Evangelium des Philipp tut die, «die an eine Auferstehung des Körpers glauben», verächtlich ab und stellt die gnostische Position klar: «Diejenigen, die behaupten, sie werden erst sterben und dann auferstehen, befinden sich im Irrtum. Wenn sie die Auferstehung nicht empfangen, während sie leben, werden sie nichts bekommen, wenn sie sterben.»[5] Viel von diesem Glauben findet sich in den Anklagepunkten gegen die Tempelritter wieder, in denen man sie der Häresie beschuldigte, und könnte auf eine enge Verbindung zwischen den Lehren der beiden Gruppen hindeuten.

Um dieser «Hölle auf Erden» zu entfliehen, mußte man den Freuden der materiellen Welt entsagen. Der richtige Weg wurde den katharischen Gläubigen dabei von den katharischen Priestern gewiesen, den *Perfecti* oder Vollkommenen, die das *Consolamentum* empfangen hatten – ein Ritual, das dem Kommunikanten offenbar direkten Zugang zum Geist Gottes gewährte. Die *Perfecti* waren Initiierte der höchsten Mysterien der Religion und hatten sexuellen Beziehungen abgeschworen, selbst denen mit ihren Ehepartnern (katharische *Perfecti* durften beiderlei Geschlechts sein, und viele waren verheiratet).[6] Diese Priester standen an der Spitze einer hierarchischen Pyramide, die aus drei Ebenen bestand. Ganz unten waren die Zuhörer, die gerade anfingen, sich mit dem katharischen Glauben vertraut zu machen. Darüber befanden sich die «Gläubigen», die zwar in ein paar Geheimnisse der Sekte eingeführt worden waren, aber noch nicht das *Consolamentum* empfangen hatten, das einer Person den Titel *Perfectus* verlieh. Die *Perfecti* reisten zu zweit und hielten ihre Gottesdienste in Scheunen oder gewöhnlichen Wohnhäusern ab, womit sie ihre Schlichtheit symbolisierten und ihren Glauben in Gegensatz zur pompösen römisch-katholischen Kirche stellten. Die *Perfecti* konnte man sofort erkennen, denn sie trugen nur knöchellange Gewänder wie die orthodoxen Priester, nur daß die ihren tiefschwarz und nach Beginn der Verfolgung dunkelblau waren.[7] Diese Gewänder wurden durch einen Gürtel um die Taille gehalten, und manchmal trugen sie bei schlechtem Wetter einen schwarzen Kapuzenmantel. Einige Autoritäten haben behauptet, daß die *Perfecti* unter ihren Gewändern, direkt auf der Haut der Taille, eine Kordel trugen. Man sagt, daß auch die Templer eine solche Kordel trugen.[8] Und ebenso wie den anderen Gruppen, die in unserer Geschichte eine wichtige Rolle spielen – den Merowingern, den Nazariten –, war es auch den Katharern verboten, die Haare zu schneiden, und sie trugen sie immer lang.

Das Zentrum der katharischen Religion war das Languedoc, eine Region in Südfrankreich, die am Mittelmeer liegt, im Westen an die Pyrenäen und im Osten an die Provence und Italien grenzt. Während des Mittelalters blühte in dieser Region die Forschung; weltliche Literatur wurde gefördert, und Griechisch, Hebräisch und Arabisch konnten gelernt werden. Das Languedoc ist natürlich auch das Gebiet, in dem einmal das alte jüdische Fürstentum Septimania lag, und es gibt eine Menge Beweise dafür, daß die Katharer nicht wenig durch die jüdischen Traditionen dieses Gebiets beeinflußt wurden.[9] Im Languedoc war religiöse Toleranz die Norm. Juden wurden nicht verfolgt, sondern im Gegenteil – die Grafen von Toulouse wurden oft vom Klerus gerügt, weil sie Juden in öffentliche Ämter beriefen.[10] In Narbonne und Lunel gab es Kabbala-Schulen, die ganz offen praktizierten, und ein paar Züge des katharischen Denkens scheinen Aspekte dieses esoterischen Judentums zu reflektieren. Als während des zwölften Jahrhunderts die Katharer aufkamen, durchlebten auch die Juden der Provence ihre spirituelle Renaissance und verfaßten das okkulte *Sepher Bahir*, einen Klassiker der mittelalterlichen Literatur der Kabbala.[11]

Neben den möglichen jüdischen Einflüssen scheinen die Ursprünge des katharischen Denkens in den östlichen Sekten zu liegen, besonders bei einer Gruppe, den Bogomilen (obwohl es auch hier überzeugende Beweise dafür gibt, daß jüdische Einflüsse mit am Werk waren).

Die Bogomilen

Die Bogomilen waren eine Sekte, die sich auf dem Balkan bildete, obwohl es hieran beträchtliche Zweifel gibt. Ein Forscher gab aus schierer Verzweiflung einem Kapitel über dieses Thema den Titel «Die rätselhafte Herkunft der Bogomilen».[12] Sie wurden von dem «größten Erzketzer des Mittelalters» gegründet, dem Priester Bogomil. Er war ein Mann, dessen Energie und Charisma sowohl für die Gründung der Sekte als auch für ihr Überleben verantwortlich waren. Ihr Glauben ähnelte dem der Katharer darin, daß auch die Bogomilen Dualisten waren – also an einen guten, spirituellen Gott und an einen «gefallenen Engel» oder geringeren Gott glaubten, der die materielle Welt geschaffen hatte. Zusätzlich bannten orthodoxe Traktate den Priester Bogomil noch dafür, daß er den doketischen Glauben verbreitet habe, demzufolge die Passion Christi und seine Auferstehung eine Illusion gewesen seien, und weil er die Verehrung des Kreuzes ablehnte (beides gehörte später zu den Anklagepunkten gegen die Katharer und Tempelritter).[13] Außerdem war der Aufbau der Bogomilen identisch mit dem der Katharer, deren Vorläufer sie waren. Es gab eine «Elite des Bogomil», die eine spirituelle Taufe empfangen hatte, die ähnlich (wenn nicht gar identisch mit) dem katharischen *Consolamentum* war. Darunter gab es den Grad der «Gläubigen», und ein dritter, nicht näher ausgeführter Rang von «Zuhörern» bildete die Basis der Pyramide.[14]

Die Lehren der Bogomilen gelangten gegen Ende des ersten Jahrtausends vom Balkan in den Westen. Der früheste Hinweis stammt aus dem Jahr 991, als man von Gerbert d'Aurillac bei seiner Weihe zum Erzbischof von Reims verlangte zu schwören, daß er an das Alte und Neue Testament sowie an die Ehe glauben würde; ferner, daß er Fleisch essen und die Existenz eines gottgewollten Teufels, der nicht unabhängig vom Schöpfer existiere, bejahen würde. Alle diese Punkte widersprechen den Lehren der Bogomilen (und später denen der Katharer). Man vermutet, daß Gerbert in den Verdacht gekommen war, häretisch «infiziert» zu sein, und deshalb durch ein öffentliches Bekenntnis jede eventuelle Mißfallensbekundung aus Rom im Keim ersticken wollte. Seine Oberen haben vielleicht nicht ganz ohne Grund vermutet, daß Gerbert Ketzer sein könnte, denn in seiner Jugend hatte er an arabischen Universitäten in Spanien studiert, wo die Kabbala hohes Ansehen genoß, und während seiner Zeit in Rom beschuldigte man ihn, eine Schule der Magie gegründet zu haben. Gerbert wurde später der erste französische Papst und nahm den Namen Sylvester II an. Interessanterweise ging über ihn das Gerücht um, er besäße einen «weissagenden» abgeschlagenen Kopf, der ihn beriet und ihm dabei geholfen hatte, den Thron des Papstes zu besteigen.[15]

Es ist bekannt, daß bogomilische Missionare mehrmals Westeuropa bereist haben. Sie nutzten die byzantinischen Kolonien in Sizilien und Süditalien als Brückenköpfe, um ihre Lehre in Norditalien, Südfrankreich und sogar bis nach Flandern zu verbreiten (wo man sie Piphli nannte).[16] Seit dem Jahr 1082 gibt es schriftliche Berichte über bogomilische Missionare in Palermo. Der Inquisitor Anselm von Alessandria berichtet in seinem *Tractatus de Hereticis,* daß Kreuzfahrer, die «nach Konstantinopel zogen, um das Land zu erobern», zum Bogomilismus bekehrt wurden. Sie begründeten ihren Zweig der dualistischen Religion in Byzanz und hatten sogar ihren eigenen Bischof.[17] Diese Männer brachten wahrscheinlich bei ihrer Rückkehr nach Westeuropa die Lehre mit. Doch es könnte auch sein, daß häretische Gedanken nicht nur diesen einen Weg nahmen, sondern es auch eine Art «Glaubenstransfer» von West nach Ost gab. In einem orthodoxen Index verbotener Schriften steht ein Bericht über zwei rätselhafte Leute aus dem Westen, die den Bogomilen heterodoxe Lehren vermittelten. Die beiden Männer, Sydor Fryazin und Jacob Tsentsal, der auch den Beinamen «Fryazin» (ein Franke) trug, sollen angeblich bestimmte häretische Bücher nach Bulgarien gebracht haben.[18] Wann ihr Besuch genau stattfand ist nicht überliefert, aber ein Historiker kam zu dem Schluß, daß es «die interessante Möglichkeit eines frühen Gedankenaustausches zwischen östlichen und westlichen Ketzern lange vor dem Aufkommen ernsthafter Häresien im westlichen Christentum gegeben haben könnte».[19] Es ist auch sehr interessant, daß es Franken gewesen sein sollen, denn es besteht auch die Möglichkeit, daß merowingische «Botschafter» in den Osten gereist sind, um den Kontakt zu einer Gruppe herzustellen, die zumindest einige ihrer Glaubensregeln teilte – und vielleicht sogar entfernte Verwandte waren.

Obwohl es bekannt ist, daß die Bogomilen großen Einfluß auf die Entstehung der Katharer ausübten, liegt ihre Herkunft im dunkeln. Der Ursprung und die Entwicklung der dualistischen, östlichen «Häresien» ist nur kläglich erforscht. Dazu kommt das Problem, daß es nur wenige schriftliche Überlieferungen gibt. Die einzigen Quellen, die existieren, sind oft einseitige Hetztiraden römisch-katholischer Inquisitoren gegen die «Häresien» und deshalb schon unzuverlässig, obwohl die Inquisitoren in ihrem Eifer oft wertvolle Informationen hinterlassen haben. Der Synkretismus, die Verbindung aus unterschiedlichen Religionen und Kulten, war im Osten weit verbreitet, und es war offenbar so, daß fast jeder Lehrer und Anführer Einflüsse aus anderen Sekten hinzufügte oder aufgriff. Die ungeheure Zahl an Kulten, die sich in den unzähligen Ländern zwischen dem Balkan und Anatolien entwickelten, und die unglaublich große Zahl von komplexen Glaubenssystemen, die sich aus diesen Sekten entwickelten, machen eine nüchterne Analyse unmöglich. Außerdem ist dieses Gebiet für jeden Forscher das reinste Minenfeld. Trotzdem sind bestimmte Fakten allgemein akzeptiert. Ebendiese Fakten zusammen mit dem Wissen, das ich bereits auf anderen Gebieten gesammelt hatte, zwangen mich zu der Schlußfolgerung, daß die Grundlagen der bogomilischen Philosophie zumindest teilweise aus dem jüdischen Ketzertum stammten.

Die Aaroniden

Die politische Geschichte des Balkans ist beinahe ebenso komplex wie seine Religionsgeschichte, aber es gibt ein gewichtiges Argument in diesem Labyrinth von Sagen und Geschichten, das für die Möglichkeit einer Verbindung zu den Juden spricht. Das bulgarische Imperium, die Heimat und Hochburg der Bogomilen, wurde im zehnten Jahrhundert durch eine russische Invasion ins Chaos gestürzt. Byzanz, das im Südosten an Bulgarien grenzte, sah wiederum durch das Eindringen der Russen seine eigene Sicherheit bedroht und marschierte seinerseits ein. Byzanz besiegte schließlich die Eindringlinge aus dem Norden und zwang den Zaren von Bulgarien, Boris II, zur Abdankung. Der byzantinische Kaiser Johannes Tzimisces annektierte daraufhin Bulgarien. Eine Gruppe von vier Brüdern, Söhne eines bulgarischen Grafen, leistete ihm erheblichen Widerstand. Man nannte diese Brüder Cometopuli, weil ihr Aufstieg mit dem Auftauchen eines riesigen Kometen am Himmel zusammenfiel. Die Namen der Brüder führten zu einer Reihe quälender Fragen. Die Cometopuli hießen David, Moses, Aaron und Samuel – alles Namen, die für eine jüdische Herkunft sprechen. An der Nordgrenze Bulgariens fließt die Donau, der Fluß, auf dem die Benjaminiten angeblich ihre lange Reise nach Sikambrien und dem Westen begannen. Ich fing an mich zu fragen, ob es wohl eine Verbindung zwischen den jüdischen Cometopuli und dem häretischen Stamm geben könnte, dessen Wanderung mit Leichtigkeit durch bulgarisches Gebiet geführt haben könnte. Weitere Nachforschungen ergaben, daß die bulgarische Apokryphenchronik die vier Männer als königliche «Söhne der verwitweten Prophetin»[20] bezeichnete – was den Gedanken an eine ägyptisch/dualistische Verbindung in den Bereich des Möglichen rückte. Außerdem war der Titel nahezu identisch mit dem, den Jesus, Hiram Abif und der Held der Gralssagen, Perceval, trugen.

Der jüngste der Cometopuli, Samuel, eroberte schließlich einen Großteil von Albanien und Griechenland, richtete das bulgarische Imperium wieder auf und wurde im Jahr 997 zum Zaren gekrönt. Aber Byzanz wollte sich Bulgarien noch immer einverleiben, und zu Beginn des zweiten Jahrtausends waren beide Reiche an ihren Grenzen in einen erbitterten Krieg verstrickt, bei dem keine Seite vorankam. Trotzdem war es illusorisch, von einem Gleichgewicht der Kräfte zu reden, denn Byzanz war bei weitem der Stärkere, kämpfte aber zu jener Zeit an zwei Fronten – im Westen gegen die Bulgaren und im Osten gegen den Fatimiden Kalif al-Hakim. Im Jahr 1001 schloß der neue byzantinische Kaiser Basilius einen zehnjährigen Waffenstillstand mit al-Hakim und war dadurch in der Lage, seine Kräfte zu konzentrieren, um gegen die Bulgaren vorzugehen. In einer Reihe von kleinen Schlachten eroberte er Schritt für Schritt das Land Zar Samuels. Im Jahr 1014 brachte ein byzantinischer Sieg die Entscheidung: Nachdem er in der Schlacht Tausende von bulgarischen Soldaten gefangengenommen hatte, ließ der grausame Basilius jeden der bulgarischen Gefangenen blenden, ehe er sie in ihre Heimat zurückschickte. Zar Samuel ging ihnen entgegen und brach bei dem entsetzlichen Anblick einer augenlosen Armee, die sich mühsam auf ihn zutastete, zusammen. Er erholte sich nie wieder und starb nach ein paar Tagen. Das war der Anfang vom Ende. Nach weiteren vier Jahren Widerstand fiel das bulgarische Imperium im Jahr 1018 den Soldaten des Basilius in die Hände.

Doch das war keineswegs das Ende der Familie Cometopuli. Eine arabische Chronik berichtet, daß sie in byzantinische Adelsfamilien einheirateten und die Linie der Aaroniden – wieder offenbar jüdisch – begründeten. Die Aaroniden waren erfolgreich, und am Ende des zwölften Jahrhunderts hatten zwei aaronidische Frauen byzantinische Kaiser geheiratet. Viel später heirateten zwei weibliche Nachkommen von einer dieser Kaiserinnen, Irene Ducaina, in das fränkische Königshaus von Jerusalem. Die eine heiratete Balduin III, die andere Almaric I.[21]

Das wirft eine Reihe interessanter Fragen auf. Wie wir gesehen haben, war die Abstammung von Gottfried von Bouillon, dem Eroberer Jerusalems, durch seine merowingischen Ahnen jüdisch und benjaminitisch. Waren die Brüder Cometopuli und die Aaroniden, die von ihnen abstammten, ebenfalls Nachkommen des «häretischen Stammes»? Die offensichtlich jüdischen Namen lassen auf eine jüdische Herkunft schließen und drängen die Frage auf, woher diese Familie ursprünglich stammte. Könnte sie benjaminitisches Blut haben? Es gibt die Möglichkeit, daß die Cometopuli und die Aaroniden die Reste einer Gruppe Benjaminiten darstellten, die sich nicht der mühsamen Wanderung nach Westen anschloß, sondern statt dessen nur ein wenig nach Norden zog. Makedonien liegt nur 450 Kilometer vom Peloponnes entfernt, wo der häretische Stamm angeblich gelandet sein soll, nachdem er Israel verlassen hatte. Und die Donau (entlang der die übrigen Benjaminiten wahrscheinlich nach Westen gezogen sind) bildet die heutige Grenze zwischen Bulgarien und Rumänien. Diese «östlichen» Benjaminiten könnten sehr gut die Quelle für die östlichen Häresien gewesen sein, genauso wie die «westlichen» Benjaminiten, die Merowinger und ihre Nachkommen, zumindest teilweise für die Entstehung der katharischen Häresie im Languedoc verantwortlich waren. Es könnte sein, daß die beiden Zweige des häretischen Stammes sich wiedervereinigten, als die aaronidischen Frauen in das Königshaus von Jerusalem einheirateten – die Nachkommen der Benjaminiten, die nach Westeuropa gezogen waren. Den judischen Benjaminiten gehörte ursprünglich die Stadt Jerusalem. Versuchten auch die aaronidischen Frauen ihr verlorengeglaubtes Erbe wieder in Besitz zu nehmen, als sie die fränkischen Könige von Jerusalem heirateten? Genau wie die merowingische Linie des Gottfried von Bouillon es versuchte?

Genauso wie das Languedoc mit seinen jüdisch/ benjaminitischen Verbindungen zum Sitz der häretischen Agitation im Westen wurde, war Bulgarien (das von einem Nachkommen der jüdischen Cometopuli regiert wurde) eine Hochburg häretischer Lehre im Osten. Die Prälaten standen nicht nur dabei und schauten zu, als von allen Seiten die Häresie über sie hereinbrach. Der Gegenangriff begann mit der Krönung von Papst Innozenz III. In seinem ersten Jahr als Pontifex erklärte Innozenz Häresie zur Majestätsbeleidigung gegen Gott, und später sandte er unter Führung eines päpstlichen Legaten eine Kommission nach Bosnien, die die Religionsausübung dort untersuchen und die «abtrünnigen» Schafe zurück zur Herde führen sollte.[22] Kurz davor hatte Innozenz eine ähnliche Kommission unter der Führung von Zisterziensermönchen in das Languedoc geschickt – sowohl, um eine weitere Verbreitung des Katharismus zu verhindern als auch, um die römisch-katholische Kirche des Languedoc zu reformieren, deren Ausschweifungen und Korruptheit legendär waren. Die Adligen des Languedoc versprachen, die Katharer aus ihrem Gebiet zu vertreiben. Aber offenbar wurden die Versprechen nur gemacht, damit die Zisterzienser wieder gingen, denn sowohl 1204 als auch 1205 mahnte Innozenz Philipp Augustus, den König von Frankreich, militärisch in dem Gebiet zu intervenieren, um das Land von der «üblen Verheerung der Ketzerei» zu befreien. Philipp weigerte sich, diesen Forderungen nachzukommen, und der päpstliche Legat, Peter von Castelnau, war gezwungen, zu der einzigen Waffe zu greifen, die ihm noch zur Verfügung stand. Er exkommunizierte im Jahr 1207 den mächtigsten Beschützer der Katharer – Graf Raymond VI. von Toulouse. Peter von Castelnau wurde zwei Jahre später ermordet, und der Papst nutzte das als Vorwand, um Raymond des Mordes zu beschuldigen und zum Kreuzzug gegen die Albigenser aufzurufen. Der Papst versüßte seinen Kriegsaufruf mit dem Versprechen auf Ablaß (Tilgung aller Sünden) für alle, die daran teilnahmen, und dem Versprechen, daß die Ländereien unter den Eroberern verteilt werden würden. So war also Habgier und nicht Frömmigkeit die Hauptmotivation, und im Frühsommer 1209 formierte sich in Lyon eine große Armee, bestehend aus Baronen und Prälaten aus dem Norden. Dann stieß man direkt in das Herzland der Katharer vor. Der berüchtigte Kreuzzug gegen die Albigenser hatte begonnen.

Obwohl viele Adlige aus Nordfrankreich teilnahmen, glänzten die militärischen Orden durch Abwesenheit. Insbesondere die Tempelritter weigerten sich, aktiv an der Verwüstung des Languedoc teilzunehmen.[23] Das ist nicht überraschend, wenn man bedenkt, wie ähnlich die geheime Philosophie des Ordens der Religion der Katharer war. Viele Adlige aus dem Süden beschützten nicht nur die *Perfecti* der Katharer, sondern waren auch Schutzherren der Templer. Dazu kam noch, daß sie die Troubadoure und deren mystische Poesie förderten.[24]

Der «Kreuzzug» wurde sehr schnell zum Eroberungskrieg. Die Städte Carcassonne und Béziers fielen, und die Kreuzfahrer töteten wahllos Katharer und Katholiken. Eine der zentralen Gestalten des Kreuzzuges, Arnold Aimery, befand: «Es gab keine Gnade aufgrund von Glauben, Alter oder Geschlecht.»[25] Simon de Montfort (ein Anwärter auf die Grafschaft Leicester in England) wurde zu jener Zeit zum Anführer des Feldzuges ernannt und setzte den Eroberungsfeldzug fort. Der Krieg wütete mit wachsender Grausamkeit im ganzen Languedoc. Als Simon de Montfort die Gemarkungen von Trencavel eroberte und die Stadt Minerve besetzte, fanden 140 *Perfecti* der Katharer den Tod auf dem Scheiterhaufen. In einer besonders brutalen Episode brandmarkte de Montfort die Witwe Geralda von Schloß Lavaur als Ketzerin. Man warf sie in einen Brunnen und begrub sie unter einem Steinhagel.

Die Anhänger der Katharer wehrten sich verzweifelt, und das Kriegsglück wechselte ständig zwischen «Ketzer» und «Kreuzfahrer» hin und her. Mal hatte die eine, mal die andere Seite die Oberhand. Als alles für die Katharer schon verloren schien, starb ihr beredtester Widersacher Papst Innozenz III. Kurz danach wurde der gefürchtete und gehaßte Simon de Montfort bei der Belagerung von Toulouse durch den Stein einer Wurfmaschine getötet und starb – wie es in einem zeitgenössischen Lied heißt – «blutbefleckt und bleich».[26] In dem zeitgenössischen «Lied der Katharerkriege» offenbart der Bericht über den

Sieg der Katharer bei Baziege, wie tief beide Seiten gesunken waren – Pardon wurde weder erbeten noch gewährt. Nachdem die französischen Ritter das Schlachtfeld verlassen hatten, durchkämmten Fußsoldaten der Katharer das Gelände und töteten jeden verwundeten Feind und jeden Ritter, der kein Pferd hatte und nicht fliehen konnte.

> *«Jetzt betraten Sergeanten das Schlachtfeld, um die Gestürzten zu töten. Stahl blitzte auf Stahl, auf überwundene und geschlagene Männer. Ritter und Sergeanten kämpften und schlugen, schlachteten und brachten um. Augen, Gehirnmasse, Hände, Arme, Kopfhaut und Kieferknochen, Stücke von Gliedmaßen, Lebern und Gedärme wurden aufgeschlitzt und umhergeworfen. Blut, Fleisch und Aas lagen überall.»*[27]

Der Widerstand der Katharer wurde wieder stärker, und die Kreuzfahrer wurden in die Defensive gedrängt. Der neue Papst Honorius forderte den französischen Monarchen auf, den bedrängten «Verteidigern Christi» zu Hilfe zu kommen.

Der neue französische König, Ludwig VIII, folgte dem Ruf und überrannte im Jahr 1226 den Großteil des Languedoc. Noch im gleichen Jahr starb er. Ludwig IX erhöhte den Druck noch, und die höchsten katharischen Adligen, vertreten durch Raymond VII von Toulouse, waren im Jahr 1229 gezwungen, den Frieden von Paris zu unterzeichnen. Damit gingen viele ihrer Ländereien an die französische Krone, und strenge religiöse Einschränkungen wurden erlassen. Im gleichen Jahr versuchte das Konzil von Toulouse die Macht der katholischen Priesterschaft dadurch zu konsolidieren, daß es jede Ausgabe der Bibel verbot, die nicht ins Lateinische, sondern ins Provenzalische übersetzt worden war. Die Menschen des Languedoc wurden gezwungen, alle sechs Monate einen Eid abzulegen, in dem sie ihren katholischen Glauben bestätigten. In Wirklichkeit wurde die katharische Religion trotz dieser scharfen Gesetze weiter ausgeübt. Viele Adelshäuser des Languedoc boten den *Perfecti* und ihren Riten weiterhin sicheres Asyl. Erst als ein anderer Papst, Gregor IX, die effektive und unbestechliche Heilige Inquisition gründete, senkte sich die Waagschale zugunsten des katholischen Dogmas. Obwohl sie viele Rückschläge einstecken mußten, arbeiteten die dominikanischen Brüder der Inquisition (sie trugen auch den Namen «Jagdhunde Gottes») und merzten rücksichtslos die Häresie aus, wo immer sie sie fanden.

Immer wenn sie in eine Stadt kamen, erließen die Dominikaner zuerst eine einmonatige Amnestie. Jedem, der sich zur Häresie bekannte, wurde Gnade gewährt, doch nur um den Preis, daß die reumütigen Ketzer die Namen von anderen Ketzern oder denjenigen, die ihnen Unterschlupf gewährten, nannten. Danach bekamen die Missetäter die ganze Wucht des Kirchengesetzes zu spüren. Sie wurden vor geheime Gerichte gezerrt, die Namen ihrer Ankläger wurden ihnen nie genannt. Diejenigen, die schuldig gesprochen wurden, bekamen schwere Bußen auferlegt. Wenn man aber zu der Auffassung gelangte, daß ihre Ketzerei zu tief verwurzelt war, wurden sie den weltlichen Autoritäten übergeben, damit sie «durch Feuer gereinigt» wurden. Die Inquisitoren waren so fanatisch, daß sogar die Leichen lange verstorbener Ketzer exhumiert und durch die Stadt gezerrt wurden, ehe man sie den reinigenden Flammen übergab.[28]

Diese übereifrigen Priester, die viel Unruhe verbreiteten, erzeugten Haß und Groll im Languedoc, und es war nur eine Frage der Zeit, bis die Bevölkerung sich wehrte. Im Mai 1242 schlug man zurück. Es begann damit, daß zwei bekannte Inquisitoren, Guilliame Arnaud und Pierre Seila, mit einem Gefolge von neun Mann in Avignonet eintrafen und von Raymond d'Alfar, dem Hofmeister Rogers VII willkommen geheißen wurden. Während er ihnen Gastfreundschaft anbot, ritt bereits einer seiner Leute zur Katharerfestung Montségur, um die Garnison zu alarmieren. Viele Männer sammelten sich, und alle waren wild darauf, an den Inquisitoren Rache zu nehmen. Zwölf wurden ausgewählt und ritten mit Äxten bewaffnet zum Haus Raymond d'Alfars, wo man sie sofort hereinließ. Sie fielen über die Inquisitoren und ihr Gefolge her und brachten sie bis auf den letzten Mann um.[29]

Die Katharer waren begeistert von diesem «Sieg». Angeblich soll der Kommandeur von Montségur, Pierre-Roger de Mirepoix, bei der Rückkehr des Hinrichtungskommandos die Männer gefragt haben:

«Wo ist also der Becher von Arnaud?» Damit meinte er den Kopf von Guilliame Arnaud, den er als Trinkgefäß benutzen wollte. Als man erwiderte, daß er in Stücke gegangen sei, fragte er, warum man ihm die Stücke nicht mitgebracht hätte, denn er «hätte sie mit einem Goldreif zusammengefügt und für den Rest meines Lebens Wein daraus getrunken».[30] Findet man in diesem seltsamen Bericht vielleicht ein groteskes Echo der Kenntnis der Katharer vom Schädelkult? Oder drückt sich hier nur die Freude des Siegers über den Tod seines Widersachers aus? Falls das Motiv Freude war, dann dauerte sie nur kurz. Wie vierunddreißig Jahre früher bei dem Mord an Peter von Castelnau nutzte auch jetzt der Papst die Ermordung von zweien seiner Inquisitoren als idealen Vorwand, um die letzte Phase der Zerstörung der Katharer einzuleiten. Mit der Hilfe des französischen Königs marschierte die Kreuzfahrerarmee gegen die letzte Hochburg der Katharer im Languedoc, die Festung Montségur.

Montségur

Da es auf einem 1207 Meter hohen Gipfel in einem nördlichen Ausläufer der Pyrenäen liegt, überragt Montségur die Landschaft rundherum. Die Festung galt als uneinnehmbar (Montségur heißt übersetzt: «sicherer Berg»), und es war seit Jahrzehnten eine sichere Zuflucht für katharische Flüchtlinge und *Faidits*, aufständische Adlige des Südens, gewesen. Die Burg gehörte dem Grafen von Foix, den der Bischof von Toulouse beschuldigte, Häretiker zu unterstützen und zu beherbergen. Der Bischof behauptete auch, daß die «Ländereien des Grafen eine Brutstätte der Ketzerei seien und der Gipfel des Montségur absichtlich befestigt worden sei, um Ketzer zu schützen».[31] Außerdem hatte man noch Söldner zur Verstärkung der Garnison angeheuert. Aber Montségur war nicht bloß eine Festung, und es ging das Gerücht, daß sich nicht nur Häretiker und Soldaten darin befanden, sondern auch der sagenhafte «Schatz der Katharer», über dessen Form es fast seit Beginn des Kreuzzugs gegen das Languedoc Gerüchte gegeben hatte. Die Berichte darüber waren vage, aber sie statteten den

Schatz mit einer religiösen und ausgesprochen mystischen Dimension aus. Woraus auch immer der Schatz der Katharer bestehen mochte – es sollte mehr sein als einfach nur Gold und Edelsteine. Und er befand sich in Montségur, dessen härteste Prüfung jetzt bevorstand. Trotz der Gerüchte über zusätzliche Söldner und Hilfstruppen vom Grafen von Toulouse tauchte nichts von beiden auf.[32] Montségur stand allein und trotzig vor der Macht König Ludwigs von Frankreich, der entschlossen war, die «Ketzer des Südens» ein für allemal zu vernichten.

Im Jahr 1243 wurde Montségur von einer Armee von zehntausend Mann unter dem Befehl des königlichen Seneschalls von Carcassonne belagert. Die Verteidiger schlugen einen Angriff nach dem anderen zurück, dachten nicht an Ergebung und fügten den Angreifern schwere Verluste zu. Wegen des schwierigen Geländes und der genauen Ortskenntnis der Katharer war es unmöglich, die Verteidiger von Montségur völlig von der Außenwelt abzuschneiden. So kam zum Beispiel eine Nachricht des katharischen Bischofs von Cremona durch, der einem der Verteidiger, Bertrand Martry, Bischof von Toulouse, sicheres Asyl in der Lombardei zusagte. Nach sechsmonatiger Belagerung gelang es auch zwei katharischen *Perfecti*, sich durch die feindlichen Linien zu schleichen. Sie sollen angeblich den Schatz der Katharer oder zumindest den materiellen Reichtum der Sekte bei sich gehabt haben. Dieser Teil des Schatzes wurde nie wieder gesehen.

Nach neunmonatiger Belagerung und ohne Hoffnung auf Hilfe war die Lage der Verteidiger ziemlich verzweifelt. Pierre Roger, der Kommandeur, nahm Verhandlungen mit den Belagerern auf. Wenn man bedenkt, wie gnadenlos der Kreuzzug geführt worden war und was die Belagerung von Montségur für Verluste an Menschen und Material gebracht hatte, dann waren die Bedingungen, die man den Katharern stellte, unerhört großzügig: Den *Faidits* und den Söldnern wurde Pardon gewährt, sie erhielten freien Abzug. Die *Perfecti* mußten nur ihrer Ketzerei abschwören, sich den kirchlichen Behörden unterwerfen und durften nach getaner Buße ebenfalls frei abziehen. Sollten sich die *Perfecti* aber weigern abzuschwören, dann durften sie keine Gnade erwarten – sie würden auf dem Scheiterhaufen verbrannt.[33] Es wurde ein zweiwöchiger Waffenstillstand vereinbart, damit die Belagerten das

Angebot überdenken konnten, aber diese Wochen scheinen von den Verteidigern erbeten worden zu sein, um Zeit zu gewinnen, damit eine Zeremonie, die große Bedeutung für die katharische Religion hatte, an ihrem festgelegten Datum stattfinden konnte. Einen Tag vor Ablauf des Waffenstillstands wurde am 14. März 1244 das Ritual in der Festung Montségur durchgeführt. Niemand weiß genau, was dort geschah oder offenbart wurde – es hatte auf jeden Fall einen solchen Einfluß auf die Verteidiger, daß ein paar Söldner (die eigentlich am nächsten Tag frei abgezogen wären) zum katharischen Glauben konvertierten und das *Consolamentum* empfingen. Damit wählten sie die «Taufe durch Feuer» und den sicheren Tod. Am nächsten Tag packten die Angreifer alle *Perfecti*, die sie in der Burg finden konnten, mehr als zweihundert Frauen und Männer, und führten sie zum Fuß des Berges. Nicht ein *Perfectus* schwor dem katharischen Glauben ab, und sie starben alle auf dem Scheiterhaufen. Die Stelle heißt heute noch im Volksmund «Feld der Verbrannten».[34]

Obwohl die angreifenden Truppen jeden Katharer ergriffen hatten, den sie finden konnten, hatten sich drei oder vier unter den Soldaten der Burg versteckt. In der darauffolgenden Nacht flüchteten sie unter halsbrecherischen Umständen im Schutz der Dunkelheit. Sie kletterten die Felswand unterhalb der westlichen Burgmauer hinunter. Die Legende behauptet, daß sie den Rest des Schatzes der Katharer bei sich hatten. Die Flüchtlinge hatten Glück, sie passierten unentdeckt die Linien der «Kreuzfahrer», und wie ihre beiden Kameraden, die drei Monate früher entkommen waren, verlieren sie und ihr «Schatz» sich seitdem im Dunkel der Geschichte.[35]

Aber woraus bestand dieser Schatz der Katharer? Wieviel Gold und Silber konnten drei *Perfecti* tragen? Es konnten keine Münzen gewesen sein, denn die Menge Gold, die von einem Trio verzweifelter Männer, die zudem noch schnell und leise reisen mußten, mitgetragen werden konnte, verdiente wohl kaum die Bezeichnung «Schatz». Es mußte etwas anderes gewesen sein, etwas, das man in Montségur bis zum letzten Augenblick behalten hatte, etwas, das unerläßlich für das Ritual gewesen war, das am Tag vor der Kapitulation der Burg stattgefunden hatte. Dieser «Schatz» – was immer es auch war – hatte

Männer überzeugt, ihren Glauben zu wechseln und den Tod auf dem Scheiterhaufen zu sterben. Gold allein hätte das nie geschafft. Auch nicht heilige Schriften, Texte oder jede andere «zweitrangige» Reliquie, die die Katharer vielleicht besessen haben. Nur eine Reliquie von großem Wert und Heiligkeit konnte diese Männer dazu bringen, Leben und Freiheit gegen den Märtyrertod auf dem Scheiterhaufen einzutauschen. Wäre es möglich, daß der Schatz der Katharer der Baphomet, der einbalsamierte Kopf Jesu, das Haupt Gottes war? Und wenn das der Fall war, durch welchen Irrweg der Geschichte war die heilige Reliquie in den Besitz der Katharer gelangt, die in Montségur eingeschlossen waren?

Es gibt eine plausible Erklärung für diese anscheinend so erstaunliche Möglichkeit. Im 7. Kapitel ist bereits beschrieben worden, wie Maria Magdalena – gemäß der Legende – vor den Juden floh, in einem Schiff gemeinsam mit Lazarus und anderen Gestalten aus der Bibel. Es spricht für sich, daß der Hafen, in dem die Gruppe schließlich landete, Marseille war. Ein Ort in Südfrankreich, dem Gebiet des jüdischen Herzogtums Septimania, das durch Blutsbande mit den Merowingern verbunden und das darüber hinaus das Kernland der Katharer war. Man sagt, Maria Magdalena hätte den Heiligen Gral nach Frankreich gebracht. Ich hatte bereits herausgefunden, daß es sich hier um einen «Decknamen» handelt. Man wollte vertuschen, daß es sich um einen abgeschlagenen, einbalsamierten Kopf handelt. Falls Maria Magdalena die Frau von Jesus war, ist es sehr wahrscheinlich, daß sie den «Gral», den Kopf, mit ins Exil genommen hat. Und der «geschnitzte» Kopf im Besitz des Nikodemus, von dem berichtet wurde: *«kein Mensch hat je so etwas gesehen oder mit eigener Hand schaffen können»*, wurde von Nikodemus nach Jaffa gebracht und *«ins Meer geworfen»*. Zur Zeit Jesu war Jaffa der Haupthafen für Jerusalem. Wenn das jüdische Establishment Maria Magdalena und viele Anhänger Jesu zur Flucht zwang, ist es fast sicher, daß sie von Jaffa aus ein Schiff nahmen, um ins Exil zu segeln. So ist es zumindest möglich, daß das Haupt Gottes nach Frankreich gelangte. Und daß es in den Besitz der Katharer gelangte – vielleicht über die kabbalistischen Juden von Septimania und ihre merowingischen Herrscher, deren Bindungen an das häretische

Judentum gut belegt sind und die in einigen Punkten den Glauben der dualistischen Christen teilten.

Aber wenn man nun annimmt, daß der Kopf ein Teil des mystischen Schatzes der Katharer war, was wurde nach dem Fall Montségurs daraus? Wohin führte die Flucht der drei entkommenen *Perfecti?* Oder noch präziser: Wohin *konnten* sie gehen? Obwohl bestimmte zähe *Faidits* bis 1255, als ihre letzte Burg – das Château von Queribus – fiel, den französischen Behörden Paroli boten, war mit der Zerstörung von Montségur die katharische Sache in Frankreich verloren. Es war, wie Lawrence Durrell es formulierte, «die Thermopylen der gnostischen Seele»[36], ein letzter Zufluchtsort für die Anhänger des Dualismus gegen die überwältigende Macht der Orthodoxie. Angesichts einer solchen Katastrophe, wohin konnten die flüchtenden Katharer mit ihren Büchern und Reliquien entkommen, um der Gefangennahme zu entgehen? Es gab nur einen Ort in Frankreich, an dem der Einfluß des Königs endete. Es gab nur eine Organisation, die in allen Bereichen völlig autonom war und die im Grunde die gnostische Weltsicht der Katharer teilte – der Templerorden.

Die Tempelritter hatten sich ausdrücklich geweigert, an dem Kreuzzug gegen die Katharer teilzunehmen, und die beiden Gruppen standen sich nahe, denn viele Adlige aus dem Süden unterstützten die katharische Häresie und waren zugleich Schutzherren der Templer. Daß die höheren Würdenträger des Templerordens im geheimen den gnostischen Lehren anhingen, gilt heute als akzeptiert, denn selbst ihre karierte Kriegsflagge Beauséant ist halb schwarz und halb weiß, was die Trennung des Universums in Gut und Böse symbolisiert und auf den dualistischen Glauben des Ordens hinweist.[37] Und es ist bekannt, daß während des Albigenser-Kreuzzugs viele Katharer in den Orden aufgenommen wurden, damit sie den Klauen der Inquisition entkamen.[38] Es ist deshalb sehr wahrscheinlich, daß die Katharer ihren «geheimnisvollen Schatz» dem Schutz der Templer überließen. Und zu diesem Schatz könnte sehr gut der heilige Schädel Jesu gehört haben, der seit der Zeit Maria Magdalenas in Südfrankreich aufbewahrt wurde.

Ganz egal, ob das Haupt Gottes nun unter dem Tempel Salomos gefunden wurde oder im Besitz der Katharer war, eines scheint sicher zu sein – seit dem Ende des dreizehnten Jahrhunderts befand es sich im Besitz des Templerordens. Daß es kein gewöhnliches religiöses Objekt war, läßt sich aus der Behandlung der Reliquie durch die Templer beweisen, als sie in ihren Besitz kam – sie hielten sie geheim. Warum wurde der heilige Schädel nur hinter hohen Mauern, weit weg von neugierigen Blicken, angebetet? Obwohl in heutigen postmodernen Zeiten die Anbetung eines abgeschlagenen, einbalsamierten Schädels grotesk ist und sogar den Ruch der Nekromantie hat, war die Anbetung eines heiligen Schädels für die Zeit, in der die Templer lebten, durchaus nicht ungewöhnlich. Wie ich entdeckte, folgten sie nur dem allgemeinen Trend des Mittelalters, die Überreste von toten Heiligen und anderen heiligen Männern und Frauen zu verehren. Dieser Brauch ist durch Quellen gut belegt, und Historiker nennen ihn den Reliquienkult. Hierbei handelt es sich um eine Geschichte voller Überraschungen und grotesker Rituale, und sie sollte mich mit bestechenden Beweisen versorgen, die den Baphomet und Jesus erneut miteinander verbanden.

14
Die verbotene Reliquie

Der Reliquienkult hat seinen Ursprung in dem Grundbedürfnis der Menschen, die Toten zu ehren – besonders diejenigen, die in ihrem Leben Helden oder Heilige waren. In Afrika durften die Leichen der ghanaischen Könige an einem Ort mit dem grotesken Namen «Ort der Tropfen» verwesen, und danach wurden die Skelette mit Golddraht wieder zusammengesetzt.[1] Die Buddhisten Asiens, von denen viele glauben, sie hätten mit einem solchen «Aberglauben» nichts am Hut, verehren immer noch die Reliquien des Gautama Buddha – seine Zähne, die Schlüsselbeine, Haare und Finger- und Zehennägel. Lange vor Gautamas Zeit sollen die sterblichen Überreste eines früheren Buddha, Kasyapa, in einem eigens dafür gebauten Turm aufbewahrt worden sein.[2] Sogar die Anhänger Mohammeds erlagen der verführerischen Macht heiliger Reliquien – sein Fußabdruck auf dem Berg Sinai wurde von muslimischen Pilgern besucht, und Haare, die angeblich vom Bart des Propheten stammten, wurden von Sultan Ibrahim II nach Bijapur in Indien mitgebracht.[3] Keine Kultur, Religion oder ethnische Gruppe scheint gegen das Verlangen nach heiligen Reliquien immun zu sein. Aber obwohl der Reliquienkult auf der ganzen Welt verbreitet war, erreichte er im christlichen Europa des Mittelalters seinen absoluten Höhepunkt.

Die Verehrung bestimmter Reliquien begann im Christentum schon früh. Im Jahr 238 n. Chr. wurden die heilige Ursula und über elftausend Jungfrauen in ihrer Begleitung auf der Rückreise vom Papst in Köln von den Hunnen erschlagen. Eine Kirche wurde über den Gräbern errichtet und zum Wallfahrtsort. Etwa fünfundsechzig Jahre später wurde Januarius, der Bischof von Benevento, in Italien während einer Christenverfolgung durch den Kaiser Diokletian enthauptet. Der Körper und der Kopf des Märtyrers wurden in verschiedenen Kirchen und Mönchsklostern verehrt (die Mönche waren durch die normannische Invasion gezwungen, die Leiche immer wieder wegzuschaffen). Vielen sterblichen Überresten von anderen Heiligen wurde die gleiche Ehre zuteil. Zum Beispiel wurde die Leiche des heiligen Cuthbert von Lindisfarne durch den Norden Englands getragen, bis der Körper des Heiligen (weil er wundersamerweise zu schwer wurde, um weitergetragen zu werden) selbst seine letzte Ruhestätte auf einem Hügel über der Stadt Durham bestimmte. Dort steht heute eine der imposantesten und schönsten gotischen Kathedralen.

Trotzdem war eine solche Verehrung eher vereinzelt, bis im Mittelalter die Reliquien der meisten Heiligen und Seligen eine riesige Wertsteigerung erfuhren, die selbst den unbedeutendsten unter ihnen zuteil wurde. Das Mittelalter war die Blütezeit des Reliquienkults.[4] Der Kult um die heilige Ursula und ihre Jungfrauen sollte als einer der ersten davon profitieren. Im zwölften Jahrhundert wurde für ihre sterblichen Überreste eine herrliche neue Kirche im gotischen Stil erbaut. Darin befand sich die berühmte goldene Kammer, eine quadratische Kapelle, die unzählige heilige Schädel, in rotes Tuch gehüllt, beherbergt. Auf den Regalen stehen Büsten, von denen man bei manchen den Kopf wegdrehen kann, so daß die Gläubigen den Schädel darin betrachten können. Der Schädel der heiligen Ursula steht auf einem Ehrenplatz auf dem Altar der goldenen Kammer.

Auf ähnliche Weise fanden die sterblichen Überreste des heiligen Januarius im Jahr 1497 ihre letzte Ruhestätte in der neuerbauten Kathedrale von Neapel. Doch sogar dort ruht die Leiche in zwei Teilen (und es ist bis heute so geblieben) – der Körper liegt in einer üppigen Krypta (geschaffen von dem Renaissancemeister Tommaso Malvito) unter der Kathedrale. Der Kopf wird in einer Büste hinter dem Hauptaltar einer Seitenkapelle gezeigt, flankiert von zwei Phiolen mit dem Blut des Heiligen. An drei Tagen (19. September, 16. Dezember und am ersten Samstag im Mai) in jedem Jahr wird der Kopf dort herausgenommen und auf dem Altar gezeigt. Die Phiolen mit Blut werden ganz nahe an das heilige Objekt herangestellt, und jedesmal wird das geronnene Blut wieder flüssig.

Der Kopf des heiligen Januarius ist keinesfalls das einzige Beispiel. Schädel und Köpfe hatten in der christlichen Reliquienverehrung immer große Bedeutung. Eine schier endlose (und keinesfalls vollständige) Liste enthält die Köpfe oder Schädel der Heiligen: Ursula, Januarius, Fursey, Blaise, Lazarus, Basilius der Große, Julianus von Brioude, Winifred, Magnus, Edmund (König von England), Maxim, Lucian und der kindliche Märtyrer Pankratius. Außerdem wurden im alten Byzanz die Köpfe von St. Peter und St. Paul mit großem Pomp verehrt, was an die Templer-Zeremonien zu Ehren ihres geheimnisvollen heiligen Schädels erinnert. Die Köpfe der beiden Heiligen wurden später nach Rom gebracht. Ein Chronist berichtet, daß der französische König Philipp Augustus im Jahr 1191 bei seiner Rückkehr vom dritten Kreuzzug den Papst Coelestin III besuchte. Um den König zu ehren, zeigte der Heilige Vater ihm und seinen Männern die Köpfe der Apostel Peter und Paul. Die Basilika von St. Johannes im Lateran besitzt immer noch die heiligen Schädel der beiden bedeutendsten christlichen Apostel.[5]

Obwohl man einen Schädel sehr wohl als grausige, wenn nicht gar furchterregende Reliquie betrachten kann, darf man doch nicht außer acht lassen, daß solche Reliquien für die Gläubigen – des Mittelalters oder von heute – etwas Göttliches haben und Wunder tun können. Der Kopf des heiligen Januarius hat zum Beispiel die Fähigkeit, sein geronnenes Blut wundersamerweise zu verflüssigen. James Bentley meinte: «[Daß] das Blut wieder flüssig wird, weist darauf hin, daß die Reliquie weit mehr darstellt als eine konservierte Leiche. In den Augen der Gläubigen bedeutet das Flüssigwerden des Blutes, daß der Märtyrer nicht tot ist, sondern im Himmel lebt».[6] Diese sterblichen Überreste sind kein *Memento mori*, sondern Symbole der Hoffnung für ein Leben nach dem Tod. Die geehrten Toten weisen den Weg zu ewigem Leben.

Die starken Emotionen, die in den Gläubigen ausgelöst werden, machen solche Reliquien zu Symbolen großer Macht. Man hat überzeugend nachgewiesen, daß der Besitz wichtiger Reliquien durch den Papst – besonders derer des heiligen Petrus (der nach der orthodoxen christlichen Lehre der Fels ist, auf dem die Kirche gründet) – der Grund dafür war, daß man seine Autorität anerkannte. «Ganz gleich welche Theorie seiner Stellung zugrunde liegt, verdankte der Papst in der Praxis einen Großteil seiner Autorität der Tatsache, daß er der Hüter der sterblichen Überreste des heiligen Petrus war. Das ließ die Menschen nach Rom kommen und der Stimme des heiligen Petrus zuhören, die verkörpert wurde durch seinen Statthalter auf Erden.»[7]

Die Macht der Reliquien zeigte sich in merowingischer Zeit, als Chilperich I die Dreistigkeit hatte, sich bestimmte Schätze aus der Kirche des heiligen Kolumban anzueignen. Der heilige Eloi von Paris nahm das ziemlich übel, brach allerdings mit dem König keinen Streit vom Zaun, sondern verbot einfach, am Schrein des heiligen Kolumban zu beten, was letztendlich den gesamten Kult um den Heiligen unterband. Die Bürger von Paris und ihre Stadt verloren dadurch den Schutz des Heiligen, und sie machten den König dafür verantwortlich. Ein Aufstand drohte. Chilperich lenkte schnell ein, brachte die Schätze zurück und besänftigte damit den Zorn der Bevölkerung. Auch Fulk Nerra, der Graf von Anjou, hatte die Bedeutung eines Heiligen anfangs sträflich unterschätzt: In voller Rüstung betrat er die Kirche von St. Martin. Da ein solches Sakrileg in einem Gotteshaus nicht toleriert werden konnte, entfernten die Kirchenmänner die sterblichen Überreste des heiligen Martin von Tours daraufhin von ihrem Ehrenplatz, legten sie neben das Kreuz und häuften Dornen auf die Knochen des Heiligen. Nach diesem symbolischen Akt blieben die Kirchentüren allen Laien verschlossen. Da ihnen der Trost, die Hilfe des Heiligen zu erbitten, nun versagt war, begannen Fulks Bauern zu murren, und seine Lehnsleute überdachten ihren Treueschwur. Da er die Konsequenzen fürchtete, pilgerte Fulk Nerra, der mächtige und einflußreiche Graf von Anjou, barfuß zu den sterblichen Überresten des Heiligen, warf sich vor sie auf den Boden und bat in Anwesenheit von Geistlichen und Bauern um Vergebung für seinen unfrommen Akt. Nachdem so der Ehre Genüge getan war, wurde Fulk von seiner Sünde freigesprochen und der Kult um den Heiligen wieder aufgenommen.[8]

Mächtige Städte verlangten nach mächtigen Reliquien, und zu seiner Zeit war Byzanz die mächtigste Stadt von allen.[9] Es wurde – laut Aussage eines Gelehrten – zu «einem einzigen Reliquiar». Das Gewand der Jungfrau Maria lag ebenso in einer der vielen Kirchen der Stadt wie eine Probe ihrer Muttermilch. Hier konnte man die Häupter der Heiligen Peter und Paul, den Kopf Johannes des Täufers, die Leiber des heiligen Stephan und des heiligen Andreas, die Zähne von St. Christophorus, die Arme des heiligen Klemens und des heiligen Barnabas, den Finger des heiligen Michael, das Knie des heiligen Simeon und den Fuß des heiligen Komas finden. Es gab den Schwamm und das Stroh der Kreuzigung und ein Stück des wahren Kreuzes, und Erzbischof Antonius von Nowgorod berichtet nach seinem Besuch im Jahr 1200, daß er auch «den Hammer, den Holzbohrer und die Säge sah, mit denen das Kreuz gefertigt worden war». Die alttestamentlichen Gestalten wurden auch nicht ignoriert. Konstantinopel brüstete sich mit der Axt, die Noah benutzt hatte, um die Arche zu bauen; mit der Trompete, die Josua vor den Mauern von Jericho geblasen hatte; mit Elias Gürtel und Kopfschmuck und mit einer Probe «Manna vom Himmel», das die Juden während ihrer vierzigjährigen Wanderung durch die Wüste Sinai ernährt hatte. Die Macht der großen Stadt hatte selbst die Bundeslade und die Gesetzestafeln, die Moses von Gott bekommen und die Gott mit seinem Finger beschrieben hatte, angezogen.

In diesen Reliquien steckte große Macht, sowohl politisch als auch finanziell. Solche Wunder waren es wert, gesehen zu werden. Sie brachten einen stetigen Strom von Besuchern und Pilgern, die Unterkunft und Essen brauchten, was ihnen mit einem anständigen Profit auch gewährt wurde. Damals wie heute wollten die Pilger eine Erinnerung an den Besuch mitnehmen, einen greifbaren Beweis dafür, daß sie die sterblichen Überreste eines Heiligen gesehen oder sogar berührt hatten. Und sie waren bereit, für dieses Privileg gut zu bezahlen. Die Abteien, Kirchen und Kathedralen, denen die begehrtesten Reliquien gehörten, hatten jedes Jahr Tausende von Besuchern und konnten durch die Folgegeschäfte fabelhaft reich werden. In manchen Gebieten Europas mußten Sünder, die es nach Absolution verlangte, mindestens ihr eigenes Körpergewicht in Weizen oder Gerste vor den heiligen Überresten ablegen.[10] Graf Robert von Namur tat das, als er die Reliquien des heiligen Gengulphe besuchte. Personen von hohem Rang konnten auch ihr Gewicht in Silber oder Gold hinterlassen. Selbst weniger bedeutende Persönlichkeiten, die geringere Gaben mitbrachten, konnten die Schatztruhen der Hüter der Heiligen füllen, wenn sie nur in großer Zahl kamen. Im Jahr 1174, nur ein Jahr nach der Heiligsprechung des heiligen Thomas Becket, pilgerten über 100 000 Menschen zu seinen Knochen in der Kathedrale von Canterbury. Im Jahr 1221 hatten die Mönche von Canterbury gelernt, den Pilgerstrom für ihre Zwecke zu nutzen. Sie schufen an vier Stellen in der Kathedrale sogenannte «Points of Sale», also Stellen, an denen man spenden konnte. Der fromme Pilger wurde an diese heiligen Orte geführt – an den Platz, auf dem Becket das Martyrium erlitten hatte, an seinen alten Sarg, zu einem Schrein, wo seine obere Schädelhälfte von einem der Mörder abgehauen worden war, und zu dem großartigen neuen Schrein, der kurz zuvor aufgestellt worden war, um seine Knochen aufzunehmen. Die «Spenden» für dieses Jahr beliefen sich auf 565 Pfund, 14 Schilling und 10 Pence – ein fabelhaftes Einkommen im dreizehnten Jahrhundert.

Der Reliquienhandel

Wenn man bedenkt, wieviel Geld hier zu verdienen war, ergibt sich natürlich daraus, daß der Bedarf an Reliquien jeder Art enorm groß war. Um kommerzielle Transaktionen leichter zu machen, wurden für den «Handel» Kategorien geschaffen. Ganz oben standen die direkten Reliquien, für die natürlich auch die höchsten Preise gezahlt wurden. Dazu gehörten Körper, Gliedmaßen, Schulterblätter, Füße, Hände, Finger oder Vorhäute der Heiligen. Köpfe und Schädel waren sehr gefragt und wurden im Preis nur noch vom «ganzen Körper» überboten, obwohl der «Status» des Heiligen auch in Rechnung gestellt wurde, denn kleine Teile großer Heiliger erzielten einen höheren Preis als der intakte Leichnam eines lokalen Heiligen ohne internationale Bedeutung. Die zweitrangigen Reliquien waren Objekte und Kleidungsstücke, die dem Heiligen gehört hatten, die er getragen hatte oder in denen er auch manchmal hingerichtet worden war. Der heilige Johannes Chrysostomus, Bischof von Konstantinopel, dachte so über diese rein materiellen Objekte: «Die Tugend der Heiligen ist so groß, daß Christen nicht nur ihre Worte und Leiber verehren, sondern auch ihre Kleidung.»

Reliquien wurden zum großen Geschäft. Mittelsleute durchstreiften Europa und Asien nach verkäuflichen Überresten der Heiligen. Ein Händler namens Deusdona gab den Anstoß zu der ersten überlieferten christlichen «Reliquienkonkurrenz», als er von Papst Eugenius II die Erlaubnis erhielt, die sterblichen Überreste des heiligen Sebastian nach Soissons in Frankreich zu bringen. Dort verkaufte er den Heiligen mit offenbar gutem Profit. Doch die Geistlichen der Nachbarstadt Mulinheim waren beunruhigt durch die Ankunft des Heiligen, wohl weil sie einen Rückgang ihrer Gewinne fürchteten, wenn der Körper des heiligen Sebastian alle Pilger nach Soissons zog. Sie gingen zum Gegenangriff über und sicherten sich die Dienste eines anderen Reliquienhändlers namens Ratleicus. Nach einiger Zeit übertraf Ratleicus Deusdona und konnte ihnen die sterblichen Überreste von *zwei* Heiligen bringen. Sie hießen Marcellinus und Peter und waren beide während der Christenverfolgung des Diokletian umgekommen. Aber die Anstrengungen Mulinheims fruchteten nicht, denn in diesem Fall waren zwei Heilige nicht besser als einer. Der Status des heiligen Sebastian übertraf den der beiden geringeren Heiligen bei weitem, und trotz der ganzen Anstrengungen blieb die Reputation Mulinheims weit hinter dem Ruhm des Heiligen von Soissons zurück.

Das Einkommen aus Reliquien wurde so ernst genommen, daß selbst Geistliche sich des Diebstahls schuldig machten, um an begehrte Knochen zu kommen. Ein Mönchskloster in Agen war Hüter der sterblichen Überreste von St. Foy, die den Mönchen von Agen ein beträchtliches Einkommen sicherten. Aber die Mönche des nahegelegenen Conques planten einen Diebstahl, als ihr Einkommen und Ansehen sanken. Einer ihrer Mönche, Arinisdus, trat bei den Mönchen von Agen ein und arbeitete zehn Jahre als Priester. Geduldig plante er seinen Aufstieg, bis er schließlich zum Hüter des Schatzes befördert wurde. Gleich nachdem sein Posten bestätigt worden war, wartete er bis zum Abend, holte sich die Knochen des Heiligen und rannte nach Conques, wo die heiligen Reliquien ausgestellt wurden.[12] Andere Geistliche (die später selbst heiliggesprochen wurden) griffen zu noch groteskeren Maßnahmen. Als St. Hugo von Lincoln den berühmten Körper der heiligen Maria Magdalena in Fécamp in der Normandie besuchte, beugte er sich über die heilige Leiche, als wolle er sie küssen. Statt dessen biß der heilige Hugo zum Entsetzen der Zuschauer zwei kleine Knochenstücke vom Arm des heiligen Körpers. Der heilige Dieb war gar nicht verlegen und entschuldigte sein Sakrileg so: Wenn er während der heiligen Kommunion Leib und Blut Jesu in den Mund nehme, warum solle er das gleiche nicht mit den Knochen einer Heiligen tun? Aber auch der gerissene Heilige bekam seine wohlverdiente Strafe. Als er starb, wurde sein Leichnam in zwei Teile geteilt, um seinen Wert und seine Anziehungskraft für die Gläubigen zu steigern.[13]

Die Nachfrage nach Knochen der Heiligen war so groß, daß der Handel schnell zu einem Verkäufermarkt wurde. Aber auch wenn die echten Reliquien von Heiligen nur in begrenztem Maße vorhanden waren – gefälscht werden konnten sie immer. Das war im Mittelalter besonders leicht, denn es gab nur wenig Kommunikation und viel Gutgläubigkeit. Außerdem fehlten Gutachter, die genug Autorität hatten, um die Behauptungen von rivalisierenden Reliquieninhabern zu bestätigen oder zurückzuweisen. So wurden zum Beispiel die Leichname der Heiligen Drei Könige wundersamerweise am gleichen Ort gefunden (ungeachtet der Tatsache, daß sie aus ganz unterschiedlichen Ländern stammten und der Legende nach auch wieder in ihre Heimatländer zurückgekehrt waren) und mit großem Pomp nach Köln in den Dom gebracht. Und kein Geringerer als Karl der Große präsentierte den Mönchen des Benediktinerklosters von Brantôme in aller Ruhe einen einbalsamierten Säugling, der angeblich ein Opfer des Kindermordes von Herodes gewesen sein soll. Aufgrund der großen Nachfrage schossen die Leichname von Heiligen wie Pilze aus dem Boden: Es gab zwei Leichname des heiligen Thomas (einen im Dom von St. Thomé in Indien, den anderen in Ortona/Italien). Die wissenschaftlichen Untersuchungen von Nicole Herman-Mansard haben außerdem bewiesen, daß Maria Magdalena nicht weniger als sechs Körper besessen haben müßte, wäre jede Reliquie von ihr echt gewesen![14] Ebenso beansprucht der heilige Gregor der Große nicht weniger als vier Körper und zwei Köpfe für sich. St. Teilo von Wales hatte drei Körper, aber um Auseinandersetzungen zwischen den Gemeinden vorzubeugen, die die drei Körper besaßen, erklärten seine Anhänger, es handle sich hier um ein Wunder. St. Teilo hat offenbar «in einem einzigartigen Akt himmlischer Diplomatie wunderbarerweise drei Körper von sich bereitgestellt [...]».[15]

Es ist leicht, sich nach so langer Zeit über die Gerissenheit und Gutgläubigkeit im Mittelalter lustig zu machen. Aber diese Suche nach sterblichen Überresten von Heiligen, dieses Verlangen nach heiligen Reliquien und gesegneten Überbleibseln, ist der Beweis für eine tief religiöse Einstellung, die es heute kaum mehr gibt – sie ist ein Zeichen für das profunde Verlangen zu glauben. Wenn die Reliquienverehrung im Mittelalter also anerkannt war, dann stellt sich im Hinblick auf die Reliquien der Tempelritter eine verblüffende Frage: Warum mußte der Orden seinen besonderen heiligen Schädel hinter verschlossenen Türen im geheimen anbeten?

Reliquien von Christus

Die größte Nachfrage der Gläubigen galt vor allen anderen sterblichen Überresten von Heiligen denen von Jesus. Doch dieses Verlangen nach Reliquien von Christus stellte ein nahezu unüberwindliches theologisches Problem dar. Denn Jesus war vollständig in den Himmel aufgefahren. Daraus folgte, daß es unmöglich körperliche Überreste des Erlösers geben konnte. Zu behaupten, eine solche Reliquie zu besitzen, bedeutete die Bibel zu verleugnen – zumindest in der Form, wie sie von der römisch-katholischen Kirche ausgelegt wurde, deren Wort Gesetz war und die theoretisch die Gewalt über Leben und Tod der Christenheit innehatte. Reliquien ersten Grades (also sterbliche Überreste) waren deshalb streng tabu. Aber Reliquien zweiten Grades, also zum Beispiel die Kleidungsstücke, die Jesus getragen hatte, waren nicht verboten. Und sie tauchten auch prompt auf – in Form der saumlosen Kutte,[16] der Veronika (das Gesicht Christi auf einem Tuch) und des berühmten Turiner Grabtuchs, das eine bemerkenswerte Negativabbildung des gekreuzigten Jesus zeigt.[17] Das wahre Kreuz befand sich, wie wir bereits wissen, in einem Schrein in Konstantinopel, aber viele kleinere Stücke dieser Reliquie waren überall in Europa und der Levante zu finden. Wie der vervielfältigte Körper von St. Teilo scheint auch das wahre Kreuz in der Lage gewesen zu sein, sich zu vervielfältigen, um den Bedürfnissen seiner Anhänger gerecht zu werden. Das trifft auch auf die Dornenkrone zu – oder zumindest auf die Dornen, die man aus der Krone genommen hatte, die römische Soldaten für Jesus gemacht hatten, um sich über seine Behauptung, er sei König der Juden, lustig zu machen. Nahezu jede bedeutende Stadt oder Kirche besaß mindestens einen heiligen Dorn, und selbst Eton College brüstete sich mit einem. Die Krone selbst (zu dem Zeitpunkt schon völlig ohne Dornen) wurde von Balduin II von Jerusalem an Ludwig IX von Frankreich verkauft. Da zu jener Zeit der Handel mit Reliquien als sündhaft galt, wurde der Verkauf mit den üblichen Mitteln kaschiert. Balduin gab Ludwig «freiwillig» die Dornenkrone, und Ludwig «schenkte» Balduin ebenso «freiwillig» 13 134 *Perperi*.[18]

Ebenso wertvoll wie die Dornenkrone waren die Nägel, mit denen Jesus ans Kreuz geschlagen wurde. Und auch die besaßen offenbar die Fähigkeit, sich nach Bedarf zu vermehren. Sie wurden stolz in vielen Kirchen, unter anderem in Aachen, Krakau, Florenz, Neapel, Paris und Wien, gezeigt. Neunundzwanzig Städte in Europa behaupteten, im Besitz eines «echten» Nagels oder sogar mehrerer Nägel zu sein (allein Venedig gehörten drei, was die Zahl der echten Nägel, die andere Städte angeblich besaßen, schon einmal erheblich reduziert – auch wenn man die Legende in Betracht zieht, daß die heilige Helena aus den vier Nägeln zwölf kleinere gemacht hat). Die Zangen, die die Nägel entfernten, entgingen auch nicht der Aufmerksamkeit der Reliquienjäger. Zu Beginn des vierzehnten Jahrhunderts gab es mindestens zwei Paar davon. Die Lanze, die Christus in die Seite gestoßen wurde, fanden Kreuzfahrer in Antiochia zu einem Zeitpunkt, als eine Belagerung sie fast demoralisiert hatte. Der Fund führte die erschöpften Verteidiger schließlich zum Sieg.[19] Zum Unglück für diese Reliquie war nach Aussage vieler Gläubigen die echte Lanze bereits entdeckt worden. Sie war im Jahr 614 von Jerusalem nach Konstantinopel gebracht worden, um einer Entweihung durch Chosroes, den König von Persien, zu entgehen, und im zwölften Jahrhundert hing sie in der Kapelle der Jungfrau von Pharos. Der Entdecker der Lanze von Antiochia, Peter Bartolomäus aus der Provence, war sich seiner Sache so sicher, daß er einwilligte, die Feuerprobe zu machen, um ihre Echtheit zu bestätigen. Unglücklicherweise verbrannte Peter Bartolomäus dabei. Aber trotz dieser vielen unterschiedlichen «Reliquien von Jesus» war keines ein Teil seines Körpers und verletzte damit auch nicht das grundlegende Dogma, Jesus sei unversehrt in den Himmel aufgefahren.

Doch es dauerte nicht lange, und der Erfindungsreichtum des Mittelalters fand einen Weg, um dieses anscheinend unüberwindliche Tabu zu umgehen. Man merkte nämlich, daß der Verlust bestimmter Teile des Körpers besonders in der Kindheit ganz natürlich war und daß man solche Teile von Jesus auch leicht hätte aufbewahren können. Und so stellten die Mönche von Saint-Médard-de-Soissons stolz einen «Milchzahn» von Jesus als heilige Reliquie aus. Ein gelehrter Benediktiner namens Guibert de Nogent ärgerte sich darüber und meinte sarkastisch, wenn das stimmen würde, müßte es noch andere Zähne geben, ganz zu schweigen von Haaren, die dem Erlöser wohl ausgefallen sein mußten, als er in Galiläa und Judäa umherzog. Guibert hätte vielleicht besser den Mund halten sollen. Es dauerte nicht lange, und die Stadt Namur behauptete, das heilige Haar von Jesus zu besitzen, während Clermont Ferrand mit der Behauptung dagegenhielt, sie besäßen nicht nur Haare, die Maria ihm abgeschnitten hätte, sondern auch Barthaare, fünf abgeschnittene Nägel von seiner linken Hand und zwei von seiner rechten. Das Blut Christi, das er bei der Kreuzigung vergossen hatte, war in vielen Phiolen enthalten, die überall in der ganzen Christenheit zu finden waren, eine auch in Hailes in Gloucestershire. In Chaucers *Canterbury Tales* heißt es:

By God's precious heart, and by his nails,
And by the Blood of Christ that is in Hailes.[20]

In Frankreich gab es mindestens acht Zentren – zum Beispiel in der Kathedrale von Marseille und in der Kirche St-Pierre-le-Puellier in Orléans –, in denen die Tränen Christi kultisch verehrt wurden. In Lucques in der Auvergne gab es eine noch unglaublichere Reliquie – den «heiligen Nabel» Christi. Und nicht nur hier – weitere «heilige Nabel» wurden auch in Rom und in Chalons-sur-Marne verehrt. Es ist anzunehmen, daß diese Reliquien Nabelschnüre waren, also ein «Teil» Jesu, der nach dem kirchlichen Dogma nicht unbedingt mit in den Himmel aufgefahren war.

Aber die gefeiertste und wertvollste Reliquie von allen stammte aus der jüdischsten aller Zeremonien – der Beschneidung. Dieses Ritual hatte ein Stück Fleisch des Erlösers entfernt. Und die apokryphen Evangelien schreiben wirklich, daß die *Vorhaut* Jesu zumindest bis zum Beginn seiner Priesterschaft aufbewahrt wurde.[21] Jetzt war der Weg frei für eine solche Reliquie, und sie wurde auch prompt gefunden. Oder besser: *Sie alle* wurden gefunden – im Verlauf des Mittelalters tauchten nicht weniger als dreizehn heilige Vorhäute auf. Und jede wurde sehr verehrt. Eine der ersten, die man bekommen konnte, wurde von Karl dem Großen an Mönche in der Diözese Poitiers weitergegeben. Diese besondere Vorhaut gab der Abtei Charroux, in der sie aufbewahrt wurde, ihren Namen, denn Charroux ist eine Verstümmelung von *Chair rouge*, rotes Fleisch.

Trotz der Verehrung, die jeder Reliquie zuteil wurde, stieß der Besitz eines richtigen Körperteils des Erlösers hart an die Grenze des theologischen Dogmas. Ein paar Kirchenmänner meinten, daß Jesu Vorhaut doch bestimmt nicht gefehlt hätte, wenn er vollständig in den

Himmel aufgefahren wäre? Solche Argumente waren Bestandteil eines theologischen Denkens, das darum bemüht war, die jüdische Abstammung Jesu zu verdrängen, denn nur als Jude war er zur Beschneidung verpflichtet gewesen. Das war ein großer Stolperstein, aber zum Glück für die Gläubigen brachte der Jesuit Francisco de Suarez ein Argument vor, das dieses Problem löste. Suarez sagte, daß der aufgefahrene Christus als Sohn Gottes leicht jeden Teil seiner Anatomie wieder nachwachsen lassen konnte, also auch seine Vorhaut. Daher konnte sich Jesu Vorhaut zugleich im Himmel und auf Erden befinden! Durch die Anerkennung dieser – etwas fadenscheinigen – Erklärung gingen die heiligen Vorhäute bei den Katholiken gerade so durch. Doch die Geschichte zeigt, wie wichtig es für das römisch-katholische Dogma war, daß Jesus *vollständig*, mit einem unversehrten Körper, gen Himmel gefahren ist. Zu behaupten, außer Milchzähnen, Nabelschnüren, Vorhäuten und anderen zweitrangigen Reliquien einen «richtigen» sterblichen Überrest Jesu zu besitzen, hätte als schwere Häresie gegolten, und dem Missetäter wäre die schwerste Strafe zuteil geworden, die die Kirche zu vergeben hatte.

Die verbotene Reliquie?

Der Reliquienkult ist gewiß sehr faszinierend, aber bis jetzt wurde genug darüber gesagt, um die Hauptpunkte unserer Geschichte zu illustrieren. Zusammenfassend sei gesagt, daß die Verehrung von Reliquien von der Kirche anerkannt, ja sogar gefördert wurde. Öffentliche Verehrung war eine anerkannte Form des Gebets. Es gab keinen Grund zur Geheimhaltung – im Gegenteil, durch Geheimnistuerei hätte man aus den Reliquien keinen Nutzen ziehen können: Zum einen hätte man die Möglichkeit verspielt, ihre Macht zu nutzen, um wichtige weltliche Ereignisse zu beeinflussen, und zum anderen hätte man sich die Möglichkeit genommen, durch ihren Besitz in den Genuß hoher Einkünfte zu kommen.

Wie wir gesehen haben, waren die Tempelritter gewiefte Diplomaten, und die Macht, die von einer besonders verehrten Reliquie ausging, war ihnen sicher bewußt. Man hätte die Reliquie dazu nutzen können, die Interessen der Templer zu fördern, um Bündnisse zu erzwingen, und den Orden damit vor seinen Feinden schützen können. Aber die obersten Tempelritter beschlossen, den Schädel des Baphomet zu einem Geheimnis zu machen und ihn nur hinter geschlossenen Türen den höchsten Mitgliedern des Ordens zu zeigen. Warum bestanden sie nur darauf, den Schädel so geheimzuhalten?

Noch einmal – bestimmte Reliquien konnten ihren Besitzern ungeheure Reichtümer einbringen. Und die Templer, als Begründer des modernen Kapitalismus, können nicht blind gegenüber den Möglichkeiten gewesen sein, die sich ihnen durch ihren Besitz boten. Ihr Geschick im Geldmachen war ohne Beispiel. Und trotzdem zogen sie keinen Profit aus etwas, das in ihren Augen ungeheuer wertvoll war – eine heilige Reliquie, ein einbalsamierter Schädel. Wie die vorhergehenden Absätze gezeigt haben, waren die Schädel von Heiligen im Mittelalter etwas ganz Normales und sehr wertvoll. Selbst wenn der Schädel der Templer der von Johannes dem Täufer war, wie manche Forscher meinten, warum sollten sie ihn dann verstecken? Allein in Europa gab es damals mindestens zwei Schädel, die von Johannes dem Täufer stammen sollten – einer wurde in Konstantinopel aufbewahrt, und ein zweiter wurde im Jahr 1010 in Saint-Jean-d'Angély/Frankreich «entdeckt». Jeder andere Orden oder jeder Geistliche hätte den Besitz einer solchen Reliquie lauthals verkündet. Wenn die Tempelritter das bekanntgemacht hätten, hätten sie nichts zu verlieren, nur alles zu gewinnen gehabt. Warum also dieses vielsagende Schweigen, die Geheimhaltung, die *versteckte* Anbetung dieses Schädels?

Dafür kann es nur eine logische Erklärung geben. Die öffentliche Ausstellung der Reliquie hätte die Tempelritter der Anklage ausgesetzt, von der sie schließlich auch zu Fall gebracht wurden – sie wären der Häresie angeklagt worden. Und wenn man bedenkt, daß die Kirche die Ausstellung nahezu jedes Körperteils von fast allen biblischen Gestalten erlaubte und nur eines absolut verbot, dann weiß man, um was es sich handelt – die sterblichen Überreste von Jesus. Der Besitz von einem solchen Objekt hätte bewiesen, daß Jesus nicht vollständig in den Himmel aufgefahren war, und stand somit im direkten Widerspruch zu den Lehren der römisch-katholischen Kirche. Einer der Hauptpfeiler im Leben Christi, daß Jesus mit intaktem Körper gen Himmel gefahren war, eine Lehre, die seit über tausend Jahren verbreitet worden war, wäre auf einmal null und nichtig gewesen. Der Beweis, daß die leibliche Auferstehung nicht stattgefunden hatte, hätte das ganze mächtige Gebäude der römisch-katholischen Kirche über dem Kopf des Papstes zusammenstürzen lassen wie ein Kartenhaus. Selbst wenn man eine solche Reliquie gefunden hätte, wäre ihre Existenz nie an die Öffentlichkeit gelangt und immer geleugnet worden. Das war theologisches und politisches Dynamit.

Die gemalten Köpfe

Zusätzlich wird dieses Argument noch durch die Gemälde eines langhaarigen, bärtigen Kopfes, die man in Präzeptorien und Burgen von Tempelrittern fand, unterstützt. Einige Autoren haben darauf hingewiesen, wie ähnlich diese Köpfe der Abbildung vom Haupt Christi auf dem Grabtuch von Turin sind, in das angeblich Jesu Leiche nach der Abnahme vom Kreuz eingewickelt war. Viele Forscher haben die Überlegung angestellt, daß die Gemälde, die ihrer einhelligen Meinung nach bei Zeremonien des Schädelkults von den Templern benutzt wurden, einfach Kopien des Kopfes auf dem Grabtuch darstellen.[22] Aber die hohen Initiierten des Ordens beteten kein Grabtuch oder ein Gemälde an – laut den Geständnissen war ein echter einbalsamierter Kopf das Herzstück ihres Rituals. Der einzige logische Schluß ist offensichtlich und unausweichlich: Falls die gemalten Köpfe Kopien des einbalsamierten Kopfes der Templer waren und auch Kopien der Abbildung auf dem Grabtuch von Turin, dann war der einbalsamierte Kopf der von Jesus. Sein Kopf war abgetrennt und einbalsamiert worden, weil er zu der Kaste der jüdischen Priesterkönige gehörte, die wiederum aus einem Königshaus stammten, das sich bis zur Zeit von Moses/Echnaton und noch weiter zurückverfolgen ließ.

Der Kreis hatte sich geschlossen. Die Frage nach der Identität des Templer-Schädels namens Baphomet war jetzt beantwortet. Es war eine schockierende und provokative Antwort, die viele Leute entsetzen und in den Grundfesten ihres Glaubens erschüttern konnte. Aber die Schlußfolgerung, die ich gezogen hatte, fügte die verwirrende Menge an Informationen, die zu Beginn meiner Nachforschungen vor mir gelegen hatten, zu einem sinnvollen Ganzen zusammen. Noch überzeugender, ja sogar überraschend war, daß andere Informationen, die sich beim Schreiben dieses Buches ergeben hatten, ganz locker in den Rahmen meiner Anfangshypothese paßten. Dieses Szenario bot nun ein stimmiges Bild, das zumindest eine Erklärung für viele Aspekte des Puzzles bot, das so viele andere Forscher auf diesem Gebiet beschäftigt hatte: Warum eine christliche Organisation sich so offen mit ägyptischen Symbolen umgab; warum die Bezeichnung «Sohn des David» so viel mehr bedeutete als die bloße Nachkommenschaft eines Stammeskönigs; warum Isis mit der Verehrung Christi in Verbindung steht; was der Beiname «Sohn der Witwe» wirklich bedeutete, als man ihn Jesus gab; warum der Held der Freimaurer, Hiram Abif, geköpft wurde; warum die Tempelritter ihr Begräbnisritual entsprechend diesem Mythos gestalteten und warum die Identität des Baphomet, des Kopfes, den die Tempelritter anbeteten, nie öffentlich gemacht werden durfte. Diese und viele andere scheinbar rätselhafte Verbindungen verwoben sich zu einem dichten und eleganten Netz von in sich stimmigen Ereignissen und Glaubenslehren, wenn man erst einmal zwei Beweisstücke akzeptiert hatte. Zum Beispiel, daß Thutmosis III, Joseph, Echnaton und Jesus ein und demselben Herrscherhaus entstammten. Und daß die Nazariten (bei denen Jesus Mitglied war) Echnatons Lehren vom heiligen Schädel bewahrt hatten, so daß sie von den Templern über den exilierten Stamm Benjamin wiederentdeckt werden konnten.

Aber je mehr ich darüber nachdachte, desto klarer wurde, daß die Templer nicht das Ende, sondern den Angelpunkt der Geschichte darstellten. Das Rätsel um die heiligen Schädel und den Namen des Baphomet war zwar gelöst worden, aber der Besitz der Reliquien durch die Templer drängte die Frage auf: Was war aus ihnen geworden – genauer: Was geschah mit dem Haupt Gottes nach der Zerschlagung der Tempelritter?

Der Kopf Jesu hatte offenbar tausend Jahre überstanden und war vor noch nicht einmal siebenhundert Jahren noch im Besitz der Tempelritter gewesen. Ich fragte mich, ob es möglich wäre, daß der Kopf noch existierte? Sollte es ihn noch geben, vielleicht an einem Ort versteckt, der nur wenigen Eingeweihten heute bekannt ist? Wenn man bedachte, daß er ein Jahrtausend überstand, dann gab es keinen Grund dafür, daß er es nicht weiter «geschafft» haben sollte. Das alles war ziemlich gewaltig und furchteinflößend. Meine Nachforschungen waren nicht länger rein historischer Natur. Sie hatten eine neue, sehr reale Dimension bekommen. Jetzt suchte ich nach dem Haupt Gottes.

15
Die Ausrottung der Tempelritter

Zu Beginn des vierzehnten Jahrhunderts waren die Tempelritter auf dem Höhepunkt ihres Ruhms, ihrer Macht und ihres Reichtums. Trotz des Landverlustes in Outremer gehörte dem Orden der Templer immer noch ein wahres Königreich an Burgen, Gütern und Bauernhöfen. Dazu kam noch die Beute aus Hunderten von Schlachten. Vor der Vertreibung aus dem Heiligen Land waren diese Rücklagen nötig, um die Ritter der Templer zu unterhalten. Ein Ritter war sehr teuer. Um die Mitte des dreizehnten Jahrhunderts brauchte man den Ertrag von etwa 150 *Mansen* (etwa 3 750 Acre oder 1 500 Hektar), um einen Ritter ein Jahr lang auszustatten und zu unterhalten.[1] Die Templer hatten oft dreihundert Ritter in Palästina, ganz zu schweigen von den Sergeanten und Knappen, und trotz ihres riesigen Landbesitzes fiel es ihnen oft schwer, dieses Heer von Berufskämpfern zu unterhalten. Doch durch den Verlust von Outremer im Jahr 1291 senkte sich die finanzielle Waagschale zugunsten der Templer. Die Ausgaben verringerten sich um einiges, während die Einnahmen aus dem Landbesitz gleich blieben. Dadurch konnten die «Armen Ritter» schnell großen Reichtum anhäufen. Am Ende des dreizehnten Jahrhunderts waren die Tempelritter so reich und mächtig wie nie zuvor.

Aber der Orden sah sich auf einmal einem Feind von Format gegenüber – Philipp IV von Frankreich, seinen Zeitgenossen besser unter dem Namen Philipp der Schöne bekannt. Philipp war der elfte direkte Nachkomme der männlichen Linie des Begründers der Kapetinger-Dynastie, Hugo Capet, der 987 gekrönt wurde. Obwohl Hugos Königreich ursprünglich nicht sehr groß gewesen war, war es nach einer Reihe von Kriegen und durch geschickte Eheschließungen immer größer geworden. Zu der Zeit Philipps II (1080-1123) waren Anjou, die Normandie, Maine und die Touraine Lehen der Kapetinger. Der Kreuzzug gegen die Albigenser brachte die Grafschaft Toulouse unter königliche Herrschaft, obwohl man dort erst nach 1271, als der Kreuzzug gegen die Katharer beendet war, herrschen konnte.

Von Anfang an hatte Hugo Capet versucht, seinen Anspruch auf den Thron dadurch zu legitimieren und zu festigen, daß er eine Verbindung zu den Merowingern herstellte. Bewußt wurde bei der Krönungszeremonie, die so entworfen war, daß sie das göttliche Vorrecht der Monarchen hervorhob, an die langhaarigen Könige erinnert. Als Philipp der Schöne gekrönt wurde, salbte man ihn mit geweihtem Öl (wie alle seine Vorgänger). Diese göttliche Tinktur sollte angeblich zur Taufe des merowingischen Monarchen Clovis mittels einer Taube vom Himmel auf die Erde gekommen sein und immer in gleicher Menge vorhanden sein, ganz gleich, wie oft man sie gebrauchte. Das Konzept des Königtums als gottgewollt (was die Kapetinger ständig förderten) stieß auf harten Widerstand durch die französischen Barone. Das war gegen die alten feudalen Traditionen, die – theoretisch – Herrschen durch Übereinstimmen forderten – zumindest für den Adel. Doch wenn ein Kapetinger durch göttliches Recht herrschte, dann war die Zustimmung seiner Untertanen, adlig oder nicht, völlig irrelevant, das war logisch.

Dem Gedanken, daß ein Herrscher von Gott eingesetzt wurde, scheint auch Philipp der Schöne nahegestanden zu haben, und viele seiner Höflinge waren nur zu glücklich, ihm dieses Gefühl zu vermitteln, und schmeichelten ihm schamlos. So heißt es in einem schmeichelnden Bericht: «Der König war während seiner Ehe und auch davor immer keusch, demütig, bescheiden im Ausdruck und seiner Sprache, niemals wütend, haßte niemanden, beneidete niemanden und liebte jeden. Voller Höflichkeit, Wohltätigkeit, Frömmigkeit und Gnade, folgte er immer Wahrheit und Gesetz, nahm nie ein böses Wort in den Mund, war eifrig im Glauben, führte ein religiöses Leben, baute Basiliken und wirkte mit bei frommen Werken. Sein schönes Gesicht und höfliche

Manieren wahrte er selbst dann, wenn er seinen Feinden gegenüberstand. Durch seine Hände tut Gott Wunder an den Kranken.»[2]

Dieses Bild eines Musters an christlicher Frömmigkeit ist unglücklicherweise völlig anders als das, was wir über Philipp den Schönen haben. Denn sein gutes Aussehen war ebenso legendär wie seine Rücksichtslosigkeit und seine Habgier. Philipp war ein mutiger Soldat und ein abgefeimter Politiker, und er konnte ziemlich skrupellos werden, wenn er seine Politik gefährdet sah. Der Bischof von Pamiers, Bernard Saisset, verglich in einem berühmten Ausspruch den König mit einer Eule, die in einer alten Legende von den anderen Vögeln wegen ihrer Schönheit zum König gewählt wurde. Wie die Eule sei der König nur eine leere Hülle, erklärte der Bischof, «er sieht besser aus als jeder andere Mann und weiß nicht mehr, als andere Menschen anzustarren».[3] Aber das war eine völlige Unterschätzung des französischen Königs (und der gute Bischof sollte später für seine überheblichen Bemerkungen noch sehr leiden). Ein anderer Zeitgenosse und etwas vorsichtigerer Autor – klugerweise zog er es vor, anonym zu bleiben – kam der Sache näher, als er klagte, der König habe sich mit korrupten und üblen Männern umgeben, denen Philipp die Herrschaft überließe. Als Folge davon sei die Gerechtigkeit aus dem Land geflohen und würde erst wiederkehren, wenn man diese Männer aus ihren Ämtern vertrieben hätte. Aber Philipp reformierte seine Verwaltung nicht – und heute gilt er als Urheber aller erpresserischen Unternehmungen des französischen Hofes.

Zu Beginn des vierzehnten Jahrhunderts befanden sich Philipp und seine Regierung in ernsten finanziellen Schwierigkeiten. Die französische Verwaltung und andere europäische Regierungen hatten noch kein System für eine jährliche Besteuerung entwickelt, so daß der Staat kein geregeltes Einkommen hatte. Die Besteuerung wurde dann in Form von Zehnten, Fünfzigsten oder Hundertsten – das hing von der Bevölkerungsdichte ab – vorgenommen, wenn es nötig war und irgendein Notfall eintrat. Lange und kostspielige Kriege mit der Gascogne und Flandern hatten die Staatsbörse geleert, und Philipp und seine Beamten suchten verzweifelt nach neuen Finanzquellen, um den Staatsbankrott abzuwenden. Da seine Geldmittel fast erschöpft waren, wandte sich Philipp einer anderen Methode zu: der gnadenlosen Verfolgung und Ausbeutung von kleinen und verwundbaren Bevölkerungsgruppen. Zuerst wurden zwei Gruppen aufs Korn genommen: die Juden (die als Geldverleiher – einer der wenigen Berufe, die ihnen das Gesetz gestattete – besonders verachtet wurden) und die Lombarden, Kaufleute aus Norditalien, denen auch eine Reihe von Banken gehörte. Obwohl sie Philipp riesige Geldsummen liehen, waren die Lombarden von 1291 an Opfer von willkürlichen Verhaftungen, Geldstrafen, Enteignungen und Vertreibung.[4] Den Juden ging es nicht besser. Im Hochsommer 1306, etwas mehr als ein Jahr vor der Vernichtung der Tempelritter, wurde jeder Jude im Land verhaftet, und sein Besitz fiel an den Staat. Völlig mittellos vertrieb man sie danach gnadenlos.[5]

Trotz der riesigen Geldmittel, die Philipp durch seine Verbrechen zuflossen, konnte sein Einkommen mit seinen Ausgaben nicht Schritt halten. Etwa um die gleiche Zeit, als die Juden ihres Reichtums beraubt wurden, also im Juni 1306, versuchte Philipp es mit einem weiteren, allerdings riskanteren Trick: Er wertete die französische Währung um zwei Drittel ihres bisherigen Wertes ab. Ganz Frankreich schrie wütend auf, und in Paris kam es zu Aufständen. Etienne Barbete, der Mann, von dem das Volk glaubte, er hätte den König zu seiner abscheulichen Aktion verleitet, wurde aus seinem Haus gezerrt und gelyncht. Philipp fürchtete um sein Leben und war gezwungen, sich vor dem Mob in das französische Hauptquartier der Tempelritter zu flüchten.[6] Während seines erzwungenen Aufenthalts umgab ihn der Reichtum der Tempelritter, und es liegt eine gewisse Ironie darin, daß der König zu einem Zeitpunkt, als die «Armen Ritter» ihm die einzige Zuflucht boten, zum ersten Mal mit gierigen Augen die Schätze des Ordens betrachtete und beschloß, sich diesen Reichtum einzuverleiben. Obwohl die Geldgier zweifellos einer der Gründe für Philipps weitere Schritte gegen den Orden war, ist es möglich, daß seine Taten zum Teil auch durch den Tod seiner geliebten Frau Johanna von Navarra im Jahr 1305 ausgelöst wurden. Ihr Tod scheint Philipp tief getroffen zu haben, und er wandte sich danach mehr der Religion zu.[7] Es ist möglich, daß Philipp bis zum Tod seiner Königin den Tempelrittern und ihren Vergehen gegenüber ein Auge zudrückte, aber daß er nach ihrem Tod entschlossen war, sich und sein Land auf den rechten Weg zurückzuführen, was ihn veranlaßte, den Orden anzugreifen.

Antipathie und Entfremdung

Aber ganz gleich, was die Gründe für Philipps Attacke waren – die Tempelritter waren sehr verwundbar. Trotz ihrer Macht gab es nur relativ wenige, und sie hatten einen Nachteil mit den Juden und den Lombarden gemeinsam – sie waren unbeliebt bei der Bevölkerung und wurden mißtrauisch beäugt.

In vielen Regionen gab es gute Gründe für ein solches Mißtrauen. Fast zweihundert Jahre unerschütterter Autonomie hatten ihren Tribut bei der Moral der Tempelritter gefordert. Ihre Machtfülle hatte sicher viele lokale Komtureien korrumpiert, und sie standen nicht zu Unrecht im Ruf, stolz und geldgierig zu sein. Als man Richard I von England damit neckte, daß er drei Töchter habe, die ihm teuer seien – Stolz, Luxus und Habsucht –, erwiderte er, daß er die erste an die Tempelritter verheiraten würde, «die so stolz wie Luzifer sind». In einer berühmten Erzählung über die Geldgier des Ordens sollen die schottischen Tempelritter angeblich eine Witwe aus einem Haus, das sie beanspruchten, vertrieben haben. Die unglückliche Frau klammerte sich verzweifelt an den Türrahmen. Erbost über diese Verzögerung, zog einer der Templer seinen Dolch und hackte ihr die Finger ab, damit sie ihren Griff löste. Ein Zeitgenosse, Jacques de Vitry, gab eine kurze Zusammenfassung der Volksmeinung von dem Orden, als er schrieb: «Man schwört, als einzelner nichts zu besitzen, aber die Gemeinschaft will alles haben.»[8]

Nicht zuletzt hatte der Prestigeverlust, den die Tempelritter erlitten, auch damit zu tun, daß es ihnen nicht gelungen war, das Heilige Land erfolgreich zu verteidigen. Der Schock, den die gesamte Christenheit bei dieser Niederlage empfand, zerstörte die Moral der Glaubensgemeinschaft. Die ursprüngliche Besetzung Jerusalems durch die ungläubigen «Türken» war von den meisten Christen in ihre strikt feudale Begriffswelt eingeordnet worden: Die Sarazenen hatten das heilige Königreich Gottes usurpiert, und es war die Pflicht aller Christen, das wieder zu richten. Das «Lied des zweiten Kreuzzugs» illustriert diese Sichtweise:

> *«Gott hat euch seinen Fall gegen die Türken und Sarazenen vorgetragen, die ihm große Schmach angetan haben. Sie haben sein Land unterjocht, in dem Gott als erstes gedient und in dem er als Herr anerkannt wurde.*
>
> *Gott hat zu einem Turnierkampf zwischen Himmel und Hölle aufgerufen und bittet alle seine Freunde, ihn zu verteidigen und ihn nicht im Stich zu lassen.»*[9]

Die Kreuzzüge wurden also als eine Art «Gottesgericht» angesehen, eine Prüfung, die von den mittelalterlichen Rittern gern gepflegt wurde – ein Kampf Gut gegen Böse, bei dem Gott der Richter war und dem Gerechten den Sieg schenkte. Da die Christen «gut» waren und Gott auf der Seite der Guten stand, waren sich alle Christen des Mittelalters darüber klar, wie die Schlacht um das Heilige Land ausgehen würde. Palästina war die *Terre sancte*, das Land, durch das der Erlöser gewandert war, wo er gepredigt und Kranke geheilt hatte und schließlich gestorben war – ein Königreich, das Gott heilig war. Es mochte ja Rückschläge für die Krieger Gottes geben, ja sogar fürchterliche Niederlagen, aber Gott würde nie zulassen, daß das Böse über das Gute triumphierte. Also würde letztendlich die Christenheit siegreich aus der Schlacht hervorgehen.

Es war deshalb eine unfaßbare Demütigung, als die Christenheit definitiv und endgültig von den mameluckischen Sultanen besiegt wurde und die «Ungläubigen» das gesamte Heilige Land in Besitz nahmen. Der Zusammenbruch der christlichen Macht erschütterte den Glauben der stärksten Christen. Ein Poem, das kurz vor dem endgültigen Zusammenbruch von dem Troubadour Ricaut Benomel, der wahrscheinlich auch Tempelritter war, geschrieben wurde, zeigt, wie tief die Moral der Christen getroffen war:

«Schmerz und Zorn sind in meinem Herzen, so daß ich fast an Selbstmord denke oder daran, das Kreuz, das ich einst zu Ehren desjenigen genommen habe, der darauf gekreuzigt wurde, niederzulegen; denn weder das Kreuz noch sein Name schützen uns vor den verfluchten Türken. Es scheint sogar, daß Gott sie zu unserem Schaden unterstützt.»[10]

Gott hatte die Christenheit im Stich gelassen, und den christlichen Rittern war es nicht gelungen, das Heilige Land zu verteidigen. Um diese kolossale geistige und materielle Katastrophe zu kompensieren, mußten Schuldige gefunden werden. Man suchte jemanden, der für das Debakel verantwortlich zu machen war – nach einem Sündenbock. Es war deshalb nur natürlich, daß Mißtrauen und Wut über die kleine Gruppe von Männern ausgegossen wurden, die sowohl geistliche als auch kriegerische Pflichten erfüllten – die militärischen Orden und besonders die Tempelritter. In diesem Klima der Schuldzuweisung erinnerte man sich an die Geschichten, die von einer Verbrüderung der Templer mit den arabischen Feinden erzählten. Die Chronik von St. Alban verzeichnet eine Rede des Grafen von Artois gegen die Tempelritter, die gehalten wurde, als die Katholiken noch einen Teil Palästinas besetzten. Der Graf beschuldigte den Orden (und auch die Johanniter), Verrat zu üben und Täuschungsmanöver durchzuführen, um die christlichen Armeen daran zu hindern, ihre Widersacher endgültig zu besiegen. Denn wenn das geschähe, meinte der Graf, wären die militärischen Orden überflüssig. Ohne einen äußeren Feind wäre es ihnen unmöglich, ihre Existenz zu rechtfertigen, und sie könnten nicht mehr den Rang und die Privilegien in Anspruch nehmen, die sie so sehr genössen. Ganz gleich, ob diese Rede nur eine reine Erfindung ist – sie offenbart trotzdem die Mißgunst und das Mißtrauen, die den militärischen Orden in der christlichen Gesellschaft entgegengebracht wurden.

Mit dem Verlust des Heiligen Landes wandelten sich die Vorbehalte in die Anklage, das Heilige Land verraten und an die Araber verkauft zu haben. Selbst dort, wo man das nicht glaubte, war die Existenz dieser privilegierten Kriegermönche der großen Volksmasse ein Dorn im Auge. Obwohl es den Tempelrittern nicht gelungen war, den Sieg über die Türken zu erringen, obwohl sie also in bezug auf ihre eigentliche Aufgabe versagt hatten, besaßen sie in Westeuropa noch immer riesige Ländereien und Reichtümer, blieben ihre Rechte, ihre Privilegien und ihr Immunitätsstatus intakt. Anders als Volk waren sie von Zehnten und Steuern befreit und standen außerhalb des weltlichen wie kirchlichen Gesetzes. Kein Wunder, daß sie vermehrt heftig kritisiert wurden. Als Beispiel hier ein Poem, das zu Beginn des vierzehnten Jahrhunderts von Berenguier de Marseille geschrieben wurde:

> *«Weil viele Templer heutzutage auf dieser Seite des Meeres leben, ihre grauen Pferde reiten, sich im Schatten ausruhen oder ihre Locken bewundern; weil sie so oft der Welt ein schlechtes Beispiel bieten; weil sie so voller Dünkel sind, daß man ihnen kaum ins Gesicht schauen kann – sagt mir, Bâtard, warum der Papst sie weiterhin duldet. Sagt mir, warum er ihnen erlaubt, die Reichtümer, die man ihnen für den Dienst Gottes anvertraute, zu unehrenhaften, ja sogar kriminellen Zwecken zu verwenden.*
>
> *[...] Weil sie und die Johanniter es den falschen Türken so lange gestattet haben, im Besitz von Jerusalem und Acre zu bleiben; weil sie schneller fliehen als der heilige Falke, ist es meiner Ansicht nach schade, daß wir sie uns nicht so schnell wie möglich vom Halse schaffen.»*[11]

Diese Kritik war zum Teil natürlich unfair, denn man konnte den Templern und ihren Rivalen, den Johannitern, kaum die Schuld am Verlust des Heiligen Landes geben, denn das war dem Zusammentreffen mehrerer unglücklicher Umstände zu verdanken – unter anderem der fehlenden Unterstützung durch die Leute in Europa, die jetzt lauthals den Verlust der heiligen Stätten beklagten. Außerdem konnte man nicht erwarten, daß die Templer und Johanniter allein einen Kreuzzug unternahmen, um das Heilige Land vor den Sarazenen zu retten. Dabei handelte es sich um eine finanzielle und logistische Operation von riesigen Ausmaßen, die die Kooperation fast der gesamten Christenheit erforderte (noch kurz vor der Verhaftung der Tempelritter gab es tatsächlich noch Pläne für ein solches Unterfangen). Aber obwohl einige Kritikpunkte haltlos waren, entsprachen viele Klagen der Wahrheit. Besonders die Tempelritter reagierten völlig unsensibel auf die öffentliche Meinung, indem sie eifersüchtig an ihren althergebrachten Privilegien festhielten, obwohl das bei der Bevölkerung ziemlichen Unwillen erregte.

Darin unterschieden sie sich zwar nicht von den Johannitern, aber dennoch waren die Templer verwundbarer. Sie leisteten sich Schwächen, die sie für die Verschwörung von Philipp IV prädestinierten. Die Johanniter nämlich hatten kurz nach ihrem Rückzug aus Palästina die Insel Rhodos von den Griechen erobert. Rhodos war das Miniatur-Königreich der Johanniter, ein Bezirk, in dem sie allein herrschten. Es war eine uneinnehmbare Bastion, gut befestigt und bewacht, und man konnte sie von dort nur unter größten Schwierigkeiten und hohen Verlusten vertreiben. Im Gegensatz dazu träumten die Tempelritter immer noch von einer Rückkehr nach Jerusalem und hatten keine Anstrengungen unternommen, sich eine ständige, unabhängige Basis zu verschaffen. Sie waren über die ganze westliche Christenheit verstreut – von Zypern, wo sie ihr Hauptquartier hatten, über Frankreich, England, Aragón und ein Dutzend anderer Königreiche und Fürstentümer, von denen jedes, wenn es nur wollte, sich gegen den Orden wenden konnte. Für die Tempelritter gab es keine sichere Zuflucht.

Außerdem hatte sich der Orden wegen seiner bekannten Vorliebe zur Geheimniskrämerei angreifbarer gemacht. Versammlungen und Kapitel, die mitten in der Nacht abgehalten wurden, hinter verschlossenen Türen und gut bewacht, mußten Mißtrauen erregen, und es kam zu Gerüchten über die häretischen Neigungen des Ordens, über Nekromantie, Teufels- und Götzenanbetung, über Rituale mit einbalsamierten Schädeln. Und die Gerüchte brodelten.

Aber trotz dieser für seine Pläne günstigen Umstände wußte Philipp, daß er mit den Templern nicht so leichtes Spiel haben würde wie mit den Juden und Lombarden. Sie mochten ja eine relativ kleine Gruppe sein, aber ihre Kampfkraft machte sie zu einem gefährlichen Gegner, und da sie nur dem Papst gegenüber zum Gehorsam verpflichtet waren, würden sie jeden Angriff sofort mit einem offenen Krieg beantworten. Doch König Philipp glaubte, daß er ein Mittel für die Zerschlagung des Ordens besaß, ein völlig legales noch dazu – die Heilige Inquisition. Die Inquisition war im Jahr 1231 von Papst Gregor IX eingerichtet worden und hatte den ausdrücklichen Auftrag, jede Art von Ketzerei zu suchen und zu vernichten.[12] Für Philipp IV war die Inquisition der Schlüssel. Es handelte sich um eine Organisation des Papstes, dem die Templer Gefolgschaft schuldeten und dessen Autorität sie gelobt hatten anzuerkennen. Aber in Frankreich standen die obersten Prälaten der Inquisition unter dem Einfluß der Krone. Obwohl sie nominell dem Papst unterstellt waren, wurde der französische Arm der Inquisition tatsächlich vollkommen von dem Monarchen kontrolliert. Es wundert daher gar nicht, daß Philipp der Schöne einen Angriff auf den Orden als eine strategisch sichere Möglichkeit ansah.

Der Angriff auf die Templer

Philipp und seine Leute bereiteten alles gründlich vor. Im Mai 1307, fünf Monate vor der Verhaftung der Tempelritter, traf sich der König mit dem Papst in Lyon und Poitiers. Bei beiden Gelegenheiten wurde über die Gerüchte gesprochen, die über den Orden der Tempelritter im Umlauf waren. Einer der Hauptinformanten des Königs war Esquin de Floyran, der kurz vorher seine Anklagen dem König von Aragón vorgetragen hatte. Aber als dieser Monarch Skepsis gezeigt hatte, war er mit seinen Geschichten zum König von Frankreich gekommen, bei dem er ein offenes Ohr gefunden hatte. Floyran war rasch bei der Hand, den Lohn für den Bericht über die Templer einzutreiben, und schrieb an den König von Aragón:

> *«[...] ich bin der Mann, der die Taten der Tempelritter dem König von Frankreich angezeigt hat, und wisset, Hoheit, daß Ihr der erste Prinz der Welt wart, dem ich kürzlich in Lerida, in Anwesenheit Eures Beichtvaters Bruder Maryin Detecha, ihre Taten offenbarte. Ihr, Hoheit, schenktet meinen Worten nur wenig Glauben, und deshalb habe ich den König von Frankreich aufgesucht, der alles untersuchte und in seinem Königreich alles bestätigt fand, so daß der*

Papst von der Affäre völlig überzeugt werden konnte [...] Hoheit, erinnert Euch, was Ihr mir versprochen habt, als ich Euer Gemach in Lerida verließ: Falls die Taten der Tempelritter bewiesen werden könnten, dann würdet Ihr mir 1000 Livre Rente und 3000 Livre in Geld aus ihren Gütern geben. Und jetzt hat es sich als wahr erwiesen, und falls es einen passenden Ort gibt, so erinnert Euch an mich.»[13]

Obwohl dieser Versuch, finanziell von dem Unglück der Templer zu profitieren, nicht gerade lobenswert ist, zeigt er, daß die Geschichten über die Templer keine Erfindungen des französischen Königs waren, sondern daß die «Fehltritte» des Ordens bereits anderen Fürsten vorgetragen wurden. Auch wenn Philipp der Schöne entschlossen war, an die Verderbtheit der Templer zu glauben, gibt es genug Beweise dafür, daß Klemens V sich ebenfalls mit den skandalösen und ketzerischen Gerüchten befaßte, die mittlerweile in ganz Europa kursierten. Zu den Gesprächen in Lyon und Poitiers schrieb er am 24. August 1307 an König Philipp, daß er die Anklagen, als er sie zum ersten Mal hörte, nicht recht hatte glauben wollen. Doch seit dieser Zeit wären ihm «viele seltsame und bis jetzt nie gehörte Dinge» zu Ohren gekommen. Er hätte ausgiebig mit seinen Kardinälen gesprochen, und obwohl es ihn tief treffen würde, hätte er beschlossen, daß eine Untersuchung des Ordens der Tempelritter notwendig sei. Zur gleichen Zeit und in demselben Brief machte Papst Klemens jedoch klar, daß eine solche Untersuchung seiner Meinung nach nicht dringend erforderlich sei. Es ging ihm nicht gut, und er sei nicht in der Lage, bis zum 14. Oktober Emissäre zu empfangen.[14]

Obwohl die Nachricht, daß der Papst Untersuchungen wollte, von Philipp wahrscheinlich begrüßt wurde (es bekräftigte schließlich seine Meinung, daß im Orden der Templer etwas nicht stimmte), mißfiel ihm der mangelnde Eifer des Papstes. Für den König von Frankreich war sofortiges Handeln nötig: Die Gerüchte über die Vergehen der Templer mehrten sich, der Papst hatte einer Untersuchung zugestimmt, aber am wichtigsten war, daß der Großmeister der Tempelritter, Jacques de Molay, und andere Templer von hohem Rang sich zur

Zeit in Frankreich aufhielten (niemand wußte, für wie lange – sie konnten jederzeit in das Hauptquartier auf Zypern entkommen). Wenn die Anführer der «Armen Ritter» ins Ausland entkamen, dann hätte Philipps Schlag gegen den Orden nur wenig Wirkung und würde ihm keinesfalls den Todesstoß versetzen, wie es seine Absicht war. Für Philipp hieß es jetzt oder nie.

Der französische König gab sich große Mühe, um seinen Schlag gegen die Templer geheimzuhalten. Ein Verzeichnis der Besitztümer des Ordens wurde angefordert, was man mit einer Generalinventur aller religiösen Organisationen begründete, und man streute das Gerücht, der König wolle von ihnen Geld erheben. Am 14. September, einen Monat vor den Verhaftungen, wurden an die höchsten Beamten des Königs in ganz Frankreich versiegelte Befehle geschickt. Sie durften erst am 13. Oktober geöffnet und mußten sofort ausgeführt werden.[15] Trotz immenser logistischer und sicherheitstechnischer Probleme lief der Plan reibungslos (Philipps Erfahrung bei den Angriffen gegen die Lombarden und die Juden kamen ihm dabei bestimmt zustatten). Im Morgengrauen des Freitags, eines Dreizehnten – ein Tag, der seitdem als unglückbringend angesehen wird –, stürmten die Männer des Königs in die Burgen und Präzeptorien und verhafteten jeden Tempelritter, den sie finden konnten. Der Großmeister Jacques de Molay wurde mit sechzig Brüdern im Hauptquartier in Paris überrascht und schnell gefangengenommen. Die gleiche Szene wiederholte sich in ganz Frankreich. Es gab keinen Widerstand, in erster Linie deshalb, weil es sich bei den meisten Verhafteten um Männer in mittleren Jahren handelte, die keine Ritter waren. Außerdem wurden sie sofort zu vorbereiteten Sammelpunkten gebracht und im Namen der Heiligen Inquisition eingekerkert.

Die Verhandlung

Die Verhaftungen waren auf Befehl des französischen Königs erfolgt. Das machte die Aktion illegal, denn die Templer unterstanden allein dem Befehl des Papstes. Man unternahm den Versuch, die fragwürdige

Art der Verhaftungen zu bemänteln und zu legalisieren, indem man behauptete, daß Guillaume von Paris, Chefinquisitor von Frankreich und Abgesandter des Papstes, ursprünglich die Verhaftungen gefordert hätte. Obwohl Guillaume Dominikaner war, stand er dem König als dessen Beichtvater sehr nahe. Malcolm Barber hat außerdem festgestellt, daß «[…] die Inquisition durch ihren Anführer in Frankreich zu einem Instrument der Staatsmacht wurde». Obwohl also theoretisch der Papst (durch seinen Abgesandten) den Angriff gegen den Orden des Tempels befohlen hatte, hatte in Wirklichkeit der König von Frankreich das Kommando.

Eine Liste von Anklagen, die mehr als 120 «Items» (= Punkte) umfaßte, war vor Beginn der Verhaftungen zusammengestellt worden, und diese Liste wurde abgehakt, als man den Templern ihre Geständnisse entlockte. Neben einer umfangreichen Reihe von Missetaten (siehe Anhang I) wurden die Tempelritter unter anderem beschuldigt, ihre Versammlungen im geheimen und nachts abgehalten zu haben; Christus als Gott geleugnet zu haben; auf das Kreuz gespuckt, getreten und uriniert zu haben; Brüder auf den Bauch und den Anus geküßt zu haben; Sodomie und Götzenanbetung betrieben zu haben und hierbei besonders einen Schädel oder mehrere Schädel verehrt zu haben. Die letzte Anschuldigung ist es wert, ganz genau betrachtet zu werden:

Item, daß sie in jeder Provinz Götzen hatten, besonders Köpfe, von denen manche drei, manche ein Gesicht hatten und andere einen menschlichen Schädel.
Item, daß sie diese Götzen oder diesen Götzen anbeteten, besonders bei ihren großen Kapiteln und Versammlungen.
Item, daß sie [diese] verehrten.
Item, daß [sie diese verehrten] als Gott.
Item, daß [sie diese verehrten] als ihren Erlöser.
Item, daß es einige von ihnen [taten].
Item, daß es die Mehrheit von denen, die in den Kapiteln waren, [taten].
Item, daß sie sagten, daß die Köpfe sie retten könnten.
Item, daß [die Götzen] reich machen könnten.

Item, daß sie ihnen alle Reichtümer des Ordens schenkten.
Item, daß sie die Bäume zum Blühen brächten.
Item, daß [sie] das Land fruchtbar machten.
Item, daß sie jeden Kopf der zuvor erwähnten Götzen mit schmalen Kordeln umgaben oder berührten, die sie selbst unter dem Hemd direkt auf der Haut trugen.
Item, daß die oben erwähnten schmalen Kordeln oder bestimmte Stücke davon jedem Bruder bei seiner Aufnahme überreicht wurden.
Item, daß sie dies zur Verehrung eines Götzen taten.
Item, daß sie verpflichtet waren, die schmalen Kordeln ständig zu tragen, [...] sogar nachts.[16]

Die Genauigkeit und die Anzahl dieser Items zeigen, welche Bedeutung der König und die Inquisitoren dem Schädelkult der Templer zusprachen. Da die Untersuchung – theoretisch – durch die Heilige Inquisition durchgeführt wurde, war die Folter erlaubt; die Befehle forderten sogar, daß die Untersuchungskommission «kein bekanntes Foltermittel» auslassen sollte.[17] Und man scheint sich auch nicht zurückgehalten zu haben. Die Liste der Methoden, die dazu gedacht waren, die Tempelritter leiden zu lassen, läßt einem beim Lesen die Haare zu Berge stehen. Vielen Brüdern waren die Nägel ausgerissen worden, oder man hat ihnen Splitter mit dem Hammer daruntergehauen. Manchen wurden die Zähne mit Zangen gezogen, einer nach dem anderen, und bei jedem Zahn stellte der Inquisitor seine Fragen. Metalldornen wurden in die blutenden Wunden gesteckt, wenn die Antwort nicht dem entsprach, was der Inquisitor erwartete. Rotglühende Eisen wurden bis auf wenige Zentimeter dem Körper genähert, so daß sie die Haut versengten, während die Fragen gestellt wurden, und wenn die Antwort nicht zufriedenstellend war, wurden sie direkt auf die versengte Haut gedrückt.

Viele Mitglieder des Ordens erlitten den *Strappado*, bei dem dem Opfer die Arme auf den Rücken gebunden wurden und ein Seil, das über einen Balken lief, an den Handgelenken befestigt wurde. Der unglückliche Tempelritter wurde dann hochgezogen, um unter großen

Schmerzen in der Luft zu baumeln. Manchmal wurden noch zusätzlich Gewichte an den Genitalien befestigt, um die Qual zu erhöhen. Das Streckbett wurde bei einigen Brüdern benutzt, so daß die Sehnen rissen und die Gelenke ausgekugelt wurden, aber das vielleicht entsetzlichste Folterinstrument war etwas, das den harmlosen Namen «eisernes Bett» trug. Viele Brüder wurden so darauf festgeschnallt, daß ihre Füße und Knöchel über das Ende des Apparates hinausragten. Die Füße wurden dann eingeölt und eine Pfanne mit glühenden Kohlen daruntergestellt. Die Befragung begann, als die Füße des Delinquenten anfingen zu grillen. Der Schmerz war entsetzlich, und man sagt, einige Brüder wären darüber wahnsinnig geworden. «Bei einigen waren die Füße völlig weggebrannt, und bei einer späteren Untersuchung wurde ein fußloser Tempelritter vor das Gericht getragen, der in einem Beutel seine geschwärzten Knochen umklammerte, die ihm aus den Füßen gefallen waren, während seine Füße langsam abbrannten. Seine Inquisitoren hatten ihm erlaubt, die Knochen als Andenken an diese bemerkenswerte Erfahrung zu behalten.»[18]

Angesichts solcher Qualen oder der Androhung solcher Foltern gestanden die meisten Tempelritter, auch der Großmeister Jacques de Molay und Hugues de Piraud, Inspekteur von Frankreich. Die Geständnisse dieser «hohen Tiere» des Ordens stärkten die Position des Königs enorm. Jetzt da der Krone solche Beweise zur Verfügung standen, schickte sie Franziskanermönche aus, die in ganz Frankreich vor großen und ungläubigen Menschenmengen von den Verbrechen der Tempelritter predigten. Es war schier unglaublich für den einfachen Bürger, daß die stolzen Templer endlich zu Fall gebracht worden waren.

Im November 1309 wurde eine päpstliche Kommission einberufen, um den Orden zu untersuchen. Anfangs schien es so, als würden sich die Templer in ihr Schicksal ergeben, aber unter Führung von zweien ihrer Priester, Pierre de Bologna und Renaud de Provins, begannen die Brüder Widerstand zu leisten. Einer nach dem anderen widerrief sein Geständnis, bis im Mai 1310 fast sechshundert Tempelritter ihre Geständnisse widerrufen hatten. Sie taten sich zusammen, um den Orden zu verteidigen. Angesichts dieser Bedrohung reagierte Philipp IV gnadenlos. Ein Günstling des Königs, der Erzbischof von Sens, eröffnete sofort eine erneute Untersuchung gegen die gefangenen Templer in seinem Bezirk. Er fand schnell heraus, daß vierundfünfzig Brüder rückfällige Ketzer waren, und übergab sie zur Bestrafung den Männern des Königs. Alle vierundfünfzig wurden am 12. Mai auf dem Scheiterhaufen verbrannt.[19] Die Verbrennungen drückten die Moral der Gefangenen. Die Verteidigung der Templer geriet ins Wanken und brach schließlich ganz zusammen, als die meisten Brüder ihre ursprünglichen Geständnisse wieder anerkannten.

Im Oktober 1311 beim Konzil von Vienne forderte der Papst selbst die Auflösung des Ordens. Bestimmt fühlte er sich durch die Anwesenheit Philipps IV dazu gedrängt, denn der war mit einer kleinen Armee zum Konzil gekommen. Viele widersprachen, und der Papst griff zu dem außergewöhnlichen Mittel, jedem Teilnehmer des Konzils, der sich seinen Anordnungen widersetzte, Exkommunikation anzudrohen, was jeden Widerstand verstummen ließ. Die Zerstörung der Tempelritter war damit beschlossene Sache. Fünf Monate später löste die päpstliche Bulle *Vox in Excelso* den Orden des Tempels zwar auf, verdammte ihn aber nicht. Zwei Monate später trat eine zweite Bulle *Ad providam* das Vermögen der Templer an ihre großen Rivalen, die Johanniter, ab. Nach großem Hin und Her bekam Philipp IV die ungeheure Summe von 200 000 *Livres tournois* als Entschädigung. Zusätzlich erhielt er noch weitere 60 000 *Livres tournois*, um ihn für die Ausgaben zu entschädigen, die er hatte, als er dem «Befehl des Papstes» nachkam, die häretischen Brüder zu verhaften. Darauf folgten noch 50 000 *Livres tournois*, die die Johanniter zum Ausgleich für alle Schulden bezahlten.[20] Alles in allem hatte die Krone durch die Zerstörung der «Armen Ritter» nur gewonnen.

Das Verdikt gegen die Tempelritter

Viele Autoren wollten die Tempelritter von allen Anklagepunkten, die gegen sie vorgebracht wurden, freisprechen. Sie begründeten das damit, daß die Geständnisse auf der Folterbank zustande kamen und jeder Mensch unter Folter alles sagen wird, was seine Befrager von ihm verlangen. Die Tempelritter selbst benutzten zu ihrer Verteidigung dieses Argument und sagten:

> *«[...] außerhalb der Grenzen des Königreichs Frankreich wird in keinem Land der Welt ein Bruder gefunden werden, der diese Lügen ausspricht. Es ist daher ganz klar, warum sie im Königreich Frankreich ausgesprochen wurden, denn diejenigen, die sie aussprachen, haben gestanden, als sie durch Angst [vor Folter], Gebete oder Geld beeinflußt waren.»*[21]

Das scheint auf den ersten Blick eine plausible Verteidigung zu sein, aber es gibt eine Reihe von Punkten in den Geständnissen und späteren Geständnissen aus anderen Ländern, die mir das Gefühl geben, daß dieses Argument schwächer ist, als es auf den ersten Blick aussieht. Der erste bezieht sich auf den Anklagepunkt Homosexualität. Diese Beschuldigung war bestimmt nicht weniger gräßlich als die, Christus zu leugnen, auf das Kruzifix zu spucken oder die Anbetung eines Götzen in Form eines abgeschlagenen Kopfes. Und trotzdem ist der Anteil der Tempelritter, die Sodomie gestanden, im Verhältnis zu den anderen gestandenen Verbrechen relativ klein. Von den 138 Tempelrittern, die in Paris gefoltert wurden, gestanden nur vier, mit anderen Brüdern Sodomie begangen zu haben, während 123 gestanden, auf das Kreuz gespuckt zu haben (wobei viele auch noch weitere «ketzerische» Taten gestanden).[22] Warum war das so? Wenn die Folter ein Opfer zwingt, wegen der Schmerzen alles zu gestehen, warum sollten dann über siebenundneunzig Prozent der Inhaftierten diese Schmerzen erdulden, als es um die Frage ging, ob sie Sodomiten waren? Warum sollten nur drei Prozent der Templer unter der Folter zusammenbrechen und homosexuelle Beziehungen gestehen, während die gleichen Qualen offenbar neunundachtzig Prozent der Brüder dazu trieben, zu gestehen, sie hätten auf das Kreuz gespuckt? Ich fragte mich, ob es wohl möglich wäre, daß die meisten Brüder stärker waren, als man allgemein annahm? Daß sie fähig waren, heroisch die Anklagepunkte zu verneinen, die sie für unmoralisch und schandbar hielten (also Sodomie), aber nicht für etwas leiden wollten, was sie wirklich getan hatten?

Diese Theorie wird bestärkt durch die Reaktion der englischen Tempelritter auf die gleichen Untersuchungsmethoden. Alle bis jetzt zusammengetragenen Beweise deuten auf Frankreich als Sitz des Schädelkults im Templerorden hin. Frankreich war die Heimat der Merowinger, dort lag das jüdische Fürstentum Septimania, es war der Ort, wo Maria Magdalena und der Heilige Gral landeten, und das Land, das die albigensische Häresie hervorgebracht hatte. Das Pariser Hauptquartier des Ordens enthielt das Allerheiligste, die Reliquie, die ich das Haupt Gottes genannt habe. Im Gegensatz dazu gibt es außer dem gemalten Kopf von Templecombe nur wenig Beweise dafür, daß die englischen Templer jemals die geheimen Rituale des Schädelkults betrieben haben.

Wenn die Theorie stimmt, daß die französischen Tempelritter leichter die Taten gestanden hatten, die sie wirklich begangen hatten, dann sollte man sich einmal genauer ansehen, ob sich weniger englische Tempelritter zu Geständnissen bewegen ließen, die das Leugnen orthodoxer Kirchendogmen wie etwa das Spucken auf das Kreuz betrafen.

Obwohl die englischen Autoritäten sich nach Philipps Angriff auf die Tempelritter etwas Zeit ließen, gehorchten sie schließlich den Befehlen von Papst Klemens und verhafteten 228 Tempelritter. Der Papst sandte großzügigerweise zehn professionelle Folterer, um die Templer zu «befragen», und gleich nachdem diese Männer eingetroffen waren, begannen sie mit ihrer grausamen Arbeit.[23] Aber es ist seltsam – obwohl sie wahrscheinlich ihr schmerzhaftes Gewerbe mit ebenso großer Begeisterung ausführten, wie ihre Kollegen in Frankreich es getan hatten, war die Zahl und der Inhalt der Templer-Geständnisse verblüffend anders. Von den über zweihundert englischen Tempelrittern, die schwerer Folter unterworfen wurden, gestand nur eine verschwindend geringe Zahl das Spucken auf das Kreuz – nur vier davon gestanden dieses Verbrechen. Man muß diese Zahlen einfach vergleichen: In Frankreich gestanden siebenundneunzig Prozent der Pariser Templer, auf das Kruzifix gespuckt zu haben; in England war die Zahl weniger als zwei Prozent. Es ist unmöglich, daß eine so große Diskrepanz nur zufällig war oder daß die englischen Templer eher fähig waren, die Schmerzen zu ertragen, die ihnen von den Inquisitoren bei der Folter zugefügt wurden. Die einzige plausible Erklärung für diese erstaunliche Diskrepanz der Zahlen ist die, daß die französischen Templer zumindest in einigen der «häretischen» Anklagepunkte, die gegen sie vorgebracht wurden, schuldig waren.

Der innere Kreis

Das soll nicht heißen, daß alle französischen Tempelritter «Häretiker» waren. Die Wahrheit geht selten gerade Wege, und in diesem Fall scheint es klar zu sein, daß es rund um das Pariser Hauptquartier einen inneren Kreis von Eingeweihten gab, die einige – oder alle – Mysterien der alten Anbetung des heiligen Schädels kannten.

Zur Verteidigung der Tempelritter heißt es oft, daß die Brüder des Ordens fast zweihundert Jahre lang zu Tausenden für Christus gekämpft hätten und für Christus gestorben wären. Sie besaßen den Ruf, todesmutig zu sein und lieber zu sterben, als ihrem Glauben zu entsagen, wenn sie von den «Türken» gefangengenommen wurden. Hier nur ein Beispiel unter vielen: Als die Burg Safed im Heiligen Land an die Sarazenen fiel, befanden sich unter den Gefangenen achtzig Tempelritter. Man wollte ihnen das Leben schenken, wenn sie Christus verleugnen würden. Alle Tempelritter weigerten sich, ihrem Glauben abzuschwören, um ihr Leben zu retten, und alle achtzig Brüder wurden noch am gleichen Tag geköpft. Jetzt könnte man argumentieren, daß es doch ganz unmöglich ist zu glauben, die Templer wären Ketzer gewesen, die ihren Glauben an Christus nur vorschoben, um in Ruhe einen Kult zu pflegen, bei dem sie auf das Kreuz spuckten und vehement eben den Gott leugneten, für den sie doch offenbar so bereitwillig starben.[24]

Eine solche Argumentation ist zu einfach. Sie ignoriert die Tatsache, daß Worte einfach nur «Begriffe» für Objekte und Konzepte darstellen und daß ein einziges Wort bei jedem eine andere Bedeutung haben kann. Es ist gut möglich, daß eine ganze Organisation für eine bestimmte Sache kämpft, aber diese Sache bedeutet in unterschiedlichen Teilen der Gruppe etwas anderes. Im Zweiten Weltkrieg kämpften die Soldaten der SS und der Wehrmacht beide für «Deutschland». Aber das Konzept von Deutschland, das die SS (oder zumindest die herrschende Elite) hatte, unterschied sich wesentlich von dem Deutschland, für das der einfache Soldat der Wehrmacht sein Leben einsetzte. Für die Wehrmacht war der Krieg von 1939-45 ein Krieg wie jeder andere, eine Schlacht um geopolitischen Einfluß in der Welt, genauso wie es von Clausewitz einmal so treffend formulierte: «Nichts anderes als die Fortsetzung der Politik [...]».[25] Die SS sah den Krieg als etwas ganz anderes an, als einen Kampf um die Rassereinheit, als Schlacht von «Feuer gegen Eis».[26] Der Soldat der Wehrmacht wußte kaum etwas über die esoterischen Theorien der SS – er kämpfte für seine eigene Version von Deutschland. Und doch – wäre Deutschland siegreich aus dem Krieg hervorgegangen, hätten genau diese «häretischen» Theorien der SS die neue Orthodoxie des nazistischen Europa geformt. Aber trotzdem weisen wir auch heute bei einer Diskussion um den Zweiten Weltkrieg nur selten auf die Unterschiede zwischen diesen beiden Gruppen hin. Wieviel einfacher wäre es dann wohl für einen Historiker in tausend Jahren, diese beiden so unterschiedlichen Gruppen der deutschen Gesellschaft einfach zusammenzuwerfen und die Feststellung zu treffen, daß beide Gruppen für «Deutschland» kämpften.

Wir gehen das Risiko ein, den gleichen Fehler bei den Tempelrittern zu machen, wenn wir die Tatsache ignorieren, daß die Struktur des Ordens der Tempelritter streng hierarchisch war. Auf den vorhergehenden Seiten war genug darüber zu lesen, daß die Elite des Ordens Zugang zu Mysterien hatte, die dem gewöhnlichen Tempelritter und dem Gefolge verschlossen blieben. Es ist daher möglich, daß die beiden Segmente des Ordens der Tempelritter zwar beide für Christus kämpften, aber in Wirklichkeit für völlig unterschiedliche *Konzepte* von Christus. Es ist sehr wahrscheinlich, daß viele der einfachen Ritter und Sergeanten des Ordens orthodoxe Christen waren, die an das vorherrschende kirchliche Dogma jener Zeit glaubten und wie andere Kreuzfahrer auch bereit waren, für einen Christus zu sterben, der von einer Jungfrau geboren, gekreuzigt und gen Himmel gefahren war. Das gleiche traf auch bestimmt für viele Angehörige der Templer zu, die nicht zur kämpfenden Truppe gehörten – also die Schafhirten, Bauern und andere landwirtschaftliche Berufe – und die die Mehrheit der Verhafteten stellten, die in anderen Bezirken Frankreichs außerhalb der Stadt Paris gefangengenommen wurden. Das würde auch die vielen Aussagen vor der Inquisition erklären, die einfach wahr klingen, weil sie aufgebracht jede Beschuldigung von sich weisen. Auf dieser Ebene der Tempelritter waren alle orthodoxe Christen, die zu Unrecht der Häresie beschuldigt wurden.

Aber obwohl der einfache Soldat der Templer vielleicht wirklich nicht in die Mysterien des Ordens eingeweiht war, ist es sehr zweifelhaft, daß die Führungsspitze den zentralen Dogmen der römisch-katholischen Kirche anhing. Allen Berichten zufolge lehnten sie die Theorie der jungfräulichen Geburt ab und verwarfen vehement die Idee, daß Christus gestorben und am dritten Tag auferstanden und in den Himmel aufgefahren ist. Auf dieser Ebene, unter den «hohen Tieren» des Ordens, muß man feststellen, daß einige und wahrscheinlich die meisten sich der Ketzerei, wie man sie im Mittelalter definierte, schuldig gemacht hatten.

Aber man sollte sich davor hüten, sich der mittelalterlichen Orthodoxie anzuschließen. Diese Dogmen zu verneinen bedeutete – und bedeutet – nicht, diese Leute sofort von einer christlichen Gefolgschaft auszuschließen. Die Führungsspitze der Tempelritter folgte einfach einer «christlichen» Tradition, die für die Kirchenleute ihrer Zeit zweifellos «übelste Häresie» war, die aber durchaus nicht Jesus ablehnte. Sie scheinen (ebenso wie viele andere gnostische Sekten) Christus als Erwählten betrachtet zu haben, der angefüllt war mit dem Geist Gottes und Lehren verbreitete, die das Wort Gottes beinhalteten. Anstelle des «auferstandenen Christus» der mittelalterlichen Kirche kann man nach gnostischer Begrifflichkeit Jesus als Sohn des guten Gottes ansehen, der gesandt wurde, die frohe Botschaft zu bringen und den Geist der Menschen aus dem irdischen Gefängnis des Körpers zu erlösen.[27] Jesus stellte für diese Menschen die lebendige Verkörperung des allmächtigen Geistes dar. Viele Gruppen, die daran glaubten, glaubten auch, daß bei Jesu Tod der Geist Gottes, der seinen Körper erfüllt hatte, entwich, um sich wieder dem Vater zuzugesellen, so daß nur die sterblichen Überreste des heiligen Lehrers zurückblieben. Diese sterblichen Überreste wurden meiner Meinung nach verehrt, und man ließ ihnen die traditionellen Rituale zuteil werden, die solchen Gefäßen des göttlichen Geistes hier auf Erden zustanden, ganz so, wie es die alten Mysterien des Echnaton-Kultes vorschrieben – der Kopf wurde rituell abgetrennt und als heilige Reliquie einbalsamiert.

Nach Meinung der mittelalterlichen Kirche war die Führung der Templer definitiv «häretisch». Aber waren sie trotzdem Christen? Obwohl sie bestimmt keine orthodoxen Christen waren, würden diese Männer, die an einen «gnostischen Christus» glaubten, wahrscheinlich ebenso wie ihre orthodoxen Brüder für Christus kämpfen. Sie würden sich ganz richtig für «Christen» halten, Männer, die Christus als Gefäß für Gottes Geist und seine Lehren verehrten. Daß der Leib Jesu nach seinem Tod auf der Erde blieb, war für die Lehren unwichtig. Seine Bedeutung bestand nur darin, daß er als Reliquie für die Rituale der alten Religion diente.

Noch einmal kurz zusammengefaßt: Der Orden des Tempels kämpfte und starb für Christus, aber es gab zwei sehr unterschiedliche Gruppen. Die eine war in ihrem Glauben völlig orthodox. Die andere, die zum großen Teil aus französischen Tempelrittern bestand, pflegte einen viel heterodoxeren und gnostischeren Glauben an Jesus als heiligen Priesterkönig. Sie befolgten bei ihrer Verehrung des Schädels die alten Traditionen von Echnaton und den Nazariten.

Der Tod von Jacques de Molay

Diese Sicht gewann viel an Glaubwürdigkeit, als ich mir die Geschichte von Jacques de Molay, dem letzten Großmeisters der Tempelritter, genauer anschaute. Obwohl der Orden formell im Jahr 1312 vom Papst aufgelöst wurde, dauerte es noch bis zum Frühling 1314, ehe der Großmeister und drei weitere hochrangige Templer – das waren der Inspekteur Hugues de Piraud, Geoffroi de Gonneville, Präzeptor von Aquitanien und dem Poitou, und der Präzeptor der Normandie Geoffroi de Charnay – aus ihrem Kerker geholt wurden und vor ein spezielles Gericht, bestehend aus Prälaten und Doktoren der Theologie, gestellt wurden. Soweit es die Behörden anging, waren die Gefangenen einfach nur da, um die Anklagen gegen den Orden zu bestätigen und um ihr abschließendes Urteil zu hören. Doch die Sache ging von Anfang an schief. Ein zeitgenössischer Chronist berichtet:

«Da diese vier ausnahmslos bereits öffentlich und ohne Vorbehalte die Verbrechen gestanden hatten, die ihnen vorgeworfen wurden, und an diesen Geständnissen festgehalten hatten […] wurden sie zu lebenslangem schwerem Kerker verurteilt. Aber gerade als die Kardinäle glaubten, daß sie die Sache beendet hatten, da verteidigten sich plötzlich zwei von ihnen, der Großmeister und der Meister der Normandie, vor dem Kardinal, der die Predigt gehalten hatte, und gegen den Erzbischof von Sens. Sie widerriefen jetzt das Geständnis und alles, was sie jemals gestanden hatten.»[28]

Das war wirklich hoch dramatisch, denn indem sie ihre Geständnisse widerriefen, verurteilten sich die beiden als rückfällig gewordene Ketzer selbst zum Tod. Daß sie sich sehr wohl bewußt waren, welches Schicksal sie erwartete, kann man in Jacques de Molays trotziger Rede, seinem Vermächtnis, erkennen:

«Ich halte es nur für richtig, daß ich in einem solchen Augenblick, da ich nur noch kurz zu leben habe, den Verrat offenbare, der geübt wurde, und die Wahrheit sage. Mit Himmel und Erde und allen von euch zum Zeugen gebe ich zu, daß ich mich des größten Verbrechens schuldig gemacht habe. Aber das Verbrechen besteht darin, daß ich gelogen habe, als ich die verächtlichen Anklagen gegen den Orden gestand. Ich erkläre hiermit, und ich muß das tun, daß der Orden unschuldig ist. Seine Reinheit und Heiligkeit stehen außer Frage. Ich habe in der Tat gestanden, daß der Orden schuldig ist, aber ich habe es getan, um mich vor schrecklicher Folter zu retten, und so habe ich das gesagt, was meine Feinde von mir hören wollten. Andere Ritter, die ihre Geständnisse widerriefen, sind auf den

Scheiterhaufen gegangen, aber der Gedanke an den Tod ist nicht so schrecklich, um schlimme Verbrechen zu gestehen, die nie begangen wurden. Mir wird das Leben geboten, aber der Preis dafür ist infam. Um einen solchen Preis ist es nicht wert, zu leben. Ich bin nicht traurig, daß ich sterben muß, wenn man das Leben nur damit kaufen kann, eine Lüge auf die anderen zu häufen.»[29]

Hugues de Piraud und Geoffroi de Gonneville standen düster und still daneben, aber der Präzeptor der Normandie zeigte auch trotzigen Widerstand. Geoffroi de Charnay stand an der Seite des Großmeisters, wiederholte seine Worte und sprach damit sein Todesurteil. Während de Piraud und de Gonneville zu «lebenslanger schwerer Kerkerhaft» abgeführt wurden, mußten de Molay und de Charnay auf die «Strafverschärfung» warten, die die versammelten Kardinäle am nächsten Tag aussprechen wollten. Aber Philipp IV, aufgebracht durch ihren Widerstand, wollte nicht warten. Ungewöhnlich hastig befahl er ihre sofortige Hinrichtung:

«[...] sobald der König, der sich zu dem Zeitpunkt im königlichen Palast befand, diese Nachricht hörte, sprach er kurz mit den hohen Herren seines Rates, wiewohl nicht mit der Geistlichkeit, und befahl, beide zur Vesperstunde des gleichen Tages auf einer kleinen Insel in der Seine auf dem Scheiterhaufen zu verbrennen.»[30]

Es war eine ziemliche Ironie, daß die beiden Würdenträger der Tempelritter mit Blick auf die Kathedrale von Notre-Dame sterben sollten – «Unsere Dame», die vom Orden so sehr geschätzt wurde und die viele mit der ägyptischen Göttin Isis unter ihrem Beinamen *Notre Dame de Lumière*, Unsere Dame des Lichts, in Verbindung brachten.[31]

Jacques de Molay und Geoffroi de Charnay wurden zu der Ile-des-Javiaux gerudert, wo man bereits die Holzkohle und das Holz für die Hinrichtung zum Glühen gebracht hatte. Ein Chronist berichtet, daß

«[...] man ihnen ansah, daß sie das Feuer leichten Sinnes ertragen würden, und ihr Mut erweckte Bewunderung in allen, die sie sahen.

Auch war man überrascht, mit welcher Standhaftigkeit sie widerriefen und den Tod ertrugen.»[32]

Noch am gleichen Abend, am Montag den 18. März, wurden die beiden Templer herausgebracht, festgebunden und langsam auf einem Feuer aus Holzkohle verbrannt. Manche sagen, daß de Molay, während er verbrannte, Papst Klemens V und Philipp IV innerhalb eines Jahres vor das Gericht Gottes rief, um über ihre Verbrechen Rechenschaft abzulegen. Ganz gleich, ob das nun stimmt oder nicht – Klemens V starb auf jeden Fall keinen Monat später (er war seit mehreren Jahren krank), und Philipp IV starb nur neun Monate später, am 29. November, infolge eines Reitunfalls bei der Jagd, einem Sport, von dem der König besessen war. Ihr plötzlicher Tod steigerte die mystische und okkulte Aura noch, die sich um die Tempelritter rankte.

Viele betrachteten die beiden Templer als Märtyrer, die von einem geldgierigen König und einem bösen, korrupten Papst als Komplizen verbrannt worden waren. Nach mittelalterlichem Verständnis machte das Märtyrertum ihre sterblichen Überreste zu einer mächtigen Quelle religiöser Macht. Nach Aussage der *Cronica* von Villani wurden nach Verlöschen des Feuers «ihre Asche und Knochen als heilige Reliquien von den Brüdern und anderen geistlichen Personen eingesammelt und an heilige Orte gebracht».[33]

Der Kopf von Jacques de Molay?

Die Körper von Jacques de Molay und Geoffroi de Charnay waren durch den Tod auf dem Scheiterhaufen wirkungsvoll zerstört worden. Die Flammen ließen nur noch Asche und ein paar Knochenfragmente übrig. Selbst wenn der Orden der Templer zu jener Zeit noch dagewesen wäre, hätte es sich bei jedem der beiden als unmöglich herausgestellt, die Rituale des Schädelkults durchzuführen, die meiner Meinung die Templer in Frankreich stets unter großer Geheimhaltung praktizierten. Außerdem konnte man keine Begräbnisrituale durchführen – außer für die Asche vielleicht.

Warum gibt es dann in einem Buch aus dem achtzehnten Jahrhundert einen Holzschnitt, der Jacques de Molays Leiche als kopflosen Leib zeigt?[34]

Als ich diesen Holzschnitt zum ersten Mal sah, glaubte ich meinen Augen nicht zu trauen. Der Körper von de Molay liegt in einer Höhle oder einer Grabkammer auf einem Stein, der mit einem Leichentuch bedeckt ist. Die Parallelen zwischen den Berichten in den Evangelien über die Aufbahrung Jesu in der Grabkammer Joseph von Arimathias sind zu offensichtlich, um sie wegzuwischen. Aber noch schockierender an diesem Bild ist, daß dem Körper de Molays der Kopf fehlt. Man macht gar keinen Versuch, diese Tatsache zu verbergen – der Künstler dieses Werkes wollte die Enthauptung betonen, und die Wunde am Hals wird detailliert gezeigt. Daß diese Tat absichtlich geschah und daß der Kopf im Sarg abgeschlagen wurde, wird dadurch ersichtlich, daß eine Gestalt zum Eingang der Grabkammer geht – in der rechten Hand hält sie einen abgeschlagenen Kopf an den Haaren.

Was ist hier los? Was will der Künstler mit diesem bizarren Bild vermitteln? De Molays Körper liegt in einer Grabkammer auf einer Steinplatte mit einem Leichentuch – für mich ist ganz offensichtlich, daß der Künstler de Molays Körper in das Umfeld von dem Begräbnis Jesu setzt, um auf eine Verbindung zwischen dem Orden des Tempels und Jesus hinzuweisen. Und ein genaueres Studium des Holzschnittes liefert eine weitere Bestätigung für diese These. Seltsamerweise hält nämlich der Mann, der den abgeschlagenen Kopf trägt, in seiner linken Hand eine Speerspitze. Das ist nicht das Instrument, das man braucht, um einen Kopf abzuschlagen (außerdem hängt ein Kurzschwert – ideal für eine Enthauptung – vor seiner Brust). Somit stellt die Speerspitze einen weiteren sichtbaren Hinweis auf Jesus dar – der Speer des Longinus, der Christus, als er am Kreuz hing, in die Seite gestoßen wurde. Die Gestalt, die den abgeschlagenen Kopf und die Speerspitze in Händen hält, schaut einem zweiten Soldaten entgegen, der in die Grabkammer kommt. Beide Männer sind seltsam gekleidet, in einem komischen Mischmasch von Stilen. Einer hat auf dem Kopf einen Helm im römischen Stil, der andere ist barhäuptig, trägt aber ein Stirnband in typisch römischer Art. Aber die beiden Gestalten sind sonst alles andere als klassisch gekleidet – sie tragen Gelenkrüstungen, die in der Antike unbekannt waren. Wieder scheint der Künstler zu versuchen, die Zeit Jesu (in Form römischen Kriegsgeräts) mit dem Mittelalter zu verbinden (oder vielleicht auch mit seiner Zeit, als diese Art Rüstung immer noch getragen wurde).

Aber warum der abgeschlagene Kopf? Es gibt absolut keinen Grund dafür, warum der Künstler dieses makabre Motiv in die Szene einfügen sollte. Wenn er gewünscht hätte, die Templer mit Christus in Verbindung zu bringen, dann hätten de Molays Leiche in der Grabkammer und die seltsam gekleideten Gestalten völlig ausgereicht. Der Kopf ist überflüssig, außerdem lenkt dieses schauerliche Beiwerk von der Botschaft ab – außer natürlich *wenn er selbst die Botschaft darstellt.* Wenn man das Ganze in den Kontext des Schädelkults setzt, ist die Botschaft klar: Die Leiche auf der Steinplatte ist die von Jesus, der in der Grabkammer enthauptet wurde, und die Tempelritter besaßen den Kopf aus römischer Zeit. Außerdem signalisiert die Tatsache, daß der Holzschnitt überhaupt angefertigt wurde, daß eine Reihe von Personen noch im Jahr 1796, als der Holzschnitt angeblich zum ersten Mal veröffentlicht wurde, diese geheime Information kannten.

Wenn den Templern das Haupt Gottes gehörte, dann konnten sie nicht an die körperliche Entrückung von Jesus glauben, was die Behauptung ziemlich glaubwürdig macht, daß sie ihn als Menschen, nicht als Gott betrachteten. Zusätzliche Beweise lassen sich in der Inschrift auf der rechten Seite des Holzschnitts finden. Dort steht: «JBM» und unten: «A. 1314». Es handelt sich hier offenbar um die Initialen des Großmeisters Jacques B. de Molay, aber bedeutsam ist die Angabe des Datums. Das Jahr ist natürlich das, in dem de Molay hingerichtet wurde, aber bemerkenswert ist die Angabe A. 1314, *Anno* 1314, nicht das übliche *Anno Domini* 1314, abgekürzt AD 1314. Anno *Domini* heißt «Im Jahre des Herrn (oder Gottes)», aber der Künstler hat *Domini* weggelassen, so daß in der Übersetzung nur «im Jahr 1314» übrigbleibt. Das weist darauf hin, daß für ihn und auch für die Templer Jesus kein Gott war, sondern das Gefäß von Gottes Geist, dessen Körper nach seinem Tod auf der Erde blieb.

Es ist auch interessant, daß sich diese Inschrift unter einer Struktur liegt, die von zwei Säulen beherrscht wird, auf denen jeweils ein abgeschlagener Kopf liegt. Erst als dieses Buch fast vollendet war, entdeckte ich, daß für die Tempelritter heutiger Tage ein Ritual sehr wichtig ist, bei dem ein Schädel oder Kopf auf einer kleinen Säule liegt. Außerdem sieht man hinter den beiden Gestalten eine Sonnenscheibe – das Symbol des Aton, des Gottes Echnatons, von dem man annimmt, daß er den Schädelkult begründete.

Es schien so, als ob mit der Auflösung des Ordens und dem Tod von de Molay und seinem Gefährten das letzte Kapitel dieser mysteriösen Kriegermönche geschrieben war, daß damit das Geheimnis des Schädelkults und besonders das Haupt Gottes für immer verloren waren. Doch wie in vielem, was den Orden des Tempels anging, täuschte das äußere Erscheinungsbild. Ich sollte entdecken, daß die «Armen Ritter des salomonischen Tempels» damit ganz und gar nicht am Ende waren.

Die Flucht

Was war dann mit der heiligen Reliquie geschehen, was war aus dem Haupt Gottes geworden? Die Männer des Königs konnten suchen, solange sie wollten – sie konnten weder die Aufzeichnungen der Templer finden noch die seltsamen «Götzen» (mit Ausnahme des rätselhaften *Caput* LVIIIM), die die Tempelritter angebetet hatten. Es gab keine Antwort auf diese Frage, und mir blieben nur die Worte eines mittelalterlichen Dichters:

> *«Die Brüder, die Meister des Tempels,*
> *Wohlhabend und mächtig,*
> *Mit Gold, Silber und Reichtümern,*
> *Wo sind sie? Wie ist es ihnen ergangen?»*

Bis jetzt war man immer geneigt, die Tempelritter als passive Opfer zu zeichnen, als nichtsahnende «Unschuldslämmer», die in dem Netz von Verrat und Geldgier gefangen wurden, das der böse König von Frankreich über sie warf. Das ist gelinde gesagt eine ziemlich naive Sicht der

Dinge. Die Tempelritter waren gewiefte Politiker, erfahren in Diplomatie und Realpolitik. Es ist kaum möglich, daß ihnen die Angriffe des Königs auf die Lombarden und Juden entgingen oder daß sie Philipps skrupelloses und rücksichtsloses Wesen nicht erkannten. Die Mönche hatten ihren politischen Instinkt in zweihundert Jahren stürmischer Geschichte geschärft. Sie kämpften dauernd mit ihren Hauptrivalen, den Johannitern, um die Vormachtstellung innerhalb der militärischen Orden, und diese Schlacht lief auf geheimer Ebene ab. Sie hatten mit Saladin, den mameluckischen Sultanen und den berüchtigten Betrügern der Assassinen verhandelt. Und sie hatten erfolgreich das Netz von Intrigen und Verrat überlebt, das die instabilen christlichen Allianzen in Outremer ausmachte.[35] Es ist deshalb völlig unwahrscheinlich, daß die Templer keine Spione unter Philipps Höflingen hatten oder daß Gerüchte über die mögliche Auflösung des Ordens und die Verhaftung seiner Mitglieder nicht der Führungsspitze zu Ohren gekommen waren.

Die Aufzeichnungen beweisen, daß zumindest einige der Brüder sehr wohl von der Gefahr, die dem Orden drohte, wußten. Ein paar Wochen bevor Philipp IV den Angriff auf die Templer befahl, sammelte der Großmeister Jacques de Molay eine Reihe von Kopien der Templerregel zusammen und ließ sie mit anderen Manuskripten verbrennen.[36] Ein Tempelritter war fünfzehn Tage vor den Verhaftungen geflohen. Einen anderen Ritter hatte man informiert, daß sein Entschluß, sich aus dem Orden zurückzuziehen, klug wäre, da bald große Gefahr drohe.

Es gibt also Beweise dafür, daß die hohen Würdenträger des Ordens bereits vorher von den Plänen des Königs wußten und daß sie einen Fluchtplan hätten fertighaben können, lange bevor die Soldaten des Königs in das erste Templer-Präzeptorium stürmten. Für die *Illuminati* der Tempelritter waren Land, Gebäude und die Brüder, die nicht in die Geheimnisse des Ordens eingeweiht waren, ziemlich unwichtig verglichen mit dem unschätzbaren Wert des Hauptes Gottes, den übrigen Reliquien und den geheimen Lehren. Alles wurde geopfert, um den wahren Schatz des Ordens zu schützen. Und es stimmt, daß die Aufzeichnungen des Ordens und sein Schatz (zu dem meiner Meinung der Kopf Jesu gehörte) nicht in die Hände des Königs fielen, obwohl die Templer in Massen verhaftet und ihr Besitz eingezogen wurde. Wie wurde die Flucht bewerkstelligt? Und wohin gelangte der Schatz der Templer – der weltliche wie der religiöse? Wo ist er heute? In welches sichere Versteck hatte man ihn gebracht?

Bei wiederholten «Befragungen» durch die Inquisition gestand Jean de Châlons de Poitiers eine Reihe von Fakten, die zusammengenommen auf einen Fluchtplan hinzuweisen scheinen, der bereits lange vorher von dem Schatzmeister des Ordens, Hugues de Piraud, und seiner Umgebung entwickelt worden war. Nach Aussage von Jean de Châlons hatte der Präzeptor der Normandie, Gerard de Villiers, vorher Kenntnis von den geplanten Verhaftungen bekommen und war mit fünfzig Rittern aus Paris geflohen, denen er später befahl, nach La Rochelle zu reiten, wo sie sich auf achtzehn Galeonen der Templerflotte einschifften. Dieser Informant sagte auch aus, daß ein anderer Tempelritter, der aus der gleichen Gegend wie er stammte und Hugues de Châlons hieß, drei Truhen *«cum toto Thesauro Fratris Hugonis de Peraudo»* (= mit dem ganzen Schatz von Bruder Hugues de Piraud), also den Schatz der Templer, eingeladen hätte und im Schutz der Dunkelheit aus Paris geflohen sei. Diese Tatsachen wären deshalb nicht bekannt geworden, sagte Jean de Châlons, weil jeder Templer, der um diese Flucht wußte, glaubte, er würde getötet, wenn er etwas sagte.[37]

Sowohl Hugues de Châlons als auch Gerard de Villiers gerieten später in Gefangenschaft, aber Gerards fünfzig Ritter und alles, was Hugues de Châlons in den drei «Schatztruhen» mitgenommen hatte, hatten das Königreich Frankreich schon lange hinter sich gelassen, bevor es in die Klauen der Männer Philipps des Schönen hätte gelangen können. Der Schatz war wie die fünfzig Ritter unversehrt im Templerhafen La Rochelle angekommen und von den flüchtenden Brüdern auf die achtzehn Galeonen der Templerflotte geschafft worden. Noch in der gleichen Winternacht legten sie in der Dunkelheit ab und segelten davon.

16

Bis ans Ende der Welt

Mord in der Kirche

Robert Bruce, Earl von Carrick, wartete auf den Stufen der Greyfriars-Kirche in Dumfries, Schottland, ungeduldig auf das Eintreffen seines größten Rivalen – John «der Rote» Comyn. Man schrieb das Jahr 1306. Der Familie Comyn gehörten große Ländereien jenseits des Tay, während Robert Bruce Annandale und Carrick im Südwesten Schottlands an der Grenze zu England besaß. Seit Jahren hatten sie sich um den Preis gestritten, den sie beide mehr als alles andere ersehnten – die Krone von Schottland. Ein Jahr zuvor, 1305, hatten die beiden Rivalen eine Vereinbarung wegen der Krankheit des englischen Königs, Edward I, getroffen. Edward I, von seinen Zeitgenossen «Edward Langbein» genannt, hatte einen Großteil seines Lebens versucht, seine nördlichen Nachbarn zu unterwerfen. Aber jetzt war die «Heimsuchung der Schotten» ein alter Mann, der wahrscheinlich an seiner Krankheit sterben würde. Verglichen mit Langbein war der Erbe Edwards I ein Schwächling, und diese Verringerung der englischen Dominanz bot den Schotten zum ersten Mal seit Jahrzehnten die Gelegenheit, ihre Unabhängigkeit wiederzuerlangen. Bruce hatte mit Comyn gesprochen und ihm Bedingungen vorgestellt, um ihre Differenzen aus der Welt zu schaffen, so daß die beiden mächtigen Adligen vereint eine Front gegen die Engländer bilden konnten. «Gebt mir Eure Ländereien», hatte Bruce Comyn gesagt, «und Ihr bekommt die Krone. Oder nehmt mein Land, und ich werde König.»[1] Der rote

Comyn hatte offenbar das Land einem Königstitel vorgezogen, und zwischen den beiden Parteien wurden versiegelte Dokumente, die diese Bedingungen anerkannten, ausgetauscht.

Zum Pech der schottischen Verschwörer überstand Edward I entgegen allen Erwartungen seine Krankheit und widmete sich wie üblich voller Tatendrang und Mißtrauen der schottischen Sache. Aus irgendeinem Grund, wahrscheinlich aus Angst vor Entdeckung durch Edwards Spione, verließ John Comyn der Mut, und er verriet dem englischen König den Inhalt seiner Abmachung mit Bruce. König Edward – wie immer voller Mißtrauen – wollte einen schriftlichen Beweis für Comyns Behauptungen sehen, und bis diese Beweise eintrafen, behandelte er Bruce, der sich im Januar 1306 am englischen Hof aufhielt, voller Herzlichkeit und verbarg seine wahren Absichten. Aber bei einem besonders lustigen Bankett ließ der König verlauten, daß er vorhabe, Robert Bruce am nächsten Morgen wegen Hochverrats festzunehmen. Zum Glück für Bruce nahm der Earl von Gloucester an diesem Bankett teil, und dessen Familie war seit Generationen mit den Bruces befreundet. Er schickte dem Schotten eine verschlüsselte Warnung: ein Paar Sporen.[2] Bruce begriff und floh noch am gleichen Abend per Pferd nach Schottland.

Ein weiterer Glücksfall war, daß dem Flüchtling in der Nähe der schottischen Grenze ein einsamer schottischer Reisender in die Hände fiel, der auf dem Weg nach England war. Da der Winter eine ungewöhnliche Reisezeit war, ließ Bruce den Reisenden aufhalten und durchsuchen. Man entdeckte einen Brief von Comyn an den englischen König und dabei den Beweis, den Edward verlangt hatte – den Vertrag mit Bruces Unterschrift und Siegel.

Das war der Grund, warum Bruce vor Wut rauchend vor der Greyfriars-Kirche am 10. Februar 1306 auf die Ankunft seines einstigen Mitverschwörers, des roten Comyn, wartete. Als Comyn mit seinem Onkel Sir Robert Comyn eintraf, gingen er und Bruce sofort in die Kirche zum Hochaltar, weil sie dort keine Lauscher fürchten mußten. Dort zog Bruce den Geheimvertrag heraus und bewies damit, daß er von Comyns Verrat wußte. Comyn, dem man Jähzorn nachsagte, reagierte heftig auf Bruces Beschuldigung, der Streit eskalierte und beide Männer zogen ihre Dolche. Bruces Stich traf, und John Comyn fiel blutend vor dem Hochaltar nieder. Sir Robert Comyn kam und traf Bruce mit seinem Schwert, aber dessen Rüstung fing den Hieb ab, und Christopher Seton, der Bruce in die Kirche begleitet hatte, stach den zweiten Comyn nieder. Als sie gingen, soll Christopher Seton Bruce angeblich gefragt haben, ob er sicher sei, daß Comyn tot sei. Bruce blieb stehen und erklärte infam, daß er es «mak siccar» (sicherstellen) würde. Dann ging er wieder zum Hochaltar und versetzte dem Verwundeten den Todesstoß.[3] Jetzt war es Mord. Es gab kein Zurück. Bruce begann eine Revolte gegen die Engländer und erklärte sich zum König von Schottland.

Dieser Mord in einer Kirche vor dem Hochaltar und Bruces niederträchtige Umkehr, um seinem Opfer den Rest zu geben, schockierten ganz Europa. Den rücksichtslosen König Edward von England regte der Aufstand nicht so sehr auf wie Bruces Mord an Comyn. Das Verbrechen durfte nicht ungestraft bleiben. Zunächst war Bruce in seinen schottischen Festungen sicher vor militärischer Bestrafung, aber es gab eine Sanktion gegen ihn, eine religiöse Strafe, die ihm überallhin folgen würde, in alle Länder der Christenheit. Auf Betreiben von Edward I wurde er wegen seiner Sünde, einen Rivalen in einer Kirche erschlagen zu haben und «für eine verdammenswerte Beharrung im Verbrechen» von Papst Klemens V exkommuniziert.[4]

Durch eine seltsame Wendung des Schicksals sollte dieser höchste Akt päpstlicher Macht, ausgeübt von dem gleichen Papst, der die Vernichtung der Templer befohlen hatte, den Orden des Tempels mit einem sicheren Zufluchtsort versorgen und so ihre kostbarste Reliquie, das Haupt Gottes, retten.

Die Ritter Christi

Die Flotte der Templer, die La Rochelle mit den Aufzeichnungen und dem Schatz der Tempelritter verlassen hatte, floh nicht einfach in Panik. Sie scheinen nach einem vorbereiteten Plan gehandelt zu haben, und man weiß, daß sie sich gleich nach Verlassen des Hafens teilten –

eine kleinere Gruppe segelte nach Süden, während die übrigen Galeonen sich nach Norden wandten.

Die südliche Route der Flottille ist durch Quellen gut dokumentiert. Sie segelten nach Portugal und landeten in der Nähe der Küstenstadt Nazaré.[5] Das Hauptquartier der Templer lag nicht weit davon in Tomar, und dort fanden die flüchtenden Tempelritter endlich Schutz. Es ist nicht bekannt, warum die südliche Templerflotte gerade Portugal auswählte, aber hier hatten die Tempelritter zum ersten Mal nach den Schrecken der Auflösung wieder Glück. Trotz der Forderung des Papstes und des französischen Königs war der Herrscher von Portugal, König Dinis, nicht geneigt, den Orden zu zerstören. Anders ausgedrückt: Er wollte nichts tun, solange er von der Auflösung nicht profitierte. König Dinis machte sich Sorgen, daß eine Auflösung des Templerordens zu einer fatalen Machtsteigerung des anderen großen Militärordens in Portugal, der Johanniter, führen könnte. Sie könnten ihn dann vielleicht sogar selbst bedrohen. Er richtete deshalb eine Petition an den Papst und bat darum, der portugiesischen Krone zu erlauben, alle Ländereien der Templer in Portugal käuflich zu erwerben. Der Papst weigerte sich. König Dinis reagierte darauf, indem er sofort dem Befehl des Papstes nachkam und den Orden auflöste. Aber er hielt sich nur an die Buchstaben der päpstlichen Anweisung, nicht an den Geist, der dahintersteckte. Der portugiesische König löschte lediglich den Titel des Ordens und gab den Templern einen neuen Namen – «Der Orden der Ritter Christi». Unter diesem Titel durften sie fast ihren gesamten Besitz in Portugal behalten.

Ihrerseits vergaßen die neugetauften «Armen Ritter» ihre angestammte Aufgabe, die sie ursprünglich als Kreuzfahrer ins Heilige Land geführt hatte. Statt dessen konzentrierten sie ihre Aufmerksamkeit auf unbekannte Länder jenseits des Meeres. Schon nach kurzer Zeit legten Galeonen des Ordens ab, um auf Entdeckungsreisen zu gehen. Und die Ritter Christi waren wie ihre Vorgänger, die Tempelritter, unternehmungslustig und phantasievoll. Vorbehaltlos probierten sie alle verfügbaren Technologien in bezug auf ihre Nützlichkeit aus – ganz egal, wo sie herkamen. Der berühmteste unter diesen maritimen Innovatoren war Prinz Heinrich der Seefahrer, ein Großmeister der

Ritter Christi, der christliche, jüdische und arabische Fachleute heranzog, um immer präzisere Techniken zur Kartenerstellung und Navigation zu entwickeln. Die vorurteilsfreie, vom Forschergeist beseelte Weltsicht der Ritter machte sie zu Europas besten Entdeckern. Ihre Reisen führten sie nach Madeira, auf die Kanarischen Inseln und von dort an die Westküste Afrikas. Diese Expeditionen fanden ihren Höhepunkt, als Vasco da Gama (auch ein Ritter Christi) rund um das Kap der Guten Hoffnung nach Indien segelte, womit er den Weg für die Expansion des europäischen Handels auf den ganzen Globus ebnete. Und während Vasco da Gama nach Osten segelte, fuhr Kolumbus (dessen Schwiegervater ein Mitglied der Ritter Christi gewesen war) nach Westen. Als die drei Schiffe des Kolumbus den Atlantik überquerten, um Hispaniola und Westindien zu entdecken, trugen ihre Segel – wie alle Schiffe der Ritter Christi – das breite rote Kreuz der Tempelritter.[6]

Die Templer in Schottland

Die Hauptflotte der Tempelritter, die nach Norden fuhr, erwartete etwas ganz anderes. Ihr Ziel war das gerade wieder unabhängig gewordene schottische Königreich von Robert Bruce. Diese nördliche Flottille scheint sich noch einmal in einen größeren und einen kleine ren Teil geteilt zu haben. Der kleinere Teil machte es wie die Prinzessin Tamar Tephi und segelte – «bis ans Ende der Welt, immer der Sonne nach» – nach Irland, dem Land des Hiber, dem Sohn von Gaythelos und Scota, und die Region, in der der druidische Schädelkult am längsten überlebt hatte. Nach den Berichten hielten sich die flüchtenden Ritter nicht lange in Irland auf, blieben aber lange genug, um die irischen Burgen der Tempelritter um alle beweglichen Güter zu erleichtern. Denn als man in Irland endlich den Befehlen des Papstes nachkam und den Besitz der Templer einzog, fand man in den Präzeptorien keine Wertsachen mehr.[7] Mit Schätzen beladen setzten die Templer die Segel in Richtung Schottland. Sie folgten der gleichen Route, die die Nachkommen Scotas fast tausend Jahre vorher genommen hatten, und überquerten den schmalen Nordkanal zwischen dem Nordosten Irlands und der Westküste Schottlands. Hier ließen sich manche auf dem Land rund um den Loch Awe nieder. In der Kirche von Kilmartin, in der Nähe von Loch Awe, und auf anderen Friedhöfen in der Umgegend gibt es viele Templergräber, die von der Niederlassung flüchtender Mitglieder des Ordens in jener Zeit zeugen. Genauso wichtig für das, was noch kommen sollte, war die Entdeckung von Freimaurergrabsteinen ganz in der Nähe, die maurerische Motive zeigen – manche tragen den Schädel und die gekreuzten Knochen, das Zeichen Hiram Abifs und des heiligen Schädelkults und auch die Kriegsflagge der Templer auf See. Hier und da wiesen Gräber auf der Grabplatte andere Kombinationen von Symbolen der Tempelritter und der Freimaurer auf, was darauf hindeutet, wie der Orden der Tempelritter sich zu den Freimaurern entwickelte.

Die übrigen Galeonen der nördlichen Flotte, die etwa noch neun Schiffe umfaßte, segelten die Ostküste der Britischen Inseln entlang und hatten Edinburgh mit dem schottischen Tiefland zum Ziel. Da es sich hier um den größten Teil der ursprünglichen Flotte von achtzehn Schiffen handelte, die aus dem Hafen von La Rochelle geflohen war, ist es nur logisch, wenn man annimmt, daß sich auf diesen Schiffen der wertvollste Besitz der Templer, der Goldschatz und die heiligen Reliquien, darunter auch das Haupt Gottes, befanden. Eine alte französische Freimaurerlegende behauptet, daß kurz nach der Unterdrückung des Ordens in Frankreich neun Schiffe der Tempelritter auf der Isle of May im Delta des Firth of Forth landeten.[8] Und der gleiche Bericht versichert auch, daß diese Flotte die Aufzeichnungen und die Schätze des Ordens der «Armen Ritter» vom Tempel Salomos bei sich hatte.

Diese Überlieferung macht wirklich Sinn. Es gab eine Reihe von Gründen, die dieses nördliche Königreich zu einem idealen Aufenthaltsort für den verfolgten Orden machten. Sie sprachen dafür, daß die flüchtenden Galeonen ihre unbezahlbare Reliquie, das Haupt Gottes, an die Ostküste Schottlands gebracht hatten (und nicht nach Portugal).

Schottland besaß den geographischen Vorteil, Teil einer Insel zu sein, was die Verfolgung erschwerte. Praktisch seit ihrer Gründung gab es Tempelritter in Schottland, und die Tempelritter verband vieles mit Edinburgh (die Isle of May liegt nur achtundvierzig Kilometer weiter nordöstlich), und ganz besonders nah war ihnen ein Gebiet im Süden von Schottlands Hauptstadt. Einer der beiden Gründerväter der «Armen Ritter», Hugues de Payen (dessen Wappen drei abgeschlagene Köpfe zeigt), hatte hier Land besessen, das er bekam, als er Catherine de Saint-Claire heiratete.[9] Und das erste Präzeptorium, das der Templerorden außerhalb des Heiligen Landes baute, wurde auf dem Land der Saint-Claires, in Balantrodoch, im Süden Edinburghs, errichtet.[10] Noch heute weist dieser Bezirk auf seine Prägung durch die Templer hin – er heißt nämlich «Temple». Ganz in der Nähe liegt ein kleiner Wald, der in Form eines Templerkreuzes gepflanzt ist und den Namen «Templar Wood» trägt.

Schottland besaß einen weiteren einzigartigen Vorteil. Es war die geistige und physische Heimat der Scoti, der Nachfahren von Echnatons Tochter, die Hunderte von Jahren zuvor aus Ägypten geflohen war. Echnatons Tochter hatte den Thron ihres Vaters, des Pharao, bei sich gehabt, den «Marmorstuhl», der später den Namen Schicksalsstein trug und dessen Versteck in Schottland bis heute ein streng gehütetes Geheimnis ist. Die ägyptischen Emigranten brachten auch Echnatons Religion des Aton mit und den geheimen Schädelkult. Die Scoti hatten sich in Irland wohl gefühlt und auf der *Insula Sacra* die druidische Religion und den Schädelkult begründet, ehe sie *en masse* nach Argyll weiterwanderten und schließlich fast ganz Schottland besiedelten. Die Scoti hatten bei ihrer Einwanderung sowohl den Schicksalsstein als auch den Stein von Bethel von Tamar Tephi mitgebracht. Es war logisch anzunehmen, daß sie auch den Schädelkult mitgebracht hatten, und es gibt tatsächlich viele Beweise dafür, daß diese Schlußfolgerung richtig ist. Bedingt durch die Vorherrschaft der römisch-katholischen Kirche im Mittelalter war der Schädelkult in den Untergrund gegangen, aber es gab ihn noch in den Hügeln und Bergen Kaledoniens. Als sie also Schottland erreichten, waren die Tempelritter irgendwie in ihrer Heimat eingetroffen. Es war ein Land, das von Nachkommen Echnatons bevölkert war, ein Land, in dem die Verehrung der heiligen Schädel bereits eine uralte Tradition hatte.

Aber es gab noch einen anderen sehr wichtigen Grund für die Wahl Schottlands. Es war zu dieser Zeit das einzige Königreich, das nicht unter der Fuchtel der römisch-katholischen Kirche stand, deren Tentakel sich über ganz Europa erstreckten und die fast die ganze Christenheit in ihren Krallen hatte. Der amtierende Papst, Klemens V, war eine Kreatur Philipps des Schönen. Er verdankte dem französischen König seine Wahl, und meistens beugte er sich dem Willen der französischen Krone. Wie das Konzil von Vienne gezeigt hatte, erfüllte der Papst stets die Forderungen des französischen Königs, besonders dann, wenn man ihm mit Gewalt drohte. Philipp griff nur allzugern zu Gewalt, wenn alles andere fehlschlug – seine Agenten hatten einen anderen Papst, Bonifaz, schon einmal entführt. Eine Tat, für die Philipp der Schöne für kurze Zeit exkommuniziert worden war.[11] Falls der französische König den Wunsch hatte, die Tempelritter in ganz Europa zu zerstören, dann waren die Chancen, daß man ihm seinen Willen ließ, sehr groß. Trotz des Drucks, den der französische Hof schon auf die Vorgänger des Papstes ausgeübt hatte, und trotz der Manipulationen hielt man in Europa eine päpstliche Bulle für das Wort Gottes, gesprochen vom Stellvertreter Christi auf Erden. Die Worte des Pontifex besaßen noch immer in der ganzen Christenheit – auch in Portugal – die Macht und Kraft der Heiligen Schrift, und man durfte sie nicht ignorieren, sonst wurde man exkommuniziert. Doch mit Schottland war das eine andere Sache.

Der Mord an John Comyn hatte Robert Bruce zwar zum «heißesten» Bewerber um die schottische Krone gemacht, aber er war dadurch auch zum religiösen und politischen Paria geworden, denn der Papst hatte ihn exkommuniziert, und die meisten christlichen Mächte verachteten ihn. Das war ziemlich unbefriedigend für Bruce, obwohl er gewußt haben muß, daß man die Lage nach einer gewissen Zeit durch eine öffentliche Buße und eine Unterstützung des Papstes in seinem ständigen Kampf gegen weltliche Mächte wieder hätte entspannen können. Aber obwohl diese Exkommunikation ein Stolperstein für Robert Bruce war – für die flüchtenden Tempelritter war sie ein wahrer Segen. Denn deswegen war Robert Bruce der einzige König der gesamten Christenheit, dem der Papst nicht mit dieser höchsten aller Strafen drohen konnte. Für eine kurze Zeitspanne in der Geschichte konnte Robert Bruce nach seinen Wünschen handeln, ohne auf die Forderungen des Papstes Rücksicht nehmen zu müssen, weil der «große und allmächtige Pontifex» bereits sein höchstpriesterliches Pulver verschossen hatte. In den Augen der Kirche war König Robert bereits verdammt.

So war also Schottland nicht nur geographisch vom Rest Europas isoliert, pflegte die uralte Tradition des Schädelkults und war schon lange Sitz der Tempelritter, nein, es besaß auch noch einen König, der exkommuniziert war und deshalb päpstliche Befehle und Anordnungen ignorieren würde. Hier war ein Land, das als Zufluchtsort für die gejagten Ritter und ihre Schätze dienen konnte.

Bruce scheint die Flüchtlinge mit offenen Armen aufgenommen zu haben. Seine Lage war im Jahr 1307 genauso düster wie die der Tempelritter. Der schottische König führte einen immer aussichtsloser werdenden Kampf gegen die weit überlegenen Truppen von Edward I. Er brauchte verzweifelt ausgebildete Soldaten und Kriegsgerät, und als eine Truppe der berühmtesten Kämpfer der Christenheit als Verfolgte an seinen Küsten landete und um Asyl bat, muß er geglaubt haben, daß das Glück ihm endlich wieder lächelte. Als die Tempelritter Mitte des Jahres 1307 in Schottland ankamen, stand Bruce kurz vor dem Ruin. Bruce war zwar am 25. März 1306 auf dem wahren Stein von Scone gekrönt worden, aber bei der Krönung waren nur vier Earls anwesend, und seither hatten nie mehr als hundert Ritter unter seinem Banner gekämpft. König Edward hatte Roberts Exkommunikation gefordert, und der Papst hatte sie ausgesprochen (obwohl die schottische Geistlichkeit sie nicht anerkannte). Kurz darauf erlitt seine Armee vor den Mauern von Perth Castle eine katastrophale Niederlage, die auf einen Verrat zurückzuführen war. Viele seiner treuesten Anhänger wurden gefangengenommen, und Edward I übte fürchterliche Rache an den Rebellen. Die meisten Adligen ließ er hängen, schleifen und vierteilen, und der Rest wurde geköpft.

Kurz danach wurden Bruces Gemahlin, seine zwölfjährige Tochter, seine Schwester und andere Damen seines Hofes vom Earl of Ross gefangengenommen und den Engländern ausgeliefert. Der Haß des englischen Königs war so groß, daß er durch Herolde im ganzen Land verkünden ließ, daß die Frauen seiner schottischen Feinde vogelfrei seien. Sie genossen keinen Schutz mehr, jeder konnte diese Frauen vergewaltigen oder ermorden, ohne eine Bestrafung fürchten zu müssen. Nachdem er sie gefangengenommen hatte, hatte Edward zwar das Leben der Frauen verschont, aber zweien von ihnen ein besonders demütigendes Schicksal zugedacht. Bruces Schwester Mary und die Gräfin von Buchan (die angeblich die Geliebte des schottischen Königs war) wurden besonders barbarisch behandelt. Sie wurden von der Hauptgruppe der Gefangenen getrennt und mußten vier Jahre lang bei jedem Wetter in hölzernen Käfigen auf den Mauern der Burgen von Roxburgh und Berwick sitzen.[12] Königin Elizabeth, die Frau von Robert Bruce, hätte vermutlich noch ein schlimmeres Schicksal ereilt, aber da sie die Tochter des Earls von Ulster war, dessen Freundschaft für Edward politisch sehr wichtig war, gab er sich damit zufrieden, sie in Burstwick-in-Holderness unter Hausarrest zu stellen. Bruces Tochter wurde nach Walton in ein Nonnenkloster verbannt. Das Schicksal der Männer, die mit ihnen gefangengenommen worden waren, war noch barbarischer.[13]

Aber als es am schlechtesten stand, schlug das Schicksal erneut zu: Edward I, der Hammer der Schotten, starb am 11. Juli 1307 in Burgh-on-Sands in der Nähe von Carlisle, als er gerade auf dem Marsch nach Norden war, um seine nördlichen Nachbarn zu unterdrücken.[14] Edward II, der Nachfolger, besaß nicht die unbeugsame und rücksichtslose Natur seines Vaters und verbrachte die meiste Zeit damit, sich zu vergnügen und zu jagen. Er gab seinen Favoriten unter den Höflingen Geld und Landbesitz, hörte nicht auf seine Barone und versuchte auch Schottland zu ignorieren. Bruce nutzte seine Chance und startete von seinem Hauptquartier in den Bergen von Carrick aus eine Reihe von Guerilla-Aktionen, die die Engländer in Angst und Schrecken versetzten und Bruces Zulauf an Männern enorm steigen ließ. Bald war Schottland fast ganz unter seiner Kontrolle. Schließlich war nur noch Stirling Castle mitten im Tiefland von Schottland in englischer Hand. Die Schotten belagerten die Festung, und diese Bedrohung des letzten englischen Besitzes in Schottland rüttelte Edward II endlich auf. Er führte eine Armee nach Norden, um die Belagerten zu befreien, obwohl viele seiner Barone sich weigerten, unter ihm zu kämpfen. Während die Engländer auf der alten Römerstraße auf die Festung vorrückten, sammelten sich die Schotten gegenüber einer kleinen Brennerei namens Bannock, die später in der schottischen Geschichte so berühmt wurde. Alles war bereit zur Schlacht von Bannockburn, bei der Schottland seine Unabhängigkeit gewann und die Tempelritter dem schottischen König ihre Dankbarkeit bewiesen, weil er ihnen Asyl gewährt hatte.

Bannockburn

Die römische Straße verlief fast genau in nord-südlicher Richtung und wand sich ins Tal von Bannock, wo es eine schmale Furt gab. Im Westen lagen die dichten Wälder von Torwood und New Park, durch die bewaffnete Ritter auf ihren großen Schlachtrössern nicht durchkamen. Östlich der Straße war die Landschaft etwas freundlicher, ging aber bald in mooriges Marschland über, das bis zu den schlammigen Ufern des Firth of Forth reichte. Für die englische Armee gab es nur einen Weg nach Stirling – sie mußten die schottischen Reihen durchbrechen, die in *Schiltrons* (Karrees oder Kreise aus Lanzenträgern) bis an die Zähne bewaffnet dastanden und den Angriff erwarteten. Da ritt König Robert plötzlich allein auf einem grauen Damenpferd los, um die schottischen Linien zu inspizieren. Das war ziemlich dumm, und ein junger englischer Ritter, Sir Henry de Bohun, galoppierte auf Bruce zu, als er ihn so allein und unbewacht sah. Das Klügste wäre es gewesen, wenn Bruce hinter seinen Männern Deckung gesucht hätte, anstatt das Risiko eines Zweikampfes einzugehen – wenn er getötet würde, wäre die Schlacht verloren, noch ehe sie begonnen hätte. Aber die Herausforderung nicht anzunehmen, wäre katastrophal für die Moral der Schotten gewesen. Und außerdem gab es wahrscheinlich noch einen persönlichen Grund. Als Bruces «Aufstand» begann, hatten Edward I und später Edward II, Bruces schottischen und englischen

Landbesitz an die de Bohuns gegeben, was den schottischen König enorm aufgebracht haben muß und in ihm Rachegelüste erzeugte. Aber ganz gleich, welche Gründe er dafür hatte – Bruce flüchtete sich nicht hinter seine Linien, sondern galoppierte auf seinem zierlichen Pferd geradewegs auf seinen Gegner zu. Der Zelter war beweglich und leicht, das Schlachtroß schwerfällig und bullig. Und wie ein Matador, der sich einem Stier gegenübersieht, wich Bruces Zelter elegant der Lanze des herandonnernden Ritters aus. Dabei stellte sich Robert Bruce in die Bügel, hob seine Streitaxt und ließ sie auf den Kopf seines Gegners niederdonnern und schlug ihm den Schädel ein.[15]

Die Schotten waren geradezu euphorisch über den Ausgang dieses Zweikampfes, aber das änderte strategisch nur sehr wenig. Sie waren immer noch in der Minderheit, denn auf einen Schotten kamen drei Engländer. Die englische Infanterie griff an und wurde zurückgeschlagen, ebenso wie ein Flankenangriff von sechshundert Rittern. Die Schiltrons rückten diszipliniert vor und brachten die schweren Pferde zum Stehen. Die Schotten witterten den Sieg, aber als der Tag vorbei war, biwakierten beide Seiten, um die Schlacht beim ersten Tageslicht fortzusetzen.

Am folgenden Morgen rückten die Schotten zur Überraschung der englischen Befehlshaber weiter vor. Das hatte man nicht erwartet, denn die Engländer glaubten, die Schotten würden beim Anblick ihrer schweren Kavallerie entweder davonlaufen oder zumindest stehenbleiben, um den Angriff zu erwarten. Ritter in Rüstungen waren in den Kriegen des Mittelalters das, was Panzerdivisionen heute sind – nur andere Ritter konnten sie aufhalten. Diese Meinung war so verbreitet, daß Edward II, als er sah, daß die Schotten kurz stehenblieben und sich niederknieten, um zu beten, angeblich freudig ausgerufen haben soll: «Sie bitten auf den Knien um Gnade.» Sir Ingram de Umfraville, der ein alter Veteran der Schottenkriege war, antwortete: «Um Gnade schon, aber nicht von Euch, sondern von Gott wegen ihrer Sünden. Diese Männer werden entweder siegen oder sterben.» Der König meinte, etwas pikiert: «So soll es sein», die Trompeten erschallten und die beiden Armeen marschierten aufeinander zu.[16]

Die Schlacht dauerte fast den ganzen Tag. Nach einer gewissen Zeit griffen die Engländer mit ihren walisischen Bogenschützen die Schotten in der linken Flanke an, und ein furchterregender Pfeilregen ging auf Bruces Schiltrons nieder. Der schottische König schickte eine Reserve aus leichten Reitern los, die erfolgreich die Formationen der Bogenschützen zerstörten. Da jetzt alle Soldaten beider Armeen beteiligt waren, wogte die Schlacht hin und her. Die Schotten waren zwar disziplinierter, aber die Engländer besser ausgerüstet und zahlenmäßig überlegen.[17] Niemand konnte sagen, wer siegen würde.

Genau zu diesem Zeitpunkt sollen angeblich auf der Seite der Schotten frische Ritter aufgetaucht sein, die sich auf die Engländer stürzten. Eine Version der Schlacht lautet, daß es sich um einen Angriff des «kleinen Volks» gehandelt haben soll, schlechtbewaffneter Lagerknechte der schottischen Armee. Das ist nicht glaubhaft. Es ist ziemlich unglaubwürdig, daß eine so jämmerliche Streitmacht die stolzen Engländer dazu gebracht haben soll, sich auf dem Absatz umzudrehen und um ihr Leben zu rennen. Ein viel glaubwürdigerer Bericht behauptet, daß es sich um einen Trupp Tempelritter gehandelt haben soll, die völlig unerwartet unter ihrer Kriegsflagge Beau Séant auftauchten.[18] Die Engländer waren bereits in starke Bedrängnis geraten. Wenn sie also aufschauten und den Beau Séant über sich erblickten und dahinter eine Gruppe Ritter, deren bedingungslose Tapferkeit legendär war, dann könnten sie sehr gut geflohen sein. Einer der ersten, der das Schlachtfeld verließ, war Edward II zusammen mit fünfhundert Rittern – was viel über die Kampfkraft der Neuankömmlinge aussagt. Fünfhundert Ritter wären wohl kaum vor einer Bande aus Knechten geflohen. Aber die Tempelritter waren ein anderes Kaliber. Noch heute begehen die Tempelritter in Schottland den Jahrestag der Schlacht von Bannockburn, die am 24. Juni 1314, dem Johannistag, geschlagen wurde, zur Erinnerung an die Tempelritter, die für die Sache der schottischen Unabhängigkeit gekämpft haben und gestorben sind. Der Lehnseid der Tempelritter, der im Jahr 1317, drei Jahre nach der Schlacht von Bannockburn geleistet worden sein soll, bestätigt formell, daß die Tempelritter von der schottischen Nation gerettet wurden. Ein Teil des Eides, übersetzt in die Sprache von heute, lautet so:

«Da das ehrwürdige Königreich von Schottland die Brüder des ältesten und edelsten Ordens des Tempels von Jerusalem aufnahm, als ihren Besitzungen viele Schäden zugefügt wurden und viel Böses ihnen selbst angetan wurde, legen die Ritter des Ordens hiermit Zeugnis ab.

Die Ritter des Ordens werden alles tun, um die Rechte, Freiheiten und Privilegien des ehrwürdigen Königreichs Schottland zu bewahren und zu verteidigen. Weiter bekräftigen sie, daß sie mit dem Einsatz ihres Lebens das von Gott berufene Königshaus des Königreiches Schottland bewahren werden.»[19]

Die Sinclairs

Drei Mitglieder der Familie Sinclair kämpften ebenfalls mit König Robert bei Bannockburn: der Bischof von Dunkeld, der Lord von Rosslyn und der Ritter Sir William Sinclair. Manche Quellen behaupten, daß der Anführer der Tempelritter in dieser Schlacht Sir William Sinclair war, da er Großmeister des Ordens in Schottland war, und das ist ziemlich plausibel. Die Sinclairs, die bei Bannockburn kämpften, waren alle direkte Nachkommen einer Linie, die bis zu Catherine de Saint-Claire zurückreichte, der Frau des Gründers der Tempelritter Hugues de Payen. Und Catherine de Saint-Claire war auch eine Ahnin des gegenwärtigen schottischen Lairds Jamie Sinclair, den ich kennengelernt hatte, als ich den Verbleib von Echnatons Thron, dem wahren Schicksalsstein, erforschte – und der wahrscheinlich weiß, wo sich dieses uralte Kunstwerk befindet. Es ist nicht daran zu zweifeln, daß die Sinclairs eng mit dem geheimen Versteck dieses uralten Symbols schottischen Königtums verbunden sind.

Außerdem war dies nicht das letzte Mal, daß ich den Sinclairs begegnete. Nach der Ankunft der Tempelritter in Schottland begegnet einem der Name Sinclair ständig. Immer wieder tauchte diese rätselhafte Adelsfamilie während meiner Nachforschungen über den Verbleib des Hauptes Gottes auf. Obwohl ich es zu diesem Zeitpunkt noch nicht wußte, würde diese Familie von da an die Hauptrolle in meinen

Nachforschungen spielen. Es stellte sich heraus, daß es kein Zufall war, daß sie in die Familie des Gründers der Tempelritter eingeheiratet hatten, daß das erste Präzeptorium außerhalb Palästinas auf dem Grund und Boden der Sinclairs gebaut wurde und daß die Ländereien der Sinclairs in Südschottland an die der Templer grenzten. Außerdem waren sie auch sehr in die Entstehung der schottischen Freimaurerbewegung involviert. Es war nur logisch anzunehmen, daß sie auch mit dem Geheimnis in Verbindung standen, das ich lösen wollte – dem Verbleib des Hauptes Gottes. Trotzdem konnte ich zu diesem Zeitpunkt noch nicht wissen, in welchem Ausmaß sie an dieser Sache beteiligt waren. Es war ein lange verstorbener Sinclair, der sich posthum als wesentlicher «Führer» in meinen Forschungen erwies, denn er hinterließ esoterische Symbole in Stein gehauen, verschlüsselte Nachrichten, die mich schließlich ans Ziel meiner Suche führten – zu der geheimen Ruhestätte der heiligsten aller Reliquien.

17
Wächter des heiligen Lichts

Die Familie St. Clair, die Ländereien in Schottland besaß, hatte ihren Besitz in England durch Landnahme bekommen. Neun Ritter dieses Namens hatten zusammen mit Herzog William dem Bastard, später «der Eroberer» genannt, im Jahr 1066 bei Senlac gekämpft. Der Sieg der Normannen bei Hastings verschaffte den Sinclairs Landbesitz in England und Schottland, der die Güter vermehrte, die die Familie bereits in der Normandie besaß. Sie waren stets mit den Bruces verbündet, den künftigen Königen Schottlands, die ebenfalls Landbesitz in Schottland, England und Frankreich aufzuweisen hatten. Wie alle Normannen stammten die Sinclairs ursprünglich von den Wikingern ab (das Wort «Normanne» kommt von «Nordmann»). Sie waren Nachkommen von Rognvald «dem Mächtigen» (835 geboren), Jarl (Earl) von Orkney und Møre und Romsdahal in Norwegen, und die Familie trug, bevor sie nach Frankreich kam, den Namen Møre.[1] Die Familie war gegen Ende des zehnten Jahrhunderts mit den Kriegern Rollos des Wikingers nach Süden gezogen und hatte sich in der Normandie niedergelassen, nachdem Rollo seinen Vertrag mit dem französischen König Karl «dem Dummen» geschlossen hatte. Rollo heiratete die Tochter des Königs, um den Vertrag zu besiegeln, und gab seinen Vettern Møre die Ländereien, die an die Güter König Karls grenzten, um eventuelle französische Übergriffe abzuwehren. Schon ein paar Jahre nach ihrem Eintreffen in der Normandie änderte die Familie Møre ihren Namen in Saint-Claire. Und der Grund für diesen Namenswechsel warf weiteres Licht auf das Geheimnis um das Haupt Gottes und bestätigte meine Meinung, daß die Sinclairs schon sehr früh das Geheimnis des Schädelkults kannten.

Der kopflose Eremit

Die Legende berichtet, daß die Familie ihren Namen von einem heiligen Eremiten übernahm, einem Schotten namens St. William Sancto Claros, der durch Frankreich gereist war und bei Gebet und Meditation in einer kleinen Hütte an einer Heilquelle am Fluß Epte lebte. Das war der Fluß, auf dem Rollo der Wikinger seine Verhandlungen mit dem französischen König abgeschlossen hatte und der später zu den Ländereien der Familie Møre gehörte. Warum der Eremit «Sancto Claros», was heiliges oder klares Licht bedeutet, genannt wurde, ist nicht bekannt, und es gibt auch keine konkrete Information darüber, warum die Familie Møre diesen Titel annahm. Doch die Antwort ist offenbar in der Geschichte über den Tod des Heiligen zu finden.

Der heilige Mann, William Sancto Claros, war anscheinend entsetzt über die lockere Moral einer Dame aus der Gegend. Er ließ sie auch unverzüglich wissen, was er über sie dachte, und sagte ihr ein böses Ende voraus. Obwohl man ihn gewarnt hatte, schwieg er nicht, und so kam es, daß die Dame den alten Eremiten ermorden ließ, was seine Ansicht, daß sie ein Kind des Teufels war, nur bestätigte. Aber es war die Art seines Todes, die mich aufhorchen ließ. Der redselige Eremit wurde nämlich enthauptet. Und genau deshalb wird der heilige William Sancto Claros als kopflose Gestalt dargestellt, die den abgeschlagenen Kopf in Händen hält.[2] Wenn man die Geschichte des heiligen Schädelkults und die offensichtliche Verbindung der Sinclairs zu den heiligen Schädeln kennt, dann kann das kein bloßer Zufall sein, denn wieder einmal treffen die Motive Heiliger und Enthauptung aufeinander. Die Familie Møre hatte in voller Absicht ihren Namen gegen den eines geköpften Heiligen eingetauscht. Ich fragte mich, ob es sich hier wohl um eine symbolische Reverenz an die rituelle Enthauptung jenes anderen heiligen Mannes, der gezeigt hatte, daß er vom Geist Gottes erfüllt war, also an Jesus, den heiligsten aller Menschen, handelte? Wenn ich mir auch noch ins Gedächtnis rief, daß Catherine Saint-Claire den Gründer der Tempelritter, Hugues de Payen, geheiratet hatte, dessen Wappen drei abgeschlagene Köpfe zeigte (was meiner Meinung nach eine symbolische Reverenz an die alte Linie der heiligen Schädel war), dann gelangte ich immer mehr zu der Überzeugung, daß diese Erklärung die einzige war, die angesichts der Kombination aus Symbolen und Ereignissen plausibel war. Noch bevor die Ausgrabungen der Templer unter dem Tempel vollendet waren, hatten einige Familien, die eng mit den «Armen Rittern» verbunden waren, Namen und Symbole gewählt, die anscheinend ihr Wissen um den heiligen Schädelkult und das Ritual, das bei Jesus durchgeführt wurde, bestätigten.

Hüter der heiligen Reliquien

In Schottland ging es den Sinclairs gut, und es ist sehr interessant, welcher Titel ihnen von der schottischen Krone gegeben wurde. Jahrhundertelang galten sie als Hüter der heiligen Reliquien von Schottland. Diese Rolle hatten sie zu Anfang des elften Jahrhunderts übernommen, als Margaret und ihr Bruder Edgar Atheling aus England nach Ungarn geflohen waren. Als Enkel von König Edmund Ironside standen sie dem Thron sehr nahe und waren zur Flucht gezwungen, um den byzantinischen Intrigen zu entkommen, die König Eduard den Bekenner in seinen letzten Tagen umgaben, weil es eine Vielzahl von Bewerbern um die englische Krone gab. Ein junger St. Clair mit Namen William gehörte zu Margarets Hofstaat, und er ging mit ihr ins politische Exil. Trotz der Tatsache, daß Edgar Atheling als Vetter ersten Grades größere Rechte auf den englischen Thron hatte, war es Herzog Wilhelm von der Normandie, der «Eroberer» (und nur unehelicher Vetter von König Eduard), der schließlich den englischen Thron bestieg.

Während Edgar Atheling sein Geburtsrecht verlor, kam seine Schwester zu einer Königskrone. Der schottische König Malcolm III machte Margaret Atheling nach dem Tod seiner ersten Frau zu seiner Braut. In oder um das Jahr 1069 herum machten sich Margaret und ihr treuer Hofmeister William St. Clair nach langen Unterhandlungen auf die beschwerliche Reise von Ungarn nach Schottland. Während sie im Exil gelebt hatte, war Margaret vom strengen Christentum König Stephans von Ungarn beeinflußt worden. Sie brachte ein Geschenk des ungarischen Monarchen mit nach Schottland – ein Stück des wahren Kreuzes, auf dem Christus gekreuzigt worden war. Diese Reliquie in einem Reliquiar aus Gold und Silber, besetzt mit Edelsteinen, wurde später unter dem Namen Kreuz Christi bekannt.

Gleich nach seiner Ankunft in Schottland war William St. Clair zum Ritter geschlagen worden und hatte für die schottische Krone eine sehr besondere und bedeutende Aufgabe übernommen – Hüter der heiligen Reliquien. Warum den Sinclairs diese hochangesehene Aufgabe übertragen wurde, ist nie geklärt worden, aber Sir William wurde damit zum Bewahrer aller religiösen Schätze von Schottland, wozu auch der Schicksalsstein und der Stein von Bethel gehörten. Das Kreuz Christi kam nun hinzu, und seitdem bewachten die Sinclairs die heiligen Objekte für die schottische Nation. Die Sinclairs hatten nun drei Objekte in Händen, die die «Hauptrollen» in der Geschichte spielten, die ich versuchte aufzudecken: den Thron des Echnaton, den vermutlichen Eckstein des salomonischen Tempels (der Stein von Bethel) und das Kreuz Christi, eine Reliquie aus Jesu irdischem Leben.

Es gab aber noch eine andere Verbindung zu dem abgeschlagenen Kopf. Als Sir William zum Ritter geschlagen wurde, wurde er mit Roslin belegt, Ländereien, die südlich von Edinburgh liegen. Hier soll der Sage nach eine Heilquelle aus dem Boden gesprudelt sein, als Königin Margaret eine Phiole mit dem Blut der heiligen Katharina von Alexandria, der Schutzpatronin der Sinclairs, auf den Boden gegossen habe.[3] Die Königin befahl, eine Kapelle über der Quelle zu bauen, und sie wurde berühmt für ihre großen Heilfähigkeiten – besonders bei Hautkrankheiten.[4] Durch eine seltsame Wendung des Schicksals wurde Sir William St. Clair zum Hüter einer heiligen Quelle – was verblüffend an St. William Sancto Claros erinnert, von dem die St. Clairs ihren Namen hatten. Doch das Schicksal kann eigentlich nicht viel mit diesen verblüffenden Zufällen zu tun haben, denn als ich mich mit Roslin näher befaßte, fand ich heraus, daß die meisten Legenden über diesen Ort viel komplexer waren, als es auf den ersten Blick scheint. Königin Margarets heilige Quelle hatte es schon lange vor der Ankunft von Sir William St. Clair und der Königin, der er diente, gegeben. Anscheinend ist die Geschichte von Königin Margaret, dem Blut der heiligen Katharina und dem geheimnisvollen Entspringen der Quelle nichts weiter als ein cleveres Stück Propaganda. Die Geschichte war offenbar so konstruiert, um auf die Parallelen zu dem kopflosen Eremiten St. William Sancto Claros und seiner Heilquelle hinzuweisen, um die Verbindung zwischen den Sinclairs von Roslin und dem Heiligen, der mit seinem abgeschlagenen Kopf in den Händen dasteht, zu betonen. Als ich später die berühmte Kapelle von Rosslyn, die den Sinclairs gehört, genauer untersuchte, entdeckte ich, daß hinter der Wahl der heiligen Katharina zur Schutzheiligen der Quelle und der Familie Sinclair mehr steckte. In der National Gallery in London hängt ein Gemälde von Stephen Lochnar, das im Jahr 1445 vollendet wurde, genau ein Jahr vor der Grundsteinlegung der Kapelle von Rosslyn. Es zeigt den heiligen Matthäus (der formelle Titel der Kapelle von Rosslyn lautet: Stiftskirche des heiligen Matthäus) und auch die Schutzpatronin der Sinclairs, die heilige Katharina – und diese hält in ihrer Hand das Schwert, mit dem *sie enthauptet wurde*.

Ich lehnte mich zurück und überdachte noch einmal, was ich gerade erfahren hatte. Die Sinclairs waren die Hüter der heiligen Reliquien von Schottland, von Objekten also, deren Geschichte eng mit der Religion des Echnaton und dem Schädelkult verflochten war. Die Sinclairs trugen den Namen eines Eremiten, der Hüter einer Heilquelle war und der mit seinem abgeschlagenen Kopf in den Händen abgebildet wurde. Außerdem hatten sie eine zweite Heilquelle auf ihrem neuen Besitz in Schottland einer Heiligen gewidmet, die ebenfalls geköpft wurde. Dazu kam noch, daß Catherine Saint-Claire, auf deren Ländereien in der Nähe von Roslin das erste Templer-Präzeptorium außerhalb Palästinas gebaut wurde, einen Ritter geheiratet hat, der die Templer gegründet hatte und auf dessen Schild drei abgeschlagene Köpfe abgebildet waren.[5] Das waren nach meinem Gefühl ein paar Zufälle zuviel. Ich mußte einfach den Schluß ziehen, daß diese Ereignisse miteinander verbunden waren und daß sie in direkter Verbindung zum heiligen Schädelkult standen.

Die Erklärung von Arbroath

Obwohl die Truppen der Tempelritter den Schotten den Sieg gegen die Engländer bei Bannockburn bescherten und damit Robert Bruce endgültig zum König von Schottland machten, war der neue Monarch immer noch exkommuniziert. Dank der Intrigen der englischen Abgesandten beim Heiligen Stuhl sollte der Papst König Robert und fast jeden, der mit ihm in Verbindung stand, bei mindestens drei Gelegenheiten exkommunizieren.[6] Im Jahr 1320 (dem ersten Interdikt von 1309 folgend) befahl der Papst, daß der Erzbischof von York und die Bischöfe von London und Carlisle an jedem Sonn- und Feiertag auf der Kanzel die Exkommunikation des Königs und seiner Anhänger wiederholen sollten. Kurz danach bekamen die Bischöfe von Aberdeen, Dunkeld, Moray und St. Andrews die gleichen Anweisungen. Doch das schwächte Roberts Position ganz und gar nicht, denn die Lords von Schottland schlossen sich fester um den König zusammen und verfaßten eine Erklärung ihrer Rechte und der Rechte des freien und unabhängigen Volkes von Schottland. Dieses Dokument, die Erklärung von Arbroath, verkündet bis heute die Sehnsucht der Schotten nach Unabhängigkeit (und die Sehnsucht aller Menschen, frei zu sein). Ihr Treueschwur für die Einheit der Nation ist noch heute anrührend, wie der nachfolgende Auszug beweist:

> *«[...] solange auch nur hundert von uns leben, werden wir es nie zulassen, Untertanen der Engländer zu werden. Denn wir kämpfen weder für Ruhm noch für Reichtum oder für Ehre, sondern sehnen uns nur nach Freiheit, für die ein ehrbarer Mann nur mit dem Leben bezahlen kann.»*[7]

Dieser Text stammt aus dem Ende der Erklärung und ist die Stelle, die am häufigsten zitiert wird. Der Anfang der Erklärung hat immer weniger Interesse erregt, denn dort wird einfach nur die Geschichte des schottischen Volkes erzählt. Aber gerade als ich diesen Abschnitt las, stockte ich aufgeregt. Der alte Text erwies sich nicht nur als ein historisches Dokument, sondern er wurde zu einem weiteren Stück des

Puzzles – ein Stück, das die Herkunft der Scoti bestätigte. Dieser Absatz wird deshalb oft von Forschern überlesen, weil er nicht zu ihren vorgefaßten Meinungen darüber paßt, wer oder was die Schotten sind. Doch dieser Text wurde von den Schotten verfaßt, die stolz auf ihre Unabhängigkeit und ebenso stolz auf ihre Herkunft waren, und er war an den Pontifex in Rom gerichtet:

> «*Wir wissen, allerheiligster Vater und Herr, aus den Chroniken und Büchern der Alten, daß unsere Nation sich von den anderen illustren Völkern durch vieles Ehrenhafte unterscheidet. Einst gelangten wir vom großen Skythien durch das Mittelmeer und die Säulen des Herkules nach Spanien, wo wir lange Zeit unter den wildesten Stämmen lebten, aber nie unterjocht werden konnten, wie barbarisch man es auch versuchte. Hierhin gelangten wir zwölfhundert Jahre nach dem Auszug der Kinder Israels, und nach vielen Siegen und unendlichen Mühen gelangten wir an den Besitz im Westen, auf dem wir noch immer leben […].*»

In diesem historischen Bekenntnis zur Nation, einem Dokument, dessen Bedeutung oft mit der Unabhängigkeitserklärung der Vereinigten Staaten verglichen wurde, bestätigen die Schotten die Einwanderung von Menschen aus dem östlichen Mittelmeerraum auf die Britischen Inseln und stellen als erstes fest, daß ihre Ahnen aus Skythien stammten. Gaythelos, der Mann von Echnatons Tochter, war nach Aussage der meisten Quellen ein Skythe. Im 14. Jahrhundert waren die früher matrilinear ausgerichteten Scoti zu einer patriarchalischen Gesellschaft geworden, deshalb ist es nur natürlich, daß sie die Abstammung der männlichen Linie betonten. Daß sich die Erklärung von Arbroath auf die alte Sage von Gaythelos und Scota bezieht, geht aus der Route hervor, die von den Schotten in der Erklärung beschrieben wird: über das Mittelmeer, durch die Straße von Gibraltar, mit einem Aufenthalt unter den Stämmen Spaniens vor dem letzten Reiseabschnitt auf die Britischen Inseln. Das ist exakt die Route, die die ägyptischen Flüchtlinge genommen haben sollen.[8] Es ist auch wichtig, daß die Ankunft auf den Britischen Inseln mit dem «Auszug der Kinder Israels» verknüpft wird, also der Zeit des Exodus. Es heißt, daß Scota und Gaythelos sofort nach dem Exodus ihre lange Seereise nach Westen antraten.

Die Templer verschwinden

Der anrührende Inhalt der Erklärung von Arbroath erweichte sogar das harte Herz des Papstes, und er übte wieder diplomatischen Druck aus, um neue Verhandlungen zwischen den beiden verfeindeten Nationen in Gang zu setzen. Bruce wollte eine Versöhnung mit England, aber der englische König wollte nichts davon hören. Die Verhandlungen zwischen den beiden Ländern wurden wieder abgebrochen, und wieder gelang es dem englischen Botschafter, den Papst davon zu überzeugen, daß die unversöhnlichen Schotten die Schuldigen seien. Das Ergebnis war, daß der Papst im Februar 1321 noch einmal den schottischen König exkommunizierte und ihn zu ewigem Höllenfeuer verdammte. Darüber hinaus drohte er jedem Schotten, der mit Bruce in England einmarschierte, das gleiche Schicksal an.[9]

Obwohl man diese Drohungen nicht wirklich ernst nahm, beunruhigten sie König Robert. Im Mittelalter war eine «häretische» Nation unter einem exkommunizierten König sehr verwundbar. Robert hatte Angst, daß der Papst zu einem heiligen Krieg, einem Kreuzzug gegen ihn und sein Volk aufrufen könne, wie es bereits einmal ein Papst gegen die «häretischen» Katharer im Languedoc vorexerziert hatte. Die Folterungen und der Terror dieses Krieges, der vor weniger als achtzig Jahren beendet worden war, waren der Christenheit noch frisch im Gedächtnis. Wenn König Robert nicht vorsichtig war, dann könnte sich das ganze christliche Europa gegen ihn verbünden, und die entsetzlichen Szenen würden sich in Schottland wiederholen. Der Papst mußte besänftigt werden, die Krone und die Nation mußten in den Schoß der römisch-katholischen Kirche zurückkehren – und um das zu erreichen, mußte man so schnell wie möglich eine Einigung mit den Engländern erzielen. Das allein war schwierig genug, aber Bruce' Aufgabe wurde noch erschwert durch die Anwesenheit eines häretischen militärischen Ordens in seinem Land, der Tempelritter, deren Existenz vor neun Jahren durch eine päpstliche Bulle formell aufgehoben worden war. Und Bruce stand in der Schuld der Tempelritter, denn sie hatten den Sieg bei Bannockburn errungen und ihm damit die Krone und Schottland seine Unabhängigkeit verschafft. Wie konnte sich König Robert gegen die Männer wenden, die ihm das Leben gerettet und sein Land vor der Versklavung bewahrt hatten?

Robert Bruce löste dieses scheinbar unlösbare Problem mit gewohnt leichter Hand. Der Orden des salomonischen Tempels wurde in Schottland zwar nie aufgelöst, durfte aber auch nicht weiter offen als militärischer Orden existieren. Er mußte in den Untergrund gehen und wurde zu einer Geheimorganisation. Eine Überlieferung besagt, daß Robert Bruce einen anderen Orden – den königlichen Orden von Schottland – gründete, um die Templer für ihren Verlust zu entschädigen.[10] Obwohl die beiden Orden getrennt blieben, wurden viele Tempelritter in den königlichen Orden von Schottland aufgenommen, angeblich auch der Großmeister der Templer von Schottland, Sir William St. Clair. Deshalb war es keine große Überraschung, als ich entdeckte, daß der erbliche Großmeister dieses neuen Ordens nur aus einer Familie stammen durfte – den allgegenwärtigen Sinclairs. Aus dieser Familie stammten auch die erblichen Großmeister der Gilden und Orden von Schottland und einer anderen geheimen Bruderschaft, die sich nach der Zerstörung der Tempelritter gebildet hatte – die Freimaurer.

Das war nicht die einzige Art, auf die die Sinclairs von der Auflösung der Templer profitierten. Nach dem Sieg bei Bannockburn schenkte der dankbare König Robert der Familie einen Bischofssitz und riesige Ländereien. Und in den Jahren, die auf die Flucht der Tempelritter aus Frankreich folgten, wurden auf dem Hauptsitz der schottischen Sinclairs, Rosslyn Castle, ausgedehnte Bauarbeiten durchgeführt. Schon im zwölften Jahrhundert hatte man angefangen die Burg mit viel Geld zu vergrößern und auszubauen, was jetzt zu Anfang des vierzehnten Jahrhunderts vollendet wurde. Es war, als ob die Sinclairs plötzlich durch eine unbekannte Quelle in den Besitz ungeheurer Reichtümer gekommen wären. Die wahrscheinlichste Quelle für diese Ressourcen waren die Templerflüchtlinge.

Rosslyn, Roslin und die Rose-Linie

Der heutige Name für die Burg der Sinclairs lautet Rosslyn, und er wird seit gut hundert Jahren auf diese Weise geschrieben. Davor hieß das Gebiet Roslin. Ich beschloß die Bedeutung von Rosslyn/Roslin zu klären, und dabei stieß ich – völlig unerwartet – auf eine Bestätigung meiner Theorie.

Rosslyn leitet sich offensichtlich aus dem älteren Namen dieses Gebiets, Roslin, ab. Es ist möglich, daß dieser Name die Verschmelzung der beiden keltischen Worte *Ros,* was Hügelkamm bedeutet, und *lin,* Wasserfall, darstellt. Ich entdeckte, daß die Sinclairs (die schließlich am besten wissen müßten, was der Name ihrer Besitzungen wirklich bedeutet) eine zweite Erklärung bevorzugten. Für sie bedeutete Roslin *Rose-Linie,* die das Symbol für das Blut (oder vielleicht die Blutlinie) Christi war. Der Name Rose-Linie oder Roseline ließ mich aufhorchen – ich hatte diesen Namen schon einmal gehört, und ich wußte, daß er wichtig war; aber so sehr ich auch versuchte mich zu erinnern, ich wußte nicht mehr, in welchem Zusammenhang ich ihm schon begegnet war. Nachdem ich lange meine Notizen durchsucht hatte, entdeckte ich zwei Referenzen auf die Rose-Linie, beide standen in Verbindung mit unserer Geschichte. Die erste bezog sich auf Roseline de Villeneuve, eine Heilige, deren Fest seltsamerweise am 17. Januar begangen wird. Das war ein bedeutendes Datum für die merowingischen Könige, und einige Wissenschaftler waren der Meinung, daß der Name der Heiligen die merowingische Blutlinie symbolisiert.[11] Da ich wußte, daß das merowingische Königshaus von Jesus abstammte, machte das die Interpretation des Namens der heiligen Roseline identisch mit der der Sinclairs für die Herkunft des Wortes Roslin. Beide stellen symbolische Referenzen zur Blutlinie Jesu dar.

Die zweite Referenz auf die Rose-Linie erwies sich als noch erhellender. Der rätselhafte und geheime Orden von Sion (der angeblich als *graue Eminenz* bei der Gründung des Ordens der Tempelritter tätig war) hat in den letzten zwei Jahrzehnten wiederholt auf eine Rose-Linie hingewiesen. Und sie haben das Wort mit dem Versteck eines großen Schatzes oder Geheimnisses in Verbindung gebracht. Pierre

Plantard, ein ehemaliger Großmeister des Priorats von Sion, hat bei verschiedenen Gelegenheiten Längen- oder Breitengrade erwähnt, die angeblich mit dem «Geheimnis», das das Priorat von Sion hütet, in Verbindung stehen – mit dem Ort, wo die sterblichen Überreste Jesu aufbewahrt werden. Bei einer Gelegenheit nannte Monsieur Plantard einen dieser Breitengrade «Rose-Linie».[12] Aber diese Information wird in einen Kontext sich widersprechender Informationen verpackt. Plantard verwechselt zum Beispiel offenbar mit voller Absicht zwei französische Breitengrade, um den einen, den er «Rose-Linie» genannt hat, hervorzuheben. Man kann daher nur folgern, daß er die Aufmerksamkeit auf die Rose-Linie ziehen will. Das würde bedeuten, daß das Priorat von Sion (wobei es absichtlich Verwirrung schafft, weil man auf einen Ort in Frankreich hinweist) eigentlich möchte, daß man bemerkt, daß die «Rose-Linie» das Versteck des Schatzes ist und daß dieser Ort nicht in Frankreich liegt. Es war keine Überraschung, als ich entdeckte, daß Monsieur Plantard eine enge Verbindung zum schottischen Roslin hat, denn sein voller Name lautet Pierre Plantard de Saint-Clair.

Das schien die Sache zu klären. Ein französischer St. Clair, Großmeister eines Ordens, der eng mit den Templern verbunden ist, erklärt, daß der Schatz, die sterblichen Überreste Jesu, auf der Rose-Linie gefunden werden können. Die schottischen Sinclairs hingen eng mit den Templern und der Ankunft der flüchtenden Kriegermönche in Schottland zusammen – und außerdem war Sir William St. Clair Großmeister der Tempelritter in Schottland. Dazu kam noch, daß die Familie seit langem Rose-Linie besaß – und ich hatte entdeckt, daß die heiligen Reliquien von Schottland immer von Mitgliedern der Familie Sinclair bewacht wurden. Was wäre sicherer oder naheliegender gewesen, als den Sinclairs auch die heiligste Reliquie des Ordens der Templer nach der Flucht aus Frankreich anzuvertrauen? Wenn der «Schatz der Tempelritter» in Schottland war, wenn das Geheimnis sich auf der «Rose-Linie» befand, dann mußte ich mir wohl den Besitz der Sinclairs und besonders Roslin einmal anschauen.

18

Der zweite salomonische Tempel

Im Frühling des Jahres 1995 reiste ich das erste Mal zur Kapelle und zur Burg von Rosslyn. Ich befand mich auf dem Weg nach Dunsinane, um mich mit der Geschichte und dem möglichen Aufenthaltsort des Schicksalssteins zu befassen, und als ich in der Nähe von Rosslyn war, beschloß ich, es mir einmal anzuschauen. Es war nicht möglich, Rosslyn Castle zu betreten, aber von außen war der Anblick ziemlich öde – die großen Mauern und brüchigen Türme der mittelalterlichen Festung waren Wind, Regen und Verwitterung ausgesetzt. Aber die Kapelle von Rosslyn war etwas ganz anderes. Sie war buchstäblich eine Offenbarung.

Die Kapelle von Rosslyn liegt auf einem kleinen Hügel am Rand eines verschlafenen schottischen Dorfes, das immer noch den älteren Namen des Gebiets trägt – Roslin. Es ist ein ziemlich schlichter Bau, nicht viel länger als einundzwanzig Meter und nicht größer als eine normale Dorfkirche. Aber was ihr an Größe fehlt, macht sie durch die Vielfalt an Spitzen und Erkern und durch die feinen Steinmetzarbeiten, die ihre Mauern verzieren, mehr als wett. Aber wenn die Kapelle von außen schon beeindruckend ist – beim Anblick des Inneren stockte mir vor Aufregung der Atem. Da gab es überall Figuren und Symbole, kaum ein Quadratzentimeter war ohne Schmuck und Verzierung. Als ich hinaufblickte, sah ich, daß das ganze Dach (aus Stein und bis zu einem Meter dick) in fünf Abschnitten mit Maßliebchen, Lilien, Feldblumen, Rosen und Sternen geschmückt war. In der ganzen Kapelle waren Symbole in so verschwenderischer Fülle angehäuft, daß ihre unzähligen Abbildungen überwältigend waren: Moses, Jesus und Maria blickten weise von den Wänden; auf Säulen konnte man Grale und Gralskreuze sehen; Engel hielten Herzen in den Händen oder flogen von starken Seilen gehalten mit dem Kopf nach unten geradewegs auf die Erde; Teufel kamen aus der Hölle, während Könige, Bischöfe und Volksmengen wie wild mit Skeletten im Arm herumtanzten – ein *Danse macabre*, ein Todesreigen. Das ganze Gebäude war voller fein gearbeiteter Symbole, aber am meisten verblüffte mich, daß fast jede Schnitzerei oder Steinmetzarbeit Motive enthielt, die jüdischer, keltischer, maurerischer oder templerischer Herkunft waren. Ich konnte Tempelritter-Symbole wie das Agnus Dei (das Lamm Gottes), den fünfzackigen Stern und das blumenumwundene Kreuz auf den Wänden und Säulen von Rosslyn entdecken, gemischt mit Gestalten, die eine Vielzahl von freimaurerischen Bedeutungen vermitteln sollen. Und bei ihnen standen wiederum jüdische Gestalten aus der Bibel wie David, Isaak und Samson. Zusätzlich konnte man überall viele Darstellungen des Grünen Mannes, des keltischsten aller Motive, entdecken.

Aber was bedeutete das alles? Warum wurden so große Anstrengungen, soviel überwältigende Sorgfalt und Aufmerksamkeit auf diese kleine Kapelle verwendet, die in einem – zumindest damals – selten besuchten und wilden Land der Christenheit lag? Wer hatte dieses bemerkenswerte Bauwerk errichtet und warum?

Der «Prodigus»

Der Erbauer von Rosslyn war der dritte und letzte Sinclair, der den Titel eines Jarl (Earl) von Orkney trug, und er hieß wie sein Tempelritterahne William. Die Wiederholung des Vornamens William ist bei den Sinclairs mehr als üblich gewesen – nicht weniger als elf der ersten zwanzig Sinclairs auf Rosslyn trugen den Namen William.[1] Das könnte vielleicht ein weiteres Mittel gewesen sein, um die Verbindung der Sinclairs zu dem kopflosen Eremiten Guillermus (=William) Sancto Claros zu betonen – und durch ihn ihre Verbindung zum Schädelkult. Earl William galt unter seinen Zeitgenossen als «Prodigus», das heißt, er war bewandert in den Geheimlehren und besaß okkultes Wissen. Außerdem war er der erbliche Großmeister aller schottischen Freimaurerlogen. Laut Vater Richard Hay, der eine *Genealogie der Saintclaires von Rosslyn* verfaßte, die 1835 erschien, geschah folgendes, als Sir William älter wurde:

> *«Seine Jahre lasteten schwer auf ihm, und er überlegte, was er bisher getan hatte und wie er seine letzten Jahre verbringen wollte. So […] kam ihm der Gedanke, ein Haus für Gott zu bauen, von feinster Arbeit, so daß es großen Ruhm und Glanz verbreiten sollte. Dafür rief er Kunsthandwerker aus anderen Ländern und aus dem Ausland […].»*[2]

Nach Aussage von Vater Hay begann Sir William im Jahr 1446 mit dem Bau der Kapelle von Rosslyn – oder vielleicht auch sechs Jahre früher, wenn man dem Chronisten Slezer glauben will.[3] Dabei überwachte er jeden Bauabschnitt äußerst gründlich, von den Bauplänen bis zum kleinsten Detail der Steinmetzarbeiten. Vater Hay beschreibt ausführlich, welche Sorgfalt Sir William jedem Detail angedeihen ließ:

> *«Und gegen Ende der Arbeit kam der letzte Schliff – zuerst ließ er die Entwürfe auf Eastland Borde zeichnen [Leisten aus norwegischer Tanne] und befahl den Zimmerleuten, sie genau nach den Entwürfen zu schnitzen, und dann gab er diese als Muster den Steinmetzen, so daß man sie in Stein hauen konnte.»*[4]

Daraus kann man sehen, daß Sir William ganz genau wußte, was er wollte – er bestand auf speziellen Mustern, die genau seinem Wunsch entsprachen, und jedes Stadium wurde von ihm sorgfältig überwacht. Er verzierte seine Kapelle nicht einfach so mit Motiven, die aufs Geratewohl der Bibel und sonstwo entnommen wurden. Jede Figur stand da, um eine Geschichte zu erzählen. Der alte *Illuminatus* hinterließ eine Nachricht, die in Stein gehauen wurde, damit die, die nach ihm kamen, sie lesen konnten. Aber ich fand heraus, daß nicht nur die Steinmetzarbeiten eine Botschaft trugen – auch das Gebäude selbst war Teil der wohldurchdachten chiffrierten Botschaft, die Sir William Sinclair «geschrieben» hatte.

Geheiligte Geometrie

Es scheint so, als ob die Kapelle eigentlich nur das Hauptschiff einer viel größeren Kirche sein sollte, die – wie die meisten mittelalterlichen Kirchen – in Kreuzform gebaut werden sollte. Die Grundmauern dieses größeren Bauwerks sind angeblich im neunzehnten Jahrhundert zirka achtundzwanzig Meter westlich der heutigen Kapelle entdeckt worden. Man plant den Boden zu scannen, um diesen Bericht zu bestätigen, aber es ist offensichtlich, daß dieser größere Teil nie vollendet wurde. Falls man überhaupt je die Absicht hatte, ihn zu vollenden – denn diese Grundmauern könnten als «Deckmantel» gedient haben, um zu verschleiern, was diese Kirche wirklich war – ein mystischer Tempel. Die Kapelle von Rosslyn ist nach einem genauen Plan gebaut worden, der viele esoterische und okkulte Symbole aus alten Kulturen enthält.

Der Entwurf der Kapelle enthält in den Kreuzschiffen das Templerkreuz, die Rose und das doppelte Dreieck in einem Kreuz – das sogenannte Siegel des Salomo –, und das alles sind Symbole, die der Orden der Tempelritter benutzte.[5] Ebenso ist der Boden der Kapelle nach einer geheiligten Geometrie aufgebaut, die auf den Mauern und den Säulen basiert, die jeweils das Ende markieren. Die Säulen am östlichen Ende des Gebäudes formen das Triple Tau – drei Tau-Kreuze stehen zusammen, und ihre Basen kreisen um eine einzelne Säule. Diese Säule verbindet sich mit anderen Säulen und Punkten an den Nord- und Südmauern wieder zum Siegel des Salomo.[6] Alle diese Zeichen sind Abzeichen eines besonderen nicht-orthodoxen Christentums, denn das Tau-Kreuz (und damit auch das Kreuz-Pattée der Templer) findet man bereits im alten Ägypten.[7] Anscheinend haben diese «heidnischen» Symbole auch die Ältesten der schottischen Kirche gestört. Im Jahr 1589 sollte William Knox, der Bruder des kalvinistischen Predigers John Knox, in der Kapelle von Rosslyn ein Baby der Sinclairs taufen. Die Aufzeichnungen des Presbyteriums von Dalkeith berichten über diese «Zumutung» und beschreiben die Kapelle als «Haus und Monument des Götzentums. Es ist kein Ort, um das Wort zu lehren und die Sakramente auszuteilen.»[8] Drei Jahre später wurde Oliver Sinclair mit der Exkommunikation gedroht, sollten die Altäre nach dem 17. August 1592 noch stehen. Am 31. August dieses Jahres ist bei George Ramsay zu lesen, daß «die Altäre von Rosslyn alle zerstört wurden», womit Rosslyn aufhörte, eine Kirche zu sein, in der christliche Gottesdienste abgehalten wurden. Erst am 22. April 1862 wurde die Kapelle vom Bischof von Edinburgh neu geweiht, und unter dem Kassettendach der Kapelle wurden wieder Sonntagsmessen gehalten.

Ein zweiter Tempel des Salomo

Es gibt eine weitere Verbindung zwischen der Kapelle von Rosslyn und dem Tempel des Salomo, dem Bauwerk, das sowohl von den Tempelrittern als auch von den Freimaurern immer in Ehren gehalten wurde. Die Position der beiden am aufwendigsten geschmückten Säulen im Osten der Kapelle (die sogenannte Meister- und Lehrlingssäule) ahmt Jachin und Boas nach, die Säulen aus Erz, die der Meisterarchitekt Hiram Abif als Herzstücke des salomonischen Tempels in Jerusalem entwarf (1. Könige 7, 15-22). Dieses Thema wird auch auf den Steinsockeln, die das Kapellendach stützen, aufgegriffen – eines der häufigsten Motive auf diesen Steinen ist der salomonische Tempel. Außerdem haben die Autoren Christopher Knight und Robert Lomas nachgewiesen, daß das uralte Zeichen des Triple Tau unter anderem «Der Tempel von Jerusalem» bedeutet.[10] Verblüffenderweise bedeutet es auch noch: «Der Ort, wo eine kostbare Sache versteckt ist (deponitur?)» oder «Der Schlüssel zum Schatz». Weniger überzeugend ist die Behauptung von Knight und Lomas, daß der Grundriß von Rosslyn exakt dem des herodianischen Tempels entspricht (dem letzten Tempel von Jerusalem, der im Jahre 70 n. Christus von den Römern zerstört wurde). Unglücklicherweise gibt es keine überzeugenden Beweise dafür, denn der Grundriß des herodianischen Tempels ist verschollen.

Daher muß diese Annahme gegenwärtig noch als Spekulation betrachtet werden. Doch obwohl der Bau als *exakte* Replik eines bestimmten Jerusalemer Tempels keinesfalls bewiesen ist, scheint die Kapelle von Rosslyn einen *Ersatztempel* von Jerusalem darzustellen. Über dem südlichen Gang ist ein Spruch eingemeißelt, der wirklich auf den Neubau des ersten Tempels hinweist. Dort steht:

> «FORTE EST VINUM. FORTIOR EST REX. FORTIORES SUNT MULIERES. SUPER OMNIA VINCET VERITAS.
> *Wein ist stark, ein König ist stärker, Frauen sind sogar noch stärker. Aber die Wahrheit besiegt alles.*

Knight und Lomas glauben, daß es sich hier um ein Zitat aus den nasoräischen Schriftrollen handle, die ihrer Meinung nach von den Templern angeblich unter dem Tempel Jerusalems entdeckt wurden. In Wirklichkeit stammen diese Worte aus dem jüdischen Buch Esdras (I Esdras 3,10-12), das sich mit einer Periode in der jüdischen Geschichte befaßt, in der das Haus Juda zwangsweise im persischen Exil lebte. Persien wurde damals von König Darius regiert. Einer von Darius drei Leibwächtern war ein Jude namens Serubbabel. Darius testete die Klugheit der drei jungen Krieger und war so begeistert von Serubbabels Antwort, der die Wahrheit über alles setzte, daß er ihm zur Belohnung anbot, ihm jeden Wunsch zu erfüllen. Anstatt sich Ländereien, Reichtum oder eine hohe Stellung zu wünschen, bat Serubbabel darum, daß Darius das Versprechen eines frühen persischen Monarchen, König Kyros, erfüllen möge. Kyros hatte versprochen, die Juden aus der Gefangenschaft zu entlassen, damit sie nach Israel zurückkehren und dort den Tempel des Salomo wiederaufbauen könnten. Darius erfüllte Serubbabels Bitte. Er machte Serubbabel zum König der Juden und machte ihn verantwortlich für den Wiederaufbau des Tempels, der um 520 v. Chr. begonnen wurde und dreihundertfünfzig Jahre stand, bis er – wie wir bereits wissen – im Jahr 170 v. Chr. von dem syrischen König Antiochus Epiphanes geschleift wurde. Darius und seine drei Wachen kann man in einem gesonderten Steinbild in Rosslyn sehen. Es liegt in der Nähe von Serubbabels Spruch.

Dieser Hinweis auf den Wiederaufbau des ersten Tempels von Jerusalem weist mit großer Sicherheit darauf hin, daß Rosslyn ein weiterer Neubau des Tempels ist. Der Traum der Tempelritter von einem christlichen Jerusalem war unwiderruflich in Scherben gegangen, als die letzten Küstenburgen von den Moslems erobert wurden. Da sie nun nicht mehr in der Lage waren, ihren Schwur zu erfüllen, dort den Tempel neu zu bauen, scheinen sie sich einer neuen Strategie zugewandt zu haben. Sir William Sinclair, ein Großmeister der Maurer und mit ziemlicher Sicherheit im geheimen ein Templer, hatte in Schottland einen alternativen salomonischen Tempel gebaut, eine Huldigung an den zerstörten jüdischen Tempel, in dem die Tempelritter ihren größten Schatz entdeckt hatten – das Haupt Gottes.

Wenn die Tempelritter – was jetzt ziemlich wahrscheinlich war – die heilige Reliquie unter dem Jerusalemer Tempel gefunden und sie mit nach Schottland gebracht hatten, dann konnte ich mir keinen besseren Platz für das Haupt Gottes denken als diese mittelalterliche Rekonstruktion des jüdischen Gotteshauses. Die Worte von Pierre Plantard de Sainte-Clair, Großmeister des Priorats von Sion, hatten sich als wahr erwiesen. Das Geheimnis befand sich auf der Rose-Linie. Ich war mir jetzt sicher, daß das Haupt Gottes hier war – irgendwo in der Kapelle von Rosslyn.

Eine Nachricht im Stein

Aber die Steinmetzarbeiten in Rosslyn verraten noch mehr. Neben den Reliefs mit templerischen und freimaurerischen Inhalten enthält die Kapelle fast ebenso viele keltische Symbole. Ich war zu dem Schluß gelangt, daß sowohl in der jüdischen als auch in der keltischen Kultur ein Schädelkult existierte. Wenn das stimmte, dann wären diese beiden Stränge wohl miteinander vermischt worden, als die Tempelritter den Schatz aus «Gral» und Gold nach Schottland brachten. Und hier in der Kapelle von Rosslyn erzählten die Steinreliefs das gleiche durch eine Verschmelzung von jüdischem und keltischem Symbolismus. Für mich war das die in Stein gehauene Bestätigung meiner Hypothese.

Besonders interessant war die Auswahl an keltischen Motiven. Am häufigsten kam die uralte Figur des Grünen Mannes vor. Oftmals gezeichnet oder gehauen als kräftige menschliche Gestalt, die in Blätter gehüllt ist und der Schößlinge aus dem Mund wachsen, symbolisiert der Grüne Mann die Fruchtbarkeit der Natur, die Kraft, die hinter dem Wachsen und Wiedererwachen der Natur steht.[11] Aber am interessantesten war für mich, daß hier in Rosslyn nur der Kopf des Grünen Mannes dargestellt wurde. Man konnte unzählige Köpfe sehen, wie sie hinter Ranken und Blättern, die ihnen aus dem Mund wachsen und so ihre Fruchtbarkeit demonstrieren, hervorschauen. Ich konnte in Rosslyn keine Darstellung dieses Symbols in voller oder auch nur in halber Größe finden. Es gibt mehr als hundert Darstellungen des Grünen Mannes in Rosslyn, aber es handelt sich immer nur um Köpfe. Warum wählte Sir William Sinclair aus allen keltischen Symbolen den *Kopf* des Grünen Mannes als häufigstes Motiv in den Reliefs von Rosslyn aus? Die Antwort führte mich wieder einmal zum Schädelkult. Als Emblem der Fruchtbarkeit weist der Kopf des Grünen Mannes Parallelen zum Kopf Brans auf, der ebenfalls ein Symbol für Fruchtbarkeit war, und zum Kopf, den die Templer verehrten – Baphomet, «Vater der Weisheit», von dem auch behauptet wurde, er würde «die Bäume zum Blühen bringen» und «das Land fruchtbar machen». Wenn man bedenkt, wie gut Sir William in den okkulten Wissenschaften bewandert war und welche Verbindungen er zu den Tempelrittern besaß, kann man auch nicht mehr im Traum annehmen, daß die Wahl dieses Motivs einfach Zufall war (außerdem wurde bei den Reliefs von Rosslyn nichts dem Zufall überlassen, wie wir gesehen haben). Ich war überzeugt davon, daß es sich hier um einen weiteren versteckten Hinweis handelte, den die Erbauer von Rosslyn angebracht hatten, um darauf hinzudeuten, von welcher Art der Schatz war, den die Kapelle enthielt.

Die Passion Christi?

Neben dem heidnischen und keltischen Symbol des Grünen Mannes gibt es Abbildungen, die man auf den ersten Blick als christlich zu erkennen glaubt. Es scheint sich um unkomplizierte Darstellungen bedeutender Szenen aus dem Leidensweg Christi und seiner Auferstehung zu handeln. Diese Abbildungen zeigen nach allgemeiner Meinung:

Pontius Pilatus, der sich die Hände wäscht, um darauf hinzuweisen, daß er keine Verantwortung an der Kreuzigung Jesu übernimmt.

Die heilige Veronika, die ein Tuch hält, auf dem das Gesicht Jesu abgebildet ist (Dieses Abbild war wundersamerweise entstanden, als Veronika mitleidig Jesus das Tuch zum Gesichtabwischen reichte, als er das Kreuz den Kalvarienberg hinauftrug. Veronika wurde von den Urchristen seliggesprochen, und das Tuch mit dem Gesicht Christi darauf wurde unter dem Namen «Veronika» bekannt).

Die Kreuzigung Jesu.

Zwei Engel rollen den Stein vom Grabmal.

Die Reliefs befinden sich zirka drei Meter über dem Boden und sind nicht mehr als dreißig Zentimeter groß. Es ist schwierig, diese Steinbilder genau zu sehen, und die meisten Leute verlassen sich auf eine Reihe von Zeichnungen, die vor einiger Zeit von den Reliefs gemacht wurden, und halten sie für genaue Abbilder. Doch wenn man die Steinreliefs genauer betrachtet und sie mit den Zeichnungen (des orthodox christlichen) Künstlers vergleicht, entdeckt man Unterschiede und eine Anzahl von Anomalien, die an den orthodoxen Interpretationen Zweifel aufkommen lassen.

Im ersten Relief wird Pontius Pilatus als langhaariger und bärtiger Mann dargestellt. Das widerspricht dem, was man über die Sitten und Gebräuche der Römer im ersten Jahrhundert nach Christus weiß. Bei den Römern waren die Männer nämlich stets glattrasiert, während die jüdischen Ältesten lange Haare und Bärte trugen. Natürlich kann man dem entgegenhalten, daß man im Mittelalter nicht soviel wie wir heute über die Sitten und Moden der Römer zur Zeit Christi wußte. Doch es ist bemerkenswert, daß die meisten Figuren auf diesen Reliefs glattrasiert sind, während die Behaarung des «Pontius Pilatus» offenbar absichtlich betont wurde.

Beim «Veronika-Relief» fallen sofort zwei Aspekte auf. Die Darstellung der Person, die das Tuch hält, ist schwer beschädigt. Der Kopf ist abgetrennt, und man kann unmöglich erkennen, ob hier die heilige Veronika oder überhaupt eine Frau abgebildet ist. Robert Bryden, der Archivar der Tempelritter und unter den Erforschern von Rosslyn der mit dem größten Wissen, hat die Kapelle ganz genau für sein Buch *Rosslyn – a History of the Guilds, the Masons and the Holy Cross*[12] untersucht. Er meinte zu mir, daß die Schäden in der Kapelle seiner Meinung nach etwas ganz Besonderes und nicht durch Zufall entstanden seien: «Jemand hat aus einem bestimmten Grund Teile der Kapelle absichtlich beschädigt.» Diese Aussage rückt die Entfernung des Kopfes der heiligen Veronika in ganz neues Licht. Jeder glaubt, daß der Kopf der Person, die das Tuch hält, der einer Frau ist. Doch wenn es sich um den Kopf eines Mannes handelte, würde das die Aussage des Bildes grundlegend ändern. Solche Überlegungen werden durch einen hieb- und stichfesten Beweis untermauert. In Zeichnungen dieses Reliefs wird gewöhnlich das zweidimensionale Bild Christi auf dem Tuch gezeichnet, doch in Wirklichkeit zeigt das Relief ein Rundumporträt des Kopfes Christi. Das ist eine sehr komische Darstellung. Es scheint keinen guten Grund für die Gesamtdarstellung des Kopfes zu geben, ein zweidimensionales Bild wäre viel leichter zu machen gewesen und hätte bestimmt auch das wundersame Bild der Veronika genauer wiedergegeben. Doch so wie es aussieht, scheint das Relief eine unbekannte Person zu zeigen, die ein Tuch hält, in dem sich der Kopf Jesu befindet.

Die Kreuzigungsszene ist genauso problematisch. Jesus hängt hier an einem Tau-Kreuz, nicht an dem üblichen *Crux immissa*, dem Kreuz der «normalen» christlichen Ikonographie. Obwohl einer der Männer am Kreuz einen Hammer in der Hand haben *könnte* (das Relief ist zu verwittert, um sicher sein zu können), sind nirgendwo Nägel zu sehen. Außerdem sind die Arme mit Schnüren am Tau-Kreuz befestigt, die um den horizontalen Baum des Kreuzes und um Jesu Arme gewunden sind. Des weiteren hängt Jesus nicht am Kreuz, sondern scheint mit beiden Füßen fest auf dem Boden zu stehen. Das wäre nun völlig sinnlos bei einer Kreuzigung gewesen, deren «Zweck» es war, einen möglichst schmerzvollen Tod dadurch herbeizuführen, daß das volle Gewicht des Delinquenten an den Nägeln hing, die durch Hände und Füße getrieben worden waren. Dieses Relief ist extrem doppeldeutig – es könnte eine Kreuzigung zeigen, aber genauso die jüdische Sitte, die Leiche eines Mannes zu zeigen, den man zu Tode gesteinigt hatte, weil er «Israel verführte und das Volk Gott entfremdete».[13]

Das letzte Relief, auf dem zwei «Engel» den Stein vor dem Grabmal wegrollen, gibt auch Anlaß für ernste Zweifel. In der Hauptsache haben diese Engel nichts, was sie als himmlische Boten ausweist. Nur weil jeder (aus der christlichen Tradition) weiß, daß Engel den Stein wegrollten, wurde diese Interpretation akzeptiert. In Wirklichkeit zeigt das Bild zwei Männer, die den Stein wegrollen. Sollen diese beiden Figuren Joseph von Arimathia und Nikodemus darstellen, oder zeigt das Relief, wie Mitglieder aus dem Gefolge Jesu heimlich seinen Leichnam wegschaffen?

Obwohl christliche Deutungen die Reliefs so ordnen, daß sie mit der Passion Jesu korrespondieren, sind sie im Bereich des Nord- und Südschiffes verstreut und weisen keine bestimmte Reihenfolge auf. Gläubige Christen halten das erste für die Geschichte des Pilatus, danach kommt die Sage um die Veronika, was unausweichlich zur Kreuzigung und endlich zur Auferstehung führt. Doch es ist sehr gut möglich, eine andere und ebenso logische Reihenfolge von Ereignissen zu konstruieren, die dann im Einklang mit den Beweisen aus dem *Evangelicum Nicodemi* und mit dem Ablauf, den jüdische Autoren im Talmud und der Mischna (siehe 10. Kapitel) festlegten, stünde. Hier würde die Reihenfolge so aussehen:

Jesus vor den bärtigen jüdischen Ältesten unter der Anklage, die Kinder Israels vom orthodoxen Judentum abgebracht zu haben (sich die Hände zu waschen, um Unschuld zu demonstrieren, war eine alte jüdische Tradition).[14]

Die Leiche Jesu an einem Tau-Kreuz nach dem Tod durch Steinigung, seine Füße berühren den Boden.

Zwei Mitglieder aus Jesu Gefolge entfernen die Leiche aus dem Grabmal.

Die heilige Reliquie, das Haupt Gottes, wird nach dem Abschlagen und Einbalsamieren gezeigt.

Wenn man die Diskrepanzen zwischen den Reliefs in Rosslyn und dem Ablauf der Ereignisse, wie sie das orthodoxe Christentum vorgibt, bedenkt, dann bin ich davon überzeugt, daß die zweite Erklärung eher geeignet ist, die Absicht, die hinter diesen Bildern steckt, die auf den ausdrücklichen Befehl von Sir William Sinclair angefertigt wurden, zu verdeutlichen.

Wir müssen auch daran denken, daß wir hier über Bilder reden, die in Stein gehauen wurden, als die Macht der katholischen Kirche enorm groß war. Jeder, der unorthodoxe Reliefs in Auftrag gab, riskierte Folter und Tod. Diese Situation ist ähnlich der eines Autors, der eine Gralssage schrieb, oder eines Troubadours, der ein Lied mit verbotenen Inhalten komponierte. In allen drei Fällen brauchte das Werk ein christliches «Deckmäntelchen», damit es möglich war, die Sage zu verbreiten, das Lied zu singen oder das Relief öffentlich auszustellen. Nur so war es möglich, die geheime Lehre für die «Wissenden» zu verbreiten und zu bewahren.

Es scheint so, als hätte Sir William Sinclair sich ähnlich verhalten wie die Troubadoure oder Gralsdichter, als er eine Vielzahl von Symbolen benutzte, um seine wahren Absichten zu verschleiern. Die Kreuzigungsszene gab es in Stein gehauen – das bewies den Kirchenmännern in Sir Williams Zeit, daß Rosslyn und sein Erbauer christlich waren. Was zählte es da, daß Jesu Füße den Boden berührten und er an das Kreuz gebunden war? Ebenso hält eine Gestalt die Veronika, eine ausgesprochen christliche Ikone – die Tatsache, daß der Kopf zu deutlich herausgebildet ist, um nur ein Abdruck auf einem Stück Stoff zu sein, wurde wahrscheinlich im Mittelalter so erklärt, daß hier ein übereifriger Steinmetz am Werk war. Aber da wir heute wissen, daß jede Figur, schon bevor sie in Stein gehauen wurde, von Sir William höchstpersönlich genauestens festgelegt wurde, greift diese Erklärung nicht. Den Künstlern blieb kein Freiraum, es gibt kein Beispiel, das zeigt, wie ein Steinmetz sich selbst in ein Relief einbrachte. Alles wurde genauso angefertigt, wie es Sir William wollte. Es ist kein Fehler, daß diese seltsamen Diskrepanzen ausgerechnet in den Steinreliefs auftreten. Sie dienen einem bestimmten Zweck, und man sollte sie nicht übersehen.

Genauso ist es kein Fehler der Künstler, daß andere Figuren, die in unserer Geschichte eine große Rolle spielen, in der Dekoration von Rosslyn häufig auftauchen. Samson (dessen Name, wie ich bewiesen habe, mit den Sampsaei in Verbindung steht, der nazaritischen Sekte, die einer Religion anhing, die identisch mit der des Echnaton war) wird an drei Stellen in Rosslyn in unterschiedlichen Rollen gezeigt – zum Beispiel wie er das Maul des Löwen aufreißt oder den Tempel des Gottes der Philister, Dagon, einreißt.

Der Aton in Rosslyn

Das Medium, das Sir William wählte – Stein –, war wahrscheinlich das sicherste, das ein mittelalterlicher Adept wählen konnte, um die Geheimnisse weiterzugeben. Durch den Stein konnte er mehr mitteilen als jeder andere, die geheimen Lehren klarer weitergeben. Er konnte es sich leisten, Wagnisse einzugehen, und in mindestens einer Hinsicht scheint er das auch getan zu haben.

In den Aufzeichnungen steht, daß Sir William Sinclair Rosslyn als Gralskapelle bauen wollte.[15] Wie wir bereits im 11. Kapitel gesehen haben, strotzen die Gralssagen von nicht-christlichen und häretisch-christlichen Symbolen, und in ihnen gibt es eine Vielzahl abgeschlagener Köpfe – die «Grale», die ich als heilige Schädel von Echnatons Mysterien-Religion erkannt habe. Ich glaube weiterhin, daß der «Kopf des Vetters» in den Gralssagen der von Jesus ist. Falls meine Hypothese stimmt und es ein Geheimnis in Verbindung mit den heiligen Köpfen (wozu auch der von Jesus gehörte) gab, das noch aus der Zeit

Echnatons und seiner Verehrung des Aton als Sonnenscheibe herrührte, dann könnten wir darauf hoffen, eine Darstellung davon in den Bildern, die die Kapelle von Rosslyn bedecken, zu finden. Tatsächlich findet man viel mehr: Mein Erstaunen läßt sich kaum beschreiben, als ich entdeckte, daß diese Verbindung offen in Stein gehauen auf dem westlichsten Dachteil des Gebäudes steht.

Wenn man hier nach Süden blickt, kann man vier Bilder dicht nebeneinander in dem Sternenfirmament, das das Dach bedeckt, erkennen. Das erste zeigt – ziemlich seltsam in einer christlichen Kapelle – das Symbol des Aton, ein Abbild der Sonne, deren lebenspendende Strahlen von der Scheibe ausgehen. Die Sonnenscheibe liegt am höchsten Punkt des Baus in der rechten obersten Ecke. Darunter ist der Kopf Christi eingemeißelt, langhaarig und bärtig, und neben dem Kopf sieht man die *Manus Dei*, die Hand Gottes – unglaublich! Zur Linken und darüber erkennt man eine Taube, die in ihrem Schnabel die Hostie der heiligen Kommunion trägt. Das ist ein direkter Hinweis auf den *Parzival*, wo die Taube die Hostie bringt und in den Gral legt.[16] Unter der Taube und der Hostie ließ Sir William, falls man die Verbindung zum Gral noch immer nicht erkannt haben sollte, einen Gral einmeißeln, aus dem «Gottes Gnade und Mildtätigkeit in Gestalt von Wellen» fließen.[17] Wieviel klarer kann eine Botschaft noch sein? Nur wenn er es hätte hinschreiben lassen (was Sir William der Anklage der Ketzerei ausgesetzt und seine Familie ruiniert hätte), hätte der Erbauer von Rosslyn die Sache noch klarer machen können. Die Sonnenscheibe Atons des Echnaton, der Kopf Jesu und der Gral sind in dieser Reihe von Reliefs besonders verbunden und in das Dach von Rosslyn eingefügt.

Das Kreuz des Hauptes Gottes

Als wollte es mich bestätigen, entdeckte ich bei meinem dritten Besuch in Rosslyn im Jahr 1997 ein Objekt, das mich in helle Aufregung versetzte. Es befand sich im hinteren Ende des Gebäudes, auf einem der schmalen Steinborde, die als Altar für die «Kapellen» entlang der Ostmauer dienen. Und es war so seltsam, daß ich ein paar Fotografien machen ließ. Das Objekt war ein Kruzifix, sah aber ganz anders aus als alle, die ich vorher gesehen hatte. Es handelte sich zwar um ein gewöhnliches Kreuz aus dunklem Holz, aber der gekreuzigte Körper Jesu fehlte. Statt dessen blickte auf einem hellen Kreuzbord, das mitten im Kreuz lag, dort, wo sich Horizontale und Vertikale treffen, der Kopf von Jesus in die Kapelle. Nichts sonst, nur der Kopf. Das Haupt Gottes auf einem Kruzifix.

Ich war sehr aufgeregt beim Anblick dieses seltsamen Kreuzes. Ich sagte mir, daß ich vielleicht zuviel in dieses Bild hineininterpretierte. Ich hielt es für ungewöhnlich, sogar für einzigartig – aber bedeutete das soviel? Es stimmte, daß ich noch nie ein solches Kruzifix gesehen hatte, aber ich war bestimmt kein Experte auf diesem Gebiet der christlichen Ikonographie. Ich konnte auch nicht behaupten, daß ich die meisten Kirchen und Kapellen in England besucht hatte, von Europa ganz zu schweigen. Es könnte doch sein, daß diese Art von Kreuz viel verbreiteter war, als ich annahm, und man es in Kirchen auf der ganzen Welt finden konnte. In diesem Fall reagierte ich vielleicht zu stark. Aber wenn es sich nicht um eine weitverbreitete Sache handelte … Das Objekt schrie geradezu nach zusätzlichen Nachforschungen. Ich mußte mehr über Kruzifixe im allgemeinen und diese Art im besonderen herausfinden. War das Kruzifix mit dem Haupt Gottes einzigartig?

Ich stellte meine anderen Nachforschungen zurück und widmete mich sofort dem Kruzifix. Ich entdeckte, daß die Anhänger Christi in den ersten drei Jahrhunderten nach seiner Geburt nicht versuchten, ihn am Kreuz zu porträtieren. Das Kreuz war allerdings bestimmt ein heiliges Zeichen, das häufig benutzt wurde. Im zweiten Jahrhundert nach Christus schrieb Tertullian, der Theologe aus Karthago: «Bei allem, was wir tun, beim Hineinkommen und Hinausgehen, beim Ankleiden oder Waschen, zu Beginn des Tages und wenn wir zu Bett gehen, zeichnen wir unsere Stirn mit dem Zeichen des Kreuzes.»[18] Das Kreuz als Zeichen war eine Sache, aber Jesus am Kreuz zu zeigen eine ganz andere. Da es sich hier um die gefürchtetste und schrecklichste aller Strafen handelte, hätte die kleine Sekte der Christen geradezu eine Verfolgung herausgefordert, wenn sie das Zeichen eines gekreuzigten Gottes als heiligen Talisman getragen hätte. In den Katakomben und den unterirdischen Höhlen, in denen die frühen Christen beteten, gibt es frühe Symbole für Christus – als Lamm Gottes, als guten Hirten, als Fisch oder Weinstock, aber es gibt keine Darstellung von Jesus am Kreuz. Sogar das Kreuz selbst war in dieser Anfangszeit der christlichen Entwicklung ein relativ seltenes Motiv.

Als dann im vierten Jahrhundert Kaiser Konstantin beschloß, das Christentum zu fördern, wurde die Gefahr geringer. Ein paar Jahre später entdeckte die heilige Helena, die Mutter des Kaisers, «wundersamerweise» die Überbleibsel des wahren Kreuzes im Heiligen Land. Es wurde in einer Grube in der Nähe des Grabes Jesu gefunden, und damit niemand behaupten konnte, daß die Reliquie falsch war, trug der Querbaum (ein wahres Wunder!) immer noch die Inschrift INRI – «Jesus von Nazareth (oder richtiger: der Nazarit), König der Juden». Weniger als einhundert Jahre nach diesen Ereignissen waren Kreuze in Kirchenprozessionen bereits üblich, und während der Regierungszeit des Justinian (527-65) gab es einen Erlaß, daß jede Kirche an ihrem höchsten Punkt ein Kreuz tragen müßte.[19] Später waren die Kreuzzüge der Anlaß für das Tragen des Kreuzes.

Die Tradition, die schließlich ihren Höhepunkt in dem wahren Kruzifix fand, begann im sechsten Jahrhundert nach Christus, als Jesus in Gestalt des Agnus Dei, des Lamms Gottes, unten an das Kreuz gelegt wurde und die fünf Wunden des Erlösers am Körper trug. Später plazierte man das Lamm mitten auf das Kreuz, genau dorthin, wo sich die beiden Balken treffen. Von hier war es nur noch ein kleiner Schritt, um Jesus als Menschen auf dem Kreuz darzustellen. Das wurde formell auf dem Konzil von Trullo im Jahr 692 festgeschrieben. In dem Erlaß steht: «Wir ordnen hiermit an, daß an Stelle des Lammes unser Herr Jesus Christus von jetzt an in seiner menschlichen Gestalt auf den Darstellungen gezeigt werden soll. So daß wir, ohne zu vergessen, aus welcher Höhe das göttliche Wort uns zuteil wurde, immer an sein irdisches Leben, seine Passion und seinen Tod erinnert werden, der die Menschheit erlöste.»[20]

Danach wurde das Bild auf dem Kreuz immer weiter verbreitet und immer komplexer. Anfangs versuchte man nicht, realistisch zu sein, und die Darstellungen wirkten eher triumphierend. Jesus war *Christus Victor*: Er stand königlich auf einer kleinen Plattform, die Arme am horizontalen Balken ausgestreckt, die Augen waren offen und blickten geradeaus, er war voll bekleidet und trug manchmal eine Königskrone. Später, als Anselm von Canterbury seine Lehre von der Buße predigte, wurden realistische Elemente eingefügt und Jesus als *Christus patiens* (der duldende Christus) porträtiert, ein Trend, der seinen Höhepunkt in den großen und leidvollen Darstellungen des späten Mittelalters und der Renaissance fand, auf denen der Erlöser, als *Christus mortuus*, den Tod am Kreuz in seiner erschütternden Menschlichkeit erleidet.[21]

Doch obwohl ich unzählige Bände über christliche Ikonographie wälzte, konnte ich keinen Hinweis auf ein Kruzifix finden, das nur den Kopf Christi zeigte. Dem am nächsten kam noch die Entdeckung, daß frühe irische Kruzifixe (etwa seit dem achten Jahrhundert nach Christus) eine Darstellung Christi zeigten, die zwar stark den Kopf betonte, aber auch den übrigen Körper zeigten. Der Grund für dieses seltsame Motiv war bemerkenswert. Denn man führte diese Betonung des Kopfes auf eine überlebende Tradition des alten druidischen Schädelkults zurück.[22] Das war nun wirklich eine Bestätigung! Das zeigte, daß für die Druiden und ihre Nachfolger (und für die anderen Erben von Echnatons geheimer Religion) der Kopf Christi große Bedeutung hatte.

So erstaunlich das auch war, konnte man die Bedeutung dieser Erkenntnis nicht mit der Tatsache vergleichen, daß ich kein Beispiel für den Kopf Christi auf einem Kreuz finden konnte – sosehr ich es auch versuchte. Es gibt einfach keine Tradition in der christlichen Ikonographie, die den abgetrennten Kopf Christi auf das Kreuz an zentraler Stelle plaziert. Langsam dämmerte mir die Bedeutung dieser Entdeckung. Das Kreuz des Hauptes Gottes gab es nur in Rosslyn. Hier in der Kapelle, wo nach meiner Vermutung der einbalsamierte Kopf Jesu versteckt war, befand sich das einzige Kruzifix der Welt, auf dem nur der abgetrennte Kopf Jesu abgebildet war.

Ich fand die ganze Sache so verblüffend, daß ich viele Stunden damit verbrachte, Fotos des Kruzifixes zu studieren. Drei andere Aspekte dieses Objekts schienen mir außerdem bedeutsam zu sein. Der erste betraf die Darstellung des abgetrennten Kopfes. Christus trägt keine Dornenkrone, sondern ein Tuch mit einem Lederband auf dem Kopf. Warum hat der Künstler (oder die Person, die den Künstler beauftragte) entschieden, dieses wichtige Symbol der Passion und des Kreuzestodes Christi wegzulassen? Sollte das ein Hinweis darauf sein, daß die Kreuzigung nicht so ablief, wie es in der Bibel beschrieben ist? Das zweite Attribut war sowohl verblüffend als auch phantasievoll. Das Kruzifix wurde auf einen Sockel mit Stufen gestellt, die genauso aussehen wie die Stufen auf der Grabplatte des Tempelritters Sir William Sinclair (und vieler anderer), und sie müssen wie diese den salomonischen Tempel symbolisieren. Und da diese «Kapelle» von einem erblichen Großmeister der Freimaurer und Nachkommen eines Großmeisters der Tempelritter erbaut wurde (der mit ziemlich großer Sicherheit auch dem geheimen Orden der Templer angehörte), verbinden die Stufen das Kruzifix auch mit dem Orden des Tempels. Auch ein weiterer Aspekt an dem Kruzifix mit dem Haupt bestätigt das – die Balken des Kreuzes werden gegen Ende hin breiter und ähneln damit der Kreuz-Pattée der Templer.

Bald danach wurde mir die Verbindung zum Orden der Templer auf bemerkenswerte Weise bestätigt. Der Archivar der Templer, Robert Bryden, erzählte mir, daß die Darstellung eines Kopfes auf einem Kreuz ein spezielles Symbol der Tempelritter war, das bei der Einführung in höhere Grade benutzt wurde.[23] Er konnte mir zwei Stücke davon zeigen – auf einem roten Kreuz wird die Sonne im Zentrum dargestellt, auf dem anderen ein Kopf an gleicher Stelle. Es verrät sehr viel, daß der Kopf angeblich Apollon darstellen soll – den Sonnengott. Deshalb ist die Darstellung des Kopfes Jesu auf dem Kruzifix von Rosslyn nicht nur ein Hinweis auf die Existenz des Hauptes Gottes in Rosslyn, sondern symbolisiert sowohl Jesu Verbindung zum Aton (dessen Symbol die Sonne war) als auch zur Blutlinie des Pharao, der vom Sonnengott abstammte.

Außerhalb der Kapelle entdeckte ich einen weiteren erstaunlichen Hinweis, und zwar auf einem Grab im Südwesten des Friedhofs. Es handelt sich um einen über drei Meter hohen Bau. Das ist die letzte

Ruhestätte des vierten Earl von Rosslyn, der unbedingt an dieser Stelle beerdigt werden wollte. Dieser Herr von Rosslyn war auch ein Dichter, und zwei Zeilen aus einem seiner Gedichte auf dem Grabstein machten mich starr vor Staunen. Dort heißt es:

«Endlich sicher, sicher vor Zweifeln, vor Sturm, vor Mühen
fest vertäut in Christi unermeßlichem Grab»

Christi unermeßliches Grab? Nach der orthodoxen christlichen Lehre hatte Christus gar kein Grab! Aber wenn das Dogma der körperlichen Auferstehung ein Mythos war, wie es ja die gnostischen Christen behaupteten, die falsche Interpretation einer mystischen Wahrheit, in der man eine spirituelle Auferstehung durch Gnosis, die Vereinigung mit dem Geist Gottes, erlangte – ja, dann wäre Christus wohl auf Erden geblieben, als er starb, verborgen an einem unbekannten Ort. Das Gedicht des Earl wies auf die Existenz eines solchen «unermeßlichen» oder unbekannten Grabes hin und verriet, daß er, der Earl, jetzt dort «fest vertäut» war. Der Leichnam des Earl wurde mit ziemlicher Sicherheit auf dem Grund und Boden der Kapelle beigesetzt. Die Worte des Gedichts mußten bedeuten, daß die irdischen Überreste Jesu sich auch hier befanden – daß sowohl Jesus als auch der Earl von Rosslyn in der Erde der Kapelle von Rosslyn begraben waren.

Ich war jetzt mehr denn je davon überzeugt, daß sich das Haupt Gottes in Rosslyn befand. Wenn der «Gral» überhaupt irgendwo war, dann hier in dieser großartigen mittelalterlichen Kapelle, gebaut nach den Anweisungen eines Meistermaurers der Tempelritter als Abbild des salomonischen Tempels unter Berücksichtigung geheiligter Geometrie. Welchen passenderen Ort konnte es für die heilige Reliquie geben? Aber wo hinter der phantastischen Vielfalt der Reliefs, die Rosslyn aufwies, konnte die heilige Reliquie verborgen sein? Der wahrscheinlichste Platz war unter der Erde, besonders deshalb, weil sowohl Überlieferung als auch Nachforschungen in jüngster Zeit die Existenz vieler Gänge und Treppen unter dem Boden der Kapelle bewiesen hatten.

Die geheimen Gänge

Die Krypten unter Rosslyn und die Leichname, die sie enthalten, waren nie wirklich geheim. Slezer schrieb 1693, daß die Barone von Rosslyn «in einem Gang liegen, der so trocken ist, daß ihre Leichname nach vier vollen Jahren noch so frisch vorgefunden wurden, als seien sie gerade beerdigt worden».[24] Selbst der Zugang zu diesen Gängen war bekannt. Im Jahr 1897 veröffentlichte der Reverend John Thompson einen Führer für Rosslyn, in dem er schreibt, daß die Gänge «aus poliertem Bruchstein gebaut wurden [...] verschiedene Abschnitte haben und von Osten nach Westen verlaufen». Er beschreibt auch genau, wie man in die Gänge hineinkommt, und spricht von einem großen Steinblock auf dem Boden der Kapelle in der Nähe der Nordtür, der «hohl klingt» wenn man darauf klopft.[25] Meine Studien haben ergeben, daß ein anderer Forscher, der aus der Familie Sinclair stammt, erst kürzlich als einziger die Erlaubnis bekam, den Boden der Kapelle zu scannen. Der Scan bestätigte die alte Legende und bewies die Existenz unzähliger unterirdischer Gänge von unbekannter Tiefe. Radarreflexionen von Metall zurückgeworfen (was bei einigen den Gedanken an einen Schatz stimulierte) wurden in einigen Bereichen erzeugt.[26] Die Radarscans ergaben auch, daß es unter dem Boden der Kapelle zwei Treppen gibt, die zu den Gängen führen. Andrew Sinclair, der die Arbeiten organisierte, durfte den Stein über der ersten Treppe hochheben, «[...] und wirklich führten drei steile Stufen zu einem Gang darunter [...]. Er war eng und nahm nur den Raum zwischen den Fundamenten von zwei Säulen ein. Er war von Fels überwölbt, aber der Zugang zu den Hauptgängen darunter wurde durch eine dicke Mauer verwehrt, die perfekt in den Bogen eingepaßt war.» Die zweite Treppe (die genau dort gefunden wurde, wo Reverend Thompson sie beschrieben hatte) war viel tiefer und voller Sand und Erde. Aus irgendeinem Grund wurden die Ausgrabungen an dieser Stelle jedoch abgebrochen, und man machte den Versuch, den Gang von oben durch Bohrungen zu öffnen. Man hatte die Absicht, ein Endoskop hinunterzulassen und das Innere des Ganges zu filmen. Unglücklicherweise war das unmöglich, und die Nachforschungen wurden beendet. Die

Gänge von Rosslyn bewahren immer noch ihr Geheimnis, und es ist unbekannt, was sie enthalten.

Obwohl die Ergebnisse dieser Nachforschungen eher enttäuschend ausgefallen waren, wurde die Existenz unterirdischer Gänge zweifelsfrei bewiesen. Es war offensichtlich, daß Sir William die Kapelle von Rosslyn nicht nur über der Erde wohldurchdacht gebaut hatte – der Bau unter der Erde war ebenso bedeutend, und er hatte diesem Teil des Bauwerks genausoviel Aufmerksamkeit gewidmet. Es gab keinen Zweifel daran, daß es unter der Kapelle Plätze gab, wo man das Haupt Gottes und manches andere sicher versteckt haben konnte.

Aber so interessant das auch war, brachte es die Sache keinen Millimeter voran. Eigentlich machte es alles noch schlimmer. Ich wäre glücklicher gewesen, wenn es nur einen unterirdischen Gang gegeben hätte, einen Platz, eine mit einem «X» markierte Stelle, auf die ich meine Energien hätte konzentrieren können. Statt dessen gab es eine Vielzahl von Gängen und offenbar keine Möglichkeit, um festzulegen, wo man suchen mußte. Diejenigen, die mit dem Erhalt und der Pflege der Kapelle von Rosslyn betraut waren, würden wohl kaum begeistert sein, wenn man sie darüber informierte, daß der einbalsamierte Kopf Jesu unter dem Boden ihrer Kapelle läge, man aber leider nicht genau wüßte, wo. Man konnte wohl kaum die ganze Kapelle aufgraben in der Hoffnung, irgendwo über die Reliquie zu stolpern. Und außerdem hatte ich irgendwo im Hinterkopf die Vermutung, daß Sir William Sinclair die Auffindung des Allerheiligsten bestimmt nicht so einfach gemacht hatte. Wenn es so viele Gänge gab, dann war die Möglichkeit einer zufälligen Entdeckung groß – und hatte man erst mal einen Gang entdeckt, dann würde man auch die übrigen sehr schnell auffinden und durchsuchen. Ich konnte nicht glauben, daß eine Familie, die so hintergründig und gerissen war wie Sir William und seine Ahnen, so einfach zu durchschauen war. Sie hätten sich nicht jahrhundertelang die Mühe gemacht, die Reliquie geheimzuhalten, um sie dann an einem so offensichtlich «geheimen» Versteck zu verbergen. Ich war überzeugt, daß ich etwas übersehen hatte. Und da ich wußte, wie gern Sir William Symbole und Rätsel gehabt hatte, war ich mir sicher, daß er irgendwo einen Hinweis hinterlassen hatte. Es mußte irgend etwas in der Kapelle geben – natürlich gut versteckt und zweifellos schwer zu erkennen – irgendein Zeichen oder einen Hinweis auf den Ort, wo die heiligste aller christlichen Reliquien verborgen war.

So etwas gab es, und der Schlüssel wurde mir durch einen glücklichen Zufall beschert, ein Glückstreffer, der mir den letzten Hinweis auf die letzte Ruhestätte des Hauptes Gottes gab.

19
Der letzte Hinweis

Obwohl ich mir sicher war, daß das Haupt Gottes irgendwo in oder unter Rosslyn war, hatte ich bis dahin keine Idee, wo genau die heilige Reliquie lag. Aber ich wußte, daß der erfindungsreiche Geist des Erbauers Sir William Sinclair dem Verlangen, einen Hinweis auf ihr Versteck zu hinterlassen, bestimmt nicht widerstehen konnte. Sir William hatte Spaß an Symbolen und Allegorien gehabt, deshalb mußte die Lösung des Puzzles in den Steinmetzarbeiten zu finden sein, die die Mauern dieses zweiten salomonischen Tempels verzierten.

Aber das brachte überhaupt nichts. Dieser Ort war buchstäblich überall bedeckt mit Reliefs, die von symbolischen und mythologischen Anspielungen nur so wimmelten. Den Irrgarten von Symbolen zu entschlüsseln könnte schon bei einer Figur Wochen dauern – die Bedeutung jedes einzelnen Reliefs zu untersuchen würde mehrere Leben in Anspruch nehmen. Außerdem war ich nicht überzeugt davon, daß mir vielleicht ein Zufallstreffer den Durchbruch bescheren könnte. Als ich mir die Wände und die Decke von Rosslyn so ansah, mußte ich an die Strategie denken, die Herdentiere anwenden, um Raubtieren wie zum Beispiel Löwen zu entkommen. In einer großen Herde hat ein Löwe soviel Auswahl, daß er durch die Vielzahl an Angeboten völlig verwirrt ist, und anstatt sich ein Opfer auszusuchen, versucht er es halbherzig bei mehreren Tieren und fängt keines davon. Ich bezeugte dem alten Tempelritter widerwillig Respekt – Sir William hatte seine Kapelle mit so vielen Darstellungen vollgestopft, daß man völlig verwirrt wurde, mal hierhin, mal dorthin schaute, aber nie lange genug an einem Objekt verweilte, um zu entscheiden, welches das wichtigste war. Von der Fülle der Figuren besiegt, die mich förmlich von den Wänden und Decken anzuspringen schienen, verlor ich jede Hoffnung, genug Glück zu haben, um durch Zufall den wichtigsten Hinweis herauszufinden. Wo war die Lösung des Rätsels? Gab es überhaupt eine?

Doch als ich gerade still auf einer Holzbank im Osten der Kapelle saß, bekam ich den Hinweis, den ich brauchte, und zwar von völlig unerwarteter Seite. Ich blickte ziellos um mich und hoffte auf eine Inspiration, als eine Gruppe Touristen hereinkam, alle warm angezogen, um sich vor dem kalten Frühlingswetter zu schützen. Ein kleiner, stämmiger Mann um die Fünfzig war an der Spitze der Gruppe. Sein Gesicht war fast völlig von einem Schal bedeckt. «Die Lehrlingssäule kommt als nächstes», rief er laut in Liverpooler Dialekt und blickte suchend um sich. «Es ist eine der östlichen Säulen, aber welche ist es denn?»

«*Welche ist es denn?*» Seine Worte trafen mich wie ein Blitz! Ich hatte das gleiche gefragt, als ich das erste Mal die Kapelle besucht hatte, und während der vielen Tage, die ich an diesem Ort verbracht hatte, mußte ich diesen Satz so oder ähnlich unzählige Male gehört haben. Die Lehrlingssäule ist eine der Hauptattraktionen der Kapelle von Rosslyn. Jeder, der die Kapelle besichtigt, *muß* sie unbedingt ansehen, und Rosslyn wird in der Touristenbranche mit dem Slogan «vermarktet»: «Heimat der weltberühmten Lehrlingssäule». Und trotzdem fragt man: «*Welche ist es denn?*» Plötzlich wurde mir klar, daß man auf den ersten Blick nichts sehen kann, was diese «weltberühmte» Säule von den anderen im Ostschiff unterscheidet. Und ich glaubte, daß ich wußte, warum das so war. Wenn sich ein Fremder in die Kapelle von Rosslyn verirrte, ohne vorher etwas über die Lehrlingssäule gelesen oder gehört zu haben, würde er die Säule so sehen, wie sie wirklich ist. Unvoreingenommen betrachtet ist die Lehrlingssäule oberflächlich eine Säule unter vielen, die das Dach stützen, vielleicht ein bißchen mehr verziert, aber bestimmt nicht mehr als die nordöstliche Säule, die Meistersäule. Die Argumente, die diese bestimmte Säule als etwas «Besonderes» bezeichnen, sind nicht sehr stichhaltig. Die Lehrlingssäule ist deshalb bedeutend, weil die Tradition es behauptet, nicht weil sie besonders schön oder raffiniert geschmückt ist.

Und trotzdem wollte der Mann, der die Kapelle von Rosslyn baute, uns glauben machen, daß die Lehrlingssäule auf eine okkulte Art und Weise etwas Besonderes ist. Auf der Säule wird dargestellt, wie ein Maurerlehrling von seinem Meister in einem Anfall von Eifersucht ermordet wird. Aber die Geschichte ist so offensichtlich erfunden, daß man nur den Schluß ziehen kann – die Geschichte wurde absichtlich erfunden, um der Säule einen gewissen Rang zu verleihen und sie von den anderen abzuheben. Die Wahl dieser Geschichte weist den Weg zu dem wahren, geheimen Grund für die Bedeutung der Säule.

Hiram Abif in anderer Gestalt

Die Geschichte geht so: Während des Baus der Kapelle hatten die Meister nach den Anweisungen Sir Williams gerade die Säule vollendet, die im Nordosten des Gebäudes liegt und die man heute Meistermaurersäule nennt. Danach ordnete Sir William an, welcher Stil bei der Säule im Südosten angewandt werden sollte. Als der Meister das Modell betrachtete, entschied er, daß er, um diese Säule zu schaffen, nach Europa gehen mußte, um noch besser in seiner Kunst zu werden, ehe er diese Skulptur anging (in einigen Versionen heißt es, daß er die «Originalsäule» studieren wollte). Sir William gab ihm die Erlaubnis, und der Meister reiste daraufhin auf den Kontinent.

Während er weg war, hatte der Lehrling dieses Meisters einen Traum, in dem er sah, wie er selbst die südöstliche Säule aus dem Stein haute und vollendete. Gleich nach dem Aufwachen eilte er zu Sir William und bat ihn, ihm die Chance zu geben, diese bestimmte Saule machen zu dürfen. Ob es nun wegen des Traums war oder einfach deshalb, weil Sir William zu diesem Zeitpunkt bereits über fünfzig war und sein Meisterstück vollendet haben wollte, ist nicht bekannt, aber die Erlaubnis wurde erteilt, und der Lehrling machte sich an die Arbeit. Ein paar Monate später kehrte der Meister aus Europa nach Rosslyn zurück und entdeckte, daß die Säule während seiner Abwesenheit vollendet worden war, und zwar mit einer solchen Kunstfertigkeit und Eleganz, die er selbst nie erreichen konnte. Dazu kam noch, daß sein eigener Lehrling ihn so übertrumpft hatte. Durch verletzten Stolz und Neid zur Raserei getrieben, griff er nach einem Holzhammer und versetzte damit dem jungen Mann einen so gewaltigen Schlag auf die Stirn, daß er starb. Und man sagt, daß seit diesem Tag die Säule, die die Ursache für diesen tragischen Mord darstellte, Lehrlingssäule genannt wurde.

Diese Geschichte mit ihrem Bericht über die Zwillingssäulen und dem Mord an einem heiligen Ort mit einem Hammer als Tatwerkzeug und einem Schlag auf den Kopf des Opfers ist offenbar ein (absichtlich) verdrehter Bericht der Legende um Hiram Abif. Und auch die *Encyclopaedia of Freemasonry* zieht den gleichen Schluß, denn dort steht zu lesen, daß «es nur wenig Zweifel daran geben kann, daß diese Legende sich auf die des dritten Grades bezieht [also auf den Mord an Hiram Abif durch drei Verschwörer]».[1] Und als wollte man jeden Zweifel im Keim ersticken, lugt, versteckt unter einer Säulenplatte, in der südwestlichen Ecke der Kapelle von Rosslyn das Gesicht des Lehrlings/Hiram Abifs hervor, komplett mit der Kopfwunde, die in beiden Legenden identisch ist.

Falls diese Lehrlingsgeschichte ein verschlüsselter Versuch ist, die Lehrlingssäule mit Hiram Abif in Verbindung zu bringen – was mit ziemlicher Sicherheit anzunehmen ist –, dann kann man ein paar sehr interessante Schlußfolgerungen ziehen. Wie wir im 8. Kapitel gesehen haben, ist die Legende von Hiram Abif selbst eine Cover Story, eine Legende, die tiefere Informationen vermittelt, ein geheimes Wissen, das auf eine okkulte Überlieferung der Aton-Religion des Echnaton und (durch den Bericht von Hiram Abifs Beerdigung mit abgetrenntem Kopf) den Schädelkult hinweist. Durch die Geschichte der Lehrlingssäule wollte man nicht nur die Aufmerksamkeit auf diese eine unter den vierzehn Säulen in der Kapelle lenken, sondern sie auch gleichzeitig mit dem Schädelkult in Verbindung bringen. Es kann keine andere Erklärung geben: Die Säule und der abgetrennte Kopf sind irgendwie miteinander verbunden. Und es gibt noch eine zweite Verbindung. Da sowohl Hiram Abif als auch Jesus den Beinamen «Sohn der Witwe» trugen, folgt daraus, daß die Säule auch mit Jesus in Verbindung steht.

Robert Bryden, den ich glücklicherweise kennenlernen durfte, war erneut in der Lage, diese Tatsache zu bestätigen.[2] Er erzählte mir, daß das Gesicht auf der Lehrlingssäule nicht das (oder den) darstellt, was es auf den ersten Blick zu sein scheint. Ein amerikanischer Tempelritter hat bei einem Besuch in Rosslyn das Gesicht des «Lehrlings» genau untersucht. Die Darstellung wurde sehr vorsichtig verändert – ursprünglich trug sie einen Bart und einen Schnurrbart, aber beides wurde sorgfältig entfernt (ich konnte das später mit Hilfe eines hochempfindlichen Fernglases bestätigen). Das war eine höchst bedeutsame Entdeckung. Im Mittelalter durfte ein Lehrling bei den Steinmetzen keinen Bart oder Schnurrbart tragen. Gesichtsbehaarung war denen vorbehalten, die in die Mysterien der Gilde vollständig eingeführt worden waren. Anders gesagt: Der Kopf auf dem Säulenfundament von Rosslyn war nicht der Kopf des Lehrlings, sondern der Kopf des Meisters. Und laut dem Neuen Testament sprachen die Jünger Jesus oft als «Meister» an. Mit gemischten Gefühlen spürte ich, daß ich kurz davor war, die Bedeutung der Säule endlich zu entschlüsseln, und daß ich endlich kurz vor dem Abschluß meiner Suche stand. Konnte es sein, daß die Lehrlingssäule irgendwie die Stelle markierte, wo sich das Haupt Gottes befand?

Genau zu diesem Zeitpunkt stolperte ich über eine zweite Legende, die in Verbindung zur Lehrlingssäule stand. Im 10. Kapitel zog ich den Schluß, daß «Gral» nur der Deckname für einen heiligen, einbalsamierten Schädel war. Sir William Sinclair hatte Rosslyn als Gralskapelle gebaut. Ich entdeckte jetzt, daß eine andere Sage den Ort verriet, an dem sich der Gral befand – er sollte angeblich tief in der Lehrlingssäule verborgen sein. Dieser Deutung schlossen sich die beiden Autoren Trevor Ravenscroft und Walter Johannes Stein an.[3] Ravenscroft war so überzeugt davon, daß diese Geschichte stimmte, daß er vom Earl von Rosslyn die Erlaubnis erbat, einen Radarscan der Säule durchführen zu dürfen. Als der Earl das ablehnte, protestierte Ravenscrofts Frau dagegen, indem sie sich an die Säule ankettete. Wie wir gesehen haben, gab der Earl schließlich nach und gestattete es einem seiner Verwandten, dem Autor Andrew Sinclair, sowohl den Boden der Kapelle als auch die Lehrlingssäule zu scannen. Die Ergebnisse waren leider äußerst enttäuschend. Während unter der Kapelle von

Rosslyn viele Gänge, Stufen und Metallreflexionen eingefangen wurden, brachte eine genaue Durchleuchtung der Lehrlingssäule keinen Hinweis auf eine Höhlung in der Säule, die einen Gral oder etwas anderes enthalten könnte.

Doch vielleicht meinte die Legende mit der Behauptung, daß die Säule den Gral verbarg, etwas anderes und nicht, daß sich der Gral *in* der Säule befand. Wenn man bedenkt, daß sich alle anderen Geheimverstecke von Rosslyn unter der Erde befinden, drängte sich mir der Schluß auf, daß sich der Gral, das Haupt Gottes, *unter* der Säule befinden mußte und daß die Legende genau das meinte.

Es gibt zwei gute Gründe dafür, das anzunehmen. Oben an der Säule befindet sich ein Relief, aus dem zentrale Bestandteile herausgebrochen wurden, aber trotz dieses Aktes von Vandalismus ist die Bedeutung immer noch klar genug. Da liegt ein junger Mann neben einem Altar, und ein Stück weiter weg sieht man einen Widder, der sich mit den Hörnern in einem Busch verfangen hat. Die Hauptfigur ist heute nicht mehr zu erkennen, aber laut Bischof Forbes, der das Relief im Jahr 1774 noch vollständig sah, stand dort ein Mann mit erhobenen Armen, als würde er zu Gott beten.[4] Das Steinrelief ist ganz klar eine Darstellung der biblischen Geschichte von Abraham, der Isaak opfern will – Gott greift in letzter Minute ein und präsentiert als Ersatzopfer für Isaak den Widder, der sich in dem Busch verfangen hat. Ich brauchte eine Weile, um mir über die Bedeutung dieses Steinreliefs klarzuwerden. Hier oben auf der Säule, unter der meiner Meinung nach der einbalsamierte Kopf Jesu lag, fand sich eine Darstellung darüber, wie alles anfing: Abraham wollte Isaak opfern, weil er nicht sein Sohn, sondern der Sohn des Pharao Thutmosis III war, mit dem Abrahams Frau Sara eine Zeitlang in bigamistischer Ehe verheiratet war. Mir fielen Robert Brydens Worte ein, der gesagt hatte, daß die Schäden an den Reliefs von Rosslyn etwas ganz Besonderes seien, das nicht rein zufällig entstanden ist: «Jemand hat aus einem bestimmten Grund Teile davon beschädigt.» Könnte die zentrale Gestalt auf dem Relief mit Isaak und dem Widder jemand anderer als Abraham gewesen sein? Oder gab es vielleicht auf der Figur des Abraham einen Hinweis, der auf ägyptische Herkunft deutete?

Wie wir gesehen haben, führten Isaaks Nachkommen – unter anderem Joseph und Moses (als Echnaton) – die Blutlinie des Pharao fort, eine Linie, die ihren Höhepunkt in Jesus ben Pandera, Jesus, Sohn des Ra, fand, der wirklich aus dem Haus Davids stammte und rechtmäßiger König war. Ganz egal, ob die beschädigte Figur des «Abraham» nun einen esoterischen Hinweis gegeben hatte oder nicht – ich war auf jeden Fall äußerst erstaunt, diese Geschichte in Stein gehauen oben an der Säule zu finden, die nach meinen Erkenntnissen das Versteck des einbalsamierten Kopfes von Jesus ben Pandera, Jesus dem Christus, markierte. Falls sich das Haupt Gottes wirklich unter dem Fundament der Säule befand, dann war der Symbolismus perfekt. Oben an der Säule war der Anfang der Geschichte zu sehen (Abraham und sein «Stiefsohn» Isaak, der vom Pharao abstammte) und unten der Schlußpunkt (Jesus und seine Blutlinie, die vom gleichen Pharao abstammte).

Zusätzlich zu diesem einzigartigen Steinrelief gab es eine ganze Konstellation von Symbolen an der Lehrlingssäule, die diese Säule mit Jesus verbanden. Wie bereits erwähnt, ist sie eine der beiden Freimaurersäulen Jachin und Boas mit ihrer Geschichte von Hiram Abif. Aber diese rätselhafte Säule stellt auch noch etwas anderes dar – nach Aussage des offiziellen Führers der Kapelle von Rosslyn repräsentiert die Säule mit ihren rundumlaufenden Blätterspiralen den Baum des Lebens.[5] Das war äußerst aufschlußreich, denn der Baum des Lebens ist ein anerkanntes Synonym für Christus. Kein Geringerer als St. Augustinus hat Jesus mit diesem Ausdruck beschrieben. Die Folgerung daraus war unausweichlich: In der christlichen Ikonographie wird Jesus als Baum des Lebens abgebildet, und die Lehrlingssäule soll das gleiche Motiv wiedergeben. Daraus folgt, daß die Lehrlingssäule mit Jesus gleichzusetzen ist oder ihn auf irgendeine Weise darstellt.

Der Autor Andrew Sinclair hat als weitere Ebene der Symbolik bewiesen, daß Sir William Sinclair auf seine Abstammung von den Wikingern anspielte, als er die Säule als Lebensbaum der nordischen Mythologie, als Yggdrasil, die Weltesche, hauen ließ.[6] Der gegenwärtige Earl von Rosslyn hat diesen Zusammenhang bestätigt.[7] Odin hing – eine weitere Parallele zu der Kreuzigung Jesu – als freiwilliges Opfer neun Tage lang an der Weltesche. In einem alten Poem steht:

«Neun Nächte lang, verwundet von meinem eigenen Speer, geweiht dem Odin, mich selbst mir geweiht, hing ich an dem Baum, geschüttelt durch den Wind aus dem mächtigen Baum, dessen Wurzeln die Menschheit nicht kennt.»[8]

Der letzte Hinweis

Etwas von diesen Wurzeln, die «die Menschheit nicht kennt», blieb haften und sollte den letzten, noch überzeugenderen Grund für die Auffassung liefern, daß die Lehrlingssäule den Ort bezeichnet, wo das Haupt Gottes verborgen ist. Rund um das untere Ende der Säule windet sich die Darstellung von acht Schlangen. Wenn man die Lehrlingssäule als Verkörperung einer der beiden Säulen des salomonischen Tempels Jachin und Boas betrachtet, dann stellen diese Schlangen Schamir dar, die Felsen sprengende Schlange der jüdischen Sage, die König Salomo dabei half, sein Gotteshaus zu bauen, ohne die Steine durch Eisenwerkzeuge formen zu müssen. Aber wenn die Lehrlingssäule die Weltesche Yggdrasil darstellt, dann ist die Schlange auf der Säule die nordische Schlange Nidhögg. Die Darstellung der nordischen Schlange in einer christlichen Kapelle erscheint noch merkwürdiger als die von Schamir, zumal sie weder keltischer noch jüdischer oder freimaurerischer und templerischer Herkunft ist. Tatsächlich handelt es sich hier – soweit ich es nach ausführlicher Untersuchung der Reliefs in der Kapelle sagen kann – um das einzige Motiv in dem ganzen phantastischen Bauwerk, das (natürlich außer der Säule selbst) nordischen Ursprungs ist. Mir war es völlig klar, daß der alte Sir William dieses bizarre Symbol aus einem ganz bestimmten Grund hatte anbringen lassen. Er hatte schließlich alle Arbeiten persönlich entworfen und überwacht, nichts in der Kapelle war einer Laune oder dem Zufall überlassen worden. In der nordischen Sage lebte die Schlange Nidhögg unter der großen Weltesche Yggdrasil und nagte unaufhörlich an ihren Wurzeln. Indem er dieses unmißverständliche Symbol benutzte, lenkte Sir William die Aufmerksamkeit auf die baumähnliche Lehrlingssäule, die sich von den anderen dreizehn Säulen unterschied, weil sie die Weltesche darstellte. Er wies auch darauf hin, daß die bedeutendste Region von Yggdrasil, was ihn anging, der Ort war, an dem Nidhögg lebte – in den Wurzeln des Baumes. Aber ich fragte mich jetzt, warum das so wichtig war?

Offenbar wies Sir William Sinclair auf ein Objekt unter der Erde hin, was meine Auffassung bestätigte, daß der «Gral» nicht in, sondern unter der Lehrlingssäule war. Doch es gab noch einen anderen Grund, auf die Wurzeln der Weltesche hinzuweisen und die nordische Schlange als Symbol zu benutzen. Neben der Schlange Nidhögg gab es noch etwas anderes, das unter der Erde lebte, in den Wurzeln von Yggdrasil – etwas, das auf die Identität des Grals mit fast unglaublicher Klarheit und Genauigkeit hinwies: den Kopf des Mimir.

Mimir ist eine weitere Gestalt aus der nordischen Mythologie, und er lebte in so enger Gemeinschaft mit den nordischen Göttern, daß er oft von den nordischen Völkern auch als Gott angesehen wurde.[9] In den nordischen Sagen steht, daß Mimir in der Schlacht enthauptet wurde, als er die Götter gegen ihre Feinde unterstützte. Als man ihm Mimirs Schicksal berichtete, ließ Odin, der oberste der Götter, den Kopf einbalsamieren, der zu seiner heiligsten Reliquie wurde, denn der Kopf konnte sprechen und weissagen. Diese Entdeckung bestätigte so überzeugend meine Theorie, daß ich glaubte zu träumen. Zusammen mit Nidhögg war unter der Erde der einbalsamierte Kopf eines Mannes, der als Gott galt. Die Parallelen mit dem gnostischen Konzept eines Jesus als Menschen, den die katholische Kirche irrtümlich als Gott betrachtete, waren bestechend.

Das war schon erstaunlich genug, aber als ich mir die Sage des Mimir genauer ansah, entdeckte ich eine weitere verblüffende Gemeinsamkeit. Mimirs Kopf war berühmt für seine Weissagungen, und er wurde von Odin als Ratgeber benutzt, um seine Pläne zu fördern und ihn vor den Ränken seiner Feinde zu beschützen – genau wie von dem Schädel der Tempelritter behauptet wurde, er würde «sie retten» und «reich machen». Aber es war ein Beiname von Mimir, der mir beinahe den Atem stocken ließ – Mimirs einbalsamierter Kopf trug den Beinamen «Vater der Weisheit». Unglaublich! Meine Gedanken rasten – das war zuviel, um ein Zufall zu sein. Ich hatte diesen Ausdruck schon einmal in einem ganz bestimmten Kontext gelesen: in den Protokollen des Prozesses gegen die Tempelritter. Der abgeschlagene Kopf, den die Tempelritter anbeteten, der einbalsamierte Kopf Jesu, trug auch den Titel «Vater der Weisheit» (Baphomet – *Bufihimat* im Dialekt der Mauren).[10]

Das war die endgültige Bestätigung. Als ich am Tag nach meiner Entdeckung in der Kapelle von Rosslyn stand, blickte ich voll Staunen und Verehrung auf den unteren Teil der Lehrlingssäule. Ich war mir jetzt sicher, daß sich der «Gral» in der Gralskapelle befand, versteckt unter dieser Säule. In der Kapelle war an jenem Tag viel los. Besucher gingen die Gänge hinunter und blieben kurz stehen, um ihre Blicke über die Lehrlingssäule schweifen zu lassen, ehe sie ziellos und leicht gelangweilt davonschlenderten, so wie es Touristen überall auf der Welt tun. Und unter ihnen lag der einbalsamierte Kopf Jesu in seiner unterirdischen Höhle versteckt. Ich hatte endlich mein Ziel erreicht und herausgefunden, wo der Baphomet, auch «Vater der Weisheit» genannt, ruhte und wer er gewesen war. Die Botschaft des toten Tempelritters, in Stein gehauen und seit Jahrhunderten dort, hätte nicht klarer sein können: «*Hier, unter dieser Säule, liegt das Haupt Gottes.*»

Anhang I

Die Artikel der Anklage

12. August 1308

Dies sind die Artikel, aufgrund derer eine Untersuchung gegen den Orden der Ritterschaft des Tempels eingeleitet werden soll.

Erstens, daß sie, obwohl sie erklärten, daß der Orden einzig und allein vom Apostolischen Stuhl eingesetzt und gebilligt würde, trotzdem bei der Aufnahme von Brüdern in den besagten Orden und dann danach von diesen Brüdern die Dinge, die folgen werden, geschahen und durchgeführt wurden:

Namentlich, daß jeder bei seiner Aufnahme oder bald danach oder sobald eine geeignete Gelegenheit gefunden wurde, Christus leugnete, manchmal den gekreuzigten Christus, manchmal Jesus und manchmal Gott, auch zuweilen die Heilige Jungfrau und manchmal alle Heiligen, dabei wurde er von denen angeleitet und beraten, die ihn aufnahmen – Item [daß] alle Brüder das taten. – Item [daß] die Mehrheit [von ihnen] das tat.

Item, daß [sie das] manchmal gleich nach der Aufnahme [taten].

Item, daß die Aufnehmenden denen, die sie aufnahmen, sagten, daß Christus oder manchmal Jesus oder manchmal der gekreuzigte Christus nicht der wahre Gott sei.

Item, daß sie denen, die sie aufnahmen, sagten, daß er ein falscher Prophet sei.

Item, daß er weder gelitten habe noch gekreuzigt worden sei, um die Sünden der Menschheit auf sich zu nehmen, sondern wegen seiner eigenen Sünden.

Item, daß weder die Aufnehmenden noch die, die aufgenommen wurden, jemals durch Jesus zum Heil kommen würden, und das sagten sie so oder ähnlich denen, die sie aufnahmen.

Item, daß sie diejenigen, die sie aufnahmen, veranlaßten, auf das Kreuz oder eine Darstellung oder Skulptur des Kreuzes mit dem Bild Christi zu spucken, obwohl manchmal diejenigen, die aufgenommen wurden, neben [es] spuckten.

Item, daß sie manchmal befahlen, dieses Kreuz mit Füßen zu treten.

Item, daß Brüder, die aufgenommen worden waren, manchmal auf das Kreuz trampelten.

Item, daß sie manchmal auf das Kreuz urinierten und darauf trampelten und andere veranlaßten, darauf zu urinieren, und einige Male taten sie das an Karfreitag.

Item, daß manche an diesem oder einem anderen Tag der Karwoche zusammengerufen wurden, um gemeinsam das oben erwähnte Trampeln und Urinieren zu vollziehen.

Item, daß sie eine bestimmte Katze anbeteten, [die] ihnen manchmal in der Versammlung erschien.

Item, daß sie das aus Verachtung für Christus und den orthodoxen Glauben taten.

Item, daß sie nicht an das Sakrament des Altars glaubten. – Item, daß einige von ihnen [nicht glaubten]. – Item, daß die Mehrheit [von ihnen nicht glaubte].

Item, daß keiner an die anderen Sakramente der Kirche glaubte.

Item, daß die Priester des Ordens, durch die der Leib Christi gesegnet wurde, nicht die Worte sprachen, die dafür in der Ordnung der heiligen Messe vorgesehen sind. – Item, daß einige es [nicht taten]. – Item, daß die Mehrheit es [nicht tat].

Item, daß die Aufnehmenden ihnen das auferlegten.

Item, daß sie glaubten und es ihnen gesagt wurde, daß der Großmeister sie von ihren Sünden freisprechen könne. – Item, daß der Visitator es [könnte]. – Item, daß die Präzeptoren es [könnten].

Item, daß sie dies *de facto* taten. – Item, daß es einige von ihnen [taten].

Item, daß der Großmeister des vorgenannten Ordens dies in Anwesenheit bedeutender Personen gestand, bevor er verhaftet wurde.

Item, daß bei der Aufnahme der Brüder in den besagten Orden oder etwa um diese Zeit manchmal der Aufnehmende und manchmal die Aufgenommenen auf den Mund, den Nabel oder den nackten Bauch und auf die Hinterbacken oder den Anus geküßt wurden. – Item [daß sie geküßt wurden] manchmal auf den Nabel. – Item [daß sie geküßt wurden] manchmal auf den Anus. – Item [daß sie geküßt wurden] manchmal auf den Penis.

Item, daß bei der Aufnahme jeder schwören mußte, den Orden nie zu verlassen.

Item, daß man sie sofort als geweihte Brüder anerkannte.

Item, daß diese Aufnahmen im geheimen stattfanden.

Item, daß dabei niemand anders als die Brüder des genannten Ordens anwesend waren.

Item, daß insgesamt dieses vehemente Mißtrauen seit langem gegen den Orden gesprochen hat.

Item, daß es im allgemeinen so abgehalten wurde.

Item, daß sie den Brüdern, die sie aufnahmen, sagten, daß sie gemeinsam der Fleischeslust frönen dürften.

Item, daß es ihnen erlaubt war, das zu tun.

Item, daß sie es tun sollten, und das gemeinsam.

Item, daß es keine Sünde für sie war, das zu tun.

Item, daß sie es taten oder viele von ihnen [es taten]. – Item, daß es einige von ihnen [taten].

Item, daß sie in jeder Provinz Götzen hatten, besonders Schädel, von denen einige drei Gesichter hatten, und manche eines und andere einen menschlichen Schädel.

Item, daß sie diese oder diesen Götzen anbeteten und besonders in ihren Kapiteln und Versammlungen.

Item, daß sie [sie] verehrten.

Item, daß [sie sie verehrten] wie Gott.

Item, daß [sie sie verehrten] als ihren Erlöser.

Item, daß es einige von ihnen [taten].

Item, daß es die Mehrheit von denen in den Kapiteln [tat].

Item, daß sie behaupteten, der obengenannte Schädel könnte sie retten.

Item, daß er Reichtümer bescheren [könnte].

Item, daß er dem Orden alle seine Reichtümer beschert hätte.

Item, daß er die Bäume zum Blühen brächte.

Item, daß er das Land fruchtbar [mache].

Item, daß sie die obengenannten Götzen mit dünnen Kordeln umspannten oder berührten, die sie direkt auf der Haut trugen.

Item, daß die obengenannten dünnen Kordeln jedem der Brüder bei der Aufnahme gegeben wurden.

Item, daß sie das aus Verehrung für einen Götzen taten.

Item, daß sie dazu verpflichtet wurden, die dünnen Kordeln am Leib zu tragen, und zwar dauernd, und sie das sogar nachts taten.

Item, daß die Brüder des obengenannten Ordens im allgemeinen auf die genannte Art und Weise aufgenommen wurden.

Item, daß es überall [so gemacht wurde].

Item, daß es von der Mehrheit [so gemacht wurde].

Item, daß diejenigen, die sich weigerten, das Obengenannte bei ihrer Aufnahme oder später zu tun, getötet oder eingekerkert wurden.

Item, daß es einigen [geschah].

Item, daß es der Mehrheit [geschah].

Item, daß man sie eidlich verpflichtete, das Obengenannte nicht zu offenbaren.

Item, daß dies mit Todesstrafe oder zumindest Kerkerhaft bestraft wurde.

Item, daß sie auch nicht verraten durften, wie die Aufnahme vor sich ging.

Item, daß sie es nicht wagen durften, unter sich über das Obengenannte zu sprechen.

Item, daß sie, wenn man herausfand, daß sie etwas verraten hatten, mit dem Tod oder Kerker bestraft wurden.

Item, daß man sie verpflichtete, nur einem Bruder ihres Ordens zu beichten.

Item, daß die genannten Brüder des Ordens um die besagten Irrtümer wußten und versäumten, sie zu beheben.

Item, daß sie es versäumten, es der Heiligen Mutter Kirche zu berichten.

Item, daß sie nicht davon abließen, die obengenannten Irrtümer zu befolgen ebenso wie die Gemeinschaft mit den obengenannten Brüdern, obwohl sie die Gelegenheit hatten, auszutreten und das Obengenannte zu tun.

Item, daß die obengenannten Dinge jenseits des Meeres, an Orten, wo der Großmeister und die Kapitel des besagten Ordens sich in jener Zeit aufhielten, getan und gepflegt wurden.

Item, daß manchmal das obengenannte Leugnen Christi in Gegenwart des Großmeisters und des Kapitels geschah.

Item, daß die obengenannten Dinge auf Zypern getan und gepflegt wurden.

Item, daß sie auf dieser Seite des Meeres in allen Königreichen und anderen Orten [geschahen], an denen Aufnahmen der genannten Brüder stattfanden.

Item, daß die obengenannten Dinge im ganzen Orden im allgemeinen und besonderen gepflegt wurden. – Item, daß sie seit langem beachtet wurden. – Item, daß es sich um eine alte Sitte handelte. – Item, daß sie in den Statuten des besagten Ordens niedergelegt waren.

Item, daß die obengenannten Regeln, Bräuche, Pflichten und Statuten im ganzen Orden gemacht und befolgt wurden, jenseits und diesseits des Meeres.

Item, daß das Obengenannte aus Punkten des Ordens stammt, die nach der Billigung durch den Heiligen Stuhl gegründet wurden.

Item, daß die Aufnahmen der Brüder des besagten Ordens allgemein auf die Art und Weise stattfanden, und zwar im gesamten besagten Orden.

Item, daß der Großmeister des besagten Ordens befahl, daß das Obengenannte genauso befolgt und getan wurde. – Item, daß es die Visitatoren [taten]. – Item, daß es die Präzeptoren [taten]. – Item, daß andere Anführer des besagten Ordens es [taten].

Item, daß eben diese Männer sie befolgten und lehrten, daß es getan und bewahrt wurde.

Item, daß andere von ihnen [es taten].

Item, daß die Brüder keine andere Art der Aufnahme in den besagten Orden pflegten.

Item, daß kein noch lebendes Mitglied des Ordens sich daran erinnert, daß je eine andere Art der Aufnahme gewählt wurde.

Item, daß der Großmeister, die Visitatoren, die Präzeptoren und die anderen Meister des besagten Ordens, die schwer bestraften, die diese Art der Aufnahme und die anderen obengenannten Dinge nicht befolgten oder nicht willens dazu waren, wenn ihnen eine Beschwerde darüber vorlag.

Item, daß wohltätige Geschenke im besagten Orden nicht in dem Umfang gemacht wurden, wie sie sollten, und auch keine Gastfreundschaft geübt wurde.

Item, daß man es im Orden nicht als Sünde betrachtete, sich durch legale oder illegale Mittel Besitz anzueignen, der einem anderen gehörte.

Item, daß es bei ihnen üblich war, mit legalen oder illegalen Mitteln den Reichtum des besagten Ordens zu mehren.

Item, daß man es nicht als Sünde betrachtete, deswegen einen Meineid zu begehen.

Item, daß sie gewöhnlich ihre Kapitel im geheimen abhielten.

Item, daß sie im geheimen gehalten wurden, entweder zu Beginn der Nacht oder gegen Mitternacht.

Item, daß sie im geheimen gehalten wurden, während die andere *Familia* des Hauses weggeschickt und das Haus geschlossen wurde, denn sie schickten die übrige *Familia* immer weg, wenn sie ihre Kapitel abhielten.

Item, daß sie sich im Kapitel einschlossen, alle Türen und Tore der Häuser und Kirchen, wo sie ihre Kapitel abhielten, befestigten sie so stark, daß niemand Zutritt fand oder sich ihnen nur nähern konnte und auch niemand hören oder sehen konnte, was sie taten oder sagten.

Item, daß sie so geheim abgehalten wurden, daß sie stets eine Wache auf dem Dach des Hauses oder der Kirche postierten, in dem sie das

Kapitel abhielten, so daß niemand sich unbeobachtet dem Ort nähern konnte, wo sie ihr Kapitel abhielten.

Item, daß sie ebenso bei der Aufnahme von Brüdern auf strenge Geheimhaltung achteten.

Item, daß dieser Irrtum seit langem im Orden gedeiht, weil sie die Meinung haben und hatten, daß der Großmeister die Brüder von ihren Sünden freisprechen kann.

Item, daß der größere Irrtum deshalb gedeiht und gedieh, daß der Großmeister die Brüder von Sünden freisprechen kann, die sie aus Furcht vor Bußen oder Strafen nicht gebeichtet haben.

Item, daß der Großmeister diese obengenannten Irrtümer vor der Gefangennahme ohne Zwang in Anwesenheit von Kirchenmännern und Laien gestanden hat.

Item, daß die Mehrheit der Präzeptoren des Ordens anwesend war.

Item, daß sie die obengenannten Irrtümer bewahrten und pflegten, nicht nur wegen der Meinung und des Glaubens des Großmeisters, sondern auch durch andere Präzeptoren und besonders durch führende Visitatoren des Ordens.

Item, daß der ganze Orden alles, was der Großmeister, besonders im Kapitel, machte, anordnete und festschrieb, befolgen mußte, was auch geschah.

Item, daß diese Macht ihm verliehen war und seit alters her sein Recht.

Item, daß die obengenannten abartigen Sitten und Irrtümer schon so lange gepflegt wurden, daß der Orden sich ein-, zweimal oder öfter hätte davon befreien können, wenn er gewollt hatte.

Item, daß [...] alle oder zwei Drittel des besagten Ordens nichts taten, die Irrtümer zu beheben, obwohl sie darum wußten.

Item, daß sie nichts unternahmen, um die Heilige Mutter Kirche zu unterrichten.

Item, daß sie nicht von den obengenannten Irrtümern und der Gemeinschaft der besagten Brüder abließen, obwohl sie die Möglichkeit hatten, auszutreten und das Obengenannte zu tun.

Item, daß viele Brüder des besagten Ordens, wegen der Laster und der Irrtümer ihres Ordens, austraten. Manche wechselten in andere Orden, andere blieben weltlich.

Item, daß wegen des Obengenannten gegen den Orden große Skandale entstanden in den Herzen hochstehender Personen – selbst von Königen und Prinzen – und sich fast in der gesamten Christenheit festsetzten.

Item, daß alles und jedes Obengenannte unter den Brüdern des besagten Ordens befolgt und festgeschrieben wurde.

Item, daß es bezüglich dieser Dinge öffentliches Gerede, allgemeine Meinung und Nachruf sowohl unter den Brüdern des Ordens als auch außerhalb gibt. – Item, daß es so etwas bezüglich des Großteils des Obengenannten gibt. – Item, daß es bezüglich anderem [so etwas gibt].

Item, daß der Großmeister des Ordens, der Visitator und die Groß-Präzeptoren von Zypern, der Normandie und des Poitou ebenso wie viele andere Präzeptoren und einige andere Brüder des besagten Ordens das gestanden haben, was oben geschrieben steht, sowohl bei der gerichtlichen Befragung als auch anderswo in Gegenwart von Richtern und auch vor öffentlichen Personen, und das an vielen Orten.

Item, daß einige Brüder des besagten Ordens, Ritter ebenso wie Priester, und auch andere in Anwesenheit Seiner Heiligkeit des Papstes und der Kardinäle das Obengenannte oder einen großen Teil der besagten Irrtümer gestanden.

Item, daß sie [gestanden haben] unter Eid.

Item, daß sie das Obengenannte in vollem Umfang gesiegelt haben.

J. Michelet, *Le Procès des Templiers*, I, S. 89-96

Anhang II

Das «Lobineau-Dokument»

EINES TAGES VERLIESSEN DIE NACHKOMMEN DES BENJAMIN IHRE HEIMAT, WÄHREND EINIGE DORTBLIEBEN, ZWEITAUSEND JAHRE SPÄTER WURDE GOTTFRIED VI. KÖNIG VON JERUSALEM UND GRÜNDETE DEN ORDEN VON SION.

Aus dieser wundervollen Geschichte, die die Historie genauso schmückt wie die Architektur eines Tempels, dessen Spitze in der Unausmeßlichkeit von Raum und Zeit verhüllt ist, von der POUSSIN das Mysterium in seinen beiden Gemälden «Die Hirten von Arkadien» klären wollte, stammt zweifellos das Geheimnis des Schatzes, auf das sich die Nachkommen der stolzen sikambrischen Franken, Bauern und Schäfer beziehen beim «*et in Arcadia ego*» [hier steht das Hexagramm] und König «*Midas*». Vor dem Jahr 1200 v. Chr. ist ein wichtiges Ereignis die Ankunft der Hebräer im Gelobten Land und ihr Heimischwerden in Kanaan. In der Bibel, im Deuteronomium 33 heißt es von BENJAMIN: Er ist der Liebling des Herrn, er wohnt sicher bei ihm. Er beschützt ihn allezeit und wohnt zwischen seinen Berglehnen. • In Josua 18 wird außerdem festgestellt, daß zum Anteil des Erbes der Söhne BENJAMINS vierzehn Städte gehörten, unter anderem: JEBUSI, heute JERUSALEM, und die Dreiecksstädte GOLGATHA, SION und BETHANIEN. • Und schließlich steht bei Richter 20 und 21 geschrieben: «Keiner von uns soll seine Tochter einem Benjaminiten zum Weibe geben. – Warum o Herr, du Gott Israels, ist das in Israel geschehen, dass heute ein Stamm von Israel fehlt?» Von dem großen Rätsel Arkadiens lüftete Vergil, der das Geheimnis der Götter kannte, den Schleier in den Pastoralen X – 46/50: «O, die ihr weit von eurer Heimat seid (laßt es mich nicht glauben). Ohne mich blickt ihr über die schneebedeckten Alpen und den kalten Rhein. Möget ihr nie an Frostbeulen leiden! Mögen die Sohlen eurer zarten Füße nicht durch scharfes Eis zerschnitten werden!» [hier ist ein Hexagramm] sechs Türen oder das Siegel des Schicksals, hier sind die Geheimnisse der Pergamente des Ehrwürdigen Saunière, Priester von Rennes-le-Château, und die vor ihm der große Eingeweihte Poussin kannte, als er sein Werk dem Orden des Papstes vermachte, die Inschrift auf dem Sarg ist die gleiche.

Anmerkungen

Alle Hinweise auf biblische und talmudische Werke stehen des besseren Verständnisses wegen direkt im Text.

Kapitel 1: Der wahre Schatz der Templer

1. Lizerand, G., «Le Dossier de l'affaire des Templiers», 1923, S. 15ff.
2. *La Règle du Temple* (1886).
3. Barber, M., *The Trial of the Templars*, 1978, S. 12.
4. William of Tyre, *A History of Deeds Done Beyond the Sea*, 1943.
5. Ben Dov, M., *In the Shadow of the Temple*, 1985.
6. Diese Verbindung wird impliziert in der Gralssage *Perlesvaus* und offen in von Eschenbachs Gralssage *Parzival* gemacht.
7. Siehe Anhang I.
8. Finke, H., *Papsttum und Untergang des Templerordens II*, S. 386.
9. Oursel, R., *Le Procès des Templiers*, 1959, S. 208.
10. Ich nahm an: 1.), daß die hypothetische Überlieferung ungebrochen auf die eine oder andere Weise fortgesetzt wurde; 2.), daß eine Einbalsamierung des Kopfes ständig vorgekommen war und 3.), daß durchschnittlich in jedem Jahrhundert zwei Personen, die der Einbalsamierungszeremonie «würdig» waren, vorkamen. Das verschaffte mir eine Zeitspanne von (grob) 2900 Jahren. Wenn man von 1307 zurückrechnet, kommt man auf das Jahr 1593 v. Chr. Das ist die Zeit der Etablierung der achtzehnten Dynastie in Ägypten, die Ära des Moses und des Exodus und, wie sich später herausstellte, anderer Hauptpersonen unserer Geschichte.

Kapitel 2: Moses der Pharao

1. Freud, S., *Moses und der Monotheismus*, 1937.
2. Siehe auch William Stein zum Thema «mystische Enthauptung»: «Bei der Erweckung eines Menschen erzeugt das Enthaupten eine übersinnliche Erfahrung. Man enthauptet, um den ätherischen Körper, der den Organismus

mit Leben durchdringt, zu wecken.» Rituelles Köpfen konnte deshalb bedeuten, daß die Person, deren Kopf entfernt wird, zu Lebzeiten einen hohen Grad an spiritueller Reife erlangte. Stein, W., *The Death of Merlin*, 1990, S. 157.

3. White, J.E.M., *Ancient Egypt*, 1970, S. 15.
4. Osman, A., *Moses, Pharaoh of Egypt*, 1991. Siehe auch: Ranke, H., 1902.
5. Freud, S., a.a.O.
6. Siehe z.B.: Graves, 1948 und 1986 und die *New Larousse Encyclopaedia of Mythology*, 1984, S. 173.
7. Herodotus, *The Histories*, 1954.
8. Jordan, P., *Egypt the Black Land*, 1976.
9. Osman, A., a.a.O.
10. *New Larousse*, a.a.O., S. 48.
11. Redford, D.B., *Akhenaten, the Heretic King*, 1984.
12. van Seters, J., *The Hyksos*, 1966.
13. Devi, S., *Son of the Sun*, 1981, S. 40ff.
14. Assmann, J., *Der «Große Hymnus» des Echnaton von Amarna*, TUAT 2,6, 848-53, 1991.
15. Barton, G.A., *Semitic and Hamitic Origins*, 1934.
16. Özbek, M., *Anatolica*, XV, 127-32, 1988.
17. Siehe z.B.: Kenyon, K., *Digging up Jericho*, 1957. Yakar und Hershkovitz, *Atiquot*, 18, 59-63, 1988. Rollefson, G., Simmons, A.H. und Kafafi, Z., *Journal of Field Archaeology*, 19, 1992.
18. Ferembach, D., *L'Anthropologie*, 74, 247-54, 1970.
19. Kenyon, K., *Archaeology in the Holy Land*, 1970.
20. Cauvin, J., *Religions Néolithiques de Syro-Palestine*, 1972.
21. Aldred, C., *Akhenaten*, 1968.
22. Osman, A., a.a.O.
23. Redford, D.B., a.a.O.
24. Carter, H., *The Tomb of Tutankhamun*, 1933.
25. Abdalla, A.B. und Harrison, R.G., *Antiquity*, 46, 9, 1972.
26. Carter, H. und Mace, A.C., *The Tomb of Tutankhamun*, 1923, Vol. 1, X-XI.
27. Gardiner, A.H., *Journal of Egyptian Archaeology*, 24, 1938.
28. Redford, D.B., a.a.O.
29. Osman, A., a.a.O.
30. Josephus, F., *Works*, 1926.
31. van Seters, J., a.a.O.
32. Manethos Schriften sind leider verschollen und können nur durch Zitate anderer Autoren auf seine Werke rekonstruiert werden.
33. Osman, A., a.a.O.
34. Hamza, M., *Annales du Service des Antiquités de l'Égypte*, 40, 1940.
35. Pendlebury, J., *Annales du Service des Antiquités de l'Égypte*, 3, 1931.
36. Gunn, B., *The City of Akhenaten*, 1923.

37. Seele, K.C., *Journal of Near Eastern Studies*, 14, 168-180, 1955.
38. Fairman, H.W., *Journal of Egyptian Archaeology*, 46, 1960.
39. Gunn, B., a.a.O.
40. Redford, D.B., *Journal of Near Eastern Studies*, 25, 1966.
41. Derry, D.E., *Annales du Service des Antiquités de l'Égypte*, 3, 1931.
42. Osman, A., a.a.O.
43. Helck, W., *Untersuchungen zu Manetho und den ägyptischen Königslisten*, 1956.
44. Polano, H., *Selections from the Talmud*, 1894, S. 132.
45. Osman, A., a.a.O.
46. Petrie, W.M.F., *Researches in Sinai*, 1906. Sir Flinders Petrie war eine der treibenden Figuren bei der Entdeckung des alten Ägypten. Interessant ist, daß er nach seinem Tod im Heiligen Land die Anweisung hinterließ, daß sein Kopf vom Körper getrennt werden und zurück nach England gebracht werden sollte. Das geschah, aber offenbar ging der Kopf auf der Reise «verloren» und wurde bis heute nie wiedergefunden (J. Zias, pers. Briefwechsel).
47. Kitchen, K.A., *Ramesside Inscriptions*, 1975.
48. Gaballa, G.A., *The Memphite Tomb Chapel of Mose*, 1977, S. 23ff.
49. Freud, S., a.a.O.
50. Josephus, F., *Contra Apionem III*, in: *Works*, 1926.
51. Osman, A., a.a.O.

Kapitel 3: Die Druiden und der Kult des Totenschädels

1. Nennius, *British History and Welsh Annals*, 1980.
2. Eusebius/Jerome, *Eusebius Werke*, 1956.
3. *Scotichronicon*, 1993.
4. Randall-McIver, D. und Wilkin, A., *Libyan Notes*, 1901.
5. Watkin, I.M., *Genetic and Population Studies in Wales*, 1986.
6. Poloni, E.S. et al., *American Journal of Human Genetics*, 59, 185-203, 1997.
7. Bryden, R., pers. Gespräch, 1998.
8. Helck, W., a.a.O.
9. *Calendar of Documents Relating to Scotland*, II, 840, 1881-8.
10. *The Works of Robert of Gloucester*, 1810.
11. *Documents Illustrative of the History of Scotland*, II, 25, 1870.
12. *Morning Chronicle*, 2. Januar 1809.
13. *The Stone of Destiny*, BBC TV Scotland, 1997.
14. Chadwick, N., *The Druids*, 1966.
15. Ross, A. und Robins, D., *The Life and Death of a Druid Prince*, 1989.
16. Suzuki, B.L., *Mahayana Buddhism*, 1981.
17. Campbell, J., *Der Heros in tausend Gestalten*, Frankfurt/Main 1978.
18. Ross, A. und Robins, D., a.a.O.
19. Diodorus Siculus, *World History*, Vol. V: 31.

20. Caesar, G.J., *De Bello Gallico*, VI.14.
21. Diogenes Laertius, *Vitae Philosophorum*, 1964.
22. *Posidonius*, Cambridge University Press, 1972-88.
23. Diodorus Siculus, V. 31.
24. Strabo, *Geography*, IV,4.
25. Ammianus Marcellinus, *The Late Roman Empire*, 1986.
26. Caesar, G.J., a.a.O., VI,12.
27. Valerius Maximus, *Factorem Libri Novem*, II,6.10.
28. Chadwick, N. a.a.O., S. 15.
29. Caesar, G.J., a.a.O., VI,13.
30. Livius, *Liber XXIII*, 24,12.
31. Merrifield, R., *The Archaeology of Ritual and Magic*, 1987.
32. *London Times*, 7. Oktober 1963.
33. *The Mabinogion*, 1963.
34. Jobes, G., *Dictionary of Mythology, Folklore and Symbols*, 1961-3. Interessant ist, daß angeblich auch der Kopf des Eurytheus (von Mykene) auf einem Paß begraben wurde, der die Straße nach Athen überwacht.

Kapitel 4: Der Stein von Bethel

1. Dunstan, V., *Did the Virgin Mary Live and Die in England?*, 1985.
2. O'Connor, R., *The Chronicles of Eri*, 1822.
3. Capt, R., *Jacob's Pillar*, 1977.
4. Capt, R., a.a.O.
5. Sinclair, A., *The Sword and the Grail*, 1992, S. 73 und S. 217.
6. Brown, P.H., *History of Scotland*, 1971.

Kapitel 5: Heiliges Haar, heilige Schädel

1. Abelson, J., *Jewish Mysticism*, 1913, S. 147.
2. Ginzberg, L., *Legends of the Jews*, 1946-55, S. 354.
3. Im Lichte dessen, was bereits gesagt wurde (und dem, was noch folgen wird), ist folgendes interessant: Beim Stamm Dan gab es die Sitte, daß «beim Kopfe Dans» (ihres Ahnen) geschworen wurde.
4. Budde, E., «Samson», in: Hastings, J., *Dictionary of the Bible.*
5. Das Hauptwerk von Epiphanius ist das *Panarion*, entstanden zwischen 374 und 377 n. Chr. Darin greift er «das Gift der Hydraschlangen des Irrtums» an, womit er jeden heterodoxen christlichen Glauben meint, der vom orthodoxen Jesusbericht und seiner Kirche abweicht, die ungefähr seit fünfzig Jahren die Beschlüsse des Konzils von Nicaea befolgte. Seine Abhandlung der «Häresien» ist erbarmungslos und erkennbar gefärbt durch seine Vorurteile und Fehlschlüsse. Doch gelegentlich entschlüpfen ihm in den (von ihm so genannten) «Widerreden» gegen den Irrtum Informationen über die häretischen Sekten, die man in keiner anderen Quelle geliefert bekommt.
6. Epiphanius, *Panarion*, Haer. XVIIIff, 1987.

7. Epiphanius, a.a.O., Haer. LIIIff. op.cit.
8. Mead, G.R.S., *Did Jesus Live 100 B.C.?*, 1903.
9. Eusebius, *Ecclesiastical History*, II,23.
10. Routh, G., *Reliquae Sacrae*, 1846, S. 208-9.
11. Mead, G.R.S., a.a.O.

Kapitel 6: Der abtrünnige Stamm

1. *New Larousse Encyclopaedia of Mythology*, 1984, S. 18-19.
2. *New Larousse Encyclopaedia of Mythology*, 1984, S. 19.
3. Lobineau, siehe Anhang II.
4. Graves, R., *Greek Myths*, Vol.1, S. 203 n1, 1948.
5. Michell, H., *Sparta*, 1964, S. 173.
6. Bridge, A., *Suleiman the Magnificent*, 1983, S. 114.

Kapitel 7: Die Magierkönige

1. Baigent, M., Lincoln, H. und Leigh, R., *The Holy Blood and the Holy Grail*, 1982, S.249-50.
2. Wallace-Hadrill, J.M., *The Long-Haired Kings*, 1962.
3. Gregory of Tours, *The History of the Franks*, 1977.
4. Wallace-Hadrill, J.M., *The Chronicle of Fredegar with its Continuations*, 1960.
5. Ergänzend sei bemerkt, daß die Möglichkeit besteht, daß David, weil er von dem Nazariten Samuel gewählt wurde, als König Zugang zu den nazaritischen Lehren erhielt. Es gibt Hinweise im Alten Testament (z.B. Amos 2,11ff.), daß die Nazariten in manchen Perioden der Geschichte Israels so organisiert und so mächtig wie die Propheten waren.
6. Dondane, A., *Archivum Fratrum Praedictadorum* (Rom), 29, 228-76, 1959. In diesem anti-häretischen Traktat wird behauptet, bei den «Albigensern» (= Katharern) hätte es die Geheimlehre gegeben, daß Maria Magdalena die Frau von Jesus gewesen sei. Es ist interessant, daß die Lehre, Maria Magdalena als Frau Jesu zu betrachten, *de novo* bei den Katharern auftauchte (siehe: Stoyanov, 1994, S. 223), obwohl man doch allgemein annimmt, die Katharer seien aus den Bogomilen des Balkans entstanden (siehe 13. Kapitel). Aber diese Annahme war wohl ein Produkt des katharischen Languedoc, dem Gebiet in Südfrankreich, wohin laut Überlieferung Maria Magdalena nach dem Tod Jesu floh.
7. Baigent, M., Lincoln, H. und Leigh, R., a.a.O, S. 346ff.
8. Wilson, A.N., *Jesus*, 1993, S. 83.
9. Mead, G.R.S., a.a.O., S. 141.
10. Phipps, W.E., *The Sexuality of Jesus*, 1973, S. 4.
11. Taylor, J.W., *The Coming of the Saints*, 1969.
12. Andere mittelalterliche Erzählungen bestätigen diesen Bericht, siehe z.B.: Bockenham, O., *Legendys of Hooly Wummen*, 1447.

13. Baronius, C., *Annales Ecclesiastici*, 1735-46.
14. Hoyoux, J., *Review Belge*, XXI, 1942.
15. Gregory of Tours, a.a.O.
16. Wallace-Hadrill, J.M., *The Long-Haired Kings*, 1962, S. 203.
17. Frazer, Sir J., *The Golden Bough*, Penguin (ergänzte Version), 1996, S. 279-80.
18. Wallace-Hadrill, J., a.a.O., S. 244.
19. Rabinowitz, J.J., *Speculum*, 22, 1947.
20. Dumas, F., *Le Tombeau de Childeric*, n.d.
21. Wilson, E.O., *Sociobiology*, 1975, S. 42-3.
22. Montet, P., *Lives of the Pharaohs*, 1974.
23. Wallace-Hadrill, J.M., a.a.O.
24. Digot, A., *Histoire du Royaume d'Austrasie*, 1856, Vol.3, S. 220ff.
25. Lanigan, J., *An Ecclesiastical History of Ireland*, 1829, S. 101.
26. Chadwick, N., *The Druids*, 1966.
27. Digot, A., a.a.O.
28. Wallace-Hadrill, J.M., a.a.O.
29. Es ist bemerkenswert, daß der Kopf von Dagobert II *bereits abgetrennt worden war* und als Reliquie verehrt wurde, während die sterblichen Überreste der meisten merowingischen Könige während der Französischen Revolution in ein «Massengrab» geworfen wurden (und daher nicht mehr zu identifizieren sind).
30. Baigent, M., Lincoln, H. und Leigh, R., a.a.O., S. 272.
31. Zuckerman, A.J., *A Jewish Princedom in France*, 1972.
32. Sinclair, A., *The Sword and the Grail*, 1992.
33. Baigent, M., Lincoln, H. und Leigh, R., a.a.O.

Kapitel 8: Der Tempel, der dreimal gebaut wurde

1. Barker, M., *The Gate of Heaven*, 1991.
2. Barker, M., a.a.O., S. 7.
3. In: *The Apocrypha and Pseudopigrapha of the Old Testament*, 1913.
4. Josephus, F., *Jewish War*, I, S. 148.
5. Josephus, F., *Antiquities of the Jews*, XV, S. 390-1; 394-6; 421; 425.
6. Josephus, F., *Jewish War*, V, S. 225.
7. Jagersma, H., *A History of Israel From Alexander the Great to Bar Kochba*, 1986.
8. Barker, M., a.a.O.
9. Salomos Tempel war ein Sonnentempel, und er wurde auf jebusitischem Land gebaut, das die Israeliten erobert hatten, und das (anfangs) dem Stamm Benjamin gehörte. «Es war die Auffassung der Jerusalemiten (= Benjaminiten) von Jahwe als Sonnengott, die lange im Mittelpunkt stand und sich nur langsam verdrängen ließ.» (F.J. Hollis: «The Sun Cult and the Temple at Jerusalem», in: *Myth and Ritual*, 1933). Außerdem weiß man,

daß Jahwe im davidischen Kultus die Rolle des Sonnengottes spielte (siehe: A.R. Robinson, *The Labyrinth*, 1935).
10. Ward, J.S.M., *Freemasonry and the Ancient Gods*, 1926.
11. Josephus, F., *Jewish War*, V, S. 193-4.
12. Barker, M., a.a.O., S. 24.
13. In der Bibel steht später, daß Adoniram zu Tode gesteinigt wurde. Aber wenn man bedenkt, daß es drei Versionen von Hiram Abifs Leben (und Tod) nach dem Bau des Tempels gibt, scheint dieser Bericht nicht sehr verläßlich zu sein.
14. Knight, C. und Lomas, R., *Unter den Tempeln Jerusalems*, 1997.
15. Ward, J.S.M., a.a.O.
16. Michelet, J., *Le Procès des Templiers*, I, S. 645.
17. Loomis, R., *The Grail*, 1963.
18. Howden R. de, *Chronica*, III, S. 158-9, 1870.
19. Michelet, J., a.a.O., S. 223-4.
20. Reinach, S., *La Tête Magique de Templiers*, 1911.
21. Gervais of Tilbury, *Des Gervasius von Tilbury Otia Imperialia*, secunda decisio, XII, S.11, 1856.
22. In: *The Apocrypha and Pseudoepigrapha of the Old Testament*, 1913.
23. Jagersma, H., a.a.O.
24. Josephus, F., *Jewish War*, VI, S. 299.
25. Bilde, P., *Josephus Between Jerusalem and Rome*, 1988.
26. Josephus, F., *Jewish War*, VI, S. 232-3.
27. Josephus, F., *Jewish War*, VI, S. 252-3, 259.
28. Josephus, F., *Jewish War*, VI, S. 387-9.
29. Josephus, F., *Jewish War*, VI, S. 390.
30. Allegro, J.M., *The Dead Sea Scrolls*, 1959.
31. Barker, M., a.a.O., S. 55.
32. Vilnay, Z., *Legends of Jerusalem: the Sacred Land*, Vol.1, S. 123, 1973.
33. Byers, G., Association for Biblical Research.

Kapitel 9: Die einzig wahre Blutlinie

1. Peet, T.E., *Egypt and the Old Testament*, 1922.
2. Osman, A., *Stranger in the Valley of the Kings*, 1987.
3. Bakir, A. el-M., *Annales du Service des Antiquités de l'Égypte*, 18, 1952.
4. Yahuda, A.S., *The Language of the Pentateuch in its Relation to Egypt*, 1933.
5. Davis, T.M., *The Tomb of Iouiya and Touiyou*, 1907.
6. Weigall, A., *The Life and Times of Akhenaten*, 1910.
7. Naville, H.E., *Funerary Papyrus of Iouiya*, 1908.
8. Naville, H.E., a.a.O.
9. Weigall, A., a.a.O.

10. Schwantes, S.J., *A Short History of the Ancient Near East*, 1965.
11. Hayes, W.C., *The Sceptre of Egypt*, S. 116-17, 1959.
12. Nach Aussage der biblischen Genealogien zeugte Seth, der Sohn von Adam (und Eva), acht Nachkommen, darunter Noah. Noah hatte drei Söhne: Japhet, Ham und Sem. Aus dem letzteren entstanden die Semiten (zu denen natürlich auch die Hebräer gehörten). Hams Nachkommen waren die Kanaaniter (und höchstwahrscheinlich auch die Ägypter).

Kapitel 10: Jesus, Sohn des Ra

1. Siehe z.B.: Brandon, S.G.F., *Jesus and the Zealots*, (Manchester 1967); Hengel, M., *Was Jesus a Revolutionist?*, (Philadelphia, 1971); und Sweet, J.P.M., «The Zealots and Jesus», in: *Jesus and the Politics of His Day* (hg. von E. Bammel und F.D. Moule, Cambridge, 1984).
2. Mead, G.R.S., *Did Jesus Live 100 B.C.?*, 4. Kap., S. 70ff, 1903.
3. Popper, W., *The Censorship of Hebrew Books*, 1899.
4. In den apokryphen Evangelien wird behauptet, daß Jesus den Pharao besucht – für den Sohn eines Zimmermanns ein ziemlich unwahrscheinliches Unterfangen, aber wir werden sehen, daß das nicht so unglaublich scheint, wie es sich anhört.
5. Siehe z.B.: A.N. Wilson, 1993, S. 87-8.
6. Wilson, A.N., *Jesus*, 1993, S. 82-83.
7. Mead, G.R.S., a.a.O., S. 180.
8. Dieses Zitat wurde der überarbeiteten Toldoth-Ausgabe der Straßburger MS entnommen, die unzählige aramäische Spuren und damit Verbindungen zu den frühesten Formen der Toldoth enthält. Die Toldoth der Straßburger MS (die zitierte Passage eingeschlossen) ist identisch mit Raimund Martinis Bericht in *Pugio Fidei*, was beweist, daß diese Version mindestens aus der Mitte des dreizehnten Jahrhunderts stammt.
9. Osman, A., *House of the Messiah*, 1992, S. 170.
10. Origenes, *Contra Celsum*, 1953.
11. Mead, G.R.S., a.a.O.
12. Knight, C. und Lomas, R., *Unter den Tempeln Jerusalems*, 1997.
13. Mead, G.R.S., a.a.O., S. 141.
14. Davis, C., *The Observer*, 28. März 1971, S. 25.
15. Baigent, M., Lincoln, H. und Leigh, R., *The Holy Blood and the Holy Grail*, 1982.
16. Dondaine, A., *Archivum Fratrum Praedicatorum*, 29, S. 228-76, 1959.
17. Bockenham, O., *Legendys of Hooly Wummen*, 1992.
18. Diese interessante Information ist der überarbeiteten Toldoth der Straßburger MS entnommen, aus der auch die Information über Ben Pandira stammt (vgl Fußnote 8).
19. Josephus, F., *Jewish War*, I,4.
20. Im Evangelium des Johannes steht, daß die Juden versuchten, Jesus wegen

Blasphemie zu steinigen, aber angeblich soll er ihnen entkommen sein (Joh 10,31ff).

21. Bockenham, O., a.a.O.

Kapitel 11: Der Heilige Gral

1. Loomis, R., *The Grail*, 1963.
2. Baigent, M., Lincoln, H. und Leigh, R., *The Holy Blood and the Holy Grail*, 1982, S. 314.
3. Goetinck, G., *Peredur*, 1975.
4. *The Epic of Gilgamesh*, übers. von N.K. Sanders, 1960.
5. Brown, A.C.L., *Origins of the Grail Legend*, 1. Kap., 1966.
6. Joyce, R.W., *Old Celtic Romances*, 1920.
7. «Cath Maige Tured…» , *Anthropos*, XXVI, S. 435-60, 1931.
8. Borron, R. de, *Roman de l'Estoire dou Saint Graal*, 1927.
9. *Mabinogion*, übers. von T. & G. Jones, 1963.
10. Waite, A.E., *The Hidden Church of the Holy Grail*, 1909.
11. *Mabinogion*, a.a.O.
12. Michelet, J., *Le Procès des Templiers* I, S. 89-96.
13. Chrétien de Troyes, *Le Roman de Perceval ou Le Conte du Graal*, 1959.
14. Brown, A.C.L., *Origins of the Grail Legend*, 1966.
15. Loomis, R., *The Grail*, 1963, S. 279.
16. Taylor, A., *Romantic Review*, IX, S. 21-8, 1918.
17. Goetinck, G., *Peredur*, 1975, S. 2.
18. Goetinck, G., *Peredur*, 1975, S. 79.
19. Bryant, N., *The High Book of the Grail*, 1978.
20. Goetinck, G., *Peredur*, 1975, S. 287.
21. Loomis, R., *The Grail*, 1963, S. 120
22. von Eschenbach, W., *Parzival*, 1961.
23. Michelet, J., *Le Procès des Templiers* I, S. 89-96.
24. Rowbotham, G.F., *Troubadours and the Courts of Love*, 1895.
25. Borron, R. de, a.a.O.
26. Eine Möglichkeit ist, daß der Kopf Johannes dem Täufer gehört, der laut Aussage des Neuen Testaments der Vetter Jesu war. Doch das ist unwahrscheinlich, wenn man sich den Reliquienkult ansieht (s. Kapitel 14).
27. *Continuation of the Old French «Perceval»*, W. Roach (Hrsg.), 1952, S. 480-8.
28. Lea, H.C., *A History of the Inquisition of the Middle Ages*, 1888.

Kapitel 12: Die Tempelritter und der heilige Schädel

1. Forey, A., *The Military Orders: from the twelfth to the early fourteenth century*, 1992, S. 7.
2. Forey, A., a.a.O., 1992, S. 8.

3 Smaragdus, *Commentariain regulam sancti Benedicti*, 1844-55.
4. Bonizo de Sutri, *Liber de Vita Christiana*, 1930, VII,28, S. 248-9.
5. Guibert de Nogent, *Gesta Dei per Francos*, I.1., 1844-95.
6. Barber, M., *The New Knighthood: a history of the order of the temple*, 1994.
7. William of Tyre, *A History of Deeds Done beyond the Sea*, 1943.
8. *La Règle du Temple*, H.Curzon (Hrsg.), 1886.
9. *In Praise of the New Knighthood*, übers. von C.Greenia, 1977.
10. Siehe z.B.: *Cartulaire Général de l'ordre du Temple*, Marquis d'Albon (Hrsg.), No.9, S. 6; No.7, S. 5.
11. Paris, M., *Chronica Majora*, H.R. Luard (Hrsg.), 1880.
12. Barber, M., a.a.O.
13. *Papsturkunden für Templer und Johanniter*, R. Hiestand (Hrsg.), 1972 und 1984.
14. *University History of the World*, J.A. Garraty und P. Gay (Hrsg.), S. 286-7.
15. Barber, M.,a.a.O.
16. Forey, A.,a.a.O. S. 116.
17. *Emprunts de St-Louis en Palestine et en Afrique*, G. Servois (Hrsg.), 1858.
18. Forey, A., a.a.O., S. 119.
19. Barber, M., a.a.O.
20. *Flores Historiarum*, H.R. Luard (Hrsg.), 1890.
21. *Regesta Regni Hierosolymitani*, R. Röhricht (Hrsg.), 1893-1904.
22. Barber, M., *The New Knighthood: a history of the order of the temple*, 1994.
23. *Gestes de Chiprois*, G. Raynaud (Hrsg.), 1887.
24. Seward, D., *The Monks of War, 1972.*
25. Seward, D., *The Monks of War*, 1972, S. 84.
26. Seward, D., *The Monks of War*, 1972, S. 85.
27. *Gestes de Chiprois*, G. Raynaud (Hrsg.), 1887.
28. William of Tyre, *A History of Deeds Done beyond the Sea*, 1943.
29. Saewulf, *The Pilgrimage of Saewulf to Jerusalem and the Holy Land in the Years 1102 and 1103*, Palestine Pilgrims' Text Society, Vol.4, 1892, S. 8-9.
30. Barber, M., *The New Knighthood: a history of the order of the temple*, 1994.
31. Barber, M., *The New Knighthood: a history of the order of the temple*, 1994.
32. Der Graf von Anjou trat im Jahr 1120 ein und der Graf von Champagne vier Jahre später (Baigent, M., Leigh, R. und Lincoln, H., 1982). Außerdem nennt die *Cartulaire général de l'ordre du Temple 1119?-1150* (S.2 Charta III 1125 und S. 3 Charta IV 1125) zwei Mitglieder des Ordens mit den Vornamen Roberto und Henrico, was insgesamt vier zusätzliche Ritter ergibt, die vor der neunjährigen «Deadline» des Jahres 1127 eintraten.

33. *Receuil des historiens des Gaules et de la France*, M.Bouquet (Hrsg.), Vol.15, S. 162, No.245.
34. *Theoderich's description of the Holy Places circa 1172AD*, Palestine Pilgrims' Text Society, Vol.5, 1891.
35. Ben-Dov, M., *In the Shadow of the Temple*, 1985.
36. Silberman, N.A., *Digging for Gold and Country*, 1992.
37. Bryden, pers. Gespräch, Dezember 1997.
38. Daniell, C., *Death and Burial in Medieval England*, 1997, S. 44.
39. Darragh, J.T., *The Resurrection of the Flesh*, 1921.
40. Das ist anscheinend nicht auf die Leichname von Heiligen anzuwenden, denn wie wir im 14. Kapitel sehen werden, wurden ihre Körper *ad libitum* zerteilt, um heilige Reliquien für soviele Orte herzustellen, die Glück genug hatten, ein Stück zu ergattern.
41. Finke, H., *Papsttum und Untergang des Templerordens*, II, S. 364-76.
42. Michelet, J., *Le Procès des Templiers*, II, S. 364-76.
43. Shah, I., *The Sufis*, 1969, S. 225.
44. Wilson, I., *The Turin Shroud*, 1978.
45. Michelet, J., a.a.O.
46. Michelet, J., a.a.O.
47. Finke, H., a.a.O., S. 336.
48. Currer-Briggs, N., *The Shroud and the Grail*, 1988.

Kapitel 13: Die Verbindung zu den Katharern

1. Rudolph, K., *Gnosis*, 1983.
2. Stoyanov, Y., *The Hidden Tradition in Europe*, 1984, S. XIV.
3. Holmes, E., *The Holy Heretics*, 1948.
4. Stoyanov, Y., a.a.O., S. 154
5. Gospel of Philipp, in: *The Nag Hammadi Library in English*, 1977, S. 153.
6. Stoyanov, Y., a.a.O., S. 155.
7. Duvernoy, J., *Cahiers du Sud*, nos: S. 387-8, 1966.
8. Siehe Anhang I.
9. Shahar, S., *Juifs et Judäisme de Languedoc*, 1977.
10. Stoyanov, Y., a.a.O., S. 159-60.
11. Scholem, G., *Von der mystischen Gestalt der Gottheit, Studien zu Grundbegriffen der Kabbala*, 1962.
12. Stoyanov, Y., a.a.O., S. 130.
13. *Le Traité Contre les Bogomils de Cosmas le prêtre*, übers. von H.C. Puech und Availlant, 1945.
14. Stoyanov, Y., a.a.O., S. 133-4.
15. Siehe *Les Lettres de Gerbert*, (Hrsg.), J. Havet 1889, no. 180, S. 161-2; Runciman, S., *The Medieval Manichée*, 1946, und da Milano, *Studi Gregoriani*, 2,44-6.

16. Eckbert von Schonau, *Patrologia Latina*, 195, cols. 11-102.
17. Anselm von Alessandria, *Archivum Fratrum Praedicatorum*, 20, 1950, S. 308-24.
18. Ivanov, I., *Bogomilski knigi I legendi*, 1925, S. 50-51.
19. Stoyanov, Y., a.a.O., S. 133.
20. *Bulgarian Apocryphal Chronicle*, zit. in: Ivanov, I., a.a.O. S. 273-87.
21. Stoyanov, Y., a.a.O., S. 281-2.
22. Theiner, A., *Vetera monumenta historica Hungariam sacram illustrantia*, 1859-60, S. 20.
23. Strayer, J., *The Albigensian Crusade*, 1971.
24. Stoyanov, Y., a.a.O., S. 173.
25. Aimery, A., *Patrologia Latina*, Vol. 216, col. 139.
26. *La Chanson de la Croisade Albigeoise*, Guillaume de Tudèle, hrsg. und übers. v. E. Martin-Chabot, Vol.3, 208-9, 1931.
27. *The Song of the Cathar Wars*, Guillaume de Tudèle, übers. v. J. Shirley, 1996.
28. Lea, H.C., *A History of the Inquisition of the Middle Ages*, 3 Bde, 1888.
29. Oldenbourg, Z., *The Massacre at Montségur*, 1961, S. 335.
30. Oldenbourg, Z., a.a.O., S. 336.
31. *The Song of the Cathar Wars*, Guillaume de Tudèle, übers. v. J. Shirley, 1996.
32. Stoyanov, Y., a.a.O., S. 181-3.
33. Oldenbourg, Z., a.a.O., S. 356ff.
34. Stoyanov, Y., a.a.O., S. 183
35. Niel, F., *Les Cathars de Montségur*, 1973.
36. Durrell, L., zitiert in: Stoyanov, Y., *The Hidden Tradition in Europe*, 1984, S. XIV.
37. Sinclair, A., *The Sword and the Grail*, 1992.
38. Stoyanov, Y., a.a.O., 1984.

Kapitel 14: Die verbotene Reliquie

1. Rattray, R.S., *Religion and Art in Ashanti*, 1927.
2. Bentley, J., *Restless Bones*, 1985, S. 193.
3. Kahn, I., *Reliques of the Quais-I-Azam*, 1980.
4. Wilson, S., *Saints and their Cults*, 1983, S. 4.
5. Bentley, J., a.a.O., 1985.
6. Bentley, J., a.a.O., 1985.
7. Bentley, J., a.a.O., 1985.
8. Wilson, S., a.a.O., S. 130.
9. Baynes, N.H., *Analecta Bollandiana*, Vol. 67, 1949, S. 165-7.
10. Bentley, J., a.a.O., 1985.
11. Butler, J., *The Quest for Becket's Bones*, 1995.
12. Geary, P.J., *Furta Sacra: thefts of relics in the Central Middle Ages*, 1978.

13. Bentley, J., a.a.O., 1985, S. 94.
14. Herman-Mansard, N., *Les Reliques des Saints*, 1975.
15. Brooke, R. und Brooke, C., *Popular Religion in the Middle Ages*, 1984.
16. Die saumlose Robe stellt selbst ein interessantes Mysterium dar. Warum im vierten Evangelium so betont wird, daß die Robe Jesu «saumlos» ist (das einzige Mal in der gesamten Bibel, daß man das Wort Saum benutzt), ergibt mehr Sinn, wenn man bedenkt, daß die Gewänder der Manichäer und anderer Gnostiker betont nicht saumlos waren. Im Gegenteil – es war unbedingt nötig, daß die Robe aus zwei Teilen bestand und einen Saum an beiden Seiten des Körpers aufwies. Der Autor des 4. Evangeliums stellt ganz klar, «daß es sich nicht um die Robe eines Priesters des Sonnenkults handelte, wie es die Gnostiker zu der Zeit, als er das schrieb, glaubten».
17. Wilson, I., *The Turin Shroud*, 1978.
18. Bentley, J., a.a.O., 1985.
19. Runciman, S., *Analecta Bollandiana*, Vol. 68, 1950, S. 197-204.
20. Chaucer, G., *The Canterbury Tales*, N.F. Blake (Hrsg.) 1980.
21. «The Gospel of the Infancy of Jesus Christ», 2,4. In: *The Lost Books of the Bible*, hrsg. v. R.H. Platt, 1974.
22. Wilson, I., *The Turin Shroud*, 1978.

Kapitel 15: Die Ausrottung der Tempelritter

1. Barber, M., *The New Knighthood: a history of the order of the temple*, 1994.
2. Dupuy, P., *Histoire de la differend d'entre le pape Boniface VIII et Phillipe le Bel, Roy de France*, 1655, S. 518.
3. Dupuy, P., a.a.O., S. 643-4.
4. Strayer, J.R., in: *Medieval Statecraft and the Perspectives of History*, 1971, S. 239-47.
5. Boutaric, E., *La France sous Phillipe le Bel*, 1861, S. 302-3.
6. Barber, M., a.a.O., S. 39.
7. *Speculum Ecclesiae*, hrsg. v. J.S. Brewer, Vol. IV, 554, 1961-91.
8. Zit. in: E.J. Martin, *The Trial of the Knight Templar*, 1928, S. 20.
9. *Song of the Second Crusade*, in: *The Making of the Middle Ages*, 1953, S. 55.
10. De Bartholomaeis, V., *Poesie provenzali storiche relative all'Italia*, II, 1931, S. 222-4.
11. Meyer, P., *Bibliothèque de l'Ecole des Chartres*, 6.Aufl., V, S. 484ff, 1869.
12. Lea, H.C., *A History of the Inquisition of the Middle Ages*, 3 Bde, 1888.
13. Finke, H., *Papsttum und Untergang des Templerordens*, II, S. 83-4.
14. Baluze, E., *Vitae Paparum Avienonensium*, hrsg.v. G. Mollat, Vol. III, S. 58-60, 1914-27.
15. Barker, M., *The Trial of the Templars*, 1978, S. 53.
16. Siehe Anhang I.

17. Robinson, J.J., *Dungeon, Fire and Sword: the Knight Templars in the Crusades*, 1992.
18. Robinson, J.J., a.a.O., 1992.
19. De Nangis, G., *Chronique latine de Guillaume de Nangis, de 1113 à 1300 avec les continuations de cette chronique de 1300 à 1368*, hrsg. v. H. Geraud, 1843.
20. Delisle, L., *Memoires sur les opérations financières des Templiers* (Memoires de l'Institut National de France, Académie des Inscriptions et Belles-Lettres, Vol. 33), Paris 1889.
21. Michelet, J., *Le Procès des Templiers*, I, S. 169-71.
22. Seward, D., *The Monks of War*, 1972, S. 203.
23. Seward, D., a.a.O., S. 207.
24. Dieses Argument und dieses Beispiel wurden von den Templern selbst benutzt, siehe: Michelet, J., *Le Procès des Templiers*, I, S. 169-71.
25. Von Clausewitz, K., *Über den Krieg*, 16. Aufl., 1952.
26. Pauwels, L. und Bergier, J., *The Dawn of Magic*, 1963, S. 200ff.
27. Stoyanov, Y., *The Hidden Tradition in Europe*, 1994.
28. De Nangis, G., a.a.O., S. 402-3
29. Seward, D., a.a.O., S. 212-13
30. De Nangis, G., a.a.O., S. 404
31. Begg, E., *The Cult of the Black Virgin*, 1985, S. 14.
32. De Nangis, G., a.a.O., S. 404.
33. Villani, G., *Cronica*, Vol. 2, S. 127, 1845.
34. Cadet de Gassicourt, C.L., *Les Initiés anciens et modernes, suite du Tombeau de Jacques Molay*, n.d. (1796?).
35. Siehe z.B.: Barber, M., *The Military Orders*, 1994; ders., *The New Knighthood*, 1994; Forey, A., *The Military Orders*, 1992; Seward, D., *The Monks of War*, 1972.
36. Baigent, M., Lincoln, H. und Leigh, R., *The Holy Blood and the Holy Grail*, 1982, S. 72.
37. Finke, H., a.a.O., S. 337-9

Kapitel 16: Bis ans Ende der Welt

1. Fordun, J., *Scotichronicon*, übers.v. F.S.H. Skene, S. 330, 1872.
2. *Liber Pluscardenensis*, hrsg.v. F.S.H. Skene, S. 174, 1880.
3. Sinclair, A., *The Sword and the Grail*, 1992, S. 35.
4. Mackenzie, A.M., *Robert Bruce, King of Scots*, 1934, S. 220.
5. Sinclair, A., a.a.O., S. 42.
6. Baigent, M., Lincoln, H. und Leigh, R., *The Holy Blood and the Holy Grail*, 1982, S. 75.
7. Sinclair, A., a.a.O., S. 45.
8. Sinclair, A., a.a.O., S. 45; siehe auch: Bothwell-Gosse, A., *The Knights Templar*, London 1912.

9. Baigent, M., Lincoln, H. und Leigh, R., *The Holy Blood and the Holy Grail*, 1982, S. 80. Robert Graves hat eine Verbindung zu einem arabischen Wortspiel «black» und «wise» entdeckt (siehe: Shah, I., *The Sufis*, S. XIX, 1969). Graves glaubt, daß eine solche Anspielung in dem Wappen Hugues de Payens enthalten sei, was die Schädel zu Schädeln der Weisheit macht, ein Titel, der dem arabischen *abufihimat* «Vater der Weisheit» sehr nahe kommt. Der «Baphomet» der Templer stellt eine Verstümmelung dieses Wortes dar.
10. Sinclair, A., a.a.O., 1992.
11. Dupuy, P., *Histoire de la differend d'entre le pape Boniface VIII et Phillipe le Bel, Roy de France*, 1655, S. 182-6.
12. *Calendar of Documents Relating to Scotland*, hrsg. v. J.Bain, II, 1881.
13. Alle wurden hingerichtet. In Westminster verlangten die Peers, daß der gefangene Earl von Atholl, der von königlichem Blut war, gemäß seines hohen Ranges behandelt werden sollte. Zynisch kam Edward I dieser Bitte nach und zeigte den hohen Rang des Earls dadurch an, daß er ihn an einem Galgen hängen ließ, der dreizehn Fuß höher als die übrigen war. Der Kopf des Earls wurde auf einen ungewöhnlich hohen Pfahl auf der London Bridge gespießt.
14. Tout, T.F., *Edward I*, 1872. Siehe auch: *Flores Historianum*, II, 595, 1890.
15. *The Brus*, übers.v. G.E. Todd, 1907.
16. *The Brus*, a.a.O., 1907.
17. Christison, P., Scot, F.S.A. und Taylor, I.C., *Bannockburn, the story of the battle*, 1962.
18. Sinclair, A., a.a.O., 1992, S. 46.
19. Sinclair, A., a.a.O., 1992, S. 48.

Kapitel 17: Wächter des heiligen Lichts

1. The Earl of Rosslyn, *Rosslyn Chapel*, 1997, S. 41.
2. Sinclair, A., *The Sword and the Grail*, 1992, S. 28.
3. Hay, R.A., *Genealogie of the Saintclaires of Rosslyn*, 1835.
4. Lesley Bishop, *History of Scotland*, 1578.
5. Siehe Kapitel 16, Anm. 9.
6. Scott, R. McN., *Robert the Bruce, King of Scots*, 1982.
7. Fergusson, J., *The Declaration of Arbroath*, n.d., S. 9.
8. *Scotichronicon*, J. und W. McQueen (Hrsg.), Kap. 12ff., 1993.
9. *Calendar of Documents Relating to Scotland*, hrsg.v. J. Bain, III, 1881, S. 725.
10. Sinclair, A., a.a.O., 1992, S. 49.
11. Begg, E., *The Cult of the Black Virgin*, 1985.
12. Delaude, J., *Le Circle d'Ulysse*, 1977.

Kapitel 18: Der zweite salomonische Tempel

1. Hay, R.A., *Genealogie of the Saintclaires of Rosslyn*, 1835.
2. Hay, R.A., a.a.O., 1835.
3. Slezer, J., *Theatrum Scotiae*, 1693.
4. Hay, R.A., a.a.O., 1835.
5. Sinclair, A., *The Sword and the Grail*, 1992.
6. Knight, C. und Lomas, R., *Unter den Tempeln Jerusalems*, 1997.
7. Ward, J.S.M., *Freemasonry and the Ancient Gods*, 1926.
8. The Earl of Rosslyn, *Rosslyn Chapel*, 1997, S. 4.
9. The Earl of Rosslyn, a.a.O., 1997, S. 5.
10. Knight, C. und Lomas, R., a.a.O., 1997.
11. Frazer, J., *The Golden Bough*, 1922, S. 152.
12. Bryden, R., *Rosslyn – a History of the Guilds, the Masons and the Holy Cross*, 1994.
13. Mead, G.R.S., *Did Jesus Live 100 B.C.?*, 1903, S. 180.
14. Die Apokryphen betonen die Weigerung der Juden, sich die Hände zu waschen, was (wie wir am Beispiel der «saumlosen Robe» gesehen haben – Siehe Kapitel 14, Anm. 16) eine absichtliche Verdrehung der wahren Umstände durch die frühen christlichen Autoren sein könnte.
15. Sinclair, A., a.a.O., 1992, S. 77.
16. von Eschenbach, W., *Parzival*, 1961.
17. Sinclair, A., a.a.O., 1992, S. 84.
18. Tertullian, *Opera*, übers.v. G.Wissowa et al., 1890-1939.
19. Hunt, J.E., *English and Welsh Crucifixes 670-1550*, 1956, S. 2.
20. Hunt, J.E., a.a.O., S.3.
21. Apostolos-Cappadora, D., *Dictionary of Christian Art*, 1995.
22. Dr. C.P. Groves, pers. Gespräch, 1998.
23. R. Bryden, pers. Gespräch, 1998.
24. Slezer, J., a.a.O., 1693.
25. Thompson, J., *The Illustrated Guide to Rosslyn Chapel and Castle, Hawthornden, etc.*, 3. Aufl. 1897.
26. Sinclair, A., a.a.O., S. 86ff.

Kapitel 19: Der letzte Hinweis

1. MacKey, A.G., *Encyclopaedia of Freemasonry*, 1946.
2. R. Bryden, pers. Gespräch, 1998.
3. Stein, W.J., *The Death of Merlin*, 1990, S. 157 und Ravenscroft, T. und Wallace-Murphy, T., *The Mark of the Beast*, 1990.
4. Forbes, Bishop, *An Account of the Chapel of Rosslyn*, 1774.
5. The Earl of Rosslyn, *Rosslyn Chapel*, 1997.

6. Sinclair, A., *The Sword and the Grail*, 1992, S. 5.
7. The Earl of Rosslyn, a.a.O., S. 27.
8. *Poetic Edda*, «Hovamol», S. 139.
9. *New Larousse Encyclopaedia of Mythology*, 1984.
10. Shah, I., *The Sufis*, 1969.

Bibliographie

A Source Book of History. W. C. Dickinson, G. Donaldson, I. A. Milne.

Abdalla, A. B., and Harrison, R. G., «The remains of Tutankhamen». *Antiquity,* 46. 9, 1972.

Abelson, J., *Jewish Mysticism.* G. Bell & Sons Ltd., London 1913.

Aimery, Arnold, *Patrologia Latina.* Vol. 216.

Aldred, C., *Akhenaten.* Abacus, London 1968.

Allegro, J. M., *The Dead Sea Scrolls.* Penguin Books, 1959.

Ammianus Marcellinus, *The Later Roman Empire.* W. Hamilton, trans., Penguin, 1986.

Andrews, R., and Schellenberger, P., *The Tomb of God.* Little Brown and Company, 1996. *Das letzte Grab Christi. Die Geometrie des Heiligen Gral.* Lübbe, Bergisch Gladbach 1996.

Anselm of Alessandria, *Tractatus de hereticus.* A. Dondaine, ed., «L'Hiérarchie cathare en Italie», *Archivum Fratrum Praedicatorum,* 20, 1950.

Apostolos-Cappadora, D., *Dictionary of Christian Art.* Lutterworth Press, 1995.

Aristotle, p. 53.

Bakir, A el-M., «Slavery in Pharaonic Egypt». Supplement to *Annales du Service des Antiquités de l'Égypte,* 18, 1952.

Baluze, E., *Vitae Paparum Avienonensium.* G. Mollat, ed., 4 vols, Paris 1914–1927.

Baigent, M., Leigh, R., and Lincoln, H., *The Holy Blood and the Holy Grail.* Jonathan Cape, 1982. *Der Heilige Gral und seine Erben.* Lübbe, Bergisch Gladbach 1987.

Barber, M., *The Trial of the Templars.* Cambridge University Press, 1978.

– *The New Knighthood: a history of the order of the temple.* Cambridge University Press, 1994.

– ed., *The Military Orders.* Variorum, 1994.

Barker, M., *The Gate of Heaven: the history and symbolism of the Temple in Jerusalem.* SPCK, London 1991.

Barton, G. A., *Semitic and Hamitic Origins.* University of Pennsylvania, Philadelphia 1934.
Bautier, R.-H., «Diplomatique et histoire politique: Ce que la critique diplomatique nous apprend sur la personalité de Phillipe le Bel». *Revue Historique,* 259, 3–27, 1978.
Baynes, N. H., «The Supernatural Defenders of Constantinople». *Analecta Bollandiana,* tôme 67, pp. 165–167. Société des Bollandistes, Brussels 1949.
Baronius, C., *Annales Ecclesiastici.* 19 Vols. G. D. Mansi and D. Giorgi, eds., 1725–46.
Barron, E. M., *The Scottish War of Independence.* Second edition, 1934.
de Bartholomaeis, V., *Poesie provenzali storiche relative all'Italie.* Rome 1931, ii, pp. 222–224.
Bede, *The Complete Works of the Venerable Bede.* J. A. Giles, ed., 6 Vols., London 1843.
Begg, E., *The Cult of the Black Virgin.* Arkana, 1985. *Das Rätsel der Schwarzen Madonna.* Reichl, St. Goar 1992.
Begg, E., and Begg, D., *In Search of the Holy Grail and the Precious Blood.* Thorsons, 1995.
Ben-Dov, M., *In the Shadow of the Temple.* Trans. Ina Friedman, Harper & Row, 1985.
Bentley, J., *Restless Bones.* Constable and Co. Ltd., London 1985.
Bilde, P., *Josephus between Jerusalem and Rome: his life, his works and their importance.* Sheffield Academic Press, Sheffield 1988.
Borron de Rl., *Roman de l'Estoire dou Saint Graal* (or *Joseph d'Aramathie*). W. A. Nitze, ed., Paris 1927.
Bockenham, O., *Legendys of Hooly Wummen,* 1447?, in «A Legend of Holy Women». Trans. S. Delaney, University of Notre Dame Press, Indiana 1992.
Bonizi de Sutri, *Liber de Vita Christiana.* E. Perels, ed., Berlin 1930. VII, 28, pp. 248–249.
Bordier, H., «Une Satire c ointre Phillipe le Bel, vers 1290». *Bulletins de la Société de l'Histoire de France,* Second ser., 1, 197–201, 1857–58.
Boutaric, E., *La France sous Phillipe le Bel.* Paris 1861.
Bridge, A., *Suleiman the Magnificent.* Granada, London 1983.
Britton, J., *Architectural Antiquities of Britain.*
Brooke, R. and C., *Popular Religion in the Middle Ages.* Thames and Hudson, London 1984.
Brown, A. C. L., *Origins of the Grail Legend.* Russel and Russel, New York 1966.
Brown, P. H., *History of Scotland.* Octagon Books, 1971.
Bryant, N., *The High Book of the Grail.* D. S. Brewer, Cambridge 1978.
Bryden, R., *Rosslyn – a History of the Guilds, the Masons and the Rosy Cross.* Rosslyn Chapel Trust, 1994.
Bulgarian Apocryphal Chronicle, The, 13. In Ivanov, I., *Bogomilski knigi i legendi.* Bogomil Books and Legends, Sofia 1925. pp. 273–287.

Burton, J. H., *History of Scotland.* Second edition, 1872.
Butler J., *The Quest of Becket's Bones.* Yale University Press, 1995.
Caesar, J., *Caesar's War Commentaries: de Bello Gallico and de Bello Vicili.* J. Warrington, ed. and trans., London, Dent, 1953.
Calendar of Documents Relating to Scotland. J. Bain, ed., 1881–1888.
Campbell, J., *Der Heros in tausend Gestalten.* Insel, Frankfurt a. M. 1978.
Capt, R., *Jacob's Pillar.* Artisan, California, 1977.
Carter, H., and Mace, A. C., *The Tomb of Tutankhamun.* London 1923.
Carter, H., *The Tomb of Tutankhamun.* Cassel, London 1933.
Cartulaire général de l'ordre du Temple 1119?–1150. Receuil des chartres et des bulles relative à l'ordre du Temple, Marquis d'Albon, ed., Paris 1913. No. 9, p. 6, and No. 7, p. 5.
Cath Maige Tured an scelsa sisocus genemain Bres maic Eladhain ocus a righe. G. Lehmacher, trans., *Anthropos,* XXVI, 435–460, 1931.
Cauvin, J., *Religions Néolothiques de Syro-Palestina.* Publication du Centre de Researches d'Ecologie et de Préhistoire, St André-de-Cruzieres I, Paris.
Cavalli-Sforza, L. I., «Genes, Peoples and Languages». *Scientific American,* 265 (5), 72–78.
Chadwick, N., *The Druids.* University of Wales Press, Cardiff 1966.
Chrétien de Troyes, *Le Roman de Perceval ou Le Conte du Graal.* W. Roach, ed. Second edition, Paris 1959.
– Lancelot ou Le Chevalier de Charette. J. C. Aubailly, ed., Flammarion, Paris 1991.
– *Erec und Enide.* W. Foerster, ed., 1909.
Christison, P., and Taylor, I. C., *Bannackburn: The Story of the Battle.* Scottish National Trust, 1962.
Cornélius, H. et al., *La Résurrection de la chair.* 1962.
Continuation of the Old French «Perceval». W. Roach, ed., Philadelphia 1952.
Cotton MS Titus.
Currer-Briggs, N., *The Shroud and the Grail: a modern quest forthe true grail.* 1988.
Daniell, C., *Death and Burial in Medieval England.* Routledge, 1997.
Darragh, J. T., *The Resurrection of the Flesh.* SPCK, 1921.
Davis, T. M., *The Tomb of Iouiya and Toouiyou.* London 1907.
Davis, C., *The Observer Newspaper.* London, 28 March 1971. p. 25.
Delaude, J., *Le Circle d'Ulysse.* Priory of Sion Document, Toulouse 1977.
Derry, D. E., «Note on the Skeleton hitherto Believed to be that of King Akhenaten». *Annales du Service des Antiquités de l'Égypte,* 31, 1931.
Deutsch, I., *What is the Talmud.* The Quarterly Review, London 1867, 417–464.
Devi, S., *Son of the Sun.* Grand Lodge of AMORC, Inc., 1981.
Digot, A., *Histoire de Royaume d'Austrasie.* Vol. 3, Nancy 1856.
Diodorus Siculus. C. H. Oldfather, R. M. Geer, F. R. Walton, C. L. Sherman and C. B. Welles, eds. Loeb Classical Library, 12 vols., Cambridge, Mss., 1933–1967.

Diogenes Laertius, *Vitae Philosophorum.* 2 vols., H. S. Long, ed. and trans. Oxford 1964.
Documents Illustrative of the History of Scotland. J. Stevenson, ed., 1870.
Dondaine, A., «Durand de Huesca et la polémique anti-cathare». *Archivum Fratrum, Praedicatorum,* Rome, 29, 228–276.
Dumas, F., *Le Tombeau de Childeric.* Paris.
Dunstan, V., *Did the Virgin Mary Live and Die in England?* Megiddo Press, 1985.
Dupuy, P., *Histoire du différend d'entre le pape Boniface VIII et Philippe le Bel, Roy de France.* Paris 1655.
Duvernoy, J., *Albignisme ou atharisme.* Cahiers du Sud, Nos 387–388, 1966.
Eckbert of Schönau, *Sermones tredicum contra Catharos.* Patrologia Latina, 195.
Emprunts de Saint-Louis en Palestine et en Afrique. G. Servois, ed., Bibliothèque de l'Ecole des Chartres, 19, 1858.
von Eschenbach, W., *Parzival.* A. Lefevere, New York, Continuum, 1991.
Epiphanius of Salamis, *The Panarion of Epiphanius of Salamis.* 2 vols. F. Williams, trans., E. J. Brill, New York 1987.
Eusebius, *Ecclesiastical History.* G. A. Williamson, trans., Penguin, London 1989.
Eusebius/Jerome, *Eusebius Werke, Siebenter Band: Die Chronik des Hieronymus. Hieronymi Chronicon,* R. Helme, ed. and trans., Berlin 1956.
Evangelium Nicodemii, *The Gospel of Nicodemus: a late Middle English version.* B. Lindstron, trans., 1974.
Fairman, H. W., «The Supposed year 21 of Akhenaten». *Journal of Egyptian Archaeology,* 46, 1960.
Ferguson, J., *The Declaration of Arbroath.*
Ferembach, D., «Étude Anthropologique des Ossements Humains Néolithique de Tell-Ramad, Syrie, Compagnes 1963–66». *L'Anthropologie,* 74: 247–251, 1970.
Finke, H., *Papsttum und Untergang des Templerordens,* Vols I and II. Münster 1907.
Flores Historiarum, H. R. Luard, ed. Vols. I–III. London 1890.
Forbes-Bishop, *An Account of the Chapel of Rosslyn.* Edinburgh 1774.
Fordun, J., *Scotichronicon.* F. S. H. Skene, trans., W. F. Skene, ed., 1872.
Forey, A., *The Military Orders: from the twelfth century to the early fourteenth century.* Basingstoke, Macmillan, 1992.
Frazer, Sir J., *The Golden Bough.* London, Macmillan, 1911–1915. *Der goldene Zweig. Das Geheimnis von Glauben und Sitten der Völker.* Rowohlt, Reinbek 1989.
Freud, S., *Moses and Monotheism.* The Hogarth Press, 1951.
Gaballa, G. A., *The Memphite Tomb Chapel of Mose.* Aris and Philips, Warminster 1977. pp. 23ff.
Gardiner, A. H., «A Later Allusion to Akhenaten». *Journal of Egyptian Archaeology,* 24, 1938.
Cadet de Gassicourt, C. L., *Les Initiès anciens et modernes, suite du Tombeau de Jacques Molay.* Paris 1796?

Geary, P. J., *Furta Sacra: Thefts of Relics in the Central Middle Ages.* Princeton University Press, New Jersey, 1978.

Gervais of Tilbury. *Des Gervasius von Tilbury Otia Imperialia.* F. Liebrecht, ed., Hannover 1856.

Gestes de Chiprois. G. Raynaud, ed., Geneva 1887.

Ginzberg, L., *Legends of the Jews.* Philadelphia, The Jewish Publication Society of America, 1946–55.

Goetinck, G., *Peredur: a study of Welsh Tradition in the Grail Legends.* University of Wales Press, Cardiff 1975.

Graves, R., *The White Goddess.* Faber and Faber, London 1986. *Die Weiße Göttin.* Rowohlt, Reinbek 1985.

– *The Greek Myths.* 2 vols., Penguin Books, Harmondsworth 1978. *Griechische Mythologie. Quellen und Deutung.* Rowohlt, Reinbek 1986.

Gregory of Tours, *The History of the Franks.* Lewis Thorpe, trans., Harmondsworth 1977.

Guibert de Nogent, «Gesta Dei per Francos», I.1., in: *Receuil des historiens de croisades. Historiens occidentaux.* Paris 1844–95.

Guillaume de Tyr, *Chronique.* R. B. C. Huygens, ed., *Corpus Christianorum, Continuatio Mediaevalis* 63 and 63A, Turnhout 1986.

Gunn, B., *The City of Akhenaten.* Egypt Exploration Society, London 1923.

Hmaza, M., «The Alabaster Canopic Box of Akhenaten». *Annales du Service des Antiquités de l'Égyptie,* 40, 1940.

Hay, R. A., *Genealogie of the Saintclaires of Rosslyn.* Edinburgh 1835.

Helck, W., *Untersuchungen zu Manetho und den ägyptischen Königlisten.* Berlin 1956.

Herman-Mansard, N., *Les Reliques des Saints. Formation coutumière d'un droit.* Editions Klincksieck, Paris 1975.

Herodotus, *The Histories.* A de Selincourt, trans., Penguin Classics, Harmondsworth 1954.

Holmes, E., *The Holy Heretics.* Watts, London 1948.

Hoyoux, J., «Le Collier de Clovis». *Rev. belge,* XXI, 1942.

Hunt, J. E., *English and Welsh Crucifixes, 670–1550.* London, SPCK, 1956. *In Praise of the New Knighthood* in *The Works of Bernard of Clairvaux,* vol. VII, *Treatises,* 3, C. Greenia, trans., Cistercian Fathers Series 19, Kalamazoo, Michigan, 1977.

Ivanov, I., *Bogomilski knigi i legendi.* Bogomil Books and Legends, Sofia 1925.

Jagersma, H., *A History of Israel from Alexander the Great to Bar Kochba.* Fortress Press, Philadelphia 1986.

Jobes, G., *Dictionary of Mythology, Folklore and Symbols.* 3 Vols., Scarecrow Press, 1961–62.

Jordan, P., *Egypt, the Black Land.* Phaidon, Oxford 1976.

Josephus, F., *Works* includes *Antiquities of the Jews; Jewish War; Against Apion.* G. St J. Thackeray, et al., eds., Heinemann, London 1926.

Joyce, P. W., *Old Celtic Romances.* London 1920.

Kahn, I., *Reliques of the Quais-l-Azam.* F. Quadir and M. M. Daig, eds., Karachi 1980.

Kenyon, K., *Digging Up Jericho.* Benn, London 1957.

– *Archaeology in the Holy Land.* London 1970.

Kitchen, K. A., *Ramesside Inscriptions.* Blackwell, Oxford 1975.

Knight, C., and Lomas, R., *The Hiram Key.* Century, 1976. *Unter den Tempeln Jerusalems. Pharaonen, Freimaurer und die Entdeckung der geheimen Schriften Jesu.* Scherz, Bern 1997.

– *Der zweite Messias. Das Grabtuch von Turin, die Templer und das Geheimnis der Freimaurer.* Scherz, Bern 1999.

Kuryluk, E., *Veronica and her Cloth.* Blackwell, Oxford 1991.

La Chanson de la Croisade Albigeoise. Guillaume de Tudèle. Martin-Chabo, E., ed. & trans., 3 vols, 1931–61, Paris.

La Règle du Temple. H. de Curzon, ed., Paris 1886.

Le Traité contre les Bogomils de Cosmas le prêtre. H.-C. Puech and Availlant, trans., Paris 1945.

Lea, H. C., *A history of the Inquisition of the Middle Ages.* 3 vols., New York and London 1888.

Les Lettres de Gerbert. J. Havet, ed., Paris 1889. No. 180, p. 161–162.

Lesley, Bishop, *History of Scotland.* Edinburgh 1578.

Letter of Aristeas, 83, 88–91 in: *The Apocrypha and Pseudepigrapha of the Old Testament.* R. H. Charles, ed., vol. 2, Oxford 1913.

Liber Pluscardenensis. F. H. Skene, ed., 1880.

Livy, *Works.* B. O. Foster et al., trans., Loeb Classical Library, Heinemann, London 1919–1959.

Lizerand, G., *Le Dossier de l'affaire des Templiers.* Paris 1923.

Lobineau, H., *Dossiers Secret d'Henri Lobineau.* Paris 1967.

Loomis, R., *The Grail.* Cardiff 1963.

Mabinogion. T. and G. Jones, trans., Dent, London 1963.

MacKenzie, A. M., *Robert Bruce, King of Scots,* 1934.

Mackey, A. G., *Encyclopaedia of Freemasonry.* 2 vols., Chicago 1946.

Magna Glastoniensis Tabula, p. 182.

Marjanen, A., *The Woman Jesus Loved.* E. J. Brill, 1996.

Martin, E. J., *The Trial of the Knights Templar.* London 1928.

Martin, G. T., *The Royal Tomb at el-Amarna.* Egypt Exploration Society, London 1974.

Mead, G. R. S.., *Did Jesus Live 100* BC*?* Theosophical Publishing Society, 1903.

– *Fragmente eines verschollenen Glaubens. Das Geheimwissen der Gnostiker.* Ansata im Scherz Verlag, Bern 1999.

Merrifield, R., *The Archaeology of Ritual and Magic.* Batsford 1987.

Meyer, P., «Les derniers troubadours de la Provence». *Bibliothèque de l'École des Chartes,* 1869, sixth ser., v, pp. 484ff.

Michelet, J., *Le Procès des Templiers.* 2 vols., *Collections de Documents Inédits sur l'Histoire de France.* Paris, 1841–1851.
Michell, H., *Sparta.* Cambridge 1964.
da Milano, I., «Le eresie populari». *Studi Gregoriani,* 2, 44–46.
Montet, P., *Lives of the Pharaohs.* Spring Books, London 1974.
Morning Chronicle. 2 January 1819.
Nag Hammadi Library in English, The. Leiden 1977.
de Nangis, G., *Chronique latine de Gauillaume de Nagis, de 1113 à 1300 avec les continuations de cette chronique de 1300 à 1368.* H. Gèraud, ed., Paris 1843.
Naville, H. E., *Funerary Payrus of Iouiya.* London 1908.
Nelli, R., *La Vie Quotidienne des Cathares.* Hachette, Paris 1969.
Nennius, *British History and theWelsh Annals.* J. Morris, ed., London 1980.
New Larousse Encyclopaedia of Mythology. Guirand, F., ed., R. Aldington and D. Ames, trans., Hamlyn 1984.
Niel, F., *Les Cathars de Montségur.* Paris 1973.
O'Connor, R., *The Chronicles of Eri,* printed for Sir Richard Philips & Co., London 1822.
Oldenbourg, Z., *Massacre at Montségur.* London 1961.
Origen, *Contra Celsum.* H. Chadwick, trans., Cambridge University Press, Cambridge 1953.
Osman, A., *Moses Pharaoh of Egypt.* Paladin 1991.
– *Stranger in the Valley of the Kings.* London 1987.
– *The House of the Messias.* HarperCollins, 1992.
– *Wer war Jesus wirklich?* Droemer Knaur, München 1994.
Oursel, R., *Le Procès des Templiers.* Paris 1959, p. 208.
Ozbeck, M., «Culte des cranes humains a Cayonu». *Anatolica,* XV, 127–132, 1988.
Papsturkunden für Templer und Johanniter. R. Hiestand, ed., Vorarbeiten zum Oriens Pontificus, vol. I. Abhandlungen der Akademie der Wissenschaften in Göttingen 77, Göttingen 1972, and vol. II, 135, Göttingen 1984.
Paris, M., *Chronica Majora.* H. R. Luard, ed., London 1880.
Partner, P., *The Murdered Magicians: The Templars and Their Myth.* Oxford University Press, 1982.
Pauwels, L., and Bergier, J., *The Dawn of Magic.* R. Myers, trans., Anthony Gibbs and Phillips Ltd., 1963.
Peet, T. E., *Egypt and the Old Testament.* London 1922.
Pendlebury, J., «Report on the Clearance of the Royal tomb at el-Amarna». *Annales du Service des Antiquités de l'Égypte,* 3, 1931.
Perlesvaus, The High History of the Holy Grail. S. Evans, trans., London, Dent, 1910.
Petrie, W. M. F., *A History of Egypt.* Vol. II, London 1899, pp. 215–218.
– *Researches in Sinai.* John Murray, London 1906.

Phipps, W. E., *The Sexuality of Jesus.* New York 1973.
Polano, H., *Selections from the Talmud.* Fredrick Warne, London 1894, p. 132.
Poloni, E. S., Semino, O., Passarino, G., Santachiara-Benerecetti, A. S., Doupahlou, I., Langaney, A., and Excoffier, L., «Human genetic affinities fro Y-chromosom P49a,f/Taq1 haplotypes show strong correspondence with linguistics». *American Journal of Human Genetics,* 59, 185–203, 1997.
Popper, W., *The Censorship of Hebrew Books.* New York 1899.
Posidonus. L. Edelstein and I. G. Kidd, eds., Cambridge University Press, Cambridge 1972–88.
Rabinowitz, J. J., «The Title *De Migrantibus* of the *Lex Salica* and the Jewish *Herem Hayyishub' (Speculum,* V 22, Cambridge, Mass., 1947.
Randall-MacIver, D., and Wilkin, A., *Libyan Notes.* London 1901.
Ranke, H., *Die ägyptischen Personennamen.* Münster 1902.
Rattray, R. S., *Religion and Art in Ashanti.* Clarendon Press, Oxford 1927.
Recueil des historiens des Gaules et de la France. M. Bouquet, ed., Paris 1738.
Redford, D. B., «On the Chronology of the Egyptian Eighteenth Dynasty». *Journal of Near Eastern Studies,* 25, 1966.
– *Akhenaten, the Heretic King.* Princeton University Press, 1984.
Regesta Regni Hierosolymitani. R. Röhricht, ed., 2 vols., Innsbruck 1893–1904.
Reinach, S., *La Tete Magique de Templiers.* Revue de l'Histoire de Religions, 1911, 63, 25–39.
Robert of Gloucester, *The Works of Robert of Gloucester.* T. Hearne, ed., printed for Samuel Bagster, 2 vols., 1810.
Robinson, J. J., *Dungeon, Fire and Sword: the Knights Templar in the Crusades.* M. Evans & Co., 1992.
Rollefson, G., Simmons, A. H., and Kafafi, Z., *Neolithic 'Ain Ghazal, Jordan.* Journal of Field Archaeology, 19, 1992.
Rowbotham, G., F., *Troubadours and the Courts of Love.* 1895.
Roger de Howden, *Chronica.* W. R. Stubbs, ed., III, Roll series LI, London 1870, pp. 158–159.
Ross A., and Robins, D., *The Life and Death of a Druid Prince.* Rider, 1989.
Routh, G., *Reliquiae Sacrae,* Second edition, Oxford 1847, p. 208–209.
Rudolph, K. *Gnosis.* R. McL. Wilson, ed. & trans., Edinburgh 1983.
Runciman, S., *The Medieval Manichee: A Study of the Christian Dualist Heresy.* Cambridge 1946.
– «The Holy Lance Found at Antioch» in: *Analecta Bollandiana,* tôme 68, 1950, pp. 197–204.
Saewulf, «The Pilgrimage of Saewulf to Jerusalem and the Holy Land in the Years 1102 and 1103». W. R. B. Brownlow, trans., Palestine Pilgrims' Text Society, vol. 4, London 1892.
Scholem, G., *The Origins of the Kabbalah.* A. Arkush, trans., Princeton 1987.

– *Von der mystischen Gestalt der Gottheit. Studien zu Grundbegriffen der Kabbala.* Suhrkamp, Frankfurt a. M. 1962.
Schwantes, S. J., *A Short History of the Ancient Near East.* Baker Book House, Michigan, 1965.
Scotichronicon. J. and W. McQueen, eds. The Mercat Press, 1993.
Scott, R. McN., *Robert the Bruce.* Hutchinson and Co. Ltd., 1982.
Seele, K. C., «King Ye and the Close of the Amarna Age». *Journal of Near Eastern Studies,* 14, 1955.
Seward, D., *The Monks of War.* Eyre Methuen, 1972.
Shah, I., *The Sufis.* London 1969. *Die Sufis. Botschaft der Derwische, Weisheit der Magier.* Diederichs, München 1996.
Shahar, S., «Écrits cathares et commentaire d'Abraham Abulafia sur ‹Le Livre de la Crétion›, Images et Idées Communes». I, *Juifs et Judaisme de Languedoc,* Toulouse 1977.
Silberman, N. A., *Digging for Gold and Country.* Alfred A. Knopf, 1992. *Die Messias-Macher.* Lübbe, Bergisch Gladbach 1998.
Sinclair, A., *The Sword and the Grail.* Crown Publishers Inc., New York 1992.
Slezer, J., *Theatrum Scotiae.* London 1693.
Smaragdus, «Commentaria in regulam sancti Benedicti» in: J. P. Milne, *Patrologiae cursus completus, Series latina,* Paris 1844–55.
Song of the Cathar Wars, J. Shirley, trans., Aldershot, Scolar Press, 1996.
«Song of the Second Crusades.» R. W. Southern, trans., in: *The Making of the Middle Ages,* London 1953.
Speculum Ecclesiae. J. S. Brewer, ed., in *Giraldi Cambrensis Opera,* RS No, 21, 8 vols., IV, 554, London 1861–91.
Stein, W., *The Death of Merlin.* Floris Books, 1990.
Stoyanov, Y., *The Hidden Tradition in Europe.* Penguin Arkana, 1994.
Strabo, *The «Geography» of Strabo.* H. L. Jones, trans., Heinemann, London 1918.
Strayer, J. R., *The Albigensian Crusade.* New York 1971.
– «Italian Bankers and Philip the Fair» in: *Medieval Statecraft and the Perspectives of History.* J. F. Benson and T. H. Bisson (eds.), Princeton, New Jersey, 1971.
Suzuki, B. L., *Mahayana Buddhism,* 1981.
Taylor, A., «The Motif of the vacant Stake in Folklore and Romance». *Romanic Review,* IX, 21–28, 1918.
Taylor, J. W., *The Coming of the Saints.* Artisan, 1969.
Tertullian, *Opera.* 4 vols., G. Wissowa et al., trans., 1890–1939.
Tout, T. F., *Edward I,* 18872.
The Apocrypha and Pseudepigrapha of the Old Testament. Vol. 2, R. H. Charles, ed., Oxford 1913.
The Brus. G. E. Todd, trans., and J. Barbourd, ed., 1907.
The Earl of Rosslyn, *Rosslyn Chapel.* Rosslyn Chapel Trust, 1997.

The Epic of Gilgamesh. N. K. Sanders, trans., Penguin Classics, Harmondsworth 1960.

The Five Books of Maccabees in English. H. Cotton, trans., Oxford University Press, Oxford 1832.

The Lost Books of The Bible, R. H. Platt, ed., New York 1974.

«The Throne of Destiny». BBC TV Scotland, 1997.

Theiner, A., *Vetera monumenta historica Hungariam sacram illustrantia.* 2 vols., Rome 1859–60.

Theoderich's description of the Holy Places circa 1172 AD. A. Stewart, ed. and trans., Palestine Pilgrims' Text Society, vol. 5, London 1891.

Thompson, J., *The Illustrated Guide to Rosslyn Chapel and Castle, Hawthornden, etc.* Third edition, MacNiven and Wallace, Edinburgh 1897.

Tout, T. F., *Edward I,* 1872.

University History of the World, J. A. Garraty and P. Gay (eds., New Orchard Editions, 1985.

Van Seters, J., *The Hyksos: A New Investigation.* Yale University Press, London 1966.

Villani, G., *Chronica,* vol. 2. *Collezione di Storici et Cronisti Italiani,* Florence 1845.

Vilnay, Z., *Legends of Jerusalem: the Sacred Land.* The Jewish Publication Society of America, Philadelphia 1973.

von Clausewitz, C. P. G., *On War.* Penguin, 1982. *Vom Kriege.* Reclam, Leipzig 1994.

von Eschenbach, W., *Parzival.* H. E. Mustard and C. E. Pasage (trans.), New York 1961.

Waite, A. E., *The Hidden Church of the Holy Grail.* London 1909.

Ward, J. S. M., *Freemasonry and the Ancient Gods.* London 1926.

Wallace-Hadrill, J. M., *The Long-Haired Kings.* London 1962.

– *The Chronicle of Fredegar with its Continuations.* Thomas Nelson & Sons Ltd., London 1960.

Walter of Heminborough, *Chronicon Domini Walteri de Heminburgh, De Gestis Regum Angliae.* H. C. Hamilton, ed., vol. 2, London 1868.

Watkin, I. M. «ABO blood group distribution in Wales in relation to human settlement» in: P. S. Harper and E. Sunderland, eds., *Genetic and Population Studies in Wales,* University of Wales Press, Cardiff 1986.

Weigall, A., *The Life and Times of Akhenaten.* London 1910.

White, J. E. M., *Ancient Egypt.* Allen & Unnwin, 1970.

William of Tyre, *A History of Deeds Done Beyond the Sea,* 2 vols., E. A. Babcock and A. C. Krey, trans., New York 1943.

Wilson, A. N., *Jesus.* Flamingo, 1993.

Wilson, I., *The Turin Shroud.* Gollancz, London 1978. *Das Turiner Grabtuch. Die Wahrheit.* Goldmann, München 1999.

Wilson, E. O., *Sociobiology: The New Synthesis.* The Bellknap Press of Harvard

University Press, London 1975.
Yahuda, A. S., *The Language of the Pentateuch in its Relation to Egypt.* Oxford 1933.
Yakar, R., and Hershkovitz, I., «Nahal Hamar Cave. The Modeled Skulls». *'Atiquot,* 18: 59–63, 1988.
Zuckerman, A. J., *Jewish Princedom in Feudal France,* 1972.

Danksagung

Dieses Buch gründet auf der Arbeit und den Studien unzähliger Autoren und Wissenschaftler, deren Bücher und Manuskripte bis zu dreitausend Jahre alt sind. Das Ergebnis, das in diesem Buch präsentiert wird, wäre ohne diesen riesigen Katalog an gelehrtem Wissen nie zustande gekommen. Bestimmte moderne Texte hatten einen enormen Einfluß auf mein Denken, als erstes natürlich das grundlegende Werk *Die Erben des Grals*, das mein Interesse an diesem Thema weckte. Ahmed Osmans Bücher über uralte ägyptisch/hebräische Verbindungen und Andrew Sinclairs *The Sword and the Grail*, ein zweideutiges Buch, das weit mehr unausgesprochen läßt, als es enthüllt.

Während meiner Forschungen halfen mir viele Menschen, die mir sehr freigiebig Zeit und Einblick in ihr Wissen gewährten. Robert Bryden erwies sich als unschätzbare Quelle, was Informationen über die Tempelritter angeht, und er teilte sie großmütig mit mir. Stuart Beattie und Mitglieder des Rosslyn Chapel Trust waren so nett, mir zu erlauben, in der Kapelle zu filmen. Dr. Joe Zias war eine Goldgrube, was Informationen über den Schädelkult anging, und Dr. Malcolm Smith steuerte Informationen über Genetik und Bevölkerungswachstum bei, die ich anderswo nur sehr schwer bekommen hätte. Ihnen und jedem anderen, der mir bei dieser Arbeit half, gilt mein tiefer Dank.